Jane Roberts
Seth und die Wirklichkeit der Psyche

Jane Roberts

Seth und die Wirklichkeit der Psyche

Unbekannte Realität Band 1
Die multidimensionale Existenz

Aus dem Amerikanischen von
Susanne Kahn-Ackermann

Goldmann Verlag

Originalverlag: Prentice Hall, New York
Originaltitel: The Unknown Reality/Volume I

Deutsche Erstausgabe

Der Goldmann Verlag
ist ein Unternehmen
der Verlagsgruppe Bertelsmann

Made in Germany · 5/90 · 2. Auflage

Umschlaggestaltung: Design Team, München
Satz: Uhl + Massopust, Aalen
Druck: May + Co., Darmstadt
Verlagsnummer: 11888
Redaktion: Gundel Ruschill
Lektorat: Diane von Wettzien
Herstellung: Gisela Ernst/Voi
ISBN 3-442-11888-3

INHALT

Ein Vers aus *Sommer ist Winter*, von Jane Roberts 9
Einleitende Anmerkungen von Robert F. Butts. 11
Vorwort von Seth 29

**Teil 1:
Ihr und die ›unbekannte‹ Realität**

Seth über:

Sitzung 679: Fotografien, Zeit und wahrscheinliche Leben . . 37
Sitzung 680: Wie wahrscheinliche Selbsts im Alltagsleben agieren 53
Sitzung 681: Wie sich wahrscheinliche Selbsts kreuzen. Unvoraussagbarkeit als die Quelle aller Ereignisse 63
Sitzung 682: Grundeinheiten des Bewußtseinseinheiten (BEs). Unsterblichkeit und Wahrscheinlichkeiten . . . 75
Sitzung 683: »Ihr seid Multipersönlichkeiten.« Reinkarnation, Wahrscheinlichkeiten und andere Versionen des Bewußtseins 85
Sitzung 684: BEs, EE-Einheiten und der Körper. »Die Zellen sind präkognitiv«. Erbe und Präkognition 97
Sitzung 685: Der Körper als eure »Heimat-Station«. Mehr über die Grundeinheiten des Bewußtseins. 104
Sitzung 686: Das frühe Bewußtsein des Menschen und die Geburt des Erinnerungsvermögens. Selektivität, Spezialisierung und ›offizielle‹ Realität. 108
Sitzung 687: Übungs-Element 1: Eine Übung für die Leser. Bewußtseinserweiterung als Notwendigkeit für das biologische und spirituelle Überleben des Menschen 121

Teil 2:
Der Parallele Mensch, der Alternative Mensch und der Wahrscheinliche Mensch: Ihre Widerspiegelung in der Gegenwärtigen, Persönlichen Psyche.
Eure Multidimensionale Realität im Jetzt eures Seins

Seth über:

Sitzung 688: Die frühe Entwicklung des Menschen. Meerjungfrauen, Delphine, Tier-Menschen, Mensch-Tiere und andere Formen. 136
Sitzung 689: Mythologie, Götter, Tier-Götter und die Entfaltung des Egos 146
Sitzung 690: Sexualität, die Götter und das Ego. Christus. Gottvater und die Geschichte des Christentums . . . 150
Sitzung 691: Die ›Geister‹ aller natürlichen Dinge, Bewußtseins-Gattungen und die Erdgötter 158
Sitzung 692: Simultane Träume. Ungenutzte Bereiche des Gehirns 164
Sitzung 693: »Koinzidenzen«, Umziehen und wahrscheinliche Realitäten: Eine Erzählung über wahrscheinliche Ereignisse im Zusammenhang mit Immobilien . 174
Sitzung 694: Leben nach dem Tod und andere Wahrscheinlichkeiten 183
Sitzung 695: Übungs-Element 2–6. Eine Sitzung zu Übungen für die Leser. 190

Teil 3:
Der persönliche wahrscheinliche Mann, die persönliche wahrscheinliche Frau, die Spezies in Wahrscheinlichkeiten und Blaupausen für Realitäten

Seth über:

Sitzung 696: Persönliche Blaupausen für die Realität. Göttlicher Stoff und Erden-Erfahrung 202
Sitzung 697: Idealisierungen, freier Wille und menschliche Entwicklung. Wie ihr Ereignisse auswählt, Gesundheit und Krankheit. Übungs-Element 7. . 207
Sitzung 698: Die Traum-Welt, Traum-Künstler und der Grund und das Ziel des Träumens. 214
Sitzung 699: Die »Lebendige Fotografie des Traums« 219
Sitzung 700: Der wahre Traumkunst-Wissenschaftler 227
Sitzung 701: Der wahre geistige Naturforscher. Tiere und Wissenschaft. Übungs-Element 8 233

Sitzung 702: Objektive Wissenschaft und liebevolle Technologie. Bewußtsein, subatomare Partikel und der Spin der Elektronen 240
Sitzung 703: Der vollkommene Arzt. Gesundheit, Krankheit, Heilen und Tod 249
Sitzung 704: Mehr über den wahren Traumkunst-Wissenschaftler, den wahren geistigen Naturforscher und den vollkommenen Arzt 255

Anhang 1: Seth über Janes »zutiefst mystische Natur« und ihre eigenen Kommentare. Ihr Leben in jungen Jahren und die religiöse Umwelt. Ein Gedicht für ihren Großvater. 263
Anhang 2: Robs wahrscheinliches Sportler-Selbst. Sein familiärer Hintergrund und persönliche Herausforderungen. 272
Anhang 3: Janes erste mediale Erfahrungen mit »Massigkeit«. Deren Verbindung mit den inneren Sinnen 275
Anhang 4: Seitenpools des Bewußtseins. Wahrscheinliche neurologische Verbindungen und neue Erinnerungen 279
Anhang 5: Mehr über wahrscheinliche neurologische Verbindungen. Jane bedient sich einer neuen Art von Bewußtseinsstruktur, um ›*Unbekannte Realität*‹ zu übermitteln.. 285
Anhang 6: Janes Material über den Parallelen Menschen, den Alternativen Menschen und den Wahrscheinlichen Menschen. Bewußtseins-Gattung und der Mensch-im-Werden 288
Anhang 7: *The Way Towards Health* – Entwurf für ein neues, mögliches Buch, den Jane erhalten hat. Einige Kapitelüberschriften 291
Anhang 8: Seth spricht über simultane Zeit und das Werte-Klima der psychischen Realität. Evolution und Reinkarnation. 296
Anhang 9: Seth zu den konventionellen Vorstellungen über Geschlechtlichkeit im Gegensatz zur vollständiger Individualität 298
Anhang 10: Seth über Janes Einstellung zu den Leichtgläubigen und Skeptikern in unserer Gesellschaft. . . . 302
Anhang 11: *The Wonderworks* – Janes Idee für ein Buch über Träume und Realität, auf der Grundlage ihrer »Wunderwerke«-Traumserie 304

Ein kurzer Epilog von Robert F. Butts 307

Register 311

Sommer ist Winter

Heute ist morgen, und Gegenwart, Vergangenheit,
Nichts existiert und alles wird währen.
Da ist kein Anfang, da war kein Ende,
Keine Tiefe des Falls, keine Höhe des Aufstiegs.
Da ist nur dieser Augenblick, dieses Aufflackern des Lichts,
Das nichts erhellt, aber ach! so hell!
Denn wir sind der Funke, irrlichternd im Raum,
Der die Ewigkeit eines Moments der Gnade verzehrt,
Denn heute ist morgen, und Gegenwart, Vergangenheit.
Nichts existiert, und alles wird währen.

(Eine Anmerkung von Robert F. Butts: Dies ist der zweite und letzte Vers eines Gedichts, das Jane im April 1952 schrieb, als sie 23 Jahre alt war. Selbst in dieser nicht ausgereiften Arbeit, elf Jahre vor Beginn der Seth-Sitzungen, bezeugt ihre mystische Natur ihr inneres Wissen.)

Einleitende Bemerkungen von Robert F. Butts

Ich begann mit einer ersten Rohfassung dieser Bemerkungen am 16. April 1975. Zwar erscheinen sie unter meinem Namen, aber meine Frau, Jane Roberts, und Seth, die nichtphysische Wesenheit, die durch Jane spricht, während sie sich in einem Trancezustand befindet, haben ganz wesentlich zu ihrer Fertigstellung beigetragen. Und diese beiden werden auch auf schöne Weise diesen einleitenden Teil beschließen: Jane mit einem ausgezeichneten Text über ihre Beziehung zu Seth, und danach Seth mit seinem neuen Antwortbrief an Menschen, die an uns geschrieben haben. Jane kann sich allerdings für Daten, Sitzungsnummerierungen und einige andere Einzelheiten, auf die ich hier zu sprechen kommen will, nicht sonderlich erwärmen.

Seth begann sein Diktat von *The »Unknown« Reality: A Seth Book** in der 679. Sitzung am 4. Februar 1974 und beendete es in der 744. Sitzung am 23. April 1975. Wir gingen davon aus, daß es sich um ein weiteres faszinierendes Seth-Buch handeln würde, den Nachfolgeband von *Gespräche mit Seth*** und *Die Natur der persönlichen Realität*, und wir dachten auch, daß es wohl ein umfangreiches Buch werden würde. Allerdings waren wir nicht darauf gefaßt, daß eine Veröffentlichung in zwei Bänden erforderlich werden würde.

Die endgültige Entscheidung fiel bei einem Besuch von Janes Lektor Tam Mossman der einen Geschäftskollegen mitbrachte. Zu diesem Zeitpunkt war abzusehen, daß Seth das Buch in ein paar Wochen beendet haben würde. Und allen Anwesenden war klar, daß uns die Veröffentlichung des umfangreichen Materials in einem Band nicht

* Deutsch: *Seth und die Wirklichkeit der Psyche* – Unbekannte Realität Band 1: Die multidimensionale Existenz, Unbekannte Realität Band 2: Reinkarnation und Reisen des Selbsts; im folgenden mit dem Kurztitel ›*Unbekannte Realität*‹ zitiert.

** Alle in Deutsch erschienenen Bücher werden im weiteren mit ihrem deutschen Titel bzw. Kurztitel zitiert.

lieb war. So waren Jane und ich sehr erleichtert, als ganz offiziell eine Entscheidung für zwei Bände getroffen wurde. Das war zum einen etwas Neues, und zum andern würde ich genügend Platz haben für Anmerkungen und Querverweise; für Auszüge aus Janes ASW-Gruppenabenden sowie aus ›regulären‹ Seth-Sitzungen aus der Zeit vor und nach dem Buchdiktat von ›*Unbekannte Realität*‹; für einige von Janes Gedichten; für einen ausführlichen Anhang – was insgesamt, wie mir schien, den Büchern noch eine weitere Bewußtseinsdimension hinzufügen würde. (Natürlich konnte ich mit den Anmerkungen nicht beginnen, bevor eine entsprechende Entscheidung gefallen war.)

Seth ging bei seinen Sitzungen auf die gewohnte Weise vor, gab dem Buch aber keine Kapiteleinteilung. Vielmehr ordnete er das Material in sechs betitelte Teile. Wie er uns kurz nach dem Besuch von Tam und seinem Kollegen in der 743. Sitzung mitteilte: »Dieses Buch hat keine Kapitel, um eure herkömmlichen Vorstellungen, wie ein Buch auszusehen hat, ein wenig mehr zu erschüttern. Es findet sich jedoch eine andere Strukturierung, und jeder Teil des Buches spricht mehrere Bewußtseinsebenen zugleich an.«

Während des Diktats äußerte sich Seth nicht dazu, ob das Buch in ein, zwei oder mehr Bänden veröffentlicht werden sollte. Erst in der 744. und letzten Sitzung antwortete er auf meine diesbezügliche Frage: »Das Seth-Material ist endlos. Ich strukturiere es so, daß ihr Nutzen daraus ziehen könnt. Wenn ihr es in zwei Bände unterteilen wollt, ist das in Ordnung. Die Trennung ist an mehreren Stellen möglich, wie ihr feststellen werdet...« Letztlich stellte sich jedoch heraus, daß die Unterteilung, die sich am augenfälligsten anbot, nämlich in jeweils drei Teile pro Band, auch die beste war. Zu diesem Punkt findet sich eine weitere Bemerkung im Epilog zu diesem Buch.

Da die Teile verschieden lang sind, dachte ich zunächst an eine Vier-zu-zwei-Einteilung, aber, wie Jane bemerkte: »An drei Teilen im ersten Band haben die Leser schon genug zu kauen«. Die Veröffentlichung des zweiten Bandes würde ein Jahr später erfolgen, und danach konnte man ohnehin beide Bände zusammen lesen.

Ich bin mir sicher, daß dieser »Energiepersönlichkeitskern«, wie sich Seth selbst bezeichnet, unsere Bemühungen um die bestmögliche Veröffentlichung seines Werkes mit einiger Belustigung verfolgte und sich im Grunde kaum mit Vorstellungen, Umfang und Zeit befaßte; was den Umfang anging, so waren letztlich Janes und meine Bereitschaft, das Material weiterhin zu übermitteln und aufzuzeichnen, maßgeblich. So gesehen *war* der schöpferische Prozeß, der sich in diesen beiden Bänden niederschlägt, tatsächlich endlos, und Jane und ich beendeten ihn schließlich aus rein physischen Gründen. (Solche Prozesse sind natürlich stets endlos, wie alle schöpferischen Vorgänge.)

Wir sind heute der Überzeugung, daß *›Unbekannte Realität‹* sich eigentlich für den Rest unseres Lebens fortsetzen, ja ein jahrhundertelang fortdauernder Prozeß sein könnte. Denn nach allem, was wir, in gewöhnlichen Bewußtseinsbegriffen ausgedrückt, zu dieser ›Zeit‹ wissen, *könnte* es einen dritten Band geben (wie Jane in der 730. Sitzung in Teil 6 spekuliert) und einen vierten, fünften...

Nun möchte ich kurz auf die Handhabung der Anmerkungen, Auszüge und dergleichen Dinge eingehen. Schon sehr bald, nachdem Jane mit der Übermittlung dieses Buches begonnen hatte, stellte sich heraus, daß Seths besondere Darbietung des Materials diesmal umfangreichere Anmerkungen verlangte, als es bei *Gespräche mit Seth* und *Die Natur der persönlichen Realität* der Fall war. An sich gefiel Jane und mir dieser Gedanke, aber ich machte mir Sorgen, daß sie dadurch zu sehr in den Vordergrund rücken würden. (Daran änderte sich auch nichts, als Seth mir in einer privaten Sitzung im Juni 1974 sagte: »Die Anmerkungen kümmern sich schon um sich selbst. Mach dir keine Sorgen.«)

Nachdem wir uns für eine Veröffentlichung in zwei Bänden entschieden hatten, waren Jane, Tam und ich uns einig, daß wir nicht alle ergänzenden Informationen in einem Anhang am Ende eines jeden Bandes versammeln wollten, wie es so oft geschieht. Nicht nur wären die Leser in diesem Falle dauernd damit beschäftigt, bestimmte Dinge im Anhang nachzuschlagen, sondern vor allem die kürzeren Anmerkungen würden so zu sehr aus ihrem intimen Zusammenhang mit den jeweiligen Sitzungen herausgerissen werden; uns war daran gelegen, daß sie die einzelnen Sitzungen unmittelbar, aber ohne zu stören, ergänzten. So arbeitete ich einen Kompromiß aus, der eine nicht allzu rigide aber doch einigermaßen ordentliche Strukturierung erlaubte.

Wie in *Gespräche mit Seth* und *Die Natur der persönlichen Realität* sind die gewohnten, begleitenden Bemerkungen in den jeweiligen Pausen eingefügt; innerhalb des Texts einer jeden Sitzung habe ich aber die Stellen fortlaufend beziffert, aus denen sich Anmerkungen ergeben, die sich nun am Ende jeder Sitzung finden. Fußnoten stehen u. a. dann unten auf der Seite, wenn sie auf einen besonderen Anhang im selben Band verweisen.

Sowohl in *Das Seth-Material* als auch in *Gespräche mit Seth* hat sich ein Anhang als sinnvoll erwiesen. Hier, in ›*Unbekannte Realität*‹, handelt es sich bei den Auszügen oder Sitzungen, die sich samt eventueller Anmerkungen im Anhang finden, meist um in sich geschlossene Texte, die jederzeit auch für sich gelesen werden können.

Ohne es bis zum Extrem treiben zu wollen, habe ich Anmerkungen und Anhänge so angeordnet, daß sie sich gegenseitig ergänzen und verstärken, so wie das auch bei den Sitzungen der Fall ist. In Band 1 verweise ich häufig auf bestimmte Sitzungen, die 681. zum Beispiel, weil Seth hier mit Schlüsselgedanken aufwartet, die herausgehoben werden sollen.

In Band 2 verweise ich in den Anmerkungen verständlicherweise häufig auf frühere Sitzungen. Um eine Brücke zwischen beiden Teilen zu schlagen, habe ich gelegentlich eine Passage aus einem Band herausgenommen und sie im anderen eingefügt, oder zumindest einen entsprechenden, ausführlichen Querverweis gegeben.

Ich bemühte mich, in den Anmerkungen genau das zu sagen, was ich meine, nicht mehr und nicht weniger, und auf unbeabsichtigte Verflechtungen zu achten. Manchmal werden die Dinge allerdings etwas kompliziert, und bei der Vorbereitung der beiden Bände fragte ich mich gelegentlich, wie ich bestimmte Querbezüge klarstellen sollte, ohne die Leser mit Daten, Sitzungsnummerierungen und anderem zu verwirren. Und obwohl ich mein System für einigermaßen strukturiert halte, kann es doch gelegentlich vorkommen, daß sich die Leser etwas mühsam durcharbeiten müssen, und ich kann sie hier nur um Geduld bitten. Ich glaube aber, daß das nicht allzu häufig der Fall ist.

Ich habe bei jeder Sitzung die Uhrzeiten vermerkt, weil ich zeigen will, wie lange Jane zur Übermittlung der entsprechenden Passage brauchte (und ich werde auch kurz auf das Zeitelement im Zusammenhang mit diesem Buch eingehen). Aus Gründen, die ich nicht zu erläutern brauche, wurden Seths Anweisungen zur Interpunktion, von einigen Beispielen (vor allem in seinem Vorwort) abgesehen, ausgelassen, obgleich er die Sache keineswegs übertreibt. Um der größeren Klarheit willen formulieren Jane oder ich gelegentlich einen Satz um oder lassen eine Wiederholung aus – denn bei allem handelt es sich hier zunächst um die Arbeit mit dem gesprochenen und nicht mit dem geschriebenen Wort, das viel leichter unmittelbar zu verändern ist. Abgesehen von diesen Änderungen wird der Text in beiden Bänden so wiedergegeben, wie wir ihn erhalten haben. Wenn wir etwas, beispielsweise private Informationen, ausgelassen haben, ist das immer vermerkt; gelegentlich wird dieses Material auch in geraffter Form wiedergegeben.

Während unserer Buchsitzungen, die fast immer privat, also ohne die Gegenwart anderer, abgehalten werden, spricht Seth in gemäßigtem Tempo, so daß ich sein Diktat in der von mir entwickelten Kurzschrift wörtlich mitschreiben kann. Und obwohl das oft harte Arbeit bedeutet, finde ich diese Verfahrensweise intimer und sinnvoller, als den passiven Gebrauch eines Tonbandgeräts; dabei habe ich auch Zeit, meine eigenen Kommentare zu notieren. Wenn ich dann später meine Aufzeichnungen abschreibe, geht mir die Arbeit rascher und leichter von der Hand, als wenn ich den Text vom Band übertragen müßte. Wie ich schon in *Die Natur der persönlichen Realität* bemerkte (vgl. dort meine Anmerkungen am Ende der 610. Sitzung in Kapitel 1), halte ich die Tatsache, daß Jane Seths Material mit so wenigen nachträglichen Veränderungen übermitteln konnte, für »eine wesentliche Aussage über diese Sitzungen«. Und was meine objektiven Beobachtungen von Seth angeht, so will ich mit meinen Anmerkungen zu den Sitzungen ein ergänzendes Bild liefern, so gut ich es vermag.

Wie andere Seth-Bücher beinhalten also auch diese beiden Bände nicht nur die Seth-Sitzungen, sondern auch Janes und meine Gedanken dazu und Anmerkungen zu den Begleitumständen.

Teil 6 in Band 2 enthält, wie ich im Epilog dieses Bandes angemerkt habe, die Geschichte unseres Umzugs ins »Hügelhaus« am Rande Elmiras, im Staat New York. Das war im April 1975, einen Monat bevor Seth den letzten Teil seines Buches beendete. Im Oktober 1974, lange vor dem Umzug, hatte Jane mit ihrem Buch *Psychic Politics: An Aspect Psychology Book** begonnen, dem Nachfolgeband von *Adventures in Consciousness*. Dieses Buch wird ebenfalls im Epilog von Band 1 und dann ab den Sitzungsanmerkungen im vierten Abschnitt im Band 2 erwähnt.

Eigentlich wollten wir Band 1 von ›*Unbekannte Realität*‹ vor *Psychic Politics* veröffentlichen, aber da Jane dieses Buch beendet hatte, bevor ich meine Anmerkungen für diese beiden Bände (an denen ich gleichzeitig arbeiten mußte) fertiggestellt hatte, brachten wir statt

* Deutsch: *Dialog der Seele*, Goldmann 1989; im weiteren mit *Psychic Politics* zitiert.

dessen *Psychic Politics* zuerst heraus. Unser Umzug kostete mich natürlich auch viel Zeit. Das heißt also, daß ›*Unbekannte Realität*‹ chronologisch gesehen *Psychic Politics* vorangeht.

Jane bezieht sich in *Psychic Politics* auf Texte, die zuerst in ›*Unbekannte Realität*‹ aufgenommen worden waren, und diesen Fakt habe ich in den Anmerkungen zu diesen beiden Bänden berücksichtigt. Der Leser sollte mit Hilfe der Querverweise imstande sein, die Chronologie der einzelnen Bücher nachzuvollziehen, unabhängig davon, wann sie zum erstenmal veröffentlicht wurden.

Das Herumspielen mit Zahlen kann im übrigen sehr vergnüglich sein. Es lassen sich so beispielsweise verschiedene Perspektiven eines Themas erkunden – wie hier des Themas Zeit. Die beiden Bände von ›*Unbekannte Realität*‹ umfassen 65 Sitzungen. Jane übermittelte sie in einem Zeitraum von wenig mehr als 14 ½ Monaten. Darin enthalten sind natürlich mehrere Wochen, in denen kein Diktat stattfand, aber ich war neugierig und wollte eine ungefähre Vorstellung davon haben, wie viele Stunden sie auf die Produktion des gesamten Werks verwendet hatte.

Ich legte 40 Sitzungen, davon nur die reinen Diktatabschnitte, zugrunde, um zwei Dinge herauszufinden: die Zeit, die Jane in Trance verbrachte, plus der Zeit relevanter Pausen. Ich kam im Durchschnitt auf eine Stunde und 39 Minuten beziehungsweise zwei Stunden und zwei Minuten. Dann multiplizierte ich das jeweils mit 65. Die Ergebnisse waren so niedrig, daß ich sie kaum glauben wollte; sie sprechen ›Bände‹ (hier ein beabsichtigtes Wortspiel) über die immense Geschwindigkeit, mit der unter bestimmten Bedingungen ein schöpferischer Vorgang – zumindest bei Jane – vonstatten gehen kann. Jane hat beide Bände von ›*Unbekannte Realität*‹ in einer Trancezeit von insgesamt 90 Stunden und 35 Minuten fertiggestellt, oder, wenn man die Pausen hinzurechnet, in 131 Stunden und 30 Minuten (was heißt, sie brauchte für jeden Band hochgerechnet 45 beziehungsweise [mit Pausen] 65 Stunden). In diese Zahlen ist zwar nicht der absolute Zeitaufwand eingegangen, aber die restlichen 25 Sitzungen hätten die Durchschnittswerte nicht nennenswert verändert, da sie weder deutlich kürzer noch deutlich länger waren. Diese schöpferische Leistung ist außerordentlich bemerkenswert, besonders in Anbetracht der Tatsache, daß eine Woche 168 Stunden hat.

Ich habe oft erwogen, Janes durchschnittliche Diktatzeit für *Gespräche mit Seth* und *Die Natur der persönlichen Realität* in gleicher

Weise auszurechnen, habe es dann aber seinlassen. Trotzdem bin ich etwas verwundert, daß diese außerordentlich kurze Arbeitszeit für Seths Bücher entweder nicht zur Kenntnis genommen oder praktisch von allen für eine Selbstverständlichkeit gehalten wird; mag auch sein, daß diese Faktoren im Rahmen des gewohnten linearen Zeitbegriffs nicht verstanden werden. Vielleicht bin auch nur ich an diesen Dingen interessiert, denn auch Jane schenkt der Zeit, die sie in das Seth-Material investiert, keine sonderliche Beachtung; sie übermittelt es eben einfach. Mir scheint aber, daß ihre Produktionsgeschwindigkeit Seths Theorie bestätigt, nach der im Grunde alles gleichzeitig existiert, es in Wirklichkeit keine Zeit gibt, und beispielsweise die Seth-Bücher ›da‹ sind und in ihrer endgültigen Fassung nur abgerufen werden müssen. (In Teil 3 dieses Bandes, Anmerkung 2 zu Sitzung 692, wird eine andere Methode beschrieben, mit der wir uns in unserer psychischen Realität an Seths Theorie über Simultanität annähern können, aber da sie aus spezifischen Diskussionszusammenhängen erwächst, soll hier nicht genauer darauf eingegangen werden.)

Seit Jane 1970 mit der Veröffentlichung von Seth-Material begann, hat sie Hunderte von Anrufen und Briefen erhalten. Wir sind für alle diese Mitteilungen dankbar, aber ich kann mich nicht entsinnen, daß dieses phantastische Zeitelement auch nur in einem Brief zur Sprache gekommen wäre.

Will ich damit sagen, daß Jane im Trancezustand tatsächlich in 45 Stunden ein vollständiges Buchmanuskript abliefern könnte? Eine hypothetische Frage, doch ja, soweit es die Verfügbarkeit über Seths Material betrifft, bin ich sicher, daß sie es könnte; sie bräuchte nur die nötige physische Kraft. Aber auch jetzt kann sie, wenn sie für Seth spricht, leicht viele Stunden länger reden, als ich schreiben kann. Die Informationen von Seth wären vorhanden. Das Werk, das in dieser Weise produziert würde, würde sich aber vom ›selben‹ Werk, das über einen längeren Zeitraum hinweg übermittelt wird, unterscheiden. Seth könnte sich beispielsweise nicht in einigen seiner Analogien auf unsere laufenden täglichen Aktivitäten beziehen, würde sich aber dann wohl ähnlicher Episoden aus unserer Vergangenheit bedienen oder sein Material anders anlegen – was aber zu den gleichen Resultaten führen würde.

Es scheint mir wichtig, den Leser gelegentlich an gewisse Grundgedanken Seths zu erinnern. Beispielsweise gehe ich nun weiter auf das Thema Zeit ein – jetzt allerdings Seths Zeit – und verbinde es mit seinen Überlegungen zu einer Dauerhaftigkeit, die zugleich spontan und simultan ist, wie er uns mehr als einmal erklärt hat. Diese Dauerhaftigkeit wird durch ständige Ausweitung im Sinne von Werterfüllung erreicht. Hier bietet sich ein Abschnitt meines Kommentars im Anschluß an die 724. Sitzung in Band 2 an: »Wie er (Seth) humorvoll in der 14. Sitzung am 8. Januar 1964 bemerkte: ›... denn ihr habt keine Ahnung, wie schwierig es ist, jemandem Zeit zu erklären, der Zeit braucht, die Erklärung zu verstehen.‹« Allerdings handelt es sich bei Seths simultaner Zeit um kein absolutes Prinzip. Wie er uns in jener Sitzung erläuterte: »Wenn auch Zeit auf eurer Ebene auf mich keinen Einfluß hat, so stehe ich doch unter dem Einfluß von etwas, das Ähnlichkeit mit Zeit auf meiner Ebene hat... Von mir aus gesehen, kann Zeit manipuliert werden, ich kann mich ihrer mit Muße bedienen und sie erforschen. Für mich ist sie ein Vehikel, eines von mehreren, mit dessen Hilfe ich in euer Gewahrsein eintreten kann. *Von daher ist sie noch immer eine gewisse Realität für mich* (Hervorhebung von mir). Sonst könnte ich sie mir in keinster Weise zunutze machen.«

Ich bin der Meinung, daß wir, solange wir physische Geschöpfe sind, Seths Vorstellung von simultaner Zeit nie ganz begreifen werden, daß sie uns jedoch Hinweise auf unsichtbare Mechanismen gibt – die wir besser verstehen können, wenn Jane *ihre Version* vom Wesen Seths erläutert. Allein ihre Umsetzung dieser Theorie in Worte (so gut sie es vermag) hilft uns zu begreifen, was Seth meint: Nonverbale Ahnungen, oder auch Sprünge auf intuitiver Ebene, können uns einem Verständnis näherbringen, das bis zu einem gewissen Grad über jene platten, abgedroschenen Vorstellungen vom Merkmal und der Natur dessen, was wir Zeit nennen, hinausgeht, und was wir in unserer westlichen Gesellschaft als so selbstverständlich erachten, daß sogar ein Infragestellen des einbahnigen Verlaufs von Zeit ziemlich fruchtlos erscheint.

Ich möchte nun mit diesen einleitenden Bemerkungen fortfahren, indem ich Seth in zwei weiteren, kurzen Absätzen zitiere, denen dann ein längerer Beitrag von Jane folgen soll.

Der erste Absatz hat mit dem Gedanken zu tun, daß zwischen den beiden Bänden dieses Buches Brücken geschaffen werden sollen, indem Passagen aus dem einen Band in den anderen übernommen werden. Ich zitiere hier nochmal aus der 743. Sitzung in Band 2: »Kein Buch, das sich mit der ›Unbekannten‹ Realität befaßt, kann hoffen, diese Realität zur Gänze bekannt zu machen. Sie bleibt nebulös, weil sie ganz bewußt nicht realisiert worden ist. Ich kann bestenfalls nur auf Bereiche verweisen, die relativ unsichtbar waren, um euch bei der Erforschung anderer Facetten eures Bewußtseins zu helfen ... Ich bin mir sehr wohl bewußt, daß das Buch sehr viel mehr Fragen aufwirft, als es Antworten enthält, und das lag in meiner Absicht.«

Und dies entsprach auch Janes und meiner Intention. Janes Bücher sind Berichte über ihren Gebrauch bestimmter Fähigkeiten, die wir für sehr schöpferisch halten; Fragen, die sie aufwirft, bringen uns mit weiteren Forschungsbereichen in Berührung. Normalerweise halten wir diese Fragen – und Herausforderungen – ihrem Ursprung nach nicht für mystisch, jedenfalls nicht so, wie dies in unserer westlichen Zivilisation herkömmlich verstanden wird. Seth kommt in der ersten Sitzung dieses Bandes (der 679.) auf den religiösen Hintergrund von Janes frühen Jahren zu sprechen, auf ihre »tiefe mystische Natur«, und ich habe einiges Material zum Mystizismus im Anhang zu dieser Sitzung beigefügt. Es hat zwar Bezug zu diesen einleitenden Bemerkungen, soll aber für sich stehen.

Wie dem auch sei, unsere Arbeit hat mit Konzeptionen und Vorstellungen zu tun, denen wir früher wenig Beachtung geschenkt haben. (Ich war 44 und Jane 34, als sie gegen Ende des Jahres 1963 zum erstenmal das Seth-Material überbrachte). Janes frühe Gedichte, wie ich auch in einigen Anmerkungen aufzeigen werde, spiegeln ganz deutlich ihr bereits vorhandenes intuitives Verständnis von einigen Theorien, die Seth erst sehr viel später ausführen sollte. (Das gilt auch da, wo sie sich gar nicht bewußt war, worauf sie hinaus wollte. So etwa bei dem Vers ihres frühen Gedichts *Sommer ist Winter* am Anfang dieses Buchs.) Meiner Ansicht nach besteht Janes Aufgabe in bezug auf das Seth-Material darin, uns diese im Grunde künstlerischen Ideen ›zur Verfügung zu stellen‹, damit wir sie in unserem Alltagsleben bewußt verwenden und unsere persönliche und kollektive Realität zum Besseren wenden können; und wenn ich hier von ›künstlerischen Ideen‹ spreche, dann meine ich die tiefsten, ästhetischsten und praktischsten – und, ja, auch *mystischen* Wahrheiten und Fragen, die menschliche Wesen auszudrücken und mit denen sich auseinanderzusetzen sie imstande sind. Die Reaktion auf Janes Arbeit, wie sie sich in Briefen und Telefonanrufen zeigt, läßt weitgehend darauf schließen, daß dies auch der Fall ist. (Auch Seth geht auf diese Reaktion in seinem Brief am Ende dieser Einleitung ein.)

Wir haben in den Seth-Büchern absichtlich auf Kommentare zu den

Ähnlichkeiten zwischen Seths Theorien und verschiedenen religiösen, philosophischen und mystischen Doktrinen aus dem Nahen, Mittleren und Fernen Osten verzichtet. Diese Ansätze stehen uns natürlich nahe; Jane und ich wissen, daß diese Verbindungen existieren – in der Tat wären wir überrascht, wenn es anders wäre. Andere haben diesen Punkt uns gegenüber oft erwähnt, und wir haben beispielsweise einiges über Buddhismus, Hinduismus, Zen und Taoismus gelesen, von Themen wie Schamanismus, Voodoo und Obiah ganz zu schweigen. Und natürlich meinen wir, daß ein Buch geschrieben werden könnte, in dem das Seth-Material mit anderen Denksystemen, seien sie nun religiöser Natur oder nicht, verglichen wird; aber Jane und ich, Individualisten, die wir sind, haben uns dazu entschieden, uns nicht auf diesen Bereich einzulassen. Auch soll das, was ich hier schreibe, keineswegs als Versuch verstanden werden, andere Ansätze zu einer ›fundamentalen‹ Realität abzuwerten.

Trotz der Ähnlichkeiten gibt es unserer Ansicht nach auch ganz wesentliche Unterschiede zwischen Seths Philosophie und jenen anderen Systemen. Jane und ich ziehen es vor, uns die Religionen als *integralen* Bestandteil der Gemeinsamkeiten, die wir in unserer Welt vorfinden, zu denken, ohne jedoch von ihnen bestimmt zu sein. Und wir meinen, daß auch Seth diesen Punkt betont. Auf unsere eigensinnige Weise gehen wir unseren eigenen Weg und wissen, daß unsere Ansichten in den westlichen Traditionen dieser Welt verwurzelt sind. Wir wissen aber auch, daß zahlreiche andere Philosophien oder Systeme um uns herum existieren, von denen einige viele Jahrhunderte alt sind, und die sich das Menschengeschlecht als Hilfsmittel zur Deutung der Realität geschaffen hat. Wir fühlen uns jedoch nicht gezwungen, nun etwa die Lehren der Sufis oder des Brahmanismus in allen *Details* zu kennen. (Ich denke hier oft an eine Analogie, wonach östlicher und westlicher Lebensstil mit der rechten und linken Gehirnhälfte verglichen werden, getrennt voneinander und doch vereint; jede Hälfte hat ihre Funktionen, die die andere ergänzt und zum Teil überlappt, und zusammen wirken sie als ein Ganzes.) Uns mißfällt allerdings der Gedanke an ein Nirwana des Buddhismus oder Hinduismus, das die Auslöschung des individuellen Bewußtseins fordert, oder dessen Aufgehen in einem höchsten Geist, was normalerweise nach einer Reihe von Leben erfolgt. Und wir haben etwas gegen die Theorie, daß die ›Natur‹ in diesen spezifischen Begriffen linearer Zeitvorstellung die Dinge so angeordnet haben soll, daß das Individuum in dem einen Leben eine karmische Schuld begleichen muß, als Folge seiner Handlungen in einem vorangegangenen Leben. Warum sollte die Natur irgend*einen* bestrafen, wo sie nicht irgend *etwas* bestraft? Die Realitäten des Nirwana und Karma sind nicht die, die Jane und ich erschaffen wollen.

Wir ziehen statt dessen Seths – wie auch unsere eigenen – Vorstellungen vor, nach denen die Natur unseres individuellen Bewußtseins unverletzlich ist, vor und während und nach der physischen Existenz, in ganz gewöhnlichem Sinne, und gleich, ob nun hier irgendeine Reinkarnationstheorie herangezogen wird oder nicht. Der Gedanke an ein Aufgeben unserer individuellen Natur beim physischen Tod mag uns Westlern ohnehin weniger entsprechen, auch wenn wir beispielsweise die buddhistische Lehre intellektuell verstehen können, wonach die ›vollkommene‹ Freude im schließlichen seligen Aufgehen unseres Selbsts im höchsten Geist gefunden werden kann. Mit einer gewissen Ironie muß ich hier allerdings anmerken, daß ich für meine Person noch nicht ergründet habe, wie dieses sich aufgebende Selbst von diesem Geschehen Kenntnis haben kann, wenn es sich doch ganz und gar aufgegeben und verloren hat.

Ich bin mehr geneigt, dem zuzustimmen, was uns Seth in der 590. Sitzung in Kapitel 22 von *Gespräche mit Seth* sagte: »Ihr seid nicht dazu verdammt, euch in Alles-das-was-ist aufzulösen. Die Aspekte eurer Persönlichkeit, wie ihr sie gegenwärtig seht, werden erhalten bleiben. Alles-das-was-ist ist der Schöpfer der Individualität, nicht ihr Vernichter.« Und wann immer ich etwas über die herkömmlichen östlichen Vorstellungen von einem höchsten Geist lese, denke ich an das, was Seth in der 596. Sitzung im Anhang zu *Gespräche mit Seth* zu sagen hatte: »Ich verwende den Begriff ›Bewußtseinserweiterung‹, so fragwürdig er ist, absichtlich anstelle des häufig gebrauchten ›kosmischen Bewußtseins‹, weil letzteres Erfahrungen so gewaltigen Ausmaßes impliziert, wie sie der Menschheit gegenwärtig nicht zugänglich sind. Intensive Bewußtseinserweiterung kann im Vergleich zu eurem Normalzustand so auf euch *wirken*, als wären sie kosmischer Natur. Sie gibt jedoch kaum einen Vorgeschmack von solchen Bewußtseinsmöglichkeiten, wie sie euch momentan offenstehen, geschweige denn von einem wahren kosmischen Bewußtsein.«

Ich nehme an, daß sich viele Einwände erheben lassen gegen das, was ich in den letzten vier Absätzen geschrieben habe, doch gebe ich hier nur grob wieder, wie Jane und ich gegenwärtig das Seth-Material im Vergleich zu anderen philosophischen Lehren sehen. Vor allem schätze ich die Tatsache, daß Janes Arbeit, ihr Beitrag zu unserem Gedankengut, aus ihrer Psyche kommt, ohne Unterstützung von Laboratorien, Statistiken oder Tests. Das heißt, der wahre Test des Seth-Materials besteht unserer Ansicht nach in der Beobachtung, welche Hilfe es im praktischen Alltagsleben bieten kann. Andere, ›formalere‹ Tests, die wir 1965/66 durchgeführt haben, werden in Kapitel 8 von *Gespräche mit Seth* beschrieben. Wir vergessen leicht, daß diese frühen Tests ziemlich erfolgreich verlaufen waren und jederzeit wieder aufgenommen werden könnten. Bei ihrer Durchführung fragte ich mich allerdings (und frage mich noch immer), warum von allen Geschöpfen dieser Erde allein das menschliche Wesen die Notwendigkeit verspürt, Labors zu konstruieren, in denen ›bewiesen‹ werden soll, was sein Wesen wirklich *ist*, was seine wirklichen Fähigkeiten – telepathischer, metabolischer oder sonstiger Natur – *sind*. Dieses Thema allein ist so umfassend, daß Jane und ich endlos darüber schreiben könnten; ich kann hier also nur kurz darauf eingehen.

In diesen Laboratorien hat der Mensch die großartige Möglichkeit, programmierte Antworten zu erhalten, die sich auf das gründen, was er schon weiß, denn seine ›äußere‹ Ausrüstung kann kaum etwas anderes produzieren. (Ein Wissenschaftler wird ein Sauerstoffatom oder irgendein anderes Element kaum als lebendig, geschweige denn als bewußt bezeichnen. Und doch ist es so, daß eine Ansammlung bestimmter Atome in menschlicher Gestalt *sich selbst als lebendig bezeichnet* – und genau den gleichen Atomen, denen aber das Mißgeschick widerfahren ist, außerhalb dieser menschlichen Gestalt zu existieren, ganz entschieden diesen Status verweigert.) Auf einige der Gründe für unser so armseliges Verständnis von den allgemeinen menschlichen Bedingungen ist Seth in seinem Material des letzten Jahrzehnts eingegangen, und ich bin sicher, daß noch mehr folgen wird.

Mich freut der Gedanke außerordentlich, daß Jane, indem sie sich nur ihres gewählten physischen Apparats und ihres nichtphysischen Geists und Gemüts bedient, so beständig Fähigkeiten demonstriert, die menschliche Wesen angeblich gar nicht haben. Uns befriedigen die Antworten nicht, die uns in unseren westlichen oder östlichen Gesellschaften auf unsere Fragen gegeben werden. Und so sagen wir, daß sich jeder Leser und jede Leserin ihren eigenen Vers auf das machen sollen, was das Seth-Material hinsichtlich solcher Fragen wie der nach dem Sinn des Lebens, seinen Tiefen und Geheimnissen, seinen unendlichen Möglichkeiten anzubieten hat.

Hier ist ein Auszug aus der 750. Sitzung, die am 25. Juni 1975, zwei Monate nach Beendigung des zweiten Bandes abgehalten wurde. Seth faßt hier nicht nur seine Motive für dieses Buch zusammen, sondern kommentiert auch einen seiner anderen Grundgedanken, den man meiner Ansicht nach gar nicht oft genug hervorheben kann. Diesmal geht es um Wahrnehmung. »›Unbekannte‹ Realität wurde geschrieben... um den einzelnen Personen Einblicke in andere Realitätsmuster zu geben. Es sollte als ein Wegweiser dienen, der nicht *per se* in ein anderes verdinglichtes Universum führt, sondern zu inneren Wegen des Bewußtseins. Diese inneren Bewußtseinswege oder -stränge bringen Elemente ins Spiel, die die Erkenntnis möglich machen, daß die Inhalte eines gegebenen verdinglichten Universums auf ganz andere Weise wahrgenommen werden können. Ihr seid Teil dessen, was ihr wahrnehmt. Wenn ihr euren Wahrnehmungsfokus ändert, verändert ihr automatisch die verdinglichte Welt. Ungeachtet eurer Erfahrung ist es nicht so, daß ihr eine sich gleich bleibende Welt einfach anders wahrnehmt. Der Akt der Wahrnehmung gestaltet ein Ereignis mit und ist Teil davon.«

Und wie steht es nun mit Janes Gefühlen zu ihrer Beziehung zu Seth? Zu den Vorgängen, die sich bei ihrer medialen Arbeit abspielen? Zunächst dachten wir daran, daß sie eine eigene Einleitung zu diesen Bemerkungen schreiben sollte, aber dann fand sie das schließlich unnötig. Auch wollte sie nicht allzuviel von dem wiederholen, was sie in ihren eigenen Büchern bereits abgehandelt hat. Statt dessen schrieb sie im März 1976 folgenden Essay, den ich für eine ausgezeichnete Zusammenfassung ihrer Erfahrung von inneren und äußeren Realitäten halte, die sie macht, wenn sie für Seth spricht.

»Das Buch ›Unbekannte‹ Realität ist natürlich selbst ein Produkt der unbekannten Realität des Geistes, da ich es ganz und gar als Seth in einem Trancezustand hervorgebracht habe. Die beiden Bände sind gewissermaßen Produkte einer inneren psychischen ›Entflammtheit‹ – der Funke, der in unserer Welt entzündet wird, wenn Seths Realität auf die meine trifft – oder umgekehrt. Für mich bedeutet das einen beschleunigten Seinszustand. Ich würde ihn eher mit einem erhöhten Wachzustand vergleichen und nicht mit einer Art von Schlaf, wie er üblicherweise mit Trance in Verbindung gebracht wird. Es handelt sich jedoch um eine andere Form von Wachsein, denn hier scheint es die normale Welt zu sein, die schläft. Es ist nicht ein Zustand geschwächter Aufmerksamkeit; diese ist vielmehr anderswo konzentriert.

Wenn ich mich in Trance befinde, bin ich als Jane nicht entlassen oder ausrangiert. Ich trete auf eine nicht zu beschreibende Weise aus meinem Jane-Selbst heraus und trete wieder darin ein, sobald die Sitzung beendet ist. Es muß also ein anderes ›Ich‹ geben, das Jane geduldig am Ufer warten läßt, während ›ich‹ kopfüber in jene anderen Dimensionen von Erfahrung und Identität eintauche. Ist diese fast sofortige Transformation vollzogen, werden ›ich‹ Seth oder Seth wird das, was ich bin. Und in diesem Zustand ist die Wahrnehmung den Bedingungen anderer Bewußtseinsbereiche als der unseren unterworfen.

Diese Sitzungen erschöpfen mich nie. Statt dessen fühle ich mich oft frischer als zuvor. Normalerweise habe ich so gut wie kein Zeitempfinden. Ich meine vielleicht, daß maximal 15 Minuten vergangen sein mögen, um dann überrascht festzustellen, daß ich als Seth eine Stunde lang gesprochen habe. Die Trance ist jedoch kein statischer Zustand. Es gibt graduelle Unterschiede und besondere Merkmale, die kaum zu erklären sind. Der Zustand ist nicht immer gleich – er hat seine Gipfel und Täler, Schattierungen und Intensitäten, die seine Natur kennzeichnen.

Merkmale des Trancezustands sind ein Gefühl unerschöpflicher Energie, gefühlsmäßiger Ganzheit und innerer Freiheit. Gelegentlich ist Seths Stimme sehr laut und machtvoll. Dessen bin ich mir sogar in Trance bewußt, und ich werde von ihrer Energie mitgerissen. In den ersten Jahren meiner medialen Arbeit kamen mir Seths Stimme und Akzent sehr merkwürdig vor, ob ich mich nun bei den Sitzungen selbst sprechen hörte oder mir die Tonbänder anhörte. Aber in Trance weiß man, was man weiß. Kehre ich dann zu meinem normalen Seinszustand zurück, entschwinden die Worte, die ich gerade als Seth gesprochen habe, wie ein Traum. Obwohl ich dieses Buch, als es fertig war, gelesen habe, und mir auch Ausschnitte ansah, während es in Arbeit war, kommt es mir nun auf äußerst merkwürdige Weise fremd vor.

Ich scheine hier ungewöhnlich undurchlässig zu sein, so als ob ein Teil von mir jegliche bewußte Beschäftigung mit meinen Trancemanuskripten verweigerte; möglicherweise geschieht das, damit ich mich nicht selbst allzusehr verwirre. Ich halte meine verschiedenen Bewußtseinszustände gern getrennt. Es erscheint mir ökonomisch und praktisch, exotische Bedingungen möglichst natürlich und selbstverständlich zu handhaben. Auf diese Weise bleibt der Seth-Zustand unangetastet und auch der Jane-Zustand.

Wenn ich Seth bin, bin ich nur ein kleiner Teil seiner Realität, vielleicht nur der Teil, den ich begreifen kann, aber ich sonne mich in dieser personifizierten Energie. Wenn Seth seine Aufmerksamkeit anderen Leuten zuwendet, sie anspricht oder Fragen beantwortet, empfinde ich eine fast multidimensionale Wertschätzung ihrer Bedeutung und Individualität. Er versteht, oder begrüßt, die Gültigkeit einer jeden Person und nähert sich den Menschen in einem völlig anderen Licht, als wir es tun. Aus der Erfahrung seiner Reaktion auf andere schließe ich auf eine bei weitem lebendigere emotionale Erfahrungsdimension, als wir sie kennen.

Doch bin ich sicher, daß Seth für etwas ganz anderes steht, eine andere Art von Persönlichkeit, und daß Seth ›geschieht‹, wenn sich diese Seinsform mit meiner subjektiven Welt kreuzt.

Wir sind in vieler Hinsicht eine einsame Spezies. Ewig scheinen wir an den Randbezirken unserer Natur herumzukrauchen. Vielleicht ist unsere Vorstellung von Identität wie ein magischer Kreis, den wir um unseren Geist gezogen haben, und alles, was außerhalb dieses Kreises liegt, erscheint uns dunkel und fremd und anders als wir. Es könnte andere psychische Feuer geben, die jene innere Landschaft in einem weitaus stärkeren Licht als dem unseren erhellen; andere Bewußtseinsaspekte, mit denen wir so gewiß verbunden sind, wie wir auch in einer Seinskette, die wir kaum verstehen, mit den Tieren verbunden sind.

Gern sehen wir auf unsere animalischen Anfänge ›zurück‹. Selbstverständlich gehen wir davon aus, daß die Evolution in dieser Hinsicht ihr Ende gefunden hat, und hier sind wir nun – aha, Könige des Berges. Aber vielleicht befinden wir uns doch nur irgendwo in der Mitte, spüren vage die Existenz anderer, ferner Versionen von uns selbst, die in einer ›Zukunft‹ in Erscheinung treten werden, die wir jetzt noch nicht kennen können. Vielleicht bin ich in dieser Hinsicht eine ferne Ahnin von Seth, lebendig in meinem Leben, in dem seinen aber nur eine Erinnerung. Er besteht jedoch darauf, daß auch in der Vergangenheit immer Neues geschieht; wenn dies der Fall sein sollte, so wähle ich nach wie vor meine eigenen Wege.

Wenn ich in meinen Gedankengängen so weit gekommen bin, dann setzt eine ganz bestimmte Beschleunigung ein. Mein Körper entspannt sich sehr, aber in meinem Geist spüre ich eine sonderbare Bewegung, so, als ob etwas, das ich zu verstehen suche, so schnell an mir vorübergeht, daß ich nicht folgen kann; ich versuche mich schneller zu drehen, damit ich es einhole. Das gleiche Gefühl könnte eine meiner Zellen haben, wenn sie versucht, meine subjektive Realität zu begreifen. Ich stelle mir vor, daß ich auf gleiche Weise in Seths subjektivem ›Körper‹ lebendig bin, wie eine meiner Zellen in meinem physischen Körper. Nur ich taste immer weiter herum ... und ahne Ereignisse, die in meiner Realität nicht wirklich verstanden werden können.

Dies mag einfach die Reaktion des Bewußtseins sein, wenn es versucht, Einblick in seinen eigenen Ursprung zu nehmen. Vielleicht halten wir, bildlich gesprochen, bei solchen Versuchen auf unseren Plattformen des Bewußtseins inne und sehen zugleich nach oben und nach unten. Wie schwerelose Raumfahrer wissen wir, wer wir sind, sind uns aber unserer Position nicht ganz sicher, die sich im inneren psychischen Raum ständig verändert. Vorübergehend erfaßt uns ein Schwindel, wir sind benommen von diesem inneren Kosmos von Selbsts und Versionen von Selbsts; wir haben das Gefühl, durch eine gigantische Psyche zu reisen, die Selbsts gebiert wie der Raum Sterne hervorbringt.«

Schließlich bleibt noch unsere Bemühung zu erwähnen, mit der ständig wachsenden Zahl von Briefen fertig zu werden. (Wir haben übrigens die meisten Briefe und Karten in Ordnern abgelegt.) Wir haben schließlich einen kurzen Formbrief von Jane und mir formuliert, einen längeren Brief von Seth, den er im April 1975, kurz nach Beendigung von Band 2 von ›*Unbekannte Realität*‹ diktierte, und eine Liste von allen Publikationen Janes vorbereitet. Formbriefe sind natürlich nicht besonders befriedigend für Leute, die gern eine persönliche Reaktion von Jane und/oder Seth haben möchten, aber unter den gegebenen Umständen blieb uns nichts anderes übrig.

Seth hatte schon einmal (im Januar 1973) einen Brief für die Menschen diktiert, die uns schreiben. Er findet sich in der 633. Sitzung in Kapitel 8 von *Die Natur der persönlichen Realität*. Vielen Leuten gefiel dieser Brief (gefällt ihnen noch immer) – und einige schrieben uns draufhin zurück! Deshalb schlagen Jane und ich vor, daß dieser Brief in Verbindung mit dem folgenden gelesen wird; beide ergänzen sich, wie Jane sagt. Wir meinen, daß beide Botschaften viel vom Kern des Seth-Materials und von unseren Umständen und Einstellungen, wenn wir daran arbeiten, wiedergeben. Und natürlich sind wir auch der Ansicht, daß Seths neuer Brief diese einleitenden Bemerkungen auf ideale Weise beschließt. (Seth spricht Jane mit dem Namen ihrer männlichen Wesenheit an, Ruburt; und aus denselben Gründen nennt er mich Joseph.)

Lieber Brieffreund, liebe Brieffreundin,
Ruburt hat Deinen Brief gelesen. Und auch Joseph. Ich bin mir seines Inhalts bewußt. Wir haben bis jetzt noch keine äußere Organisation, es gibt keine Sekretärinnen, die das Diktat aufnehmen, keine Mittelsmänner oder -frauen, die blumige, vorgefertigte Antworten verfassen.
Ruburt und Joseph, oder Jane und Rob, wenn Dir das lieber ist, sind Privatpersonen und Menschen, die ihre Privatsphäre schätzen. Sie haben auch eine gewisse unmittelbare Beziehung zum Universum. Diese besonderen Eigenschaften haben zur Folge, daß sie vom Aufbau irgendeiner Organisation Abstand nehmen, auch wenn diese bei der Beantwortung von Briefen hilfreich sein könnte. Deshalb diktiere ich diesen Brief. Er wird zwar an viele geschickt werden, ist aber an jeden einzelnen gerichtet, und ich bedaure nur, daß ich nicht auf persönlichere Art auf Deine Bemühungen, Herausforderungen und Probleme eingehen kann.
Einige von Euch haben in Freude, andere haben in Leid geschrieben. Einige von Euch haben geschrieben, um von den Antworten zu erzählen, die sie gefunden haben, andere haben geschrieben mit der Bitte um Antworten. In jedem Fall wird Euch mit diesem Brief Energie geschickt.
Diese Energie wird in Dir Deine Fähigkeiten wecken. Sie wird Dich zu Einsichten und Lösungen führen, die nur die Deinen sein können. Sie wird Dich mit dem Grund Deines Seins in Berührung bringen – dem letztlich alle jubelnde Freude und Antworten entspringen. Meine Absicht ist nicht, Deine Probleme für Dich zu lösen, sondern Dich mit Deiner eigenen Kraft in Berührung zu bringen. Meine Absicht ist nicht, mich zwischen Dich und Deine Freiheit zu stellen, indem ich Dir ›Antworten‹ liefere, sollte es sich auch um ein zutiefst tragisches Problem handeln. Meine Absicht ist es, Dich in Deiner eigenen Kraft zu bestärken, denn letztlich bist Du in der Magie Deines Seins sehr wohl dazu

ausgerüstet, Erfüllung, Verstehen, Überschwang und Frieden zu finden.

Deine Probleme werden von Deinen eigenen Zweifeln verursacht. Diese Zweifel entstehen, weil Du den Kontakt mit der Gültigkeit und Bedeutsamkeit Deiner eigenen Existenz verloren hast. Laß mich hier diese Gültigkeit und Bedeutsamkeit bekräftigen. Laß mich meinen Glauben an die Dir innewohnende Fähigkeit bekräftigen, zu einem freudigen Annehmen zu kommen und Dich über jegliche Deiner Probleme zu erheben. Wenn ich mir gestatten würde, Deine Probleme für Dich zu lösen, dann würde ich Dir Deine eigene Macht verweigern und alle Gefühle von Machtlosigkeit, die Du hast, verstärken. Ich weiß jedoch, daß Du müde werden kannst, und gelegentlich kann ein Geschenk von Energie ziemlich förderlich sein; ich schicke Dir also mit diesem Brief meine freudige Anerkennung *Deiner* Existenz – und Energie, die Du zur Stärkung Deiner Vitalität und Kraft verwenden kannst.

Nicht alle Post wird vom Postboten gebracht, und so sollte jeder von Euch eine eigene innere Antwort von mir auf den Brief erhalten, den Ihr mit der Post geschickt habt. Ich diene jedoch auf vielfältige Weise als ein Sprecher für Eure eigene Psyche, und so wird diese innere Botschaft eine Botschaft von Eurem eigenen größeren Sein an Euch selbst sein; und auf *dieser* multidimensionalen Realitätsebene grüße ich Dich.

Seth

Vorwort von Seth

(Die Umstände, unter denen Jane Seths Vorwort übermittelte, werden in der 685. Sitzung vom 25. Februar in Teil 1 beschrieben. Nach einer Pause, etwa nach der Hälfte der Sitzung, begann Seth um 22.57 Uhr mit dem Diktat des folgenden Texts. Seth gibt stets an, wenn ein Wort, eine Wendung oder ein Satz hervorgehoben werden soll. Diesmal aber vermerkte er auch jeden Absatz und gab Anweisungen zur Interpunktion. Damit sich die Leser ein Bild von Seths eigenem Gefühl für Strukturierung in diesen Dingen machen können, habe ich diese Anweisungen in die ersten drei Absätze mit hineingenommen.)

Nun: Vorwort: Es gibt eine ›unbekannte‹ Realität, in Anführungszeichen. Ich bin Teil davon, und ihr seid es auch.

Neuer Absatz. *(Lange Pause.)* Vor einiger Zeit[1] trat ich plötzlich in eurem Raum und in eurer Zeit in Erscheinung. Seither habe ich zu vielen Menschen gesprochen. Punkt. Dies ist mein drittes Buch[2]. Daran wäre an sich nichts Merkwürdiges, wenn ich im herkömmlichen Sinn in einem eigenen Körper in eure Welt hineingeboren worden wäre. Statt dessen aber fing ich an, durch Jane Roberts zu sprechen. Punkt. Dies alles hat seinen Grund, und der liegt zum Teil in diesem Buch.

Neuer Absatz. Jede einzelne Person ist Teil der unbekannten Realität. Offensichtlich bin ich jedoch aufgrund meiner Situation mehr Teil davon als die meisten. Mein psychisches Gewahrsein überspannt Welten, derer ihr euch bewußt seid, und es überspannt andere Welten, die, so scheint es zumindest, eurer Wahrnehmung entgehen. Die Frau, durch die ich spreche, fand sich in einer ungewöhnlichen Situation, Komma, da keine – metaphysischen, psychologischen oder sonstigen – Theorien ihre Erfahrung hinreichend erklären konnten. Sie mußte daher ihre eigene Theorie entwickeln, und dieses Buch stellt eine

Erweiterung bestimmter Gedanken dar, die schon in *Adventures of Consciousness*[3] angesprochen wurden. Um dieses Buch zu schreiben, hat sich Jane Roberts aus tiefen Quellen der Energie genährt.

(23.11 Uhr.) Auch dem flexibelsten Bewußtsein, so wie ihr es versteht, ist die unbekannte Realität normalerweise so unbekannt, daß sie außerhalb seiner Reichweite liegt, und nur eine Persönlichkeit, die darin eingebettet ist wie ich, vermag sich ihr anzunähern. Ist dieser Realität jedoch einmal AUSDRUCK GEGEBEN, kann sie auch begriffen werden. Eine meiner Absichten war es, diese unbekannte Realität bewußt zu machen.

Einst dachte der Mensch, historisch gesprochen, daß nur eine Welt existiert. Jetzt weiß er es besser, aber noch immer klammert er sich an die Vorstellung von einem Gott, einem Selbst und einem Körper, durch den dies alles seinen Ausdruck findet.

Es GIBT einen Gott, doch innerhalb dieses Gottes existieren viele Götter. Es gibt ein Selbst, doch innerhalb dieses Selbsts existieren viele Selbsts. Es gibt einen Körper, zu einer gegebenen Zeit, doch das Selbst hat andere Körper in anderen Zeiten. Alle ›Zeiten‹ existieren zugleich. *(Lange Pause.)* Historisch gesehen entschied sich die Menschheit für eine bestimmte Entwicklungslinie. Sie beinhaltete eine Spezialisierung des Bewußtseins, eine Konzentration auf spezifische Einzelheiten der Erfahrung. Doch darin war immer, in psychischer wie in biologischer Hinsicht, die Möglichkeit zu einer Veränderung dieses Musters angelegt, eine Umbildung, die das Menschengeschlecht zu ganz anderen Bedingungen und Einflüssen bringen würde.

(23.22 Uhr.) Voraussetzung einer solchen Entwicklung wäre allerdings zunächst eine Erweiterung der Vorstellung vom Selbst und ein tieferes Verständnis des menschlichen Potentials. Das menschliche Bewußtsein befindet sich nunmehr in einem Stadium, wo eine solche Entwicklung nicht nur vorstellbar, sondern auch notwendig ist, wenn das Menschengeschlecht zu seiner größtmöglichen Erfüllung gelangen soll.

Jane Roberts Erfahrungen verweisen bis zu einem gewissen Grad auf die multidimensionale Natur der menschlichen Psyche und lassen auf die jeder Einzelperson innewohnenden Fähigkeiten schließen. Sie sind Bestandteil eures menschlichen Erbguts. Sie geben Kunde von psychischen Brücken, welche die bekannten und ›unbekannten‹ Realitäten verbinden, die ihr bewohnt.

Solange ihr äußerst begrenzten Vorstellungen über die Natur des

Selbst anhängt, könnt ihr auch nicht ansatzweise die Multidimensionalität eines göttlichen Wesens begreifen oder eine universale Realität, in der alles Bewußtsein einzigartig, unverletzlich ist – und doch zur Ausformung in unendlich viele strukturierte und bedeutungsvolle GESTALTEN neigt.

In meinen anderen Büchern habe ich mich vieler akzeptierter Theorien als Sprungbrett bedient, um die Leser zu anderen Verständnisebenen zu führen. An dieser Stelle möchte ich klarmachen, daß mit diesem Buch[4] eine Reise beginnt, bei der das Vertraute SCHEINBAR weit zurückgelassen wird. Ich hoffe aber, daß ihr am Ende entdecken werdet, daß die bekannte Realität noch kostbarer, noch ›realer‹ ist, weil ihr sie innen wie außen erhellt findet durch das reiche Gewebe einer ›unbekannten‹ Realität, die ihr nun aus den intimsten Bereichen des Alltagslebens erstehen seht. Laß uns einen Moment Zeit. *(Pause um 23.35 Uhr.)* Eure Begriffe von Eigenpersönlichkeit beschränken euch gegenwärtig in persönlicher und kollektiver Hinsicht; und eure Religionen, metaphysischen Lehren, geschichtlichen Überlieferungen und sogar eure Wissenschaften hängen von den Vorstellungen ab, die ihr euch über das, wer und was ihr seid, macht. Eure Psychologien erklären euch nicht eure Realität, können eure Erfahrungen nicht fassen. Eure Religionen erklären euch nicht eure tiefere Realität, und eure Wissenschaften lassen euch gleichermaßen in Unkenntnis über die Natur des Universums, in dem ihr weilt.

Es sind Individuen, die diese Institutionen und Disziplinen bilden und formen, und ein jedes ist behindert durch beschränkende Vorstellungen über die eigene persönliche Realität; und deshalb fangen wir mit der persönlichen Realität an und werden immer wieder auf sie zurückkommen. Punkt. Die Gedanken in diesem Buch sollen die PERSÖNLICHE REALITÄT jedes Lesers und jeder Leserin erweitern. Sie mögen esoterisch und kompliziert anmuten, aber sie übersteigen nicht das Verständnisvermögen einer Person, die entschlossen ist, die Natur der unbekannten Elemente des Selbsts und seiner umfassenderen und tieferen Welt zu verstehen.

Und so beginnt das Buch mit etwas Privatem. Jane Roberts Mann, Robert Butts, machte sich Gedanken zum Tod seiner Mutter *(am 19. November 1973).* In einer Sitzung *(die 679., am 4. Februar 1974)* legte er ein paar alte Fotografien vor. Nun: Leben nach dem Tod wurde gewöhnlich beschrieben in Übereinstimmung mit den alten, allgemein akzeptierten Vorstellungen von einem Selbst und den beschränkten Konzeptionen von der Eigenpersönlichkeit. Ich nahm die Gelegenheit wahr, um dieses Buch zu beginnen.

(Lange Pause.) Das Selbst ist multidimensional, wenn es physisch lebendig ist. Dies ist die glänzende Errungenschaft einer spirituellen und psychischen Identität, die beständig aus MYRIADEN von möglichen Realitäten IHREN EIGENEN KLAREN UNANFECHTBAREN FOKUS auswählt *(sehr betont)*. Wenn ihr das nicht erkennt, dann projiziert ihr alle eure alten, falschen AUFFASSUNGEN auf das Leben nach dem Tod. Ihr erwartet, falls ihr überhaupt an ein Leben nach dem Tod glaubt, daß sich die Toten nur wenig von den Lebenden unterscheiden, aber vielleicht ein bißchen friedvoller, verständnisvoller und, hoffentlich, weiser sind.

(Pause um 23.51 Uhr – und dann sehr nachdrücklich:) Tatsache ist, daß ihr im Leben ein sehr empfindliches und doch vollkommenes Gleichgewicht zwischen den Realitäten aufrechterhaltet, und nach dem Tod tut ihr das gleiche. Ich nutzte die Gelegenheit, um die große Freiheit, über die Robert Butts Mutter nach dem Tod verfügt, zu erläutern. Ich erklärte aber auch jene in ihrem Leben vorhandenen Elemente ihrer Realität, die ihm aufgrund der menschlichen Vorstellungen über die Natur der Psyche BEWUSST verschlossen waren. Ab und zu gebe ich einen Kommentar zu Fotografien ab, die der Butts-Familie (Jane Roberts eingeschlossen) gehören, aber jeder Leser und jede Leserin können sich alte Fotografien ansehen, dieselben Fragen stellen und sich zunutze machen, was hier zu einer Erfahrung privater Natur gesagt wird. Die ›unbekannte‹ Realität – ihr seid ihr BEKANNTES ÄQUIVALENT *(wieder lauter)*. Also erkennt euch selbst. Euer Bewußtsein wird sich erweitern, wenn ihr mit diesen Gedanken immer vertrauter werdet.

Ich selbst spreche für jene Teile EURES Wesens, die schon verstehen. Meine Stimme erklingt aus Schichten der Psyche, in denen auch ihr schon eure Erfahrungen gemacht habt. Hört somit auf euer eigenes Wissen. Punkt.

(Heiter:) ENDE DES VORWORTS.

(0.01 Uhr.)

Anmerkungen zu Seths Vorwort

1 Seth machte seine Anwesenheit Jane und mir zum erstenmal mit Namen in der vierten Sitzung, am 8. Dezember 1963, kund; vgl. Kapitel 1 in *Das Seth-Material.*

2 Seths zwei vorangegangene Bücher sind *Gespräche mit Seth* und *Die Natur der persönlichen Realität*, aber sie sind natürlich auch Janes Bücher. (Der Vollständigkeit halber sollte auch erwähnt werden, daß Janes erstes Buch über mediale Phänomene *Wege zu Seth. Der persönliche Führer in das Wesen einer neuen Realität* ist, [erschienen im Goldmann Verlag]. Die amerikanische Originalausgabe dieses Buches erschien bereits 1966 und in Neuauflage 1976.)

3 Tatsächlich begann Jane mit der endgültigen Fassung von *Adventures in Consciousness* Anfang dieses Monats (Februar 1974). Sie hatte allerdings dazu schon alle Themen im einzelnen ausgearbeitet.

4 Die Entscheidung, ›*Unbekannte Realität*‹ in zwei Bänden zu veröffentlichen, fiel 13 Monate nach Übermittlung dieses Vorworts. Vgl. dazu auch meine einleitenden Bemerkungen.

Teil 1

Ihr und die ›unbekannte‹ Realität

Sitzung 679, Montag, 4. Februar 1974, 21.41 Uhr

(Vor der Sitzung zeigte ich Jane je ein Kindheitsfoto von ihr und mir. Beide Fotos sind in etwa gleich groß, ungefähr 10,5 mal 15 Zentimeter. Auch in ihrem etwas brüchigen und verblaßten Zustand sind sie sich bemerkenswert ähnlich, fast so, als seien sie zur gleichen Zeit aufgenommen worden, doch mein Foto ist 20 Jahre älter als das ihre.

Mein Foto, das von meinem Vater [Robert sen.] aufgenommen und datiert wurde, hatte sich 53 Jahre lang in einem der Buttsschen Familienalben befunden. Es wurde am 1. Juni 1921 aufgenommen. Ich bin knapp zwei Jahre alt. Mein Haar ist hell und lockig, und ich trage einen Hosenanzug, lange, weiße Strümpfe und schwarze Schuhe. Ich stehe im Nebenhof des Hauses meiner Eltern, das sie in Mansfield, einer kleinen Universitätsstadt im nordöstlichen Pennsylvania, gemietet hatten. Ein Dutzend Hühner scharrt zu meinen Füßen im Gras, und ich schaue ziemlich versonnen auf sie hinunter. Hinter mir sitzt, unscharf zu sehen, ein unbekanntes junges Mädchen auf einer Schaukel, die von einem Baumast herabhängt, und neben ihr steht ein leerer Korbkinderwagen (meiner?). In der Auffahrt hinter ihr parkt ein viertüriger Tourenwagen mit aufklappbarem Verdeck. Vielleicht sollte ich hinzufügen, daß Mansfield nur 35 Meilen von Elmira entfernt ist, wo Jane und ich jetzt leben.

Das Foto von Jane ist 33 Jahre alt und war von einer älteren Freundin aufgenommen worden. Diese hatte sie zu einem Ausflug zu einer Heilquelle in der Nähe von Saratoga Springs, einem Erholungsgebiet im Staat New York, mitgenommen, dem Ort, wo Jane mit ihrer bettlägrigen Mutter Marie und einer Haushälterin lebte. In Kinderschrift hatte Jane den Namen der Freundin und das Datum auf die Rückseite des Fotos gekritzelt. Viele Jahre später erzählte sie mir: »Meine Mutter haßte diese Frau.« Das Foto wurde an einem sonnigen Tag im August 1941 aufgenommen. Jane ist zwölf Jahre alt. Sie sitzt im

Gras vor einigen immergrünen Büschen. Sie lehnt sich, auf die rechte Hand gestützt, leicht zurück, ihre nackten Beine sind etwas steif übereinander gekreuzt. Sie trägt ein bedrucktes Kleid, das man ihr in dem katholischen Waisenhaus in Troy, etwa 35 Meilen von Saratoga Springs entfernt, gegeben hatte; in dieser Institution hatte sie die letzten 18 Monate verbracht, während ihre Mutter in einer anderen Stadt wegen rheumatischer Arthritis im Krankenhaus lag. Jane trägt auch noch einen kurzärmeligen Pullover, den ihre Mutter im Krankenhaus gestrickt hatte.

Janes blondes Haar – das später ziemlich dunkel werden sollte – ist ordentlich gekämmt und gescheitelt, und sie trägt eine Haarspange. Ihr Gesicht ist kindlich rund, sehr ernst, doch nicht düster. Ihr Blick ist direkt auf den Betrachter gerichtet, nüchtern, fast kontrolliert, wie er für dieses Alter eigentlich nicht angemessen erscheint...

Für mich umgab beide Fotografien etwas Geheimnisvolles, das mich faszinierte; eine Atmosphäre, die, wie ich annehme, damit zu tun hatte, daß sie alt, persönlich und unersetzlich waren. Aber schon lange war ich mir auch anderer Gefühle bewußt, die ich damit verband. Jane hatte mit der Übermittlung des Seth-Materials Ende 1963 begonnen, und bald darauf entwickelte Seth seine Ideen zu Wahrscheinlichkeiten[1]*. Und ich ertappte mich dabei, wie ich viele Male, bei der Betrachtung dieser Fotos, über die wahrscheinlichen Realitäten nachdachte, die die auf den Fotos abgebildeten jungen Personen umgaben. Ich sagte Jane, daß ich nun die von uns gewählten Handlungsläufe verstand, die wir beide zur physischen oder, in unserem Sinn, zur ›realen‹ Umsetzung gewählt hatten. Aber was war mit all den anderen Wegen, die unsere wahrscheinlichen Selbsts beschritten hatten, seit diese Fotos aufgenommen worden waren? Sind diese Fotos nun heute Bilder von uns in einem sehr unreifen Stadium, die Jane und der Rob, die wir kannten und immer waren, oder zeigten sie von unserem Standpunkt aus eine wahrscheinliche Jane, einen wahrscheinlichen Rob – zwei Personen, die vor langer Zeit zu* ihren eigenen *Reisen zu anderen Realitäten aufgebrochen waren? Ich war mir nicht ganz klar, was ich wissen wollte und hatte Mühe, mich Jane verständlich zu machen. Vielleicht wollte ich nur, daß sich Seth auf etwas persönlichere Weise über Wahrscheinlichkeiten äußerte. [Und wie ich später hinzufügte: Zu diesem Zeitpunkt hatte ich keine Ahnung, daß meine Fragen ein neues Seth-Buch auslösen würden.*[2]*]*

Die äußeren Zeichen von Janes Trance-Darbietung als Seth sind an sich sehr interessant, und ich habe nicht vor, sie herunterzuspielen. In der Tat beschreibe ich sie sehr häufig. Wirklich fasziniert bin ich allerdings von dem, was ich ein stark gesteigertes Bewußtsein oder eine stark gesteigerte Energie nenne, die sie in den Sitzungen zeigt – und stets spüre ich einen noch mächtigeren Energiefluß hinter der Ebene ihrer Übermittlung. Daran dachte ich, als Jane ganz ruhig in ihrem Schaukelstuhl saß und darauf wartete, daß Seth durchkam. Nach einigen Minuten nahm ihre rechte Hand die Brille ab. Dabei zeigte sich, daß ihre Augen sehr viel dunkler und leuchtender waren als sonst: Sie war dissoziiert – in Trance. Seth war da, blickte mich an.)

Nun: Guten Abend.

(»Guten Abend, Seth.«

Als Seth nahm Jane kurz die beiden Fotografien in die Hand, die ich auf unser Couchtischchen gelegt hatte.)

Ich gehe hier auf zwei Dinge zugleich ein – aber, wenn du willst, kannst du auch das Material über jedes Foto getrennt haben.

(»Ja.«)

Wie schon gesagt, wählte sich jeder von euch seine Eltern und seine Umwelt aus. Du erwähntest *(vor zwei Tagen)* in deinen Anmerkungen die Präkognition in Zusammenhang mit Kunst – ein exzellenter Punkt. So gesehen läßt sich Präkognition auch auf deine Geburt anwenden, insofern, als du dir im voraus der Bedingungen, mit denen du konfrontiert sein wirst, auf unbewußten Ebenen ziemlich gewahr bist. Du hast sie ausgewählt und in das Medium der Zeit vorausprojiziert.

Diese Bedingungen sind, obgleich sie in gewisser Weise ›hergestellt‹ wurden, in anderer Hinsicht sehr dehnbar und flexibel, so daß eine Vielfalt wahrscheinlicher Ereignisse von ihnen ausgehen kann. Präkognitiv seid ihr – wiederum nach euren Begriffen – der Auswirkungen jeder möglichen Handlung oder Ursache auf unbewußter Ebene weitgehend gewahr. Als dieses (Foto) von Ruburt[3] aufgenommen wurde, war er sich schon der übergreifenden Interessen und Belange, die sein künftiges Leben beherrschen würden, bewußt, obgleich der spezifische Weg dazu noch nicht gewählt war.

Einiges davon wirft Licht auf gegenwärtige Erfahrungen. Der religiöse Hintergrund war vorhanden. Seiner Neigung entsprechend und auf sein Verlangen hin, wechselte er in der dritten Klasse von einer öffentlichen zu einer katholischen Schule über.[4] Dies geschah gegen den Rat seiner Mutter. Sie fand öffentliche Schulen besser und sozialer. Ruburt besaß in diesem Alter – als er in der dritten Klasse überwechselte – bereits einen ausgeprägten Willen und zwang seine Mutter, dem Schulwechsel zuzustimmen. Er, Ruburt, entfachte einen solchen Aufruhr und bekam solche Wutanfälle, daß er die Erlaubnis bekam. Schon damals war er sehr eigensinnig.

Nun: Er war immer sehr phantasiebegabt, wie auch seine Mutter. Seine Mutter trotzte gesellschaftlicher Konvention und trug ihre Schönheit an der Seite ›unrespektabler‹ Elemente der Gesellschaft zur Schau. Sehr viel später würde es wieder Ruburt sein, der mit den ›unrespektablen‹ Männern seines Umfelds ausging, aber weder Mutter noch Tochter sahen diese Parallele. Ruburts Mutter wollte nunmehr einen respektablen und hoffentlich reichen Mann für Ruburt, und konnte nicht verstehen, warum er sich gesellschaftliche Außenseiter aussuchte.

Ruburt wählte sich eine Herkunft in Armut, wie es auch seine Mutter getan hatte. Auch seine Mutter war intelligent, entschied sich aber, auf ihre Schönheit zu setzen, um *(ihrer Umgebung)* zu entfliehen. Ruburt versuchte es statt dessen über seinen Verstand und grenzte sich dort ab, wo es ihm gefühlsmäßig wichtig schien. Das Material dazu ist bereits übermittelt worden *(über die Jahre hinweg in einer Reihe von persönlichen Sitzungen).*

(»Ja.«)

Ruburts Widerspruchsgeist bediente sich des größeren Bezugsrahmens unkonventioneller Ideen. In der Vergangenheit, als Kind unter Aufsicht der Sozialfürsorge, waren innerhalb des gewählten Rahmens ein Sichgehenlassen, kleine Luxusdinge oder ein zu unkonventionelles Benehmen gefährlich – die Nachbarn konnten irgendwelche Übertretungen der Fürsorge berichten. Etwa zu jener Zeit *(tippte auf das Foto)* saß Ruburt einmal auf der Veranda auf dem Schoß eines erwachsenen Mannes, und die Nachbarn erstatteten pflichteifrig Bericht – da es sich ja auch um Unzucht handeln konnte.

Ruburts Mutter wußte, daß ihr das Kind weggenommen werden konnte, sollte nachgewiesen werden, daß sie eine untaugliche Mutter oder nicht fähig war, ihr Kind ordentlich zu versorgen. Ein Jahr, bevor dieses Foto aufgenommen wurde, war Ruburt dann tatsächlich in ein katholisches Heim[5] gesteckt worden. Dort wurden unkonventionelle Gedanken nicht geduldet. Ruburt machte die Erfahrung, wie die Starrheit des Dogmas gewissenhaft auf das alltägliche Handeln angewandt wurde, und versuchte sich anzupassen und die eigene zutiefst mystische Natur darauf einzustellen.*

Er entsinnt sich, daß er von seiner Mutter ständig kritisiert wurde, erinnert sich aber beispielsweise kaum an SEINE schockierte Mißbilligung nach seiner Rückkehr, wenn er die Mutter fluchen hörte. Er stürzte sich kopfüber in die katholische Realität, ging ihr mit großer, eigensinniger Sorgfalt nach und benutzte sie als einen konventionellen Bezugsrahmen, innerhalb dessen seine mystische Natur gedeihen konnte.

Als er in seiner Entwicklung über diesen Rahmen HINAUSWUCHS, verließ er ihn. Alle Glaubensvorstellungen, die einst als so richtig erschienen waren, wurden nun als beeinträchtigend empfunden, und alle ihre Fehler wurden deutlich. Solange Ruburt diesem Bezugsrahmen folgte, konnte ihn nichts davon abbringen, und hier *(berührte das Foto)* auf diesem Kinderfoto habt ihr bereits diese Unerschütterlichkeit, und auch diese große Spontaneität, auf der Suche nach einer Struktur, die ihre Erfahrung erlaubt und doch die Illusion der Sicherheit gewährt.

Das gelassen dreinblickende Kind *(auf dem Foto)* war in gewisser Hinsicht so dogmatisch und unbeugsam, wie Ruburt es immer war. Aber als er den krichlichen Rahmen verließ, klammerte sich Ruburt an GEIST UND VERSTAND IM GEGENSATZ zur Intuition. Das Kind war überzeugt, daß sich Christusstatuen bewegten. Das heranwachsene Mädchen, das keinen Bezugsrahmen mehr hatte, der derartige Erfahrungen zuließ, unterdrückte allmählich diese Erfahrungen. Mystische Erlebnisse wurden nur über den Weg der Poesie oder Kunst annehmbar, wo sie als schöpferisch akzeptiert wurden, aber nicht so real waren, daß sie Ruburt in Schwierigkeiten bringen oder den ›neuen‹ Bezugsrahmen erschüttern konnten, der solchen abergläubischen Unsinn verwarf. Geist und Verstand waren gezügelt und nutzbar gemacht, und Kunst wurde zur annehmbaren Übersetzerin mystischer Erfahrung und zum Puffer zwischen dieser Erfahrung und dem Selbst. Er goß sozusagen das Kind mit dem Bade aus.

Das Mystische verschwand im Untergrund und trat wieder als Science fiction in Erscheinung.[6] Wie schon gesagt, im gesellschaftlichen und religiösen Umfeld des Kindes konnten unkonventionelle geistige oder ohysische Handlungen Strafen nach sich ziehen. Eine

* Vgl. Anhang 1.

Weile lang war es dem Kind möglich, mystische Erfahrungen im Rahmen der Kirche zu interpretieren – aber auch dann gab es immer Konflikte mit den kirchlichen Autoritäten.

(22.19 Uhr.) Ohne die Erfahrung eines solchen tiefen Glaubens an die Kirche könnte er jedoch nicht das Bedürfnis der Menschen nach einem solchen Glauben verstehen oder sie so erreichen, wie er es tut. Sein fragender Geist wurde geschult, als er anfing, die religiösen Glaubenssätze zu überprüfen. Er befürchtete, daß seine medialen Erfahrungen, als er sehr viel später mit ihnen konfrontiert wurde, zu einem neuen Dogma führen könnten und war entschlossen, sie nicht in dieser Weise zu gebrauchen.

Sein ›Konservatismus‹, das heißt, sein starkes Gespür für konservative Vorstellungen, wird als Sprungbrett benutzt. Er springt vom Ort, wo sich, wie er weiß, andere Menschen befinden, in neue Bereiche. Er bekämpft das DOGMA des Spiritualismus genauso sehr wie einst das Dogma der Kirche.

Doch er sprang aus dem Bezugsrahmen der Kirche in ein anderes Bezugssystem, in dem das Mystische indirekt unter dem Deckmantel künstlerischer Produktion erfahren wurde. Dieser Rahmen wurde buchstäblich durch *Idea Construction*[7] gesprengt.

(Pause.) Aus verschiedenen, bereits erwähnten Gründen, die eure Beziehung und eure eigenen Absichten betreffen, dauerte es einige Zeit, bis sich ein neuer, passender Bezugsrahmen herausbildete – einer, in dem Ruburt frei ist, seinen mystischen Erfahrungen in praktikabler Form nachzugehen; einer, in dem unkonventionelles Denken sich frei entfalten kann. Ruburt hatte das Gefühl, daß DIESER Bezugsrahmen über den seiner Kunst hinausgehen könnte, so wie es auch mit der Kirche geschehen war. Die physischen Symptome dienten buchstäblich als Rahmen, innerhalb dessen der Spontaneität eine gewisse geistige und psychische Freiheit gewährt wurde, bis er sich sicher fühlte.

Macht eine Pause.

(22.31 Uhr. Jane kam wie gewöhnlich sehr leicht und schnell aus der Trance. Das Tempo der Übermittlung war normal, was heißt, daß ich einigermaßen bequem in meiner ›Kurzschrift‹ wörtlich mitschreiben konnte. Jane konnte sich nur an weniges erinnern, fühlte aber jetzt die emotionale Auswirkung des Materials in ihrem Magen – eine Reaktion, die sie oft hat, wie sie mir sagte, wenn die Informationen persönlicher Natur oder irgendwie ›besetzt‹ sind.[8]

Ich erinnerte sie an meine Hoffnung, Seth würde im Zusammenhang mit ihrem alten Foto etwas über wahrscheinliche Realitäten sagen, obwohl mir nun klar war, daß ein Eingehen auf diesen Punkt mehr Zeit in Anspruch nehmen würde, als ich angenommen hatte. Ich glaubte nicht, daß wir in der Sitzung noch Material über mein Foto bekommen würden.

Wiederaufnahme des Diktats in gleicher Weise um 22.42 Uhr.)

Nun: Du hast recht. Natürlich spielen Wahrscheinlichkeiten eine Rolle. Erinnere dich an die ersten Sätze dieser Sitzung. Die allgemeinen umfassenden Bedingungen wurden gewählt, aber sie beinhalteten viele wahrscheinliche Wege.

(Als Seth deutet Jane auf ihr Foto, aufgenommen als sie zwölf Jahre alt war.)

JENES Kind nahm einen anderen Weg als diese Frau hier *(Jane, die im Schaukelstuhl saß, zeigte auf sich).* Der Dogmatismus setzte sich durch. Die an sich stark mystische Natur des Kindes war nicht stark genug, dem kirchlichen Bezugssystem zu TROTZEN, es zu verlassen oder sich über die vorgegebene Symbolik zu erheben. Dem (Mystizismus) sollte Ausdruck gegeben werden, aber, relativ gesprochen, in zurechtgestutzter Form. Dem Geist wurden Zügel angelegt, so daß er nicht allzu viele Fragen stellte. JENES Kind *(auf dem Foto)* ging ins Kloster, wo es lernte, die mystische Erfahrung so zu regulieren, daß sie den Vorschriften entsprach, sie aber nichtsdestoweniger weiterhin und ziemlich regelmäßig auszudrücken, in einer Lebensform, die deren Existenz immerhin anerkannte.

Von euch aus gesehen, kreuzten sich die Wahrscheinlichkeiten eines Tages bei einem Gespräch, das das Kind mit einem Priester führte. Dieses Ereignis, aus Ruburts Sicht, wird mit seinen Auswirkungen in eurer Wahrscheinlichkeit in seinem *Rich Bed (vgl. Anmerkung 4)* erwähnt. Das Kind, das in der siebten oder achten Klasse war, schrieb ein Gedicht, in dem es seinem Wunsch, eine Nonne zu werden, Ausdruck gab und brachte es einem Gemeindepfarrer. In eurer Wahrscheinlichkeit sagte dieser dem Kind, daß es von seiner Mutter gebraucht wurde; aber intuitiv erkannte er, daß Ruburts Mystizismus nicht in die kirchliche Institution paßte.

In der ANDEREN Wahrscheinlichkeit gewann Ruburts damaliges Verlangen die Oberhand. Er brachte es fertig, Ausmaß und Dimensionen seines Mystizismus so zu verwässern, daß er akzeptabel wurde. In dieser anderen Wahrscheinlichkeit gibt es keinen längeren Zeitraum, in dem die mystische Erfahrung latent bleiben muß, und keine Notwendigkeit, sie in neue Begriffe zu kleiden.

Die schriftstellerische Fähigkeit folgte als dienstbarer Geist. In DIESER Welt bekamen die künstlerischen Fähigkeiten Vorrang, aber die mystische Natur erhielt größere Entfaltungsmöglichkeiten. Und beiden Aspekten wurde die Gelegenheit gegeben, alte historische Bezugssysteme zu zerstören und sich über sie zu erheben.

(Nachdrücklich:) Ruburt wählte hier die Form des Schreibens und hat sich so unbeugsam daran gehalten, wie er einst der Kirche anhing, suchte aber immer nach einem neuen Bezugssystem. Eine Weile lang idealisierte er dich. Deine Führung und Stärke waren sein Bezugsrahmen. Als offenkundig wurde, daß auch du menschlich bist und KEIN Bezugssystem, bekam er Angst. Als sich sein Mystizismus bemerkbar machte, und du ihn darin unterstütztest, konntest du seinem Gefühl nach nicht länger als Bezugssystem dienen, in das sich dieser Mystizismus einbettete. Dies schien die gemeinsame Struktur, eurer Leben, zu bedrohen. Intuitiv wußte er, daß auch du das künstlerische Schaffen als Puffer zwischen dir und der mystischen Expression benutztest.

Aus allen diesen Gründen – und sie sind in aller Deutlichkeit angesprochen worden *(in privaten Sitzungen)* – befürchtete er, daß geistige oder physische Spontaneität den schon lange akzeptierten Bezugsrahmen eures gemeinsamen Lebens bedrohen würde. Wenn er spontan in seinen mystischen Erfahrungen fortführe, dann würde das, seinen Vorstellungen nach, die herkömmliche Akzeptanz seiner Kunst bedrohen. Konventionelle Vorstellungen über Kunst und Schreiben, von denen nun der alte Bezugsrahmen abhing, paßten nicht länger.

Wieder einmal, so fühlte er, führten ihn seine spontanen Erfahrungen über jene Strukturen hinaus, die er als sicher betrachtet hatte.

(23.05 Uhr.) Er hatte dich in Betracht zu ziehen. Diese Erfahrungen nahmen nicht nur ihm, sondern auch dir Zeit von deiner künstlerischen Arbeit, dachte ER. Gleichzeitig jubilierte seine mystische Natur über diese Gelegenheit und spürte das Potential. RUBURT WAR ENTSCHLOSSEN, WEITERZUMACHEN *(lauter)* – aber er war auch entschlossen, die alten Strukturen beizubehalten und die Risse darin nicht zur Kenntnis zu nehmen. Das hatte teilweise mit seiner Loyalität zu dir und seiner Verantwortung zu tun, dich in deiner künstlerischen Konzentration zu schützen. Du solltest durch nichts abgelenkt werden, und doch lenkte er dich nun ab.

Eine Zeitlang war euer gemeinsames Kommunikationssystem etwas wacklig. Er hatte Angst davor, weiterzumachen. Die auftretenden Symptome hielten ihn bei seiner Arbeit zu Hause, und er konnte sich ohne äußerliche Ablenkungen konzentrieren; sie hielten ihn an, zu SCHREIBEN, und die mystische Erfahrung wurde pflichtschuldigst in Kunst übersetzt.

Die Symptome dienten auch dazu, DIESE PHANTASTISCHE ENERGIE zu fokussieren, während er überlegte, wie sie einzusetzen war. Einen neuen psychischen Bezugsrahmen konnte er nicht akzeptieren, solange es darin offene Fragen zu eurer beider Absichten in geschäftlichen Dingen gab und zu den unterschiedlichen Loyalitäten in bezug auf das Schreiben und das Malen; zu persönlichen wie gemeinsamen Ängsten in bezug auf Spontaneität im allgemeinen und dem Bedürfnis, eure Begabungen sowohl vor eurer eigenen sexuellen Natur als auch den Ablenkungen von außen zu schützen.

Er konnte einen neuen Bezugsrahmen nicht akzeptieren und wagte nicht, den alten aufzugeben, und so wurden die auftretenden Symptome die körperliche Materialisierung dieser Konflikte und dienten vielen Zwecken. Dieses Kind *(auf dem Foto)*, das in seiner eigenen Wahrscheinlichkeit aufwuchs, hat diese Probleme nicht. Auch nicht diese Herausforderungen – oder nur in latenter Form.

Laß uns einen Moment Zeit... Ruburt muß unbedingt realisieren, daß du ihn liebst und annimmst, so wie er jetzt ist aus eurer Sicht. Er bekommt von dir, was immer er an Gefühl für das Annehmen von Kreatürlichkeit hat, und welches du auf deine Weise in frühen Jahren von deiner Familie bekommen hast.

Deine Fragen, Joseph *(vgl. Anmerkung 3)*, und dein tiefes Mißtrauen in bezug auf die gegenwärtigen, allgemeinen Theorien hat Ruburt ganz genauso, und euer gemeinsames Beharren auf der Entdeckung neuer Antworten ist verantwortlich für diese Sitzungen und ihre Resultate.

Du siehst sein erfreuliches Potential, und er weiß, daß du das tust. Aber manchmal fühlt er sich als das emotionale menschliche Wesen verloren, das sich zu diesem Potential hintastet, und er braucht Trost. Wie du jetzt weißt, kann es bei dir Angst auslösen, wenn du ihn tröstest, weil dies euch beide auf tiefe emotionale Wahrnehmungen und Gefühle zurückwirft, die du in deinen Malereien sublimierst, und weil es dich auch zu mystischen Erfahrungen bringen kann, die du ebenfalls durch deine Arbeit kanalisierst.

Macht eine Pause.

(23.25 Uhr. »Ich habe wieder dieses Gefühl«, sagte Jane, nachdem sie aus einer tiefen Trance gekommen war. »Innen leer, du weißt schon, so als ob mich alles sehr trifft...«

In dieser letzten Passage habe ich zwei kurze, sehr persönliche Sätze ausgelassen. Offensichtlich entschieden Jane und ich uns dann dazu, die Herausforderung anzunehmen, die das Auftauchen ihrer medialen Fähigkeiten vor elf Jahren mit sich brachte. Diese ›neuen‹ Fähigkeiten boten sichtlich so viele schöpferische Möglichkeiten, daß wir, unserem Wesen entsprechend, kaum den Wunsch hatten, etwas anderes zu tun; hinter unseren Zweifeln und Fragen fühlten wir intuitiv die Richtigkeit unserer Entscheidung. Ich entdeckte, daß ich auf psychischer Ebene einen gewissen Beitrag leisten konnte, vom bloßen Protokollieren der Sitzungen abgesehen. Und daß uns, über mediale oder andere Wege, zumindest einige unserer tiefsten Wünsche und Motive so klar zu Bewußtsein gebracht wurden, war mehr, als wir in den Jahren davor für möglich gehalten hatten. Diese Informationen schienen uns innerhalb des gesellschaftlichen Gesamtzusammenhangs besonders wertvoll. Bei alledem kam es mir auch darauf an, soviel als möglich über die Philosophie und den Akt des Malens zu erfahren.

Ich hoffe, die [nur ganz geringfügig überarbeitete] Information Seths über meine Familie führt auch bei anderen zu Einsichten. Wiederaufnahme des Diktats um 23.37 Uhr.)

Nun: Laßt uns jetzt kurz darauf eingehen.

(Seth-Jane hielt mein Foto hoch, aufgenommen, als ich knapp zwei Jahre alt war.[9]*)*

Dieses Kind erfreut sich eines starken Gefühls von Vitalität UND Sicherheit. Im Rahmen deiner Familienbeziehung, so weit so gut. Du warst im großen und ganzen von Liebe und Bestätigung umgeben. Deine Eltern waren jung. Deine Mutter hatte zwei prächtige Jungen zur Welt gebracht; und auf IHRE Weise und innerhalb IHRES Kontexts war auch sie eine Perfektionistin – was dein Vater nie verstanden hat.

Oberflächlich betrachtet handelte es sich um eine sehr konventionelle Struktur, darunter aber war sie äußerst schwerfällig. Es gab Dogmen. Von der Mutter wurde erwartet, daß sie perfekte Kinder gebar und sich, zumindest nach außen hin, dem Männlichen unterordnete.

Deine Mutter hatte das Gefühl, daß jeder seinen Teil zur Ehe beitrug insofern, als dein Vater in ihren Augen zu großen Hoffnungen Anlaß gab, und sie ihm zwei Söhne geschenkt hatte. Erst später fand sie, daß er seinen Teil des Abkommens nicht erfüllt hatte, und du fingst an, dich unsicher zu fühlen. Sie zwang sich dazu, ihre gesamte große emotionale Kraft auf die Ehe zu konzentrieren, so wie sie von beiden verstanden wurde; aber dein Vater setzte nicht alle seine Fähigkeiten für familiäre und finanzielle Belange ein, wie ER im Rahmen dieses stillschweigenden Vertrags zugesagt hatte.

Sie hatte sich dazu gezwungen, IHRE EIGENE REALITÄT in einen konventionellen Rahmen zu PRESSEN, aber er weigerte sich, so wie sie es sah, seine Energie für die akzeptierte gesellschaftliche und finanzielle Struktur zu nutzen, auf die sie sich geeinigt hatten.

Jahre später fingst du an, so zu fühlen wie Ruburt: Kreativität war auf ihre Weise gefährlich, sie würde dich dazu bringen, akzeptierte gesellschaftliche Strukturen zu verlassen, und ganz bestimmt mußte sie vor einem normalen Familienleben geschützt werden.

(Nahm mein Foto auf:) Nicht auf dem Bild zu sehen, aber sehr lebendig, war dein Bruder Linden. Du bestandest darauf, deine Fähigkeiten zu gebrauchen und hast jahrelang versucht, sie in das kommerzielle Muster einzubinden, wo sie finanziell und gesellschaftlich und deinem Selbstbild entsprechend akzeptiert wurden. Schließlich bist du dieser Struktur entwachsen.[10] Als das geschah, nahmst du eine künstliche Trennung vor, wonach sich gute Kunst NICHT verkauft – aber du würdest sie trotzdem schaffen.

Du würdest deine Kreativität auf sinnlicher Ebene REALISIEREN. Linden tat das nicht. Er verwahrte sie sicher innerhalb einer ›Spiel‹-Struktur – Spiel nicht unbedingt im wortwörtlichen Sinn, sondern er arbeitete gewitzt mit Modellen und wandte seine kreativen Fähigkeiten gewissermaßen nie in der praktischen Realität an. In diesem Zusammenhang blieben sie gefahrlos außen vor.

So handhabte er die Fähigkeiten, über die er verfügte, und die in die Gesellschaft, so wie er sie verstand, einfließen konnten. In diesem schwebenden Zustand der Möglichkeiten trat eine Fragmentierung ein, und seine Fähigkeiten zerstreuten sich: einige richteten sich auf die Schule, andere auf das Zeichnen, und wieder andere auf seine Modelle. Die kreativen Eigenschaften wurden so aufgespalten, daß er mit ihnen gefahrlos umgehen, sie aber doch bis zu einem gewissen Grad ausdrücken konnte und nicht völlig leugnen mußte.

Du bist in deinem Wesen direkter, was heißt, du hast dir einen unmittelbareren Brennpunkt bewahrt. Als dieses Foto aufgenommen wurde, fingen deine Eltern an, sich ihrer Probleme bewußt zu werden.

In deinem ersten Jahr waren dein Vater und deine Mutter von Hoffnungen erfüllt. Linden spürte schon den Mangel. Er fühlte sich sicher, aber nicht so sicher, wie du es gewesen warst, da sich die Entfremdung zwischen deinen Eltern allmählich bemerkbar machte.

Linden bedient sich nun der Worte nicht als Ausdrucksmöglichkeit, sondern als Bezugsrahmen für Kreativität und Kommunikation. Du warst hier als Kind *(auf dem Foto)* unternehmungslustiger, weil du dich in physischer Hinsicht sicherer fühltest. Linden war, was das anging, sehr viel weniger risikofreudig...

(Nach einer Pause um 0.02 Uhr übermittelte Seth eine Seite Text für Jane, bevor die Sitzung um 0.16 Uhr beendet wurde. Nach meiner Deutung der Informationen über die Fotos zeigt das von Jane eine Person, die in bezug zur Jane die ich kenne, zu einer wahrscheinlichen Jane wurde, wohingegen das meine weitgehend eine Version des Selbsts darstellt, das immer in dieser Realität gelebt hat...)

Anmerkungen zu Sitzung 679

1 Seth sagt uns, daß alle Handlungen ursprünglich geistiger Natur sind. Einfach ausgedrückt, entspringen wahrscheinliche Realitäten vielfältigen vorgestellten Handlungen – oder Ereignissen –, die wir dann aber nicht wählen, um sie auf physischer Ebene zu verwirklichen. Jede Bewegung bleibt, sobald wir sie uns vorgestellt haben, gültig und wird in all ihren Variationen von wahrscheinlichen Selbsts in anderen Realitäten ausgeführt. Zumindest zwischen einigen dieser Welten ist eine Kommunikation möglich. Jane war in bescheidenem Umfang erfolgreich im Kontaktieren einiger ihrer wahrscheinlichen Selbsts, und plant, über diese und andere künftige Experimente zu schreiben.
Seth sagt in seinem Material über wahrscheinliche Systeme in Kapitel 16 von *Gespräche mit Seth*: »Die Seele läßt sich darüber hinaus als eine multidimensionale, unendliche Handlung beschreiben, wo auch die winzigste Wahrscheinlichkeit irgendwo wirklich und existent wird, als ein unendlicher Schöpfungsakt, der sich unendliche Dimensionen erschafft, in denen Erfüllung möglich wird.«
Siehe dazu auch Kapitel 15 von *Das Seth-Material*: Wahrscheinliche Selbsts und wahrscheinliche Realitätssysteme.

2 Jane hatte in der Tat bereits einige Sitzungen abgehalten, bevor uns klar wurde, daß Seth ein neues Buch angefangen hatte – siehe Sitzung 683 in diesem Teil. Seth hatte *Die Natur der persönlichen Realität* vor über sechs Monaten beendet. Danach setzten wir mit unseren regelmäßigen Sitzungen aus, waren aber beschäftigt wie eh und je. Meine Mutter starb im November 1973. Seit einigen Monaten wußten wir, daß ihr Tod bevorstand, und hatten unsere Angelegenheiten diesem unwiderruflichen Ereignis entsprechend arrangiert: Ich verbrachte Wochen mit der Vorbereitung der endgültigen Fassung von *Die*

Natur der persönlichen Realität; Jane hielt ihre ASW-Gruppenabende ab, wann immer es ihr möglich war, und arbeitete an ihren beiden Büchern *Adventures in Consciousness* und *Dialogues of the Soul and Mortal Self in Time*. Sie hielt auch für uns beide einige private Seth-Sitzungen zu verschiedenen Themen ab. Einen Teil aus einer dieser Sitzungen bezifferten wir schließlich als Sitzung 678 und fügten sie unseren Protokollen hinzu, da das Material, das Jane auf meine Bitte hin erhielt, auf Wahrscheinlichkeiten und auf Jerusalem einging. Wir hoffen, es eines Tages zu veröffentlichen.

3 Fast immer bezieht sich Seth auf Jane mit dem Namen ihrer männlichen Wesenheit, Ruburt, und spricht somit auch von »er«, »sein«, »ihm«.
Um Seths etwas belustigte Kommentare in der zwölften Sitzung am 2. Januar 1964 zusammenzufassen: »Das Geschlecht ist, trotz all eurer Erzahlungen über die Fleischeslust, ein psychisches Phänomen; es handelt sich lediglich um bestimmte Eigenschaften, die ihr männlich und weiblich nennt. Diese Eigenschaften sind jedoch real und sowohl in anderen Sphären als auch in der euren verbreitet. Sie sind Gegensätze, die sich nichtsdestoweniger ergänzen und sich in eins verbinden. Wenn ich sage, daß die Gesamtwesenheit (oder das ganzheitliche Selbst) weder männlich noch weiblich ist, und ich mich doch auf (einige) Wesenheiten mit eindeutig männlichem Namen wie ›Ruburt‹ oder ›Joseph‹ (wie Seth mich nennt) beziehe, dann meine ich, daß sich die jeweilige Wesenheit im ganzen gesehen mehr mit den sogenannten männlichen Eigenschaften als mit den weiblichen identifiziert.«

4 Jane geht auf die vielen, oft chaotischen Einzelheiten ihres Lebens in ihrer Autobiographie *From This Rich Bed* ein. Sie hat, neben ihren anderen Büchern, an diesem Projekt schon einige Zeit gearbeitet, und es könnte mehr als ein Band daraus werden.
Hier eine sehr vereinfachte Zusammenfassung aus *Rich Bed*: Jane war das einzige Kind von Marie Burdo und Delmer Roberts. Sie war zwei Jahre alt, als sich ihre Eltern 1931 scheiden ließen. Die junge Marie kehrte anschließend mit ihrer Tochter zu ihren Eltern und in das Haus zurück, das die Familie für eine Reihe von Jahren gemietet hatte: die Hälfte eines Doppelhauses in einem Armenviertel von Saratoga Springs im Staat New York. Marie hatte es bereits mit rheumatischer Arthritis im Anfangsstadium zu tun, arbeitete aber soviel wie möglich.
Schließlich war Janes Großvater, Joseph Burdo, mit dem sie eine tiefe mystische Identifikation verband, nicht mehr imstande, die beiden zusätzlichen Personen zu unterstützen, und die Familie war auf Sozialhilfe angewiesen. Janes Großmutter kam bei einem Autounfall im Jahre 1936 ums Leben. Im folgenden Jahr zog ihr Großvater aus dem Haus aus. Inzwischen war Marie teilweise arbeitsunfähig, und die Sozialfürsorge ließ Mutter und Tochter gelegentlich (und oft unzuverlässige) Hilfe im Haushalt zukommen. Dies waren die Umstände, als Jane 1938 neun Jahre alt war und in der dritten Klasse die Schule wechselte.
Immer, wenn Jane und ich in *Die Wirklichkeit der Psyche* persönliche Informationen preisgeben, beabsichtigen wir damit verschiedene Dinge. Wir wollen nicht nur notwendige Hintergrundinformationen im Zusammenhang mit den jeweiligen Sitzungen liefern, sondern auch Einblicke in sehr komplizierte emotionale und physische Kräfte gewähren, die hinter einer engen, langjährigen Beziehung stehen. Wir glauben, daß Seths Kommentare zu unserer Situation den Lesern helfen können, ihre eigenen Überzeugungen, Motive und Wünsche besser zu verstehen.

5 Vgl. die Anmerkungen zu Jane und den Fotos am Anfang dieser Sitzung.

6 Es dauerte einige Zeit, bis sich Janes mystische Natur in ihrer Prosa zeigte. Zwei Jahre nach unserer Heirat veröffentlichte sie ihre erste Erzählung, eine Kurzgeschichte über Reinkarnation mit dem Titel »The Red Wagon«. Sie erschien 1956 in der Dezembernummer von *The Magazine of Fantasy and Science Fiction* (© by Fantasy House, Inc., New York, N. Y.). Jane war 27 Jahre alt und über den Beginn ihrer beruflichen Karriere höchst erfreut. In den nächsten Jahren verkaufte sie eine Reihe von weiteren Erzählungen an dieselbe Zeitschrift, sowie zwei kurze Romane, und sie veröffentlichte auch anderswo Gedichte und ein paar Erzählungen.

Jane sah ihre Arbeiten als Science ›fantasy‹ und nicht als ›reguläre‹ Science fiction. Vor allem ihre erzählerischen Themen waren Erweiterungen ihrer früheren Lyrik und folgten demselben Denken, das sie zum Bruch mit der Kirche geführt hatte. Sie hatte keinerlei Vorahnungen, daß sie innerhalb eines Jahrzehnts das Seth-Material entwickeln würde. »Mein Gehirn arbeitete einfach so«, sagte Jane über ihre Erzählungen. »Diese Themen beschäftigten mich, also schrieb ich darüber.«

Ich erinnere mich, daß ich über das Thema von »The Red Wagon« ein bißchen überrascht war – denn obwohl sie damals an Reinkarnation als Theorie sehr interessiert war, sprachen wir selten darüber. »The Red Wagon« findet sich im Sammelband *Ladies of Fantasy / Two Centuries of Sinister Stories by the Gentle Sex* (© 1975 by Manley and Lewis, erschienen bei Lothrop, Lee & Shepard Co., New York, N. Y. 10016).

7 Als Jane am Abend des 9. September 1963 an einem Gedicht arbeitete, hatte sie ihre erste bewußte mediale Erfahrung. Sie war sehr stark, dauerte mindestens zwei Stunden und überraschte sie mit einem ›Sperrfeuer‹ an neuen Gedanken. Zeitweise verließ ihr Bewußtsein ihren Körper; und durch automatisches Schreiben produzierte sie in dieser Zeit ein Manuskript mit dem Titel *The Physical Universe As Idea Construction (Das materielle Universum als Ideenkonstruktion).* Später sagte uns Seth, daß Janes Bewußtseinsveränderung sein erster Versuch war, eine ›formale‹ Verbindung mit ihr aufzunehmen, obgleich sie sich damals dessen nicht bewußt war.

Idea Construction diente jedoch als medialer Auslöser. Es führte Jane zum Exposé für *Der Weg zu Seth* (im Original *How to Develop Your ESP Power*, vgl. Anmerkung 2 zu Seths Vorwort in diesem Buch) und dann, zwei Monate später, zum Anfang der Seth-Sitzungen. »An jenem Abend wurde genug Energie freigesetzt, die Richtung meines Lebens und das meines Mannes zu ändern«, schrieb sie in Kapitel 1 von *Das Seth-Material.* In diesem Kapitel untersucht sie diese Erfahrung in ihren Einzelheiten und fügt Auszüge aus *Idea Construction* bei. Weitere Verweise auf dieses Manuskript finden sich in ihrer Einleitung und in Sitzung 596 im Anhang zu *Gespräche mit Seth.*

Jane ist immer wieder fasziniert, wenn sie *Idea Construction* neu liest. Es wurde nie veröffentlicht, aber sie hat das Gefühl, daß ihre ganze folgende Arbeit in direktem Bezug dazu steht.

8 Als Seth übermittelte Jane mehrere ausgezeichnete Textseiten über ihre physischen Symptome in Sitzung 645 vom 5. März 1973, in Kapitel 11 von *Die Natur der persönlichen Realität.*

Wir brauchten einige Jahre, bis wir verstanden, daß hinter Janes Symptomen ihre Anstrengungen standen, die sehr starke kreative Energie, die sie seit ihrer Kindheit in sich spürte, zu verstehen und auszudrücken. Der Konflikt, der sich zwischen ihrem Schriftsteller-Selbst und ihrem mystischem Selbst herausbildete, und wie er auch von Seth in *Die Natur der persönlichen Realität* erklärt wird, war jedoch nur ein Aspekt ihres intuitiven Verlangens, dieser Energie Ausdruck zu geben. Als sie älter wurde, erkannte Jane, daß sie es auch mit anderen Herausforderungen zu tun hatte. Dazu gehörte die Aufarbeitung einiger alter Familienbeziehungen – und in dieser Anmerkung spreche ich nirgendwo über vergangene Leben oder wahrscheinliche Leben, sondern nur über die Lösung schwieriger Fragen, die in dieser physischen Gegenwart wurzeln. Wir haben viel unveröffentlichtes Material, von Seth und von uns selbst, über Janes Symptome und über Dinge, die dazugehören. Vieles davon läßt sich auch auf andere anwenden, und vielleicht wird sie einmal ein Buch über dieses Thema schreiben. Sollte sie das tun, so wäre das sicherlich die Geschichte über die langwierigen Anstrengungen und Bemühungen einer Person, soweit als möglich – und nicht immer erfolgreich – mit ihren menschlichen Eigenschaften zurechtzukommen. Aber ich denke auch, daß dies in vieler Hinsicht ihre erhellendste Arbeit werden würde. Sie akzeptiert voll und ganz die Theorie, daß sie ihre eigene Realität schafft.

In der Zwischenzeit machte Jane ganz gute Fortschritte im Umgang mit ihren persönlichen Herausforderungen; gegenwärtig besteht ihre Arbeit hauptsächlich darin, den Komplex an schützenden, symbolisierenden Überzeugungen hinsichtlich des Körpers aufzulösen, mit dem sie den Gebrauch ihrer immensen Energie besetzt hat.

9 Ich habe dieses Foto aus meiner Kindheit zu Beginn dieser Sitzung beschrieben. Meine Eltern hatten drei Söhne. Ich war der Älteste, geboren am 20. Juni 1919; danach kam, dreizehn Monate später, Linden; der Jüngste, Richard, war neun Jahre jünger als ich (beide Namen wurden geändert).

Wir drei kamen als Kinder gut zurecht, obwohl wir uns in unserem Wesen und in unseren Interessen sehr unterschieden. Alle von uns gingen durch die Schulen von Sayre, einer Eisenbahnstadt im nordöstlichen Pennsylvania. Unser Vater siedelte sich dort 1923 an und eröffnete eine Autoreparaturwerkstatt und einen Laden für Batterien. Die Trennungen traten in der Familie ein, nachdem Linden und ich die High School absolviert hatten, Sayre verließen und unsere eigenen Wege durch College und Kunstakademie gingen. Danach kam eine lange Zeit des Militärdienstes für uns alle drei (der Zweite Weltkrieg für Linden und mich). Erst nach Jahren verstand ich, was der Weggang der Kinder für meine Eltern bedeutet hatte.

Seth hatte zuweilen über die Mitglieder der Butts-Familie, einige ihrer reinkarnativen Aspekte eingeschlossen, gesprochen. Sechs Monate vor Beginn von *›Unbekannte Realität‹* machte er jedoch ein paar Bemerkungen, die ich seither immer auf unser physisches Leben angewandt habe: »Jede Person wählt ihre Eltern und akzeptiert hinsichtlich ihrer Umwelt und ihres Erbes einen Vorrat an Eigenschaften, Einstellungen und Fähigkeiten, von dem sie in ihrem physischen Leben zehren kann. Immer existiert ein Grund, eine Absicht, und so stellen die Eltern für jedes Kind ein unausgesprochenes Symbol dar. Oft stehen beide Elternteile für überdeutliche Kontraste und verschiedene Wahrscheinlichkeiten, und das Kind kann vergleichen und auseinanderstrebende Realitäten abwägen ... Auch deine beiden Brüder wählten diese Familiensituation. Jeder Elternteil (beide sind nun verstorben) stellte für sie Gegensätze dar – individuelle Gegensätze, und so sahen sie eure Eltern anders als du. Verliere nicht den Kontakt zu ihnen ...«

Daraus folgt auch, daß meine Mutter und mein Vater in ihren Kindern *ihre* jeweiligen Schöpfungen oder Versionen sahen.

10 Ich gab mein Engagement in der kommerziellen Kunst 1953 auf, als ich 34 war. Schon Jahre zuvor wuchs langsam mein Verlangen, das zu tun. Es wurde zum bewußten und

enen Trennungsakt, als ich in eine kleine Gemeinde nahe Saratoga Springs im w York zog (wo Jane lebte), um vorübergehend einem Künstler-/Schriftsteller- abei zu helfen, einen groß angelegten ›Comic‹-Strip zu produzieren. Dies war e kommerzielle Arbeit, die ich für eine Weile übernehmen sollte; mir wurde ich klar, daß ich ganz einfach mehr am Malen von Bildern als an allem anderen interessiert war. Da ich glaube, daß jeder und jede von uns auf sehr präzise Weise seine und ihre Realität schaffen, ist es wohl kaum ein Zufall, daß dieser Freund in dieser Zeit der Entscheidung Jane und mich miteinander bekannt machte – denn sie fühlte sich dem Schreiben genauso verpflichtet wie ich mich dem Malen.

Sitzung 680, Mittwoch, 6. Februar 1974, 21.21 Uhr

(In der letzten Sitzung hatte Seth, im Zusammenhang mit seinen Theorien über wahrscheinliche Selbsts, über zwei verschiedene Fotos, eins von Jane und eins von mir [im Alter von zwölf bzw. zwei Jahren aufgenommen], gesprochen. Da wir wollten, daß Seth heute abend das Thema fortführte, sahen wir uns, während wir darauf warteten, daß er durchkam, die Fotos nochmals an. Dann, ohne Begrüßung:)

Nun: Wenn ich von wahrscheinlichen Selbsts spreche, dann meine ich natürlich nicht irgendwelche symbolischen Teile der Persönlichkeitsstruktur, und ich bediene mich auch nicht einer Analogie.

Bewußtsein IST eine Zusammensetzung aus Energie, mit allen Implikationen. Man kann sich die Psyche als ein Konglomerat von stark geladenen Energie-›Partikeln‹ vorstellen, welche Gesetzen folgen und mit Eigenschaften ausgestattet sind, von denen euch viele einfach nicht bekannt sind. Auf anderen Ebenen kommen hinsichtlich dieser Energiequellen des Selbsts Gesetze der Dynamik zur Anwendung. Stellt euch ein ›Selbst‹ als den Kern einer Energie-Gestalt des Bewußtseins vor. Dieser Kern wird, je nach seiner Intensität oder Dichte, eine bestimmte Masse des gesamten, der Persönlichkeit zur Verfügung stehenden Energiemusters an sich ziehen.

So gesehen setzt sich die Persönlichkeit bei der Geburt aus einer Vielfalt solcher ›Selbsts‹ samt ihrer Kerne zusammen, und aus diesem Vorrat kann sich die physische Persönlichkeit völlig frei bedienen. Ruburts mystische Natur war ein so starker Teil der Gesamtpersönlichkeit, daß ihren Impulsen und Ausdrucksformen in der gegenwärtigen Realität und in der gewählten wahrscheinlichen Realität – wie ich bei der Besprechung dieses Fotos *(von Jane)* erwähnte – Spielraum gegeben wurde. Schnittpunkte mit wahrscheinlichen Realitäten ergeben sich dann, wenn sich eine psychische Gruppierung soweit intensiviert, daß daraus die Erfüllung zu einem Selbst erfolgt.

In der Gesamtpersönlichkeit mögen zum Beispiel verschiedene Selbsts im Anfangsstadium existieren, um deren jeweiligen Kern die physische Person sich formen kann. In vielen Fällen bildet sich eine ›Haupt‹-Persönlichkeit heraus, und die anfänglichen Selbsts werden in sie hineingezogen, so daß deren Fähigkeiten und Interessen eine untergeordnete Funktion einnehmen oder weitgehend latent bleiben. Sie sind Fährten-Selbsts.

Häufig werden diese latenten Selbsts jedoch ebenso stark energetisiert wie die ›Haupt‹-Persönlichkeit. Da auf physischer Ebene eine gewisse Persönlichkeitsstruktur aufrechterhalten werden muß, werden Fährten gelegt. Kommt es dann zu solchen Situationen der Energetisierung, springen ein oder zwei der anderen energetisierten Selbsts buchstäblich aus der euch bekannten Raum-Zeit-Struktur heraus.

Von eurem Standpunkt aus gesehen werden diese Energiesprößlinge unreal. Doch sie existieren so gewiß wie ihr. In bezug auf die Energie ist diese Vervielfachung der Selbsts ein natürliches Prinzip. *(An mich gerichtet:)* Dein ›Sportler-Selbst‹* war nie mit derselben Kraft ausgestattet wie dein künstlerisches oder schriftstellerisches Selbst. Es bekam eine untergeordnete Funktion, doch du kannst dich darauf beziehen, Freude an der Bewegung finden und seine Vitalität deiner ›Haupt‹-Persönlichkeit zuführen.

Hätte es aus deiner Umwelt, Umständen oder Absichten zusätzliche Kraft bezogen, dann wäre dein künstlerisches Selbst zu einem untergeordneten oder ergänzenden Aspekt geworden; wären diese energiegeladenen Selbsts in ihrer Intensität etwa gleich stark gewesen, dann hätte sich eines von ihnen zu einem Nebensproß entwickelt und wäre von seinem Bedürfnis nach Erfüllung in eine wahrscheinliche Realität getrieben worden. Kannst du mir folgen?

(»Ja.«)

(21.44 Uhr.) Laß uns einen Moment Zeit... Deine Eltern teilten buchstäblich nicht dieselbe Realität. Dies ist weniger ungewöhnlich, als du vielleicht denkst. Sie trafen und bezogen sich an einem Ort ZWISCHEN ihren jeweiligen Realitäten aufeinander. Es war nicht so, daß sie sich in der Interpretation der Ereignisse nicht einig gewesen wären. Es WAREN verschiedene Ereignisse.

Hinsichtlich der Energie ist Absicht ein stabilisierendes Moment.

* Siehe Anhang 2.

Wie schon gesagt, besitzt das Selbst ein Zentrum, das als Kern wirksam ist. Dieser Kern kann sich verändern, er wird aber immer das Zentrum bleiben, von dem die physische Existenz ausstrahlt. Auf physischer Ebene bilden Absicht oder Vorhaben dieses Zentrum, unabhängig davon, was dessen Realität im Bereich der Energie ist.

In deinem Familienleben in DIESER Realität waren die Handlungen deiner Eltern für einander undurchsichtig. Es fanden starke Energieverlagerungen statt, so daß sich die Persönlichkeiten nicht direkt begegneten. Einen Moment... Einiges davon ist schwer zu erklären. In gewisser Hinsicht waren sie nicht fokussiert, jeder besaß starke Fähigkeiten, die aber gestreut waren. Dafür gab es einen Grund.

Sie trugen in sich starke und doch verschwommene Talente, die von den Kindern als Energiequellen genutzt wurden. Laß uns etwas Zeit... Sie kamen, soweit es ihre gemeinsame Realität betraf, nur aus einem wesentlichen Grund zusammen, nämlich um die Familie hervorzubringen. Sie zeugten also eine Nachkommenschaft.[1]

Deine Mutter liebte die physische Realität und erfreute sich, trotz all ihrer Klagen, an den kleinsten Dingen. Dein Vater liebte diese Dinge auch, traute ihnen aber nicht. Beide hatten diesmal, und von euch aus gesehen, ihre stärkste Realität in einem wahrscheinlichen Realitätssystem – und waren HIER *(in dieser Realität)* Nebensprößlinge. Ihnen kam dieses System immer fremd vor.[2]

In einem anderen Realitätssystem war dein Vater – und ist es noch – ein bekannter Erfinder, der nie heiratete; er lebte seine handwerklichen kreativen Fähigkeiten voll aus, vermied aber ein emotionales Engagement. Er begegnete Stella *(meiner Mutter).* Sie würden heiraten, und was die Jahre angeht, so handelte es sich historisch gesehen um dieselbe Zeit. An einem Punkt in seiner Vergangenheit, so wie ihr sie seht, hat dein Vater Stella schließlich doch NICHT geheiratet. Seine Liebe gehörte den Maschinen, der Geschwindigkeit von Motorrädern, der Kreativität in Verbindung mit Metall. An diesem Kreuzpunkt entwickelten sich in ihm gleichwertige Sehnsüchte und Absichten gleichsam zu Zwillingskernen. Energetische Umgruppierungen fanden statt, psychische und mediale Implosionen, so daß zwei gleichermaßen gültige Persönlichkeiten sich ihrer gewahr waren in einer Welt, in der jeweils nur eine leben konnte.

Die kreative, im Bereich der Mechanik erfinderische Persönlichkeit begann die andere bei weitem zu überflügeln. Der Vater, den du kanntest, war daher das wahrscheinliche Selbst. Das wahrscheinliche

Selbst befaßte sich jedoch mit emotionalen Realitäten, die die andere Persönlichkeit vermied, und dies war in der Tat seine einzige Absicht.

(Pause um 22.07 Uhr.) Das heißt nicht, daß eine solche Persönlichkeit im Grunde limitiert ist oder keine neuen Interessen und Herausforderungen ansammelt, denn sie ist selbst beweglich. Sie teilt sogar viele Eigenschaften mit dem anderen Selbst, obwohl diese natürlich latent sind. Aber dadurch, daß er Kinder hatte, brachte dein Vater, in den Söhnen, die emotionale Existenz in voller Körperlichkeit zum Leben.[3]

Dies war ein großer Akt der Erfüllung von seiner Seite, denn als Erfinder glaubte er nicht viel Emotion fühlen, geschweige denn emotionale Wesen ins Leben bringen zu können. In der anderen Wahrscheinlichkeit, in der sich deine Eltern ursprünglich trafen, heiratete deine Mutter einen Arzt, wurde eine Krankenschwester und half ihrem Mann in der Praxis. Sie wurde eine unabhängige Frau, und das – wiederum innerhalb eures historischen Kontexts – zu einer Zeit, als das für eine Frau eine beachtliche Leistung war.

Sie hatte einen Sohn, dann, aus freien Stücken, eine Hysterektomie*. Sie bildete sich mit aller Konsequenz, führte ein reges gesellschaftliches Leben und verbarg ihre ungeschulten und naiven Seiten. In JENEM Leben trug sie ganz gewiß keine roten Schleifen im Haar. Die stark kontrollierte Energie ließ sie etwas bitter werden, aber sie war erfolgreich. Sie starb in ihren Fünfzigern – kannst du mir folgen?

(»Ja.«)

Ihre Energie war jedoch von der Art, daß sie in dieses System, das deine Mutter mit deinem Vater teilte, überschwappte. Eines Tages werde ich versuchen, dies im Zusammenhang mit Energiemustern genauer zu erklären. Historisch gesehen existieren viele Wahrscheinlichkeiten zugleich. Als deine Mutter in dem einen wahrscheinlichen System in ihren Fünfzigern starb, war sie in diesem System die Nutznießerin der dann zurückfließenden Energie.

Die Vitalität deines Vaters war am stärksten in der Realität des Erfinders konzentriert, und darunter hatte die in eurem Sinne hiesige Realität zu leiden. Das bedeutet nicht, daß nicht jede Persönlichkeit, der Wahrscheinlichkeiten ungeachtet, mit freiem Willen und so weiter ausgestattet ist. Jede ist, in welches System auch immer, aus einer ursprünglichen Energiegestalt geboren und entwickelt sich daraus.

Als das Foto von dir aufgenommen wurde, lebten deine Eltern

* Operative Entfernung der Gebärmutter (Anm. d. Red.).

schon in einer wahrscheinlichen Realität, aber du und (dein Bruder) Linden nicht. Macht nun eine Pause.

(22.25 Uhr. Janes Trance war exzellent gewesen. Sie sagte, daß sie währenddessen gedacht habe, daß das Material »phantastisch kompliziert sei... so wie: ›Und wo bist du bei alledem – wo ist deine Seele?‹«

Beim schnellen Nachrechnen stellte sich heraus, daß meine Mutter zwischen 1942 und 1951 in den Fünfzigern gewesen war. Von meinem gegenwärtigen Standpunkt aus konnte ich nicht erkennen, ob sie bewußt oder unbewußt in diesem Jahrzehnt irgendeinen Zuwachs an Energie, der aus dem Tod eines wahrscheinlichen Selbsts resultierte, erfahren hatte. Zum einen dachten die Butts' zu jener Zeit nicht an solche Dinge; zum anderen hielt ich mich damals meist nicht bei meiner Familie in Sayre auf. 1947, als meine Mutter 55 war, war ich beispielsweise 28 und lebte in New York. Jane sollte ich erst fünf Jahre später treffen. Und selbst wenn Stella Butts noch lebte, wäre es wohl schwierig, sie nach einem Ereignis zu befragen, das etwa vor einem Vierteljahrhundert stattgefunden hat.

Ich sagte Jane, daß meine Mutter, hätte sie in ihren Fünfzigern irgendwelche zusätzliche Energie bekommen, deren Vorteile wohl im herkömmlichen gesellschaftlichen Rahmen ausgedrückt und eher von Veränderungen *als von Wahrscheinlichkeiten gesprochen hätte: »Mein Leben hat sich dann, als ich diese Entscheidung traf, zum Besseren gewendet.« Ich fügte hinzu, daß es für uns jetzt vielleicht wichtig wäre, die Entfaltung unserer Leben im Zusammenhang mit Seths Theorien über das größere oder ganzheitliche Selbst zu beobachten und so Einsichten zu gewinnen, die wir in Hinblick auf Wahrscheinlichkeiten interpretieren konnten. Wir beschlossen, Seth nicht zu bitten, die Spuren weiter zurückzuverfolgen und uns Material über den Sohn zu geben, den das wahrscheinliche Selbst meiner Mutter in* seiner *Realität hatte, auch wenn dieser Sohn ein wahrscheinliches Selbst von mir war.*

Während wir darüber sprachen, beschloß Jane, wieder in Trance zu gehen; sie bekam selbst schon soviel von dem Material mit, daß sie allmählich in Verwirrung geriet. Aber Seth hätte alles parat, sagte sie, falls sie die Zeit hätte, die Dinge zu übermitteln. Wiederaufnahme des Diktats um 22.45 Uhr.)

Nun: Das Selbst hat im Grunde keine Grenzen, und alle Teile des Selbsts sind miteinander verbunden – also sind sich die wahrscheinlichen Selbsts, unbewußt, ihrer Beziehungen gewahr.

Da es kein geschlossenes System gibt,[4] fließen zwischen ihnen Energieströme und finden Interaktionen statt. Einiges davon ist AUSSERORDENTLICH schwer in Worte zu fassen, da der Begriff ›Struktur‹ an sich nicht nur Reihen, sondern auch PARTIKEL beinhaltet.

(Pause.) Zum Beispiel denkt ihr bei Wesenheiten eher an Partikel als an bewußte und wache Energiewellen oder Energiemuster. *(Pause von einer Minute.)* Denke beispielsweise an Ruburts »Lebensfeld« in *Adventures*.[5] Stell dir vor, daß im Alter von 13 Jahren drei starke Energiezentren bei einer Persönlichkeit zum Vorschein kommen – sehr stark geladen, so daß eine Person die vorhandenen Bestrebungen oder Fähigkeiten gar nicht angemessen erfüllen kann. Möglicherweise erfährst du mit 13 eine dreifache Spaltung. Mit 40 wird vielleicht jedem der drei Selbsts klar, daß das Alter von 13 Jahren ein Wendepunkt war, und sie fragen sich, was wohl geschehen wäre, wenn sie einen anderen Weg eingeschlagen hätten.

Nichts davon ist vorbestimmt. Ein wahrscheinliches Selbst könnte sich im Alter von 13 Jahren von deiner Realität abspalten, sich aber aus verschiedenen Gründen mit dir, wenn du 30 bist, wieder kreuzen, – wohingegen DU plötzlich deinen Beruf wechselst oder dir eines Talents bewußt wirst, das du vergessen glaubtest, und das du jetzt mit erstaunlicher Leichtigkeit entfaltest.

(Wieder an mich gerichtet:) Deine Geburt *(1919)* fiel mit der Geburt des Kindes zusammen, das deine Mutter in jener anderen Realität hatte, von daher ihre stärkeren Gefühle für dich. Deine Geburt und die deines jüngsten Bruders *(Richard)* waren für sie stark besetzt – die deine aus den gerade angeführten Gründen, die deines Bruders, weil es die Zeit ihrer Hysterektomie in jener anderen Realität war. In dieser Realität stand Richards Geburt für den letzten Versuch deines Vaters, mit der emotionalen Realität zurechtzukommen. Beide Elternteile legten in den dritten Sohn die stärksten emotionalen Eigenschaften, die ihren Wesen zur Verfügung standen. Deine Mutter bekam den Sohn, der Tatsache trotzend, daß sie nicht mehr im üblichen Gebäralter war *(sie war 36)*, und so, als würde sie gegen jene (wahrscheinliche) Hysterektomie agieren. In DIESER Welt konnte und würde sie noch ein Kind haben.

Linden war das einzige ›natürliche‹ Kind dieser Ehe. Seid vorsichtig mit der Interpretation dieses Wortes, aber er war das Kind, das am wenigsten von anderen Realitäten berührt wurde. Doch aus diesem Grund und wegen der hiesigen Wesenszüge eurer Eltern bekam er nicht das gleiche Maß an psychischer Zuwendung, und diesen Mangel spürte er.

(23.02 Uhr.) Laß uns einen Moment Zeit... Ich sagte euch *(in der letzten Sitzung)*, daß Ruburt in einer Realität eine Nonne war und seinem Mystizismus innerhalb eines höchst disziplinierten Rahmens Ausdruck gab, wo er unter Beobachtung stand, damit er nicht außer Kontrolle geriet. Da ein unbewußter Fluß an Information und Erfahrung existiert, habt ihr hier einen der Gründe für Ruburts Vorsicht in einigen medialen Dingen und seine Angst, Leute in die Irre zu leiten. Es gab drei Sprößlinge: einer, die Nonne, die unter bewachten Umständen ihrem Mystizismus auf herkömmliche Weise Ausdruck gab; einer, die Schriftstellerin, die die mystische Erfahrung durch Kunst verhüllte; und einer, Ruburt, den du kennst, der unmittelbare mystische Erfahrungen macht, andere lehrt, das gleiche zu tun, und mit seinem Schreiben die beiden Aspekte zu einer engen Verbindung bringt. Du hast zwei von diesen Selbsts kennengelernt, und du warst bei der Geburt von Ruburts *Idea Construction* dabei.

Laß uns einen Moment Zeit... die Geburt von Joseph fand bei der Tanzepisode[6] in York Beach statt, du hast also selbst Beispiele in deinem Erwachsenenleben erfahren. Ich kann euch natürlich nicht alles an einem Abend erläutern. Hier ein paar Hinweise, bevor ich mich noch mit einem Wort an Ruburt wende. Sportler verdienen gutes Geld, und so hast du dich aus diesen und anderen Gründen sehr früh der kommerziellen Kunst zugewandt – einem Bereich, in dem sich künstlerische Fähigkeiten gut bezahlt machten.

Es gab noch andere, anscheinend triviale, aber doch einschlägige Verbindungen. Du hast gerne Comics mit Szenen im Freien gezeichnet; Bewegungsabläufe von Tieren, Körper in Aktion. Wie ein Publikum einem Sportler zusieht, so haben die Leser deiner Comics verfolgt, wie deine Figuren über die Seite hinweg in Aktion waren. Alles verborgene Muster, doch jedes gibt Sinn. Ich werde noch auf die Geburt von Joseph zurückkommen. Jetzt allerdings noch ein Wort an Ruburt.

(23.15 Uhr. Nachdem Seth noch zwei Seiten für Jane diktiert hatte, die hier ausgelassen sind, beendete er die Sitzung um 23.33 Uhr.)

Anmerkungen zu Sitzung 680

1 Siehe Anmerkung 9 zur letzten Sitzung.

2 Ich glaube, daß ich als Kind oft das Fremdheitsgefühl meiner Eltern gegenüber dieser Realität spürte, obwohl ich das nicht so ausdrücken konnte. Vielleicht interpretiere ich auch alte Erinnerungen im Licht von Seths Material neu. Damals war mir jedoch nichts über wahrscheinliche Realitäten oder die Kraft des Glaubens in bewußter Weise bekannt; ich war nur sehr stark der endlosen Meinungsverschiedenheiten zwischen meiner Mutter und meinem Vater und meiner vagen Fragen nach den Gründen ihres Verhaltens gewahr; gleichzeitig sah ich, daß sie sich darum bemühten, so zu leben wie andere Leute, die ich kannte. Ich glaube nicht, daß ich, als wir älter wurden, mit meinen Brüdern über meine wirren Gefühle sprach. Seth hat verschiedene Male sehr offene und einsichtige Interpretationen zu der heftig bewegten Beziehung zwischen meinen Eltern abgegeben. Das Material ist zu lang und komplex, um es hier auch nur in Auszügen wiederzugeben, aber ich würde gern gelegentlich an anderer Stelle darauf eingehen.

Ich kenne nun ein tieferes Mitgefühl für meine Eltern, als ich es zu ihren Lebzeiten hatte. Um in abgewandelter Form die kürzliche Bemerkung von einem meiner Brüder wiederzugeben: Sie fehlen mir auf eine Weise, die ich vor ihrem Tod nicht hätte ahnen können. Beide starben im Alter von 81 Jahren, mein Vater 1971, meine Mutter 1973. Für diejenigen, die sich dafür interessieren: In Janes *Dialogues Of The Soul And Mortal Self In Time* habe ich mit Feder und Tusche ein Bild meines Vaters und ein Bild meiner Mutter gezeichnet. Sie finden sich dort auf Seite 89 und Seite 137.

3 Während mein Vater mit den emotionalen Realitäten in diesem Leben zu tun hatte, brachte er zugleich auch seine beträchtlichen Fähigkeiten in der Mechanik zur Geltung. Nach Seths Theorie sickerten sie aus seiner wahrscheinlichen Realität als ›Erfinder‹ durch. In den Butts-Alben finden sich zahlreiche Fotos von meinem Vater in jungen Jahren, die er häufig mit Selbstauslöser aufgenommen hatte. Darauf stellt er sich in den Jahren vor der Heirat mit meiner Mutter (1917), und auch noch danach, neben den verschiedensten Autos und Motorrädern in Positur. Manchmal hatte er die Autos selbst zusammengebaut oder sie nach seinen Vorstellungen umgebaut. 1922 unternahm er mit Frau und Kindern (ich war drei, Linden nicht ganz zwei) eine sechsmonatige Autoreise von der Ostküste nach Kalifornien. Als die Hinterachse des Autos auf einer abgelegenen Landstraße in Montana zusammenbrach, bastelte er in einer Schmiede einen Ersatz.

Als wir nach Sayre in Pennsylvania zurückgekehrt waren, eröffnete er eine Autoreparaturwerkstatt und einen Laden für Batterien (vgl. Anmerkung 9 zu Sitzung 679). Während unserer frühen Schuljahre hatten Linden und ich Teilzeit-›Jobs‹ im Laden und in der Werkstatt meines Vaters und viel Gelegenheit, ihm bei der Arbeit zuzusehen. Ich glaube, daß seine methodische Arbeitsweise und technischen Fähigkeiten sich in Lindens sehr realistischen Modellen widerspiegeln und in meine Methoden eingeflossen sind, mit denen ich sehr solide meine Bilder ›aufbaue‹ und das Seth-Material mitschreibe, protokolliere und ordne.

4 Seth hat von Anbeginn dieser Sitzungen (Ende 1963) darauf bestanden, daß es keine geschlossenen Systeme gibt – und damit gab er uns Hinweise auf seine eigene Fähigkeit, wenigstens einige von ihnen zu durchreisen.

Aus der zwölften Sitzung am 2. Januar 1964: »Mir stehen sozusagen mehr Sinne zur Verfügung ... als ihr sie habt, da ich mir nicht nur meiner eigenen Ebene (oder Realität) gewahr bin, sondern auch der euren und anderer paralleler Ebenen, obwohl ich selbst auf einigen dieser anderen nicht existiert habe ...«

Und: »Es gibt bestimmte Umwelten, in die ich von meinem Standpunkt aus keinen Einblick habe, obwohl ich ein größeres Verständnis von diesen Dingen habe als ihr. Mir ist klar, daß die Veränderungen, die stattfinden müssen, bevor ich jene anderen Ebenen sehen kann, zuerst in mir und nicht auf den Ebenen eintreten.«

Aus der 13. Sitzung am 6. Januar 1964: »Wenn ich in Bildern und Analogien spreche, dann deshalb, weil ich mich auf die euch vertraute Welt beziehen muß.«

Aus der 14. Sitzung am 8. Januar: »Alles auf eurer Ebene ist eine Materialisierung von etwas, das unabhängig von eurer Ebene existiert.«

Aus der 15. Sitzung am 13. Januar: »Vorstellungskraft gestattet euch, in diese Ebenen einzutreten ... Tut so, als ob ihr nicht nur die Zeitvorstellung eures Katers (Willy) bis zu einem gewissen Grad verstehen, sondern auch seinen Zeitsinn durch ihn erfahren könnt. Dabei würdet ihr den Kater in keiner Weise belästigen, behindern oder verärgern. Er wäre sich dieser Anwesenheit von euch nicht gewahr. Auch kann dies nicht als irgendeine Art von Invasion betrachtet werden.

Stellt euch weiterhin vor, daß ihr rein als Beobachter, von innen heraus, spürt, wie es ist, ein solches Fell zu haben und über all die anderen Katzeneigenschaften zu verfügen. Das wäre in etwa eine Analogie zu meiner Reise auf andere Ebenen. Daraus folgt, daß ich nicht in Umwelten reisen kann, die ›höher‹ entwickelt sind als die meine, und wo schärfere Sinne mich sofort wahrnehmen würden ... Auf vielen Ebenen sind wir für andere auf dieser Ebene voll sichtbar. Für einige sind wir unsichtbar; und einige sind für uns unsichtbar.

Wie ich schon früher erwähnte, verändern sich die Sinne entsprechend der Materialisierungsebene. Wenn ihr von meiner gegenwärtigen Form redet – ich kann viele Formen sein. Das heißt, innerhalb gewisser Grenzen kann ich meine Form verändern, aber dabei verändere ich eigentlich nicht wirklich meine Form, sondern ich beschließe, Teil von etwas anderem zu werden.

Meine Ausgangsform ist die eines Menschen, wenn es das ist, was ihr wissen wollt, aber sie ist nicht in gleicher Art materialisiert wie die eure, und ich kann mich, wann immer ich will, dematerialisieren. Sie ist jedoch in eurem Sinne überhaupt nicht physisch, und hier werden wir wahrscheinlich auf einen Block (in eurem Verständnis) stoßen ...«

Jane zitiert das Seth-Material aus der zwölften Sitzung sehr viel ausführlicher in Kapitel 3 von *Das Seth-Material*; vgl. Seths Analogie von den Würfeln (Realitäten) in den Würfeln.

5 Jane arbeitet gegenwärtig an der endgültigen Fassung von *Adventures in Consciousness: An Introduction to Aspect Psychology*, in dem sie ihre eigenen Theorien über mediale Dinge darlegt. Sie begann mit dem Buch im Juli 1971 und arbeitete seitdem neben ihren anderen Buchprojekten ständig daran. Es wird zum erstenmal in Kapitel 21 von *Gespräche mit Seth* erwähnt; siehe dort Sitzung 587. In ihrem Glossar zu *Adventures* definiert Jane das Lebensfeld als »Die ›Wege‹, denen unsere Leben von Geburt bis zum Tod folgen«. Eine später hinzugefügte Anmerkung: *Adventures* (oder *Aspects*, wie wir auch sagen) wurde im September 1975 von Prentice-Hall, Inc. veröffentlicht. Ich habe 16 schematische Zeichnungen dafür angefertigt, und viele davon sind Darstellungen von Janes Begriff des »Lebens-Felds«.

6 Jane berichtet von unserer ›Tanzepisode‹ in York Beach in Kapitel 2 von *Das Seth-Material* und zitiert auch die Informationen, die uns Seth in späteren Sitzungen gab. Das verwirrende Ereignis fand während unseres Urlaubs in York Beach, im Staat Maine, im August 1963 statt, ein paar Monate, bevor Jane als Seth zu sprechen begann. Damals vestanden wir fast nichts von dem Geschehen; doch das Ereignis stellte eine Schlüsselepisode zu Beginn unserer medialen Ausbildung dar: In einer überfüllten und rauchigen Hotelbar schufen Jane und ich unbewußt physische ›Persönlichkeitsfragmente‹ von uns selbst – und standen ihnen dann von Angesicht zu Angesicht gegenüber. In der neunten Sitzung am 18. Dezember 1963 erklärte Seth, was wir da getan hatten, und bezeichnete unsere Schöpfungen als »Fragmente von bitter gewordenen Selbsts, abgestreifte Materialisierungen der eigenen negativen und aggressiven Gefühle«. (Je mehr Seth uns über die menschliche Fähigkeit, solche Gestalten zu schaffen, erzählte, desto mehr Fragen hatten wir natürlich!) In der neunten Sitzung gebrauchte Seth auch zum erstenmal seinen Begriff »wahrscheinliches Selbst«.
Ich sollte hinzufügen, daß, wenn das Abenteuer von York Beach ein deutliches Anzeichen unserer künftigen medialen Entwicklung war (auch wenn wir es zunächst kaum interpretieren konnten), Janes Erhalt ihres Manuskripts, *Idea Construction*, einen Monat später, sicherlich einen weiteren Hinweis darstellte; und diese Erfahrung beinhaltete deutliche mediale Elemente. Vgl. Anmerkung 7 zur letzten Sitzung.

Sitzung 681, Montag, 11. Februar 1974, 21.28 Uhr

(»Ich warte einfach«, sagte Jane um 21.25 Uhr, nachdem wir bereits seit 21.10 Uhr auf den Beginn der Sitzung gewartet hatten. »Seth ist schon da, das weiß ich. Ich habe schon vorhin etwas bekommen, aber ich warte, bis es fertig ist. Ich kann die Konzepte fühlen, aber sie sind noch nicht ganz klar, nicht so, wie sie es sein sollten. Es ist, als ob sich Seth mit ihrer Erklärung schwer tun wird.«)

Nun: Guten Abend –

(»Guten Abend, Seth.«)

– und Ruburt hat recht, also laß uns einen Moment Zeit... Was ich erklären will, IST schwierig. Absichtlich ist es noch in keinem der Bücher angesprochen worden, weil bestimmte Überzeugungen ganz einfach aufgegeben werden müssen, bevor diese Gedanken akzeptiert werden können.

Es ist nicht so, daß ich mit etwas zurückhalten will, sondern vielmehr ist das, was hier folgt, abhängig vom Verständnis früher geäußerter Gedanken. Den Menschen, die sich immer noch mit einer einzigen Seele, mit Göttern und Teufeln herumschlagen, muß geholfen werden, damit sie sich von ihrem Bezugssystem aus auf größere Realitäten beziehen können, und sie müssen, wenn möglich sanft, davon weggeführt werden. Wahrscheinlichkeiten wurden in Zusammenhang mit alternativen Realitäten erwähnt, was diesen Menschen zeigt, daß es Wahlmöglichkeiten gibt.

Eine tiefergehende Erklärung setzt allerdings eine erweiterte Vorstellung von Bewußtsein und eine gewisse Neuorientierung voraus. Außerordentlich wichtig ist, daß ihr die Bedeutsamkeit des freien Willens und die Existenz eurer eigenen Identität, wie ihr sie euch vorstellt, nicht vergeßt. Laßt mich also nach dieser Vorrede fortfahren.

Es ist übrigens nichts so sehr ein Problem von Ruburts Wortschatz, denn auch ein wissenschaftliches Vokabular würde diese Gedanken in spezifisch verzerrter Form wiedergeben. Es ist mehr ein Problem der Sprache an sich, so wie ihr mit ihr vertraut seid. Für einige der Gedanken, die ich zu übermitteln hoffe, existieren beispielsweise keine Worte. Laßt uns trotz allem beginnen.

Alle wahrscheinlichen Welten existieren jetzt. Alle wahrscheinlichen Variationen jeglicher Realität in ihrem allerkleinsten Aspekt existieren jetzt. Ihr flechtet euch ständig in Wahrscheinlichkeiten hinein und aus ihnen heraus und wählt dabei aus. Die Zellen in eurem Körper tun das auch.

(Langsam:) Ich habe euch einmal gesagt, daß es ein Pulsieren der Aktivität gibt, bei dem ihr gleichsam immer wieder aufblinkt und erlöscht – und dies gilt selbst für atomare und subatomare Partikel. [1] ›Ihr‹ definiert nur das an Aktivität als real – hier und jetzt –, was eurem Signal entspricht. Alles andere werdet ›ihr‹ nicht gewahr. Wenn sich Leute nur ein Selbst vorstellen, dann identifizieren sie sich natürlich auch nur mit einem Körper. Ihr wißt, daß sich die zellulare Struktur des Körpers ständig verändert. So ist er in jedem Moment ein Energiekonglomerat, das sich aus dem reichhaltigen Vorrat wahrscheinlicher Aktivitäten formt. Der Körper ist nicht in dem Sinne stabil, wie man gemeinhin denkt. Auf tieferen biologischen Ebenen ÜBERSPANNEN die Zellen Wahrscheinlichkeiten und lösen Reaktionen aus. Das Bewußtsein wird von und in den vorher erwähnten Impulsen getragen und bildet seine eigenen Identitätsstrukturen. Jede Wahrscheinlichkeit – wahrscheinlich nur in bezug auf den Standort einer anderen Wahrscheinlichkeit – ist jedoch in sich unverletzlich, sie kann nicht zerstört werden. Ist sie einmal gebildet, wird ihr Muster seiner eigenen Natur folgen.

(Pause von einer Minute um 21.50 Uhr; gesenkter Kopf, geschlossene Augen.) Die Bewußtseinsstrukturen ›wachsen‹, so wie sich Zellen zu Organen entwickeln. Gruppierungen von wahrscheinlichen Selbsts können ihre eigene Identitätsstruktur bilden und tun das auch, Strukturen, die sich der beteiligten wahrscheinlichen Selbsts durchaus gewahr sind. In eurer Realität hängt Erfahrung von der Dimension der Zeit ab, doch ist nicht alle Erfahrung in dieser Weise strukturiert. Es gibt zum Beispiel parallele Ereignisse, denen man so leicht folgen kann, wie ihr aufeinanderfolgenden Ereignissen folgt.

Die Struktur der Wahrscheinlichkeiten hat mit parallelen Erfahrungen auf allen Ebenen zu tun. Euer Bewußtsein wählt und entscheidet sich dafür, nur die Resultate oder Verästelungen bestimmter übergreifender Zwecke, Wünsche oder Absichten als real zu akzeptieren. Diese verfolgt ihr dann innerhalb einer Zeitstruktur. Euer Fokus läßt andere, ebenso legitime Erfahrungen unsichtbar oder unspürbar werden.

So wie ihr euch in eine persönliche biologische Geschichte einklinkt, klinkt ihr euch auch in nur eine kollektive ERDEN-Geschichte ein. Daneben laufen ständig andere Geschichten ab, und andere wahrscheinliche Selbsts von euch erleben parallel zu der euren ihre ›Geschichten‹. Unter dem FAKTISCHEN Gesichtspunkt der Sinnesdaten treffen sich diese Welten nicht. Sie treffen in tieferer Hinsicht zusammen. Jedes der zahllosen Ereignisse, das dir und Ruburt hätte zustoßen können, geschieht. Die Spannweite eurer Aufmerksamkeit erfaßt diese Aktivitäten ganz einfach nicht.

(22.00 Uhr.) Dieses endlose schöpferische Geschehen kann so verwirrend wirken, daß das Individuum darin verlorenzugehen scheint,[2] doch das Bewußtsein stellt auf allen Ebenen seine eigenen Strukturen und psychischen Interaktionen her. Jedes Bewußtsein versucht ganz automatisch, sich in alle wahrscheinlichen Richtungen hin auszudrükken und tut es auch. Damit erfährt es Alles-was-ist durch sein eigenes Sein, obwohl dies natürlich durch die ihm vertraute Realität interpretiert wird. So wie eine Blume Blütenblätter entfaltet, laßt ihr wahrscheinliche Selbsts sprießen. Jedes wahrscheinliche Selbst entfaltet sich jedoch in seiner eigenen Realität – das heißt, es erlebt die ihr innewohnenden Dimensionen voll und ganz. Nach euren Begriffen sucht und wählt ihr euch eine Geburt und einen Tod aus.

(Zu mir:) Du bist jedoch, in diesem Leben, so wie du es begreifst, als kleiner Junge bei einer Operation gestorben. Du starbst wieder im Krieg, als du ein Pilot warst – aber diese sind nicht deine offiziellen Tode, also erkennst du sie nicht an.[3]

Die Wissenschaft meint gern, daß sie sich mit voraussagbaren Vorgängen befaßt. Sie nimmt jedoch nur so wenige Daten in einem so begrenzten Bereich wahr, daß die große innere UNvoraussagbarkeit irgendeines Moleküls, Atoms oder einer Welle nicht sichtbar wird. Wissenschaftler nehmen nur wahr, was innerhalb eures Systems in Erscheinung tritt, und DAS erscheint oft voraussagbar.

Laß uns einen Moment Zeit... Echte Ordnung und Strukturierung, sogar in biologischer Hinsicht, kann nur erreicht werden, wenn man eine grundsätzliche Unvoraussagbarkeit einräumt. Mir ist klar, daß dies überraschend klingt. Die Bewegung jeder Welle oder jedes Partikels oder jeder Wesenheit ist jedoch GRUNDSÄTZLICH unvoraussagbar – freilaufend und unbestimmt. Eure Lebensstruktur ist das Resultat einer solchen Unvoraussagbarkeit und auch eure psychische Struktur. Da ihr jedoch mit einem relativ festgefügten Bild konfrontiert seid, in dem bestimmte Gesetze gültig zu sein scheinen, denkt ihr, daß an erster Stelle die Gesetze stehen und die physische Realität daraus folgt. Statt dessen ist aber das festgefügte Bild das Resultat der unvoraussagbaren Natur, die aller Energie zugrunde liegt und – liegen muß.

Statistiken erstellen einen künstlichen, vorbestimmten Bezugsrahmen, in dem dann eure Realität untersucht wird. Mathematik ist eine theoretische Ordnungsstruktur, die sich selbst eure Vorstellungen von Ordnung und Voraussagbarkeit auferlegt. Statistisch gesehen kann die Position eines Atoms theoretisch festgelegt werden, ABER NIEMAND WEIß, WO SICH EIN BESTIMMTES ATOM ZU EINER BESTIMMTEN ZEIT BEFINDET.[4]

(22.22 Uhr.) Ihr erforscht wahrscheinliche Atome. Ihr setzt euch aus wahrscheinlichen Atomen zusammen. *(Pause von einer Minute.)* Bewußtsein mußte, um völlig frei zu sein, mit Unvoraussagbarkeit ausgestattet werden. Alles-was-ist mußte sich selbst ständig überraschen, indem es SICH SELBST FREIHEIT GEWÄHRT, ansonsten müßte es sich ewig selbst wiederholen. Diese Unvoraussagbarkeit zieht sich also durch alle Ebenen des Bewußtseins und des Seins. Eine gewisse Zellstruktur innerhalb des eigenen Bezugsrahmens scheint nur deshalb unausweichlich, weil gegensätzliche oder widersprüchliche Wahrscheinlichkeiten darin nicht in Erscheinung treten.

Nach EUREN Begriffen kann Bewußtsein sein eigenes Identitätsgefühl beibehalten, indem es beispielsweise eine Wahrscheinlichkeit, ein physisches Leben akzeptiert und seine Identität durch eine Lebensspanne hindurch aufrechterhält. Selbst dann werden bestimmte Ereignisse erinnert und andere vergessen. Mit zunehmender ›Reife‹ lernt das Bewußtsein, auch mit alternativen Momenten umzugehen. Während dieses Reifeprozesses formt es einen neueren, größeren Identitätsrahmen, so wie sich auf anderer Ebene die Zelle zu einem Organ bildet.

In euren Worten gesprochen – diese Phrase ist notwendig –, ist der Augenblickspunkt[5] die Gegenwart, der Punkt der Interaktion zwischen allen Existenzen und Realitäten. Alle Wahrscheinlichkeiten fließen durch ihn hindurch, obgleich ein einziger eurer Augenblickspunkte in anderen, wahrscheinlichen Realitäten, von denen ihr Teil seid, als JAHRHUNDERTE ODER ALS EIN ATEMZUG erfahren werden kann.

(Pause um 22.36 Uhr.) Ruburt hat im Moment ein Gefühl von Massigkeit.* Er hat verschiedene Empfindungen. Das innere, zellulare Körperbewußtsein empfindet sich selbst als massig, wohingegen für euch Zellen winzig sind. Die Geräusche des Päckchens beispielsweise *(als Seth zerknüllt Jane ein leeres Zigarettenpäckchen)*, oder wenn die Fingernägel über die Tischplatte fahren *(was demonstriert wird)*, sind gesteigert, denn in der zellularen Welt sind sie wichtige, außerhalb des Selbsts stattfindende, kosmische Ereignisse – Botschaften von großer Bedeutung. Das zellulare Bewußtsein erfährt sich selbst als ewig, obwohl für euch die Zellen nur ein kurzes Leben haben. Aber diese Zellen sind sich, in euren Worten, der Geschichte des Körpers bewußt, und das in sehr viel vertrauterer Weise, als ihr euch der Geschichte der Erde bewußt seid.

Die Zellen sind sich auch in sehr viel vertrauterer Weise der Wahrscheinlichkeiten bewußt als ihr, da sie die vergangene und künftige Geschichte des Körpers beeinflussen und gestalten. Ruburt erfährt nun diese Massigkeit, da nach eurer Vorstellung von Wahrscheinlichkeiten die zellulare Struktur ihre ungeheure Dauerhaftigkeit empfindet. Während sie mit Ereignissen arbeitet, die für euch nicht einmal real sind, produziert sie aus einem immens kreativen Netzwerk heraus eine physische Struktur, die Identität UND Voraussagbarkeit bewahrt. Jenes Netzwerk IST in sich unvoraussagbar, aber Ruburt kann daraus voraussagbar Asche in diese Muschel schnippen. *(Jane hielt ihren Lieblingsaschenbecher hoch, eine Perlmuttmuschel, die wir 1958 in Baja California gefunden hatten und schnippte die Asche von ihrer Zigarette.)* Die Voraussagbarkeit dieser Geste beruht auf der Grundlage eine Unvoraussagbarkeit, innerhalb derer eine Vielzahl von anderen Handlungen hätte stattfinden können, und die in anderen Realitäten stattfinden.

(23.46 Uhr.) Du solltest uns einen Moment Zeit lassen und deiner Hand Ruhe gönnen.

(Jane hatte, wenn auch mit vielen Pausen, 78 Minuten lang ununterbrochen in Trance gesprochen. Nun saß sie, mit geschlossenen Augen, aufrecht in ihrem Stuhl und nippte an ihrem Bier. Eine Minute verging.)

* Siehe Anhang 3.

Nun: Eure Überzeugungen und Absichten bringen euch dazu, aus einem Bündel von unvoraussagbaren Vorgängen diejenigen auszuwählen, die ihr geschehen lassen wollt. Ihr macht die Erfahrung dieser Ereignisse. *(Zu mir:)* ›Dein‹ Wunsch zu leben überspannte den Tod des Kindes bei einer Operation. Der Wunsch des Kindes, zu sterben, wählte jenes Ereignis. Die Menschen sind so frei wie Atome. Laß uns einen Moment Zeit … Du hättest in keiner Weise voraussagen können, was mit dem Kind auf dem Foto von dir geschehen würde.[6] Auf keine Weise kannst du jetzt ›voraussagen‹, was jetzt mit dir geschehen wird. Du kannst wählen und jegliche Anzahl von gegebenen, unvoraussagbaren Ereignissen als deine Realität akzeptieren. In dieser Hinsicht hast du die Wahl, aber alle Ereignisse, die du NICHT akzeptierst, geschehen trotzdem.

In sehr begrenztem Maße kannst du diesen Vorgang erkennen, wenn du an deine Mutter, sagen wir, in ihren letzten Jahren denkst und deine Vorstellung von ihr mit den Vorstellungen von Linden und Richard (deinen Brüdern) vergleichst. Für jeden von euch war sie eine andere Person; sie war SIE SELBST. Doch während gewisse historische Ereignisse, über die man sich einig war, akzeptiert wurden, ließ sie im Gewebe der Wahrscheinlichkeit in ihrer Realität die Teile EURER wahrscheinlichen Realität zu, die sie auswählte. Jeder von euch hatte eine andere Mutter.

Wahrscheinlichkeiten kreuzen sich also in eurem Erleben, und die Schnittpunkte nennt ihr Realität. Biologisch und psychisch gesehen sind sie SCHNITTPUNKTE, ORTE DES ZUSAMMENTREFFENS, Bewußtsein, das einen Fokus annimmt.

Ruburt erfährt noch immer diese Massigkeit … Alle Atome und Moleküle, aus denen sich euer Körper seit eurer Geburt zusammensetzte und sich bis zu eurem Tod zusammensetzt, euren Begriffen nach, existieren jetzt; so wird auch euer Wissen vom Körper in Zeitform erfahren – das heißt, nach und nach.

(Lange Pause um 23.05 Uhr.) Ein Teil von Ruburts Gefühl von Massigkeit rührt aus den kollektiven Erfahrungen des Körpers, die alle gleichzeitig existieren. Deshalb fühlt sich für ihn der Körper GRÖSSER an. Es finden Kalkulationen statt, die unmöglich zu beschreiben sind, so daß ihr von dieser grundlegenden Unvoraussagbarkeit das erfahrt, was voraussagbare Vorgänge zu sein scheinen. Dies nur, weil ihr euch auf jene Vorgänge konzentriert, die in eurer Realität ›Sinn ergeben‹, und alle anderen ignoriert. Ich meine das natürlich nicht symbolisch,

wenn ich sage, daß du als Kind gestorben bist. Auch wurde deiner Mutter durch das sterbende Kind keine herbe Realität aufgezwungen, denn JENER Aspekt deiner Mutter war der Teil, der es bedauerte, dieses Kind geboren zu haben.

Nun: ATOME KÖNNEN SICH IN MEHRERE RICHTUNGEN ZUGLEICH BEWEGEN.[7]

Innerhalb der Wissenschaft nehmt ihr nur die wahrscheinliche Bewegung wahr, an der ihr interessiert seid. Dasselbe trifft auf die subjektive Erfahrung zu.

Macht nun eure Pause.

(23.10 Uhr. Jane kam langsam aus einer ihrer längsten Sitzungstrancen heraus; sie war eine Stunde und 42 Minuten in Trance gewesen. Ich habe nur ein paar ihrer vielen, langen Pausen erwähnt.

Sie hatte noch immer dieses Gefühl von Massigkeit. Die Augen rollten nach oben und schlossen sich dann wieder. »Alles ist wirklich sehr merkwürdig, so als ob der Himmel aufbricht ... Daß Seth darüber sprach, hat die Sache einigermaßen unter Kontrolle gehalten, aber jetzt wird mein Kopf wirklich riesig ...« Ich schaltete mich mit einem Ruf ein, und sie sagte: »Ja, es ist irre ... Ich weiß nicht, ob ich es unterbrechen oder mich weiter darauf einlassen soll. Ich habe das Gefühl, daß mein Kopf jetzt wirklich sehr groß ist und sich nach rechts dreht und wirbelt – er ist riesig ...«

23.15 Uhr. »Und auch wenn draußen kein Laut zu hören ist, dröhnt alles, so wie es in den Ohren dröhnt, nur lauter ... Jetzt ist mein ganzer Körper groß. Massig. Ich höre vielleicht damit auf. Es ist komisch: Es ist nicht besonders angenehm. Meine Zähne scheinen riesig zu sein – alles – meine Füße ...«

23.17 Uhr. Jane lächelte, als ich sie nochmals rief. »Ich hatte gerade das Bild, ein Riese in einem riesigen Zimmer zu sein. Dann etwas, das ich nicht verstehe: Ich selbst in der Gestalt eines Gorillas oder so ähnlich. Ich bin so groß, daß ich bis zur Decke reiche und ich versuche, die Wände einzureißen ... Mir ist nicht besonders klar, was hier vorgeht. Jetzt werde ich größer ... Ich glaube, ich werde da jetzt rauskommen ... Mein Gesicht zeigt nichts, oder? Verändert es sich irgendwie?«

»Nein.«

23.21 Uhr. »Ich hatte das Gefühl, langes, in der Mitte gescheiteltes Haar zu haben, so als hätte ich gewisse menschliche Züge; du weißt schon, das Haar hing zu beiden Seiten meines Gesichts herab, das das Gesicht eines Tieres war – aber mit sehr intelligenten Augen, sehr warm und weich.«[8] *Schließlich öffnete Jane die Augen. In ihren Ohren dröhnte es noch immer so laut, daß sie mich fragte, ob ich dasselbe Geräusch hörte. Ich verneinte. Wir gingen im Zimmer auf und ab. Ich machte ihr ein halbes Sandwich zurecht. »Es ist irgendwie frustrierend«, sagte sie. »Es ist so, als ob ich sehen oder fühlen könnte, was mir im Moment möglich ist, aber ich weiß, daß dahinter noch mehr ist. Ich kann es fühlen, aber nicht hervorholen.«*

Während sie aß, sagte Jane: »Die Geräusche in meinem Mund sind wirklich laut – daran ist man nicht gewöhnt.« Als sie Bier trank, fühlte sie die kalte Flüssigkeit in ihrem Körper hinunterrinnen, aber etwas daneben, nämlich rechts von ihrer Speiseröhre. Sie führte eine Reihe von gegensätzlichen Körperempfindungen an, derer sie sich in ihrem ›größeren Körper‹ gleichzeitig gewahr war: Ihr rechter Fuß war sehr kalt, ihr Rücken sehr heiß... Ich holte ihr einen Pullover, denn im Wohnzimmer war es kühl geworden. Die Februarnächte waren sehr kalt.

Wiederaufnahme des Diktats um 23.47 Uhr.)

Nun: Nur aus dieser Unvoraussagbarkeit kann eine unendliche Anzahl von ORDNUNGEN oder GEORDNETEN SYSTEMEN entstehen.

Alles was weniger als diese vollständige Unvoraussagbarkeit ist, wird letztlich in Stagnation münden oder in Existenzordnungen, die sich auf Dauer gesehen selbst zerstören. Nur aus der Unvoraussagbarkeit kann ein System entstehen, das in sich voraussagbar ist. Nur innerhalb vollkommener Bewegungsfreiheit ist irgendeine ›geordnete‹ Bewegung wahrhaft möglich.

Dem ›chaotischen‹ Bett eurer Träume entspringt eure geordnete, täglich organisierte Handlung. In EURER Realität sind das Verhalten eures Bewußtseins und das eurer Moleküle eng miteinander verknüpft. Euer Bewußtseinstypus setzt ein molekulares Bewußtsein voraus, und eure Art von Bewußtsein ist dem molekularen Bewußtsein inhärent – inhärent innerhalb eures Systems, aber grundsätzlich nicht voraussagbar. Voraussagbarkeit ist einfach nur ein anderes Wort für Bedeutung. Die Unvoraussagbarkeit, die sich auf vielfältige, unterschiedliche Weise selbst ansieht, findet bestimmte Teile von sich selbst bedeutsam und bildet bestimmte Ordnungen oder geordnete Sequenzen um sich selbst. In einer von unseren ersten Sitzungen sagte ich euch, daß ihr in einem riesigen Umfeld nur ganz bestimmte Daten wahrnehmt, die ihr bedeutsam findet. Diese Daten können nur aus dem Lager der Unvoraussagbarkeit erstehen. Nur die Unvoraussagbarkeit kann die ergiebigste Quelle von wahrscheinlichen Ordnungen sein.

Eure Zellen sind sehr wohl imstande, unterschiedliche Ordnungen von Ereignissen zu handhaben; deshalb sind sie im Traumzustand in der Lage, auf ihre individuelle Weise eure Erfahrungen wahrzunehmen und daraus die Gegebenheiten auszuwählen, die ihr nach euren Begriffen REAL werden lassen wollt.

In Träumen macht ihr euch mit wahrscheinlichen Ereignissen vertraut, aus denen ihr dann auswählt. *(Zu mir:)* Du wußtest also, bevor du als Kind starbst, daß du diesen Tod wählen konntest. In umfassender Hinsicht wähltest du beides, Leben und Tod, und in einer Realität wurde das Foto von dir im Alter von 16 Jahren[9] nie aufgenommen.

(Pause.) Wir haben so ziemlich alles, was Ruburt heute abend handhaben kann, und dies ist ein Anfang.

(Seth diktierte nun eine halbe Seite Material für Jane und brachte dann die Arbeit des Abends mit folgendem scherzhaften Kommentar auf den Nenner:)

Sein wahrscheinliches Gehirn kann nur soviel auf einmal davon übersetzen.

(»Ja. Gute Nacht.« 0.06 Uhr. Jane fühlte sich noch immer etwas massig. Folgende Anmerkungen fügte ich am nächsten Tag hinzu: Sie schlief unruhig und stellte fest, daß sie »die ganze Nacht Material über Wahrscheinlichkeiten übermittelte«. Sie wachte oft auf, und stellte dann erleichtert fest, daß sie keine von mir unprotokollierte Sitzung abgehalten hatte. »Das Material war also noch immer ›gesichert‹«, lachte sie, wir würden es in einer regulären Sitzung bekommen.

Jane hat mir oft gesagt, daß sie bei diesen nächtlichen Gelegenheiten normalerweise weder Seths Anwesenheit spüre, noch seine Stimme höre. Statt dessen merke sie, daß das Material einfach »durch sie hindurchliefe«.)

Anmerkungen zu Sitzung 681

1 Seth erklärte 1970/71 in verschiedenen Sitzungen für *Gespräche mit Seth*, wie Atome und Moleküle in unserem physischen System Anwesenheits- und Abwesenheitsphasen haben. Siehe dazu vor allem die Sitzung 567 im 16. Kapitel: »Ähnliche Vorgänge spielen sich auch auf einer tiefen, geheimen und unerforschten psychischen Ebene ab.« Einige der aus diesen Vorgängen entstehenden wahrscheinlichen Systeme wären uns sehr fremd: »Eine Fluktuation dieser Art könnte, zum Beispiel, Jahrtausende dauern. Diese ... würden wie, sagen wir, eine Sekunde eurer Zeitrechnung erlebt werden ...« Unter anderem entwickelt Jane von ihrem Standpunkt aus verwandte Ideen in Kapitel 10 von *Adventures in Consciousness.*

2 Lange davor war Seth besorgt, daß Jane und ich uns unbedeutend vorkommen könnten, wenn wir versuchten, die endlosen Verzweigungen des Bewußtseins, wie er sie uns erklärte, zu begreifen. Wie er in der 29. Sitzung vom 26. Februar 1964 sagte: »Später werde ich versuchen, euch zu zeigen, wo die Grenzen sind – obwohl *(mit einem Lachen)* in Wirklichkeit keine Grenzen existieren. Diese formen eine Vielfalt solcher Ebenen (Realitäten) zu einem Beziehungsfeld, in dem, bis zu einem gewissen Grad, das Prinzip von Ursache und Wirkung gilt, so wie ihr es versteht. Darüber hinaus wird für mich lange Zeit keine Notwendigkeit bestehen, tiefer darauf einzugehen. Ich werde von der Wesenheit, den Persönlichkeiten, den Reinkarnationen, den verschiedenen Fragmentgruppierungen der Persönlichkeit und den Ebenen sprechen, mit denen ihr vertraut seid oder die ihr verstehen könnt, und werde schließlich versuchen, mich, wenn nicht in direkten Worten, so doch implizit, zu eurer Frage zu äußern, woher die Wesenheiten ursprünglich kommen.

... Ich brauche nicht zu betonen, daß ihr wissen sollt, daß es noch viel mehr als das gibt; wahrhaft erstaunliche Komplexitäten, Intelligenzen, die in einer Art von Gestalt wirken, wie ihr das wohl nennen würdet, und die Aktivitätsblocks von wahrlich unglaublicher Reife, Bewußtheit und Verständnisfähigkeit bilden. Sie sind das beinahe Höchste (so wie ich die Dinge verstehe).

Dieses Material soll euch nicht das Gefühl von Unwichtigkeit oder Bedeutungslosigkeit geben. Das System ist so gewoben, daß jeder Partikel (des Bewußtseins) von jedem anderen abhängt. Die Stärke des einen vermehrt die Stärke aller. Die Schwäche des einen schwächt das Ganze. Die Energie des einen belebt das Ganze. Die Bemühungen des einen vermehren das Potential von allem, was ist, und das läßt jedem Bewußtsein große Verantwortung zukommen.

Ich würde vorschlagen, daß ihr den obigen Satz noch mal lest, denn er ist von grundlegender und wesentlicher Bedeutung. Sich Herausforderungen zu stellen, das ist ein Hauptbestandteil von Existenz in all ihren Aspekten. Es ist das Moment, das die Fähigkeiten zur Entwicklung bringt; und auf die Gefahr hin, Plattheiten von mir zu geben, auch der winzigste Bewußtseinspartikel hat die Verantwortung, seine Fähigkeiten bis zum Äußersten zu gebrauchen, ALLE seine Fähigkeiten. Die Kraft und der Zusammenhalt von allem, was ist, beruht auf dem Maß, in dem dies geschieht.«

Siehe auch die 453. Sitzung vom 4. Dezember 1968 im Anhang zu *Das Seth-Material.*

3 Seth zufolge überlebte ich also in einer Wahrscheinlichkeit die Blinddarmoperation nicht, der ich mich mit elf Jahren in dieser Realität unterzogen hatte. Mein zweiter wahrscheinli-

cher Tod fand in meiner Militärzeit (1943–46) während des Zweiten Weltkriegs statt. Interessanterweise sagt Seth, daß ich in dieser Wahrscheinlichkeit ein Pilot und somit Offizier war. In der *mir* bekannten Realität tat ich bei der ATC – dem Lufttransportkommando – Dienst, und zwar als Mechaniker und Spezialist für Flugzeuginstrumente im Rang eines Feldwebels. Während ich auf einigen abgelegenen Inseln im Pazifik stationiert war, konnte ich auch ab und zu fliegen, aber nicht als Pilot.

4 Ich dachte, daß Seth vor allem in seinem letzten Satz mit der im Jahr 1927 von Werner Heisenberg aufgestellten Theorie der Unschärferelation flirtete. Eine Folgerung aus der Quantentheorie, wonach es nicht möglich ist, gleichzeitig Geschwindigkeit und Ort eines subatomaren Teilchens, zum Beispiel eines Elektrons, zu bestimmen. Am Tag nach dieser Sitzung fragte ich Jane, ob sie je von Heisenberg gehört hatte. Das hatte sie nicht, und sie begriff auch nichts von seiner Arbeit, nachdem ich sie ihr so gut wie möglich erklärt hatte. Kurz vor der Pause um 23.10 Uhr gibt Seth eine weitere Anregung zu Atomen...

5 Seths Konzept vom Augenblickspunkt ist in sein Material impliziert, wie ich es in Anmerkung 1 zu dieser Sitzung zitiere. Siehe auch die 514. Sitzung in Kapitel 2 von *Gespräche mit Seth* und die 668. Sitzung in Kapitel 19 von *Die Natur der persönlichen Realität.*

Jane hat jedoch im Alter von 25 Jahren (neun Jahre vor Beginn der Sitzungen) in intuitiver Einsicht diesem Augenblickspunkt in den folgenden Gedichtzeilen aus *More Than Men* Ausdruck gegeben:

Zwischen jedem Ticktack der Uhr
Vergehen lange Jahrhunderte
In den uns verborgenen Universen.

6 Seth bezieht sich auf das Foto, das mein Vater von mir aufgenommen hatte, als ich zwei Jahre alt war (vgl. die entsprechende Anmerkung zu Beginn der 679. Sitzung).

Da Seth in Zusammenhang mit dem Foto auf Voraussagen zu sprechen kommt, bietet sich hier eine gute Gelegenheit, einiges von dem wiederzugeben, was er in einer früheren Sitzung über seine eigene Voraussagefähigkeit und das Thema im allgemeinen sagte. Jane und ich fanden das Material sehr nützlich und bedenkenswert. Aus der 234. Sitzung vom 16. Februar 1966:

»Nun: Oft scheint die präkognitive Information falsch zu sein. In einigen Fällen ist das so, weil sich ein Selbst für die physische Materialisierung eines anderen wahrscheinlichen Ereignisses (als des vorausgesagten) entschieden hat. Ich habe zum Bereich der Wahrscheinlichkeiten Zugang, und ihr nicht, egoistischerweise... Für mich vermischen sich eure Vergangenheit, Gegenwart und Zukunft in eins.

Wie ich euch schon sagte, verwandelt ihr andererseits ständig eure Vergangenheit. Für euch SCHEINT sie sich nicht zu wandeln, denn ihr ändert euch mit... In gleicher Weise verändert ihr eure Zukunft. In diesen Fällen ist es notwendig, daß der RICHTIGE Kanal der wahrscheinlichen Ereignisse wahrgenommen wird – gemeint ist der Kanal, der letztlich (von der betreffenden Person zur Verwirklichung) gewählt wird.

Diese Entscheidungen gründen sich jedoch auf eure sich ändernde Wahrnehmung von Vergangenheit und Gegenwart. Da ich über einen größeren Wahrnehmungsbereich als ihr verfüge, kann ich ein mögliches Geschehen leichter voraussagen. Aber dies hängt von meiner Voraussage ab, welche WAHL (aus den möglichen Ereignissen) ihr treffen werdet, und es ist immer noch eure Wahl … Voraussagen AN SICH stehen nicht zur Theorie des freien Willens in Widerspruch, obwohl der freie Wille von sehr viel mehr als nur von der Freiheit des Egos abhängt. Wäre dem Ego gestattet, ohne Vetorecht anderer Schichten des Selbsts alle Entscheidungen zu treffen, dann würdet ihr euch allerdings in einer sehr traurigen Lage befinden.

Ich kann deshalb sehr viel mehr als ihr von eurer Zukunft wahrnehmen. Ich bin allerdings nicht gerade allmächtig, und genaugenommen ist eine solche Allmacht auch nicht möglich.«

7 Da ich ein Künstler bin, war meine intuitive Reaktion auf Seths Bemerkung, daß sich ein Atom in mehrere Richtungen zugleich bewegen kann, eine Assoziation mit seinen Theorien über simultane Zeit und Wahrscheinlichkeiten. Der Künstler, da er kein Wissenschaftler ist (mag er sich auch für Wissenschaft im allgemeinen interessieren), versucht so gut er kann, mit dieser Aussage zurechtzukommen, indem er *gefühlsmäßig* zu verstehen sucht, was Seth sagen will. Gleichzeitig ist ihm klar, daß er von seinem künstlerischen Standpunkt aus möglicherweise nicht das Paradoxon von ›sich widersprechenden‹ Bewegungen verstehen kann.

Sehr vereinfacht ausgedrückt: In der modernen Physik heißt es, daß Atome *Vorgänge* und nicht *Dinge* sind; daß Atome und/oder ihre Bestandteile, abhängig davon, wie wir sie beobachten, entweder als Wellen oder als Teilchen erscheinen; und daß diese Merkmale außerhalb unserer derben Welt von Zeit und Raum existieren. Es wird weiterhin gesagt, daß unsere Versuche, diese nichtphysischen Merkmale zu beschreiben oder sich bildhaft vorzustellen, unweigerlich dazu führen, daß wir sie falsch interpretieren; der Künstler fragt sich daher, ob die gleichzeitige Bewegung des Atoms in mehr als eine Richtung in der ihm eigenen Umgebung nicht völlig ›natürlich‹ ist – eine Fähigkeit, die sich sehr von jedem Wortspiel unterscheidet, dem wir uns beim Versuch des bewußten Verstehens hingeben mögen.

8 Janes Aussage von heute abend, daß sie einen ›humanoiden‹ Aspekt von sich selbst spürte, erinnerte mich an das Material vor fast einem Jahr in Kapitel 12 von *Die Natur der persönlichen Realität* über die »Idee von der natürlichen Heilung bei Tieren« und Tiermedizinmännern. In einer Sitzungspause hatte Jane aus eigenen Kanälen Informationen beigesteuert. Bei dieser Gelegenheit war sie eher eine Beobachterin. Zwischen den Bildern, die sie damals gesehen hatte, und ihrer Vision von sich an diesem Abend bestand ein ziemlicher Unterschied in bezug auf die ›Körpergröße‹; aber es gab auch Ähnlichkeiten, denn sie sagte über diese frühere Erfahrung: »Ich sah aufrecht gehende Geschöpfe – behaart, mit glänzenden, mitfühlenden Augen …« (siehe Sitzung 648 um 23.30 Uhr).

9 In unserem Fotoalbum befinden sich zwei große, ziemlich gestellte Fotos von uns, über die wir oft gewitzelt haben. Und zufälligerweise hatten wir sie früher am Abend betrachtet. Beide waren im Jahr 1936 aufgenommen worden. Jane ist auf ihrem Foto sechseinhalb Jahre alt. Ich bin auf meinem 16 und stand ein Jahr vor dem Abschluß der High School. Mehr als einmal hatte mich Jane gefragt, was ich wohl in diesem Alter gedacht hätte, wäre ich mir der Tatsache bewußt gewesen, daß meine künftige Frau ein »pausbackiges Kind war, das noch mit Papierpüppchen spielte …«.

Sitzung 682, Mittwoch, 13. Februar 1974, 21.27 Uhr

(»Ich glaube, Seth will auf etwas Neues hinaus«, sagte Jane um 21.20 Uhr, während wir auf den Beginn der Sitzung warteten. »Komisch – nicht, daß wir mit neuen Worten aufwarten werden, aber mit neuen Ideen. Ich fühle mich, als hätte ich schon drei oder vier Drinks zu mir genommen oder wäre bereits in einem anderen Bewußtseinszustand – und dabei habe ich doch nur diesen Aprikosensaft getrunken ...«

Uns war in der Tat das Bier ausgegangen, was Jane normalerweise bei den Sitzungen trinkt, und sie wollte keinen Wein. »Ich fühle jetzt seine – Seths – Gegenwart, aber es ist wie beim letztenmal«, sagte sie. »Ich bekomme schon was, aber ich warte, bis es klar ist ... Ich fühle mich nicht wirklich beschwipst, aber der Fokus, dessen ich mich für die Sitzungen immer bediene, scheint merkwürdig. Die Suche danach ist irgendwie ungewohnt. Ich weiß nicht, aber ich würde sagen, daß ich mich schon in einem tieferen Zustand befinde als sonst ...«

Eine Anmerkung: Die Nacht war sehr warm, die Nächte davor waren hingegen fast den ganzen Monat über sehr kalt gewesen. Heute war sehr viel Schnee geschmolzen. Der Wetterwechsel war sehr stimulierend.)

Nun: Guten Abend.

(»Guten Abend, Seth.«)

(Pause.) Die Natur der persönlichen Realität[1] ist ein ausgezeichnetes Handbuch, das die Menschen in die Lage versetzt, mit der ihnen bekannten Welt effektiver umzugehen. Dabei spielt es keine Rolle, ob sie nun die tieferen Dinge, von denen die gesamte Natur der PHYSISCHEN Realität abhängig ist, verstehen oder nicht. Mit dem Material hier hingegen will ich versuchen, auf jene tieferen Dinge erläuternd einzugehen.

Ruburts persönliche Entwicklung macht dies möglich, denn Voraussetzung war, daß er zu dem Punkt fortschritt, den er in *Adventures*[2] erreicht hat, und zu der Ebene bestimmter Theorien gelangte, die als Sprungbrett verwendet werden können. Laß uns einen Moment Zeit...

Leider müssen wir oft Analogien verwenden, da sie Brücken zwischen den Theorien schlagen können. Es existieren Bewußtseinseinheiten[3], so wie es Materieeinheiten gibt. Ich möchte nicht, daß ihr euch diese Einheiten als Partikel vorstellt. Es existiert eine Grundeinheit des Bewußtseins, die, in ihrer Ausdrucksform, nicht zerbrochen werden kann, ähnlich wie man einst dachte, daß ein Atom die kleinste und unteilbare Einheit sei. Diese Grundeinheit des Bewußtseins ist ganz offensichtlich nicht physischer Natur. Sie trägt in sich unendliche Fähigkeiten zur Erweiterung, Entwicklung und Strukturierung, bewahrt aber stets den Kern ihrer Individualität. Ganz gleich, von welchem Organismus oder System sie Teil wird oder wie sie sich mit anderen solchen Grundeinheiten mischt, ihre Identität wird nicht zerstört.

Es ist bewußte Energie, die sich in sich selbst identifiziert, nicht personifiziert, doch sie wird sich ihrer GEWAHR. Von daher ist sie die Quelle aller anderen Bewußtseinsarten, und die Vielfalt ihrer Aktivitäten ist unendlich. Sie schließt sich mit anderen ihrer Art zusammen und bildet dann Bewußtseinseinheiten – so wie sich die oft zitierten Atome und Moleküle verbinden.

Diese Grundeinheit enthält in sich Unvoraussagbarkeit. Und es ist diese Unvoraussagbarkeit, die unendliche Muster und Erfüllungsmöglichkeiten erlaubt. Leider wurde das Wort ›Seele‹ so eng mit eurer Spezies verknüpft, daß sich die begrifflichen Schwierigkeiten nur äußerst schwer beheben lassen. Wenn ich mich der üblichen Definitionen bediene, dann würdet ihr die Seele als das Ergebnis einer bestimmten Organisation solcher Einheiten bezeichnen, die ihr dann als eine ›Seele‹ erkennen würdet.

(21.47 Uhr.) Das führt zu den alten unvermeidlichen Fragen: Haben Tiere eine Seele – oder Bäume, oder Felsen? Gemäß der üblichen Definition wäre in euren Worten diese kleinste Einheit ›Seelenstoff‹. Ein solcher Blickwinkel ist jedoch äußerst begrenzt, denn ›über euch‹, wenn ich einmal von einer solchen Stufung ausgehe, existieren höher entwickelte Organisationen dieser Einheiten; und aus JENEM ›erhabeneren Blickwinkel‹ gesehen, nehmt IHR euch in der Tat wie jüngere Seelen aus.

So spreche ich also, zumindest hier, lieber von diesen Bewußtseinseinheiten. *(Lange Pause.)* Ihr Wesen ist die belebende Kraft hinter allem, was in eurem physischen Universum existiert und auch in anderen Universi. Diese Einheiten können in der Tat an mehreren Orten zugleich in Erscheinung treten, ohne Raum, wie er von euch verstanden wird, passieren. Nun können diese Grundeinheiten des Bewußtseins buchstäblich an allen Orten zugleich sein. Sie SIND an allen Orten zugleich. Sie werden nicht erkannt, weil sie immer als etwas anderes erscheinen.

Natürlich bewegen sie sich schneller als das Licht. Millionen von ihnen existieren in einem Atom – viele Millionen. Jede dieser Einheiten ist sich der Realität der anderen gewahr und beeinflußt alle anderen. Nach euren Begriffen können sie sich in der Zeit vor- und zurückbewegen, aber sie können sich auch an Zeitschwellen begeben, mit denen ihr nicht vertraut seid.[4]

Alle Wahrscheinlichkeiten werden über diese Einheiten erprobt und erfahren, und alle möglichen Universi werden aus ihnen erschaffen. Von daher existieren Realitäten, in denen endlose Wahrscheinlichkeiten EINES GEGEBENEN EREIGNISSES erprobt werden und sich alle Erfahrung um dieses Unternehmen gruppiert.

Es gibt Systeme, in denen ein Moment,[6] von eurem Standpunkt aus gesehen, zur Lebensdauer eines Universums gebracht wird. Damit meine ich nicht, daß ein Moment einfach GESTRECKT oder Zeit lediglich verlangsamt wird, sondern daß alle innerhalb dieses Moments möglichen Erfahrungen in diesem Bezugsrahmen Realitäten werden. In praktischer Hinsicht haben diese Systeme wenig mit euch zu tun, und eine solche Information soll auch nicht eure Vorstellung von dem, was euer eigenes Bewußtsein ist, schmälern. Wichtig ist jedoch die Erkenntnis der Tatsache, daß in einer inneren Realität mehr Kreativität und Vielfalt existieren, als ihr je auf physischer Ebene wahrnehmen könnt.

(22.06 Uhr.) Diese Bewußtseinseinheiten besitzen natürlich keine menschlichen Merkmale. Sie verfügen jedoch über ihre eigenen ›Neigungen‹, Vorlieben, Tendenzen. Ich möchte nicht, daß ihr sie euch als Miniaturmenschen vorstellt. Aber sie sind auch keine Zusammenballungen ›träger‹ Energie. Sie sind belebt, gewahrend, geladen, verfügen über alle Qualitäten des Seins.

Alle psychischen Strukturen setzen sich demnach aus solchen Verbänden zusammen, wie lang- oder kurzlebig sie euren Begriffen nach auch sein mögen. Sie tragen in sich das Verlangen oder die Neigung zum Wachstum und zu kreativer Strukturierung. Sie finden sich also nicht allein, isoliert. Da diese Bewußtseinseinheiten gleichzeitig existieren, sind sie sich aller organisierter Selbst-Strukturen gewahr, an denen sie teilhaben. In diesem Maße und in dieser Weise sind alle wahrscheinlichen Realitäten miteinander verknüpft. Diese Einheiten erwachsen aus sich selbst. Wie ich euch sagte, existieren Vergangenheit, Gegenwart und Zukunft, in eurem Sinne, alle zugleich; und so entstehen diese Einheiten unentwegt aus eurem PUNKT-DES-JETZT sowohl von der Zukunft als auch der Vergangenheit her.

(Lange Pause, eine von vielen.) Ich möchte nicht eure Vorstellung von Stabilität zerstören, und ich will euch nicht verwirren. Tatsache aber ist, daß ich in meinen Äußerungen über Wahrscheinlichkeiten die Dinge bislang beträchtlich vereinfacht habe. *(An mich gewandt:)* Ich sagte zum Beispiel, daß du in einer Wahrscheinlichkeit als Kind gestorben bist und wieder starbst während deines Militärdienstes, und ich habe dir auch einen kleinen Ausschnitt aus der wahrscheinlichen Geschichte deiner Eltern gegeben *(siehe die letzten beiden Sitzungen)*. Dabei bediente ich mich leicht verständlicher Bilder und Begriffe. Das umfassendere Bild läßt sich bei weitem schwerer vermitteln.

(22.21 Uhr. »Willst du damit sagen, daß du die Dinge für uns vereinfachen mußt?« fragte ich.)

Ich sage, daß ich nun bereit bin, euch über diese notwendigen Vorrunden hinauszuführen.

Alle Materie basiert auf den erwähnten Einheiten, ihrer Unvoraussagbarkeit und ihrer Neigung zur Erkundung aller Wahrscheinlichkeiten. Selbst eure atomare Struktur schwebt zwischen Wahrscheinlichkeiten. Wenn dem so ist, dann bist ›du‹ dir offensichtlich nur eines geringen wahrscheinlichen Teils deiner selbst gewahr – UND DIESEN TEIL SCHÜTZT DU ALS DEINE IDENTITÄT. Wenn ihr ihn euch einfach als Fokus denkt, den ›eure‹ größere Identität annimmt, dann könnt ihr meinen Aussagen folgen, ohne euch im Vergleich dazu winzig oder verloren vorzukommen.[6] Der euch eigene Fokus ist in der Tat unverletzlich.

Ich habe oft gesagt, daß sogar zu euren Lebzeiten alle wahrscheinlichen Variationen eines jeden Ereignisses eintreten, aber sehr viel weiter ging ich nicht. Euer Fokus vermittelt den Anschein, daß ihr eine Identitäts-LINIE von der Geburt bis zum Tod habt. Wenn ihr von irgendeinem Punkt aus zurückblickt, dann seid ihr sicher, daß das Selbst von vor zehn Jahren das Selbst von heute ist, mag es sich auch in gewisser Hinsicht verändert haben.

Natürlich gibt es keine eingleisige Entwicklung. Zum einen ereignet sich euer ganzes Leben zugleich, wie ihr wißt, obwohl ihr es, praktischerweise, als eine Abfolge vom Leben-zum-Tod erfahrt – Ruburts Lebens-Feld in *Adventures*.[7] Jedes wahrscheinliche Ereignis, das euch widerfahren könnte, geschieht. Ich habe dir ein oder zwei kleine Beispiele von den wahrscheinlichen Existenzen deiner Mutter gegeben. Denke in physischer Hinsicht an die Generationen, die durch die Zeiten hindurch von einem befruchteten Ei ausgehen.

Nun: Eure Selbst-Realität ist in jedem gegebenen Moment wie ein Same, sie folgt wahrscheinlichen Generationen, die sowohl in anderen Dimensionen, wie auch in dieser, in Erscheinung treten. In jedem Jetzt-Moment zieht ihr aus dem unermeßlichen Speicher unvoraussagbarer Handlungen bestimmte heran, die euch ›von Bedeutung‹ erscheinen; und eure persönliche Vorstellung von Bedeutsamkeit wird zu dem führen, was dann wie voraussagbare Handlung aussieht.

(23.36 Uhr.) Neigung ist eine Bedeutungsauswahl, eine Tendenz zur Formierung und Strukturierung ausgewählter Erfahrung. Dies gilt für alle Ebenen – die atomaren wie die psychischen –, für den biologischen Reiz und die mentale Absicht.

Diese Grundeinheiten neigen also einer selektiven Verbindung und Strukturierung zu. Sie besitzen ein Feld von Unvoraussagbarkeit, aus dem sie schöpfen können, und sie wählen ihre Aktivität gemäß jener Bedeutsamkeiten aus. Punkt. Unterschiedliche Bedeutungen sind das Resultat des individuellen Wesens der Einheiten. Euer Körper ist ein wahrscheinlicher Körper. Er ist das Resultat einer Entwicklungs-›Linie‹, die eure spezielle irdische Persönlichkeit in ihrer Körperlichkeit einschlagen konnte. Aber auch alle anderen möglichen Entwicklungslinien ereignen sich. Sie ereignen sich gleichzeitig, wobei eine jede gleichzeitig alle anderen beeinflußt. Tatsächlich findet hier eine sehr viel umfassendere Interaktion statt, als euch klar ist, weil ihr nicht gewohnt seid, darauf zu achten. Je stärker ihr euch bemüht, die OFFIZIELL akzeptierte Vorstellung vom Selbst aufrechtzuerhalten, desto mehr schließt ihr natürlich jegliche Form von Unvoraussagbarkeit aus.

Wegen des stark strukturierenden Wesens dieser Grundeinheiten existieren auch psychische Strukturen, die sehr wohl imstande sind, ihre eigene Identität zu bewahren, während sie sich jeglicher gegebenen Anzahl von wahrscheinlichen Selbsts bewußt sind. Das Leben nach dem Tod ist in eurer Realität von großer Bedeutung, weil der Tod Bestandteil eurer Realität ist. Eure umfassendere Realität überschreitet ganz offensichtlich eure Geburt und euren Tod. DIE VORSTELLUNG VON EINEM EINZIGEN UNIVERSUM IST IM GRUNDE UNSINN. Eure Realität muß in ihrem Zusammenhang mit anderen Realitäten gesehen werden.[8] Sonst werdet ihr ständig in Fragen gefangen sein, wie: »Wie hat das Universum angefangen?« oder »Wann wird es zu Ende sein?« Alle Systeme werden ständig erschaffen.

Unsterblichkeit ergibt nur im Kontext von Wahrscheinlichkeiten einen Sinn. Ererbte Anlagen entspringen der unermeßlichen inhärenten Unvoraussagbarkeit, die dann in den Chromosomen[9], von denen sich keine zwei gleichen, zu spezifischer Form aufgespalten werden. Was ihr als Alltagsleben anseht, ist eine selektive Fokussierung auf bestimmte wahrscheinliche Ereignisse, eine Auswahl aus Bedeutungen, die Wahl eines Musters. Andere Teile des Selbsts folgen anderen Entscheidungen.

Ihr könnt nun eure Pause machen.

(22.55 Uhr. Jane kam schnell aus einer guten Trance heraus; wieder einmal hatte sie lange gedauert. Ihre Übermittlung war zuweilen sehr schnell gewesen: »Beim Sprechen wußte ich, was ich sagte, aber jetzt habe ich alles wieder vergessen ...« Sie hielt inne und fuhr dann, wie ich fand, in einer für sie etwas untypischen Weise fort: »Wir machen das Bestmögliche aus den Fähigkeiten, die wir haben. Du fragst dich, wie dieses Material anzuwenden ist – wofür dieses Wissen gut sein soll?«

»Na ja«, sagte ich, »wenn es einmal Bestandteil deines Bewußtseins ist, wirst du es dir sicher zunutze machen wie jede andere Information. Es hat sicherlich meine Vorstellungen erweitert von dem, was es mit dem Menschen auf sich hat – mit seinen Motiven, zum Beispiel, seinem Verhalten –.«

Jane fragte sich, wie sich das Material von heute abend auf meine Mutter anwenden ließ, [die vor drei Monaten gestorben war]: »... auf Mutter Butts persönlich, nicht nur in der Theorie ... Befindet sie sich nun in einer anderen Wahrscheinlichkeit?«

»Ich würde sagen, der Teil von ihr, der uns nahestand. Aber dieser Teil könnte nun auch dort ruhen.« Aus Gründen, die zu persönlich sind, um hier darauf einzugehen, hatten wir bislang nicht versucht, uns in die neue Umwelt meiner Mutter ›einzuklinken‹. Ich schlug vor, daß

sich der Rest dieser Sitzung Jane widmen sollte, aber Seth hatte andere Vorstellungen. Wiederaufnahme des Diktats um 23.15 Uhr.)

Nun: Weil sich eure umfassendere Identität ihrer wahrscheinlichen Existenzen gewahr ist, befindet ihr euch zugleich innerhalb und außerhalb der Dimension der Materie – innerhalb und außerhalb der Dimension der Zeit.

Du besitzt eine umfassendere Identität außerhalb deines Kontexts, doch ein Teil davon befindet sich, als DU, INNERHALB deines Kontexts. Euer Ichsein ist eure Bedeutung, ein Gewahrseins-Fokus, der sich seiner bewußt ist, und der sich mit seinen ihm eigenen und einzigartigen Neigungen Erfahrung aussucht und betrachtet. Die Existenz von wahrscheinlichen Realitäten und wahrscheinlichen Selbsts negiert in keiner Weise die Gültigkeit eurer eigenen Erfahrung oder Individualität. Diese hat nichts zu fürchten und wählt aus den unvoraussagbaren Verwirklichungsmöglichkeiten jene aus, die ihrer speziellen Natur entgegenkommen.

(Gestikulierend und nachdrücklich:) Diese Eigenpersönlichkeit überspringt wie mit Bocksprüngen Ereignisse, die sie nicht verwirklichen will *(Pause)*, und läßt eine solche Erfahrung in ihre Eigenpersönlichkeit nicht ein. Andere Teile eurer umfassenderen Identität akzeptieren jedoch diese von euch abgelehnten Ereignisse und bilden ihre eigene Eigenpersönlichkeit.

Einige von euch mögen zuweilen dieselben Ereignisse wählen, und dort mischen sich dann Wahrscheinlichkeiten. Diese Kreuzungspunkte sind stark geladen und von großer schöpferischer Kraft. Sie können sowohl in individueller als auch in kollektiver Hinsicht auftreten. Beispielsweise kann ein historisches Ereignis zugleich in verschiedenen wahrscheinlichen Realitäten akzeptiert werden, während andere nur in einem und keinem anderen Geschichtsverlauf eintreten.

(Lange Pause um 23.29 Uhr.) Obwohl sich dies mit Worten nur schwer ausdrücken läßt, gilt das, was ich sage, vielleicht auf unterschiedliche Weise, für das Verhaltensmuster von Welten, Atomen und psychischen Strukturen. Laß uns einen Moment Zeit... In dem euch bekannten Leben, wie es in *Die Natur der persönlichen Realität* beschrieben wird, wirken sich eure Glaubensvorstellungen und Überzeugungen dahingehend aus, daß sie bestimmen, welche speziellen wahrscheinlichen Ereignisse ›real‹ werden sollen.[10] Da ihr ein wahrscheinliches Selbst seid, werden euch über das Verstehen eurer

eigenen Natur einige der Fähigkeiten gezeigt werden, die vorhanden sind, aber nicht angewandt werden, und zu deren Verwirklichung ihr euch entscheiden könnt. Ihr könnt aus eurem eigenen Vorratslager an wahrscheinlichen Fähigkeiten schöpfen, denn deren Spuren sind in euch zu finden. Sie werden in einer anderen Realität entwickelt; von daher könnt ihr sie euch in DIESER Realität sehr viel leichter zunutze machen, als ihr annehmt. Wenn ihr euren rechten Arm trainiert, kommt das eurem linken Arm zugute. Wenn ihr in einem System Fähigkeiten ausbildet, lassen sie sich bis zu einem gewissen Grad in einem anderen leichter entwickeln. *(An mich gewandt:)* Wenn du dich zum Schreiben entschließt *(für die Seth-Bücher, zum Beispiel)*, dann beziehst du dich auch auf Fähigkeiten, an denen du in einem anderen System gearbeitet hast, und durch deine Absicht mischst du in gewissem Ausmaß Wahrscheinlichkeiten.[11]

Selbst ein einfaches Verstehen dieser Dinge würde den Menschen helfen, sich klarzumachen, daß keine Existenz eine Sackgasse ist.

Nun laß uns einen Moment für unseren Freund.

(Pause um 23.36 Uhr. Seth kam mit etwa einer Seite Material für Jane über und beschloß dann die Sitzung um 23.48 Uhr.

Ich würde sagen, daß Seths Informationen nach 23.29 Uhr zumindest teilweise eine Antwort auf Janes Fragen in der Pause beinhalten. Und Jane bemerkte in der Nacht, wie auch schon nach der letzten Sitzung am Montag, daß sie aktiv im Schlafzustand und auch wenn sie halb wach war Material über Wahrscheinlichkeiten übermittelte.)

Anmerkungen zu Sitzung 682

1 Seth beendete das Diktat zu *Die Natur der persönlichen Realität* im Juli 1973, aber erst im November hatte ich meine Anmerkungen dazu fertiggestellt und das fertige Manuskript abgetippt. Jane und ich müssen jedoch noch die Fahnen korrigieren, die der Setzer uns nächsten Monat schickt.

2 Siehe Anmerkung 5 zu Sitzung 680.

3 Eine nachträglich hinzugefügte Anmerkung: Als Seth hier die Bewußtseinseinheiten erwähnte, dachte ich natürlich sofort an die elektromagnetischen Energieeinheiten (EE-Einheiten nannte er sie), über die er 1969 und 1971 gesprochen hatte (siehe Sitzungen 504 bis 506 im Anhang von *Das Seth-Material* und die 581. Sitzung in Kapitel 20 von *Gespräche mit Seth*). In letzterem bediente er sich verschiedener anregender Analogien zur Beschreibung seiner EE-Einheiten. »... sind Emanationen des Bewußtseins ... der

unsichtbare Atem des Bewußtseins... die Emanationen sind an sich Gefühlsintensitäten... Die Einheiten existieren knapp unterhalb der Schwelle des Bereichs physischer Materie.«

Seth bezieht sich jedoch in der heutigen 682. Sitzung nirgends namentlich auf die EE-Einheiten – aus Gründen, die gegen Ende der nächsten Sitzung aufgezeigt werden. In seinem früheren Material gab er sich sehr viel Raum, um seine Informationen über solche Bewußtseinseinheiten erweitern zu können. »Sie sind eine FORM (meine Hervorhebung), die die emotionale Energie annimmt«, sagte er uns in der 504. Sitzung. Und in der 581. Sitzung: »Es gibt ein breites Spektrum verschiedenster solcher Einheiten, die sich sämtlich außer Reichweite eurer Wahrnehmung befinden. Sie alle miteinander in einen Topf zu werfen, wäre jedoch irreführend, denn in alledem ist ein wunderbares Ordnungsprinzip wirksam.«

4 Siehe wiederum die 581. Sitzung in Kapitel 20 von *Gespräche mit Seth* zum Thema EE-Einheiten und angenommenen Teilchen, die sich schneller als das Licht bewegen, wie etwa Tachyonen. (Es gibt übrigens die Theorie, daß sich die Tachyonen selbst schneller als das Licht bewegen, ihre Strahlung aber nicht. Diese Strahlung, der Träger aller Informationen, die wir über Tachyonen [oder ähnliche Teilchen] erhalten könnten, wäre also unserer Beobachtung zugänglich.)

Viele Physiker halten nun die Auffassung für unhaltbar, daß jede Bedingung oder jedes Ereignis im Universum dieselbe Art von Zeit umfaßt. Physiker und Parapsychologen vertreten die Theorie, daß verschiedenste winzige und unentdeckte Wesenheiten (Mindonen, Psychonen, Psitronen usw.) existieren, die sich, von unserer bewußten Zeitvorstellung aus gesehen, in der Zeit rückwärts bewegen können, oder zumindest frei von unserer Vorstellung sind, daß Zeit unausweichlich vorwärts fließt. Oder denken wir an das Positron, ein positiv geladenes Elektron, so etwas wie Antimaterie, das sich angeblich zuweilen rückwärts in der Zeit bewegt. (Das ›normale‹ Elektron, wie wir es uns in unserer Welt vorstellen, ist negativ geladen.)

Das Elektron ist eines der Wellenteilchen, das sich um den Atomkern bewegt. Im Vergleich zu Seths Grundeinheit des Bewußtseins wäre es sehr groß. Da sich ein Elektron aber von einer Kreisbahn des Atomkerns auf eine andere ›bewegen‹ kann, ohne den zwischenliegenden Raum zu durchqueren, kann es als eine – zugegeben – etwas grobe Analogie für die Fähigkeit jener Bewußtseinseinheiten dienen, die »an mehreren Orten zugleich erscheinen, ohne sich durch den Raum zu bewegen«.

5 Siehe Anmerkungen 1 und 5 zur 681. Sitzung.

6 Zum zweitenmal in dieser Sitzung spricht Seth die Möglichkeit an, daß sich die Einzelperson angesichts der enormen Ausdehnungen des inneren Universums unbedeutend vorkommen könnte. Diesen Punkt erwähnte er auch in der 681. Sitzung um 22.00 Uhr (siehe Anmerkung 2 zu dieser Sitzung).

Ich finde Seths Ausführungen zu den Wahrscheinlichkeiten außerordentlich faszinierend und empfinde keine physische oder emotionale Bedrohung. Jane geht es genauso. »Meine Sorge, wenn ich mir ihrer gewahr bin, gilt den Lesern«, sagte sie mir nach der Sitzung. »Ich möchte nicht, daß sich irgend jemand weggefegt fühlt.«

7 Siehe Anmerkung 5 zur Sitzung 680.

8 Es mag allerdings nicht ganz so leicht sein, unsere Realität in Zusammenhang mit anderen Realitäten zu sehen (siehe Anmerkung 1 im Anhang 3).

9 Chromosomen sind mikroskopisch kleine Organismen, in die sich die protoplasmati-

sche Substanz des Zellkerns bei der Zellteilung aufspaltet. Sie sind die Träger der Gene, der Faktoren oder Einheiten – »Blaupausen« –, die die Erbmerkmale bestimmen.

10 Natürlich steht in *Die Natur der persönlichen Realität* viel über Glaubensvorstellungen und Überzeugungen; siehe u. a. Kapitel 14 und 15. Seths Informationen zum »Kraftpunkt« in der 657. Sitzung in Kapitel 15 sind hier besonders von Belang.

11 Seths Beschreibung, wie ich zwei wahrscheinliche Selbsts vermische, erinnert mich an sein Material über die Art und Weise, in der Jane dasselbe tut (siehe die 680. Sitzung um 23.02 Uhr). Es kann kaum Zufall sein, daß Jane und ich unsere schriftstellerischen Fähigkeiten als Bindekraft – als ›Klebstoff‹ – einsetzen, um unsere jeweilige Sippschaft von wahrscheinlichen Selbsts zu vereinen.

Sitzung 683, Montag, 18. Februar 1974, 21.39 Uhr

(In Anmerkung 6 zur letzten Sitzung schrieb ich etwas leichtfertig, daß Jane und ich in Anbetracht der von Seth beschriebenen Unermeßlichkeit des inneren Universums »keine physische oder emotionale Bedrohung« empfänden. Zu meiner Überraschung stellte ich aber heute abend bei einem Gespräch nach dem Abendessen fest, daß Jane doch einige zweifelnde Gedanken in bezug auf unseren Platz in dieser riesigen Organisation der Dinge hatte. Auch hatte sie Bedenken, was den gefühlsmäßigen Wert des Materials über Wahrscheinlichkeiten anging. Doch, so fügte sie hinzu, rührten ihre Gefühle wohl daher, daß sie heute irgendwie bedrückt wäre.

Tatsächlich, sagte sie weiter, fände sie das Material über Wahrscheinlichkeiten intellektuell anregend, mache sich aber Gedanken über seine Bedeutung in emotionaler Hinsicht – nämlich über die Forderung, daß sie nur eines von diesen zahllosen Milliarden Geschöpfen wäre, »die wie Lichter in all diesen wahrscheinlichen Welten aufblinkten und erloschen ...«. Welcher Wert kam da dem winzigen Individuum zu? fragte sie sich.

Im Bemühen, sie zu ermuntern, sah ich nach, was Seth in Kapitel 9 von Die Natur der persönlichen Realität *gesagt hatte, und zeigte es ihr. Siehe dazu die 637. Sitzung: »... stellt euch das Leben des Selbst als eine Botschaft vor, die von den Nervenzellen einer multidimensionalen Struktur überspringt, die ihrerseits genauso real ist wie euer Körper, und schaut auch dies als eine größere ›Reflexionspause‹ einer so vielseitigen Persönlichkeit an ... (ich) bin mir aber dabei darüber im klaren, daß sie (diese Analogien) bei euch Nichtigkeitsgefühle auslösen und euch um eure Identität besorgt machen könnten. Ihr seid aber mehr als eine Botschaft, die – sagen wir – durch die weiten Gefilde eines Überselbsts geht. Ihr seid im Universum nicht verloren.«*

Auch ich hatte ein paar Fragen – eigentlich Vermutungen –, die ich irgendwann in der Sitzung mit Jane und/oder Seth diskutieren wollte. Bislang hatte ich sie für mich behalten.

Nachdem wir etwa 15 Minuten lang auf den Beginn der Sitzung gewartet hatten, sagte Jane um 21.33 Uhr: »Wenigstens fühle ich jetzt vage Seths Gegenwart…« Schließlich:)

Nun: Guten Abend.

(»Guten Abend, Seth.«

Langsam:) Laß uns einen Moment Zeit… Durch diese Einheiten setzt das Bewußtsein seine Zeichen, und nicht ein Schnörkel wird je ausgelöscht.

Die Erfahrung jeglicher gegebenen Einheit, die sich ständig verändert, beeinflußt alle anderen Einheiten… Gib uns Zeit… Es ist schwer zu erklären, weil eure Vorstellungen von Eigenpersönlichkeit so begrenzt sind… Diese Einheiten bergen in sich, EUREN Begriffen nach, alle ›latenten‹ Identitäten, dies aber nicht in vorbestimmter Form. Die Selbsts können im Rahmen ihrer eigenen Realität sehr unabhängig sein; zugleich sind sie Teil einer größeren Realität, innerhalb derer ihre Unabhängigkeit sich nicht nur zu ihrem eigenen Nutzen, sondern auch zum Wohle einer größeren Struktur auswirkt.

Wie ich schon sagte, findet sich in diesen Einheiten eine Neigung zu Wachstum und Organisation. Innerhalb eines buchstäblich unendlichen Handlungsfeldes erwuchs bedeutungsvolle Ordnung aus der Neigung zu Bedeutsamkeit. Kurz gesagt, bestimmte Einheiten entschließen sich zu verschiedenen Organisationsformen, finden diese signifikant, bauen auf ihnen auf und ziehen andere gleichen Wesens an. So wurden verschiedene Realitätssysteme gebildet. *(Pause.)* Die festgesetzte spezielle Bedeutungsart ist dann sowohl als Direktive für Erfahrung als auch als Methode zur Errichtung effektiver Grenzen wirksam, innerhalb derer sich die gewählte Verhaltensform fortsetzt. Die Einheiten können sich untereinander mischen und tun das auch, aber aufgrund ihrer Neigung zu Selektivität und Signifikanz ›stoßen‹ ganze Gruppierungen von ihnen andere Gruppierungen ›ab‹ und stellen so ein schützendes inneres System der Interaktion her.

Diese Einheiten fügen sich zu verschiedenen Systemen zusammen, die sie selbst initiiert haben. Sie verwandeln sich also in die strukturierte Realität, die sie dann werden. Ruburt hat durchaus recht mit seiner Hypothese von dem, was er in *Adventures* »Multipersönlichkeit« nennt.[1]

Ihr haltet ein Ich-Selbst *(buchstabiert)* für das vorrangige und letztliche Ziel der Evolution. Aber es existieren natürlich andere Identitäten mit vielen solchen Ich-Selbsts. Ein jedes ist sich seiner so gewahr und so unabhängig wie ihr, es ist sich aber auch der Existenz einer größeren Identität, in der es sein Sein hat, bewußt. Bewußtsein erfüllt sich, indem es sich selbst erkennt. Diese Kenntnis verwandelt es, in euren Begriffen, in eine größere Gestalt, welche sich wiederum zu erfüllen und zu erkennen sucht, und so weiter. Auf eurer Erde fanden auf einer anderen als der gerade erwähnten Ebene Experimente *(des Bewußtseins)* mit Menschen und Tieren statt, bei denen dieser Punkt eine Rolle spielte. Tierherden zum Beispiel, bei denen sich jedes Tier des vereinten Wissens der Herde durchaus gewahr war, den zu begegnenden Gefahren im jeweiligen Territorium sowie einer psychischen Struktur, innerhalb derer das kollektive Bewußtsein der Herde das individuelle Bewußtsein jedes Tieres anerkannte und schützte.

Zwischen dem einzelnen Tier und dem kollektiven Herdenbewußtsein bestand ein ständiges Geben und Nehmen, so daß wir nicht von einer HERRSCHAFT über das einzelne Tier sprechen können.

In Variationen geschah das gleiche mit eurer Spezies, und was das angeht, so geschieht es nach wie vor. In der historischen Vergangenheit, wie ihr sie betrachtet, experimentierten verschiedene Gruppen mit diesen Dingen. Das individuelle Bewußtsein war allerdings zu jener Zeit von seinen eigenen Experimenten so hingerissen, daß die klare, stetige und bewußte Kommunikation mit dem kollektiven Bewußtsein sozusagen in den Untergrund ging. Sie wurde denen zugänglich, die nach ihr suchten, wobei jedoch nicht die gleichen psychischen Organisationsformen zustande kamen.[2]

(Pause.) Es wurden und werden andere Arten psychischer Gestalt ausprobiert – einige, die euch ziemlich unverständlich erscheinen würden; und doch tauchen ab und zu VERSIONEN davon in eurem System auf.

Es ist beispielsweise sehr wohl möglich, daß VERSCHIEDENE SELBSTS EINEN KÖRPER besetzen, und wäre dies die Norm, so würde diese Tatsache problemlos akzeptiert werden. Dies beinhaltet allerdings eine andere Art von Multipersönlichkeit, welche in der Tat die Erfüllung vieler verschiedenartiger Fähigkeiten, die GEWÖHNLICH keinen Ausdruck finden, ermöglicht. Und es beinhaltet eine Form von Unabhängigkeit und Organisation des Bewußtseins, die in eurem Realitätssystem ungewöhnlich ist und auch nicht gewählt wurde.

(»Einige Menschen werden das alles mit Besessenheit in Verbindung bringen, nicht wahr?« fragte ich.

22.11 Uhr.) Nicht, wenn ich fertig bin. Die meisten Personen entwickeln beispielsweise ihre intellektuelle oder emotionale oder physische Seite und ignorieren weitgehend das volle Potential von Körper, Geist und Gemüt. Mit der beschränkten Ich-Struktur, die ihr gegenwärtig mit eurer Eigenpersönlichkeit gleichsetzt, seid ihr ganz einfach nicht imstande, alle diese Eigenschaften voll zu nutzen.

Die Ich-Struktur entsteht aus dem inneren Selbst, und wurde um verschiedene Interessen, Fähigkeiten und Motive gebildet. Es wird eine Auswahl der Konzentrationsbereiche getroffen. Selten findet sich eine Person, die einen starken Intellekt hat, ein großer Athlet ist und zudem über ein tiefes emotionales und spirituelles Verständnis verfügt – der ideale Prototyp dessen, was die Menschheit offensichtlich hervorbringen könnte.

In einigen Systemen physischer Existenz gibt es die Multipersönlichkeit, bei der drei oder vier ›Personen‹ aus demselben inneren Selbst erstehen, von denen jede nach besten Kräften von ihren jeweiligen Eigenschaften Gebrauch macht. Dies setzt jedoch eine Gewahrseins-Gestalt voraus, innerhalb derer jede Person von den Aktivitäten der anderen weiß und an ihnen teilnimmt; und man hat es mit einer ANDEREN Version des kollektiven Bewußtseins zu tun. Kannst du die Wechselbeziehung erkennen?

(»Ja.«)

In den Systemen, in denen die Bewußtseinsevolution auf diese Weise vorging, werden alle Fähigkeiten von Körper und Geist in einer ›Lebensspanne‹ sehr schön genutzt. Auch gibt es keine Zwiespältigkeit in bezug auf die Identität. Das Individuum würde zum Beispiel sagen: »Ich bin Joe und Jane und Jim und Bob.« Es existieren körperliche Variationen geschlechtlicher Natur, so daß die Identität auf allen Ebenen das Männliche und das Weibliche mit einschließt. Spuren aller dieser Wahrscheinlichkeiten treten in eurem System als Merkwürdigkeiten in Erscheinung. Alles, was in eurem System in Erscheinung tritt, in welchem Maße auch immer, wird in einem anderen System entwickelt.

Der Punkt dabei ist, daß sich diese Einheiten der Voraussagbarkeit entziehen und alle Wahrscheinlichkeiten des Bewußtseins zur Erfüllung bringen. Jegliche Konzeptionen von Göttern oder anderen Wesen, die sich auf begrenzte Vorstellungen vom Wesen der Persönlichkeit gründen, sind LETZTLICH nichtig. Ohne irgendwelche Bedenken seht ihr auf die phantastische Vielfalt physischen Lebens – Tiere, Insekten, Vögel, Fische, Menschen mit all ihren Werken; ihr müßt verstehen, daß die Natur des Bewußtseins an sich noch weitaus vielfältiger ist, und ihr müßt lernen, euch eine innere Realität als genauso grenzenlos wie die äußere zu denken. Allein diese Gedanken verändern schon euer gegenwärtiges Bewußtsein, und verändern es qualitativ. Die gegenwärtige Vorstellung von der Seele, seht ihr, ist eine ›primitive‹ Vorstellung, mit der sich kaum auch nur ansatzweise die schöpferische Kraft oder Realität, aus der das menschliche Sein kommt, erklären läßt. Ihr SEID eine Multipersönlichkeit *(nachdrücklich).* Ihr existiert in vielen Zeiten und an vielen Orten zugleich. IHR existiert gleichzeitig ALS eine Person. Dies negiert nicht die Unabhängigkeit der Personen, aber EURE innere Realität überspannt ihre Realität, und dient auch als eine psychische Welt, in der sie wachsen können.[3]

Ich möchte mich nicht auf eine Diskussion über ›Ebenen‹ einlassen, innerhalb derer angeblich ein Fortschreiten von einer Stufe zur nächsten stattfindet. Alle derartigen Debatten basieren auf eurer Vorstellung von Ein-Persönlichkeit und fortschreitender Zeit und auf begrenzten Versionen der Seele. Es gibt rote, gelbe und violette Blumen. Keine ist fortgeschrittener als die andere, aber eine jede unterscheidet sich von der anderen.

Diese Einheiten fügen sich zu verschiedenen Arten von Bewußtseins-Gestalten zusammen. Grundsätzlich ist es falsch, zu sagen, daß eine fortgeschrittener sei als die andere. Das Blütenblatt einer Blume ist beispielsweise nicht weiter entwickelt als ihre Wurzel. Eine Ameise auf dem Boden mag wahrnehmen, daß sich die Blüte hoch über Wurzel und Stiel erhebt, aber Ameisen sind zu weise, um zu denken, daß die Blüte besser sein muß als die Wurzel.

Nun: Bewußtsein entfaltet sich in alle Richtungen …

(Wir wurden um 22.37 Uhr durch ein Ferngespräch unterbrochen. Ein Fernsehproduzent wollte, daß Jane in seiner Show auftrat. Ich bat ihn, uns zu schreiben. Als ich auflegte, sagte Jane: »Ich bin immer noch halb drin.« Sie saß einige Augenblicke ruhig da, dann setzte sie die Sitzung fort.)

Alle Richtungen, in die sich die Blume des Bewußtseins entfaltet, sind gut. Die Blume weiß, daß sie in ihrer Knolle lebendig ist, aber daß die Knolle ›Zeit‹ braucht, um aus sich Stiel, Blätter und Blüte entstehen zu lassen. Die Blume ist nicht besser als die Knolle. Sie ist nicht einmal WEITER ENTWICKELT als die Knolle. Sie ist die Knolle in einer ihrer Manifestationen. Nach euren Vorstellungen mag es so aussehen, als gäbe es Fortentwicklungen oder aufeinanderfolgende Entwicklungsschritte, aus denen reifere, umfassendere Selbsts hervorgehen. Ihr seid jetzt ein Teil dieser Selbsts, wie die Blütenblätter Teil der Knolle sind. Nur in eurem System ist diese Zeitspanne von Bedeutung.

Eure Vorstellung von einer Seele, einem Selbst, stellt eine Bedeutung und Selektivität her, die euch für jene anderen Realitäten blind macht, welche genauso ›hier und jetzt‹ vorhanden sind wie euer gegenwärtiges Selbst. Die Bewußtseinseinheiten, aus denen sich allein euer physisches Sein bildet, SIND sich jener GRÖßEREN Bedeutungen bewußt, für die ihr durch eure beschränkten Vorstellungen nicht zugänglich seid.

Die Konzeptionen, die in einem System wie diesem enthalten sind, KÖNNEN dazu beitragen, jene Schranken zu durchbrechen. Es gibt also Bewußtseinsschichten, die gleichzeitig existieren. DIEJENIGEN, DERER IHR BISLANG NOCH NICHT GEWAHR geworden seid, scheinen fortgeschrittener und weiterentwickelt zu sein als die euren. Ihr seid jetzt ein Teil von ihnen. Ihr könnt sie kennenlernen, wenn ihr damit beginnt, eure Vorstellung von Persönlichkeit und Gewahrsein zu erweitern. Im Zeitsinn habt IHR, so ihr ein ums andere Mal in die Erdenerfahrung geboren werdet, viele Körper. Euer Bewußtsein überspannt diese Existenzen, und sogar die Atome und Moleküle eures gegenwärtigen Körpers bergen in sich das kodierte Wissen jener anderen (in Wirklichkeit simultanen) Formen. Diese Bewußtseinseinheiten existieren in aller physischen Materie und haben ihre eigenen Erinnerungen. So seid ihr euch also an sich biologisch wie psychisch eurer Multi-Persönlichkeit gewahr.

(22.45 Uhr.) Nun: Euer System schließt NICHT die vorher *(in dieser Sitzung)* erwähnte Erfahrung mit ein, wonach der Körper innerhalb einer Lebensspanne die Erfahrungen vieler Selbsts aufzunehmen vermag. Statt dessen bedient er sich eines Zeitkontexts, in dem jedem Selbst ein Körper und eine Zeit zugeordnet wird; aber ein Wissen um den Gedanken der Multi-Persönlichkeit könnte euch zu der Erkenntnis verhelfen, daß ihr über viele ungenutzte Fähigkeiten verfügt; für euch sind sie latent, aber sie sind wichtig für euer Gesamtwesen und für euch persönlich bedeutsam genug, um entwickelt zu werden.

(Nachdrücklich:) REINKARNATION STEHT EINFACH FÜR WAHRSCHEINLICHKEITEN INNERHALB EINES ZEITKONTEXTS *(hervorgeho-*

ben) – Teile des Selbsts, die in historischen Zusammenhängen materialisiert werden. Alle Formen von Zeit – rückwärts und vorwärts – entstehen aus der grundsätzlich unvoraussagbaren Natur des Bewußtseins und sind auf Bedeutungs-›Serien‹ zurückzuführen. Jedes in die Zeit geborene Selbst wird dann von diesem Standpunkt aus seine eigenen wahrscheinlichen Realitäten verfolgen. Wie ich schon sagte, ein jedes solches Selbst IST authentisch.

(Lange Pause, eine von vielen.) Alles Bewußtsein, in all seinen Formen, existiert gleichzeitig. Dies ist schwer zu erklären, ohne den ANSCHEIN zu erwecken, daß ich mich in Widersprüche verwickle. Kehren wir zu unserer Knolle und Blume zurück. Grundsätzlich gesehen existieren sie zugleich. Aus EURER Sicht gesehen, IST ES SO, ALS OB sich die künftige Blume aus ihrer ›Zukunft‹ heraus die Knolle zurückrufe und sie anwiese, wie sie die Blume machen soll. Erinnerungsvermögen agiert in der Zeit rückwärts und vorwärts. Die Blume – die sich die Knolle zurückruft, sie ›vorwärts‹ drängt und sie an ihre (wahrscheinlich künftige) Entwicklung erinnert – ist wie ein künftiges Selbst, euren Begriffen nach, oder ein höher entwickeltes Selbst, das die Antworten hat und auf das man sich in der Tat ganz praktisch verlassen kann. Die Götter können unter demselben Aspekt betrachtet werden, nur in größerem Zusammenhang; und werden sie in DIESEM Kontext verstanden, dann kann man sich auf SIE verlassen. Die Personifizierung der Götter ist fast eine natürliche Tendenz, solange ihr in beschränkten Vorstellungen von Persönlichkeit GEFANGEN seid. Weitergehende Vorstellungen von Persönlichkeit werden euch in der Tat zu einigen Einblicken in die wahrhaft bemerkenswerten Gestalten des Bewußtseins, aus denen ihr ständig hervorgeht, führen.

Diese sind Wesen von solcher gefühlsmäßigen und psychischen Tiefe und Intensität, daß ihr aufgrund eurer Vorstellungen von Eigenpersönlichkeit dazu gezwungen seid, sie bis zu eurer Verständnisebene zu verwässern.[4] Jede eurer Personen ist Teil dieser größeren Persönlichkeit. Und um es zu wiederholen, allein schon diese Gedanken können euch helfen, so daß ihr, bis zu einem gewissen Grad, diese größere Göttlichkeit, aus der eure Persönlichkeit ersteht, emotional und intellektuell erspüren könnt.

(23.10 Uhr. Lange Pause während einer intensiven Übermittlung.) Diese Göttlichkeit formt sich aus dem ewigen, doch stets neuen Erstehen und Wachsen jener Grundeinheiten des Bewußtseins. Die Realität

der Göttlichkeit oder des göttlichen Wesens überspannt die Realität jeder Einheit sowie die kollektive Realität aller Einheiten.

Macht eure Pause.

(23.13 Uhr. Janes Übermittlung war wieder einmal sehr lang und intensiv gewesen. Sie schien relativ leicht aus ihrer Trance zu kommen, aber ihre Augen rollten ein paarmal nach oben. Ihr Schaukelstuhl hatte sich fast einen Meter nach links verschoben.

»Ich habe ein paar Fragen«, sagte ich, nachdem sie sich ein wenig ausgeruht hatte. »Ich wollte sie während der Sitzung stellen, aber ich habe Angst vor den Antworten – wenigstens vor den Antworten auf die ersten beiden Fragen.« Ich sprach nur halb im Scherz. Die erste Frage ging mir im Kopf herum, seit Seth vor zwei Wochen mit der 679. Sitzung durchgekommen war:

1. »Sollen diese letzten Sitzungen der Anfang eines neuen Buches sein?«

»Ich weiß es nicht«, sagte Jane. »Das Material nimmt sich nicht wie ein Buch aus, aber als ich nach den letzten beiden Sitzungen anfing, Zeug im Schlaf zu bekommen, fragte ich mich doch ...« Ich mußte lachen – sie hatte mir ihren Verdacht verschwiegen. Gleichzeitig dachte ich, daß sie möglicherweise Vorbehalte gegenüber einem so baldigen, neuen Seth-Buch haben würde, da wir immer noch mit dem letzten Buch, Die Natur der persönlichen Realität *befaßt waren [siehe Anmerkung eins zur 682. Sitzung]. »Vielleicht sind diese Sitzungen für dich und deine schriftstellerische Arbeit«, überlegte Jane. »Ich mag sie zwar sehr –, aber ein weiteres Buch? Jetzt?«*

2. »Waren diese Bewußtseinseinheiten, von denen Seth seit der letzten Sitzung sprach, dasselbe wie die EE-Einheiten, die er in Gespräche mit Seth *beschrieb, oder die Entwicklung eines originären Gedankens, oder was? [siehe Anmerkung 3 zur Sitzung 682].*

Jane hielt inne. »Ich denke, Seth wird diesen Punkt bald klären.«

3. »Es wäre nett, wenn Seth etwas zu meinem Traum in der vorletzten Nacht sagen würde, in dem ich meiner Meinung nach meine [verstorbene] Mutter zum zweitenmal kontaktierte.« Gestern hatte ich einen Bericht darüber geschrieben, um ihn in dem Buch zu verwenden, das ich selbst angefangen habe: Through My Eyes. *Seth schnitt den Gedanken an dieses Projekt in Kapitel 6 von* Die Natur der persönlichen Realität *an. Es macht mir Spaß, daran zu arbeiten, und seit dem Tod meiner Mutter vor drei Monaten war der Drang dazu besonders stark. Ich entdeckte, daß ich beim Schreiben über meine Eltern über meine eigene Kindheit schrieb [vgl. die Anmerkungen vor der 679. Sitzung]; die Fragen, die ich damals stellte, trugen zur Auslösung dieser Sitzungsfolge bei.*

Wiederaufnahme des Diktats um 23.30 Uhr.)

Nun: *(lauter und mit tieferer Stimme:)* »Die ›unbekannte‹ Realität *(Doppelpunkt):* Ein Seth-Buch.« Und setzt ›unbekannte‹ in Anführungsstriche.

Es ist zwei Dinge: Einmal ist es ein Buch von mir, zum anderen ist es ein Quellenmaterialbuch für dich. Kannst du mir folgen?

(»Ja... Du meinst, ich kann dein Buch im Zusammenhang mit meinem eigenen Schreiben verwenden.«)

Das meine ich. Nun: Wir werden die Grundeinheiten des Bewußtseins ›BEs‹ nennen, von ›Bewußtseins-Einheiten‹. Aus ihnen bilden sich die EE-Einheiten und werden auch die ersten Wurzeln in die Welt physischer Materie ausgesandt. Punkt.

(Pause, die Augen sind weit offen und starren mich an.) Was nun deinen Traum angeht. Natürlich stellst du einen Kontakt mit deiner Mutter her. Sie beginnt sich zu rühren, wie du vermutet hast. Auch Ruburts *(schriftliche)* Kommentare zum Traum sind in der Sache richtig und zeigen deine eigene Vorsicht. Beispielsweise handelte es sich in keinem der Fälle um normale emotionale Begegnungen, sondern um Einblicke, bei denen es keine Kommunikation im gewöhnlichen Sinne gab.

Vielleicht interessiert es dich, zu erfahren, daß deine athletischen Neigungen bei deinen außerkörperlichen Reisen insofern eine gewissse Rolle spielen, als es dir scheinen will, daß der Körper im Gleichgewicht sein muß und Unterstützung braucht – von daher die Halluzinationen, derer du dich bedienst. Du kannst diese Neigungen jedoch hilfreich einsetzen, wenn du dir einen völlig freien Körper denkst, der sich ohne Unterstützung im Raum bewegen und im Traumzustand Dinge ausführen kann, die ihm in der physischen Realität verwehrt sind. Der ›innere‹ Körper vermag auf eine Weise Leistungen zu vollbringen, die dem physischen Körper nicht gegeben ist, und das kannst du als Herausforderung für dich benutzen. Finde heraus, was du mit deinem inneren Körper anstellen kannst, experimentiere.

Du hast die Versicherung, daß deine Mutter weiterhin existiert. Was jedoch eure Beziehung angeht, so betrachtest du sie aus einer gewissen Distanz. Sie ist noch immer in einem Zustand der VERWUNDERUNG und des Sichfragens – das heißt, sie kann sich mit anderen Teilen von dir identifizieren, als sie es zu ihren Lebzeiten tat. Sie möchte dich nicht erschrecken, indem sie sich emotional zeigt, nicht JETZT, und so wird von beiden Seiten Distanz gewahrt.[5]

(Pause um 23.44 Uhr.) Laß uns einen Moment Zeit ... *(Seth übermittelte eine halbe Seite Material über eine andere Angelegenheit. Dann:)*

Ich wünsche euch beiden von Herzen einen guten Abend.

(»Danke. Das wünschen wir dir auch.«)

Das Buch wird nach EUREM Belieben und Ermessen fortschreiten.

(»In Ordnung. Gute Nacht, Seth.« 23.50 Uhr. Dann, nach einer Minute, wir sprachen über ›Unbekannte‹ Realität, tauchte Jane nochmals kurz in die Trance ein:)

Schließt im Moment noch KEINEN Vertrag ab.

(»Okay.«

»Mir kommt es ganz gewiß nicht wie der Anfang eines Buches vor«, sagte Jane. »Es scheint nicht einfach zu sein, so wie bei den anderen. Vielleicht macht er es diesmal eben auf seine Weise ... Ich kann ehrlich sagen, daß mir der Titel völlig unbekannt war.« Sie lächelte über die unbewußte Doppeldeutigkeit in bezug auf den Titel ›Unbekannte‹ Realität. »Bist du bereit, ein neues Buch anzufangen, Rob?«

»Also ...«

»Ich erinnere mich an Seths Äußerung, daß es ein Buch mit Quellenmaterial für dich ist.«

»Wenn es das für mich ist, kann es das auch für andere sein.« Ich fügte hinzu, daß es mir gleich sei, wie ›hart‹ oder schwierig dieses Buch werden würde – wenn es notwendig war, um Seths Gedanken rüberzubringen, war es okay. Und wieder mußte ich über Jane lachen. Es war offensichtlich, daß ihr dieses neue Projekt gefiel, und daß ihr die Erfolge von Gespräche mit Seth *und* Die Natur der persönlichen Realität *eine starke Zuversicht in Seths und ihre eigenen Fähigkeiten gegeben hatten; und doch stellte sie sofort Fragen.*

»Was zum Teufel wird drin stehen?« wollte sie wissen. »Ehrlich – worauf will er hinaus, wenn man sich ansieht, wie er anfing? Ach, vergiß es. Als ich mit der Sache rauskam, bekam ich etwas von dort«, sie zeigte nach rechts, womit sie auf einen der ihr zugänglichen Informationskanäle Seths verwies »über die Unvoraussagbarkeit des Bewußtseins und über Präkognition und Erbe: die Seele der Zelle und die Zelle der Seele ...«

Wie auch zuvor, als Jane mit der Übermittlung der beiden anderen Seth-Bücher begonnen hatte, schlug ich ihr vor, sie solle sich entspannen und Seth die ganze Arbeit überlassen. Um 0.03 Uhr ließen wir es gut sein für diese Nacht.)

Anmerkungen zu Sitzung 683

1 Jane gebraucht den Begriff »Multipersönlichkeit« auf der letzten Seite von Kapitel 11 in *Adventures in Consciousness: An Introduction to Aspect Psychology.* »Aber das ganze Kapitel baut sich doch wirklich in bezug auf diese Definition oder diesen Gedanken auf, sagte sie. Aus ihrer Sicht umfaßt das, was sie Multipersönlichkeit nennt, alle inneren Personifizierungen, oder Aspekte, des Ursprungs-Selbsts, das sie im Glossar zu *Adventures* als »das ›unbekannte‹ Selbst, Seele oder Psyche«, »die Urquelle unserer physischen Seins« definiert. In ihrem eigenen Fall wäre Seth eine Personifizierung oder ein Aspekt ihres Ursprungs-Selbsts; auf anderen Realitätsebenen hätte er aber auch eine eigene Existenz. Siehe auch die Anmerkung 5 zur 680. Sitzung.

2 Siehe im Zusammenhang mit Seths Äußerungen über Tiere und Menschen auch sein ausgezeichnetes Material in Kapitel 12 von *Die Natur der persönlichen Realität.* Sehr vereinfacht fasse ich Teile dieses Kapitels zusammen: In Sitzung 647 geht Seth auf die Herausforderungen des frühen Menschen ein, als er mit seinem eigenen sich herausformenden Bewußtsein rang. In Sitzung 648 spricht er über den Instinkt der Tiere, Gesundheit, Krankheit und Selbstmord, und über die Zeiten, in denen sich Mensch und Tier *mischten.* Jane steuerte für dieselbe Sitzung eigene Eindrücke über »Tiermedizinmänner« bei.

3 Eine später hinzugefügte Anmerkung: Das Material, das Seth seit 22.11 Uhr übermittelte, erinnerte mich an eine Passsage in der 657. Sitzung in Kapitel 15 von *Die Natur der persönlichen Realität.* Ich habe folgende Ausschnitte daraus zusammengestellt: »Jedes eurer Reinkarnationsselbsts hat seine eigenen ›Kraftpunkte‹, seine aufeinanderfolgenden Augenblicke, in denen es seine tägliche Existenz in linearer Form aus all den ihm zu Gebote stehenden Wahrscheinlichkeiten materialisiert. Auf eine Weise, die in einem anderen Buch erläutert wird, findet so etwas wie ein Zusammentreffen zwischen euren gegenwärtigen Kraftpunkten und denen eurer ›Reinkarnationsselbsts‹ statt. Zwischen diesen multidimensionalen Kraftpunkten gibt es ein dauerndes Wechselspiel, so daß ein in eurem Sinne inkarniertes Selbst die Fähigkeiten aller anderen Selbsts anzapfen kann. Diese Selbsts sind eine Art GEGENSTÜCK*(Hervorhebung von mir) eurer selbst, sind Geschöpfe wie ihr, die körperliche Wirklichkeit erfahren; andererseits aber läßt euer Organismus das Erlebnis der Gleichzeitigkeit der Erfahrung nicht zu.«

* Im amerikanischen Original *counterparts,* was u. a. Gegenstücke, Ebenbilder bedeutet. In *Psychic Politics* wurde im Zusammenhang mit der damit verbundenen Theorie der Begriff Komplementär-Aspekte eingeführt, wie er auch dann im weiteren in Band 1 und Band 2 von ›*Unbekannte Realität*‹ gebraucht wird. In anderen Seth-Büchern wurde dieser Begriff mit »lebendige Abbilder« oder »Ebenbilder« übersetzt (Anm. d. Übers.).

Jane und ich ließen dieser Information zu jenem Zeitpunkt keine besondere Bedeutung zukommen, aber rückblickend wurde uns klar, daß sie zwei wichtige Punkte enthielt: Seths Hinweis auf ›ein anderes Buch‹, von dem wir glauben, daß damit *›Unbekannte Realität‹* gemeint war, und der Gebrauch des Wortes *»counterparts«*. Das Wort war in den Sitzungen ein paarmal in seinem üblichen Sinn verwendet worden, aber daß Seth es in der zitierten Passage gebraucht, hat hier meiner Ansicht nach eine besondere Bedeutung, die Jane und mir damals entgangen war. Denn in Band 2 von *›Unbekannte Realität‹* bekommt Seths Theorie von den *counterparts* gewiß ihre eigene, einzigartige Bedeutung innerhalb seiner Untersuchung der Persönlichkeit. (Und obwohl er seine Gedanken zu Reinkarnation und Kraftpunkten in der 683. Sitzung nicht zur Sprache bringt, impliziert Seth beide Dinge in weiten Teilen dieses Materials.)

Beim Schreiben dieser Anmerkung fiel mir eine merkwürdige Verbindung auf, die ich zwar fühlen, aber fast unmöglich mit Worten erklären kann, und schon gar nicht auf einfache Weise. Wenn Seth in Sitzung 657 von »einem anderen Buch« spricht, so mag sich das auf *›Unbekannte Realität‹* beziehen, aber dieser Punkt spiegelt sich auch in meiner ersten Frage an Jane in der Pause der heutigen Sitzung wieder. Aber wie konnte das sein, fragte ich mich verwundert, denn als wir die 683. Sitzung abhielten, hatte ich die 657. Sitzung nicht im Kopf; und als die 657. Sitzung übermittelt wurde, konnte ich eigentlich nicht wissen, daß ich diese Frage in der 683. Sitzung stellen mußte. Es widerstrebt mir, auf eine solch zarte Verbindung zwischen den beiden Sitzungen die Begriffe Präkognition oder Retrokognition im ›konventionellen‹ Sinn anzuwenden. Solche merkwürdigen Verbindungen gab es schon früher im Seth-Material. Normalerweise nehme ich deren Vorhandensein und meine Unfähigkeit, sie klar zu erfassen, zur Kenntnis und mache weiter.

2 Siehe Anmerkung 2 zur 681. Sitzung.

5 Dieser ›Sicherheitsabstand‹ zwischen meiner Mutter und mir wird sehr schön in meinem Traum vor zwei Nächten illustriert. Als sollte ich in meinem bewußten Denken noch zusätzlich bestärkt werden, sah ich meine Mutter mit Leuten, die noch ›am Leben‹ sind. Das war auch der Fall in anderen Traumerfahrungen mit ihr, die ich kürzlich hatte. Hier ist ein wesentlicher Ausschnitt aus der Darstellung, die ich für *Through My Eyes* schrieb: »Dann sah ich meine Mutter (Stella) zwischen meinem Bruder Linden und seiner Frau, die alle ein bißchen voneinander getrennt gingen und auf einer glatten, nicht weiter auffälligen Ebene schräg auf mich zukamen. Alles war in leuchtende Farben getaucht. Die drei Figuren waren nur bis zur Hüfte, wie auf einem Bildausschnitt auf der Leinwand, zu sehen. Meine Mutter sprach und sah mich nicht direkt an; wie die anderen blickte sie über meine linke Schulter hinweg.

Linden und seine Frau hatten im Traum in etwa ihr jetziges physisches Alter, also etwa ein Jahr jünger als ich, 54, aber Stella sah einige Jahre jünger aus, als sie hätte sein müssen (sie starb mit 81). Ich weiß, daß ich mein Traumbild von ihr erschuf, um unsere Kommunikation für mich verständlich zu machen – und doch hatte ich das Gefühl, daß sie, in unserem und ihrem Sinne LEBENDIG war. Meine Mutter war offensichtlich imstande, sich ihrer Fähigkeit zu bedienen, wenn sie auch ein bißchen bekümmert aussah... Die Tatsache, daß sie an mir vorbeisah, zeigt eine Art Barriere oder Distanz zwischen uns, auch im Traumzustand. Dies könnte zu meinem eigenen Schutz sein, denke ich...«

Was meine außerkörperlichen Reisen angeht, so halluziniere ich bei diesen Unternehmungen oft irgendeine Art von Unterstützung: den Querbalken an einem Telefonmast, den zerbrechlichen obersten Zweig eines abgestorbenen Baumes...

Sitzung 684, Mittwoch, 20. Februar 1974, 21.42 Uhr

(Letzte Nacht sagte Jane den Teilnehmern ihrer ASW-Gruppe, daß Seth ein neues Buch angefangen habe. Auch Seth hatte einiges dazu zu sagen. Hier ein Auszug aus der Abschrift der Tonbandaufzeichnungen von diesem Abend [die wir eine Woche später erhielten]: »Nun, Realität hat keinen Anfang und kein Ende. Hoffentlich – hoffentlich – hoffentlich bekommt ihr, in eurem Sinn von Zeit, einen Einblick in das, was ich meine. Es gibt in der Tat ein sich ausdehnendes Universum, und es gestaltet sich in der ewigen Gegenwart. In meinem Buch werde ich, soweit ich kann, auf diese Grundsätze eingehen, doch einige [von euch] werden mir nicht folgen. Ihr schafft eure eigene Realität. Das geschieht und ist wahr, ob ihr mir nun in diese anderen Bereiche folgt oder nicht, oder nicht einmal Lust habt, mir zu folgen...

Euch, die ihr mich begleitet, verspreche ich ein Abenteuer, eine kreative Veränderung des Bewußtseins und Erfahrungen, die über das hinausgehen, was ihr, in eurem Sinn, bislang kanntet. Ihr betrachtet die Welt um euch herum und seid überrascht über ihren Reichtum und ihre Vielfalt. Glaubt ihr, daß die innere Welt nicht ebenso vielfältig, ja noch vielfältiger und tiefer ist? Glaubt ihr, es gibt nur eine Art von Bewußtsein?

Eure Welt gestaltet sich aus dem unermeßlichen Bereich der Unvoraussagbarkeit des Bewußtseins. Daraus formt ihr eure eigenen Vorstellungen von Bedeutung und von euch selbst... Ihr müßt aufhören, im Sinne eines gewöhnlichen Vorwärtsschreitens oder Weiterentwicklung zu denken. Es ist schon schlimm genug, wenn ihr euch Sorgen macht, ob ihr mit den Müllers von nebenan mithaltet. Eine ganz andere Sache ist es jedoch, wenn ihr anfangt, euch zu bekümmern, welche Art von Selbst [oder Bewußtsein] einem anderen überlegen ist.«

Eine Anmerkung: Jane rief heute Tam Mossman an, ihren Lektor, und erfuhr, daß er bereits das Gefühl hatte, Seth könnte ein neues Buch angefangen haben. Dieser Gedanke war ihm in den letzten Tagen ein paarmal gekommen.

Als wir um 21.30 Uhr auf den Beginn der Sitzung warteten, sagte Jane: »Ich bin allmählich bereit – warte auf diesen ganz bestimmten klaren Fokus – den einen, eindeutigsten Ort im Bewußtsein, wo das Material durchkommen kann ...«)

Guten Abend.

(»Guten Abend, Seth.«)

Nun: Diese Bewußtseinseinheiten (BEs) bewegen sich schneller als das Licht, aber diese Aussage ist in gewisser Weise bedeutungslos, da diese Einheiten sowohl außerhalb als auch innerhalb des Rahmens existieren, in dem das Licht Bedeutung hat.

(Pause.) Wenn sich diese Einheiten jedoch der physischen Struktur nähern, dann verlangsamen sie sich in eurem Sinn. Elektronen sind beispielsweise im Vergleich zu den EE-Einheiten träge Einfaltspinsel.[1] Es muß nicht erwähnt werden, daß die Bewußtseinseinheiten ›geistiger Natur‹ sind, oder körperlos, wenn euch das lieber ist, obwohl aus ihrer inneren Struktur alle physischen Formen entstehen. Aus dem Verband von Einheiten bauen sich bestimmte Intensitäten auf, noch vor der Existenzebene des kleinsten physischen oder auch UNsichtbaren ›physischen‹ Partikels. Diese Einheiten bilden das, was ihr euch als Geist denkt, um den sich dann die Struktur des Gehirns formuliert. Die Einheiten durchziehen das Gehirn.

Das umfassende Kommunikationssystem innerhalb des Körpers ist also vom ständigen inneren Wechsel und Fluß dieser Einheiten abhängig. Auf einer Ebene ist das Überleben des Körpers an sich weitgehend bestimmt von der Neigung der Einheiten zu Selektivität und Bedeutung. Und doch ist die physische Realität des Körpers auch eine SCHEINBARE Konstante in einer scheinbar konstanten physischen Existenz.

(Langsam:) Nur weil diese Einheiten ihre Quelle außerhalb von Raum und Zeit haben, ist die gegenwärtige körperliche Realität ein Triumph der Wahrscheinlichkeiten. Punkt. Beispielsweise scheint euch eure gegenwärtige Gestalt die einzig mögliche zu sein, sie gehört euch, zumindest für die Dauer eures Lebens; und was mit ihr geschieht, scheint fast unvermeidlich zu sein. Wenn ihr krank werdet, fragt ihr euch vielleicht, warum; aber wenn die Krankheit einmal eingetreten ist, wird sie Bestandteil der Realität des Körpers und scheint fast ein unausweichlicher Teil seiner Erfahrung zu sein.

Die Bewußtseinseinheiten, die unabhängig sind von Raum und Zeit, formen eure zellulare Struktur, und diese hat auf ganz grundlegende Weise mit der Natur der Wahrscheinlichkeiten zu tun. Obwohl der Körper dauerhaft und von einem Moment zum nächsten zu existieren scheint, ersteht er im Grunde ständig aus dem Lager der Wahrscheinlichkeiten, schwebt um euren Jetzt-Punkt der Wahrnehmung und Erfahrung, und seine augenscheinliche Stabilität hängt von der Kenntnis der ›künftigen‹ wie der ›vergangenen‹ Wahrscheinlichkeiten ab.

Eure Gegenwart ist das Ergebnis eures eigenen ausbalancierten Bewußtseins, das seine Wahrnehmung und die Natur seines Lebens aus einem Gebiet auswählt, das nur wegen des ihm zugänglichen größeren Organisationsbereichs voraussagbar sein kann.

(Langsamer um 22.07 Uhr.) Die jeweilige Verfassung eures Körpers ist nicht so sehr das Ergebnis seines Verständnisses von seiner ›vergangenen Geschichte‹, als vielmehr das Ergebnis seines Verständnisses von künftigen Wahrscheinlichkeiten. Die Zellen erkennen voraus. Das ist für den Moment eine etwas vereinfachte Darstellung. Später im Buch werde ich die Sache deutlicher machen.[2] Aber eure beschränkten Vorstellungen von Zeit verursachen begriffliche Barrieren, die sogar dann wirksam sind, wenn ihr die Struktur des physisch-biologischen Lebens betrachtet.

Ein Beispiel: Es käme der WAHRHEIT NÄHER, wenn ihr sagtet, daß das Erbgut von der Zukunft her rückwärts in die Vergangenheit wirkt, und nicht umgekehrt von der Vergangenheit in die Zukunft. Keine von beiden Aussagen wäre im übrigen völlig korrekt, da es sich bei eurer Gegenwart um ein schwebendes Gleichgewicht handelt, das von der wahrscheinlichen Zukunft wie der wahrscheinlichen Vergangenheit gleichermaßen beeinflußt wird.

In der Regel ist euer Körper zu keinem Zeitpunkt nicht für euch da. Eure Erfahrung scheint in ihm zentriert, während sich der Rest der Welt sicher außerhalb davon befindet. Doch die spezifische Selektivität eurer Art von Bewußtsein GLEITET über Ausfälle hinweg, die ihr nicht erkennt. Man könnte sagen, eure Körper leuchten auf und verlöschen wie Lichter. Ihre Realität fluktuiert, von eurem Standpunkt aus. Und so auch das physische Universum, was das betrifft.[3]

Ihr könnt verstehen, was mit einem fluktuierenden Bewußtsein gemeint ist – denn jede Person ist sich verschiedener Grade und Formen von Intensität und Konzentration bewußt. Bei manchen Gelegenheiten seid ihr wacher oder, wie ihr sagt, bewußter als bei anderen. Nun, das gilt auch für diese Bewußtseinseinheiten – und für die Atome, Moleküle, Elektronen und andere solche Phänomene. Die Welt blinkt buchstäblich auf und verlöscht, blinkt auf und verlöscht. Allerdings beeinträchtigt diese Realität der Fluktuation in keiner Weise euer Gefühl von Konsistenz. Die ›Löcher‹ *(buchstabiert)* ›der Nichtexistenz‹ werden durch den Selektionsprozeß zugestöpselt. Bei diesem Prozeß werden wiederum Bedeutungen gewählt, um die sich die Erfahrung aufbaut und ›Leben‹ empfunden wird. Die Sinneswahrnehmungen und Eindrücke von einer Form von Leben errichten dann automatisch Barrieren gegen andere solche ›Welt-Entwürfe‹ (Anführungszeichen), die nicht mit den ihren in Einklang stehen.

Ihr könnt unmöglich ein Atom, eine Zelle oder irgend etwas anderes untersuchen, es sei denn in eurem Jetzt. Punkt. Da eure Sinneserfahrung einem euch verständlichen Zeitmuster folgt, nehmt ihr selbstverständlich an, daß etwa eine Zelle das Ergebnis ihrer Vergangenheit ist und ihr gegenwärtiger Zustand aus ihrer Vergangenheit resultiert.[4] Der Fötus wächst zum Erwachsenen heran, nicht weil er durch die Vergangenheit programmiert ist, sondern weil er sich bis zu einem gewissen Grad präkognitiv seiner Wahrscheinlichkeiten gewahr ist, und dann aus der ›Zukunft‹ seine Information in die Struktur der Vergangenheit einprägt.

Von eurem Standpunkt aus wird euch eine Untersuchung der Zelle dies nicht zeigen, sondern nur ihren gegenwärtigen Zustand. Aus dem hier Gesagten sollte hervorgehen, daß offensichtlich weder Zukunft noch Vergangenheit vorbestimmt sind. Von eurer Plattform schwebender und ausbalancierter Jetzt-Erfahrung verändert ihr sowohl Vergangenheit wie Zukunft, und DIESE VERÄNDERUNG, dieser Wandel, diese Handlung bewirkt euren Punkt unmittelbaren Sinneslebens.[5]

(Lange Pause.) Die kostbare Intimität eurer Existenz, ja eures Universums, ist sozusagen um so mehr ein Wunder, als ihre wahrscheinliche Realität aus einem unendlichen Wahrscheinlichkeitsfeld entsteht, und jede ist EWIG UNVERLETZLICH. (LANGE PAUSE.) Es ist wichtig, daß ihr darüber nachdenkt.

Macht eure Pause.

(22.35 Uhr. Janes Übermittlung war oft langsam, aber durchweg nachdrücklich gewesen. Wiederaufnahme der Sitzung in gleicher Weise um 22.49 Uhr.)

Nun: Laß uns einen Moment Zeit...

Ihr könnt eure Glaubensvorstellungen von der Realität nicht von der Realität, die ihr erfahrt, trennen. Das heißt, eure Glaubensvorstellungen von der Realität gestalten die Realität. Eure Gedanken und Vorstellungen von dem, was möglich und was nicht möglich ist, spiegeln sich in allen Bereichen.

Es ist fast unmöglich, von der Idee eines isolierten Universums, eines der Gnade seiner Vergangenheit ausgelieferten Selbsts, einer Zeitabfolge, auszugehen, und dann bei irgendeiner akzeptablen Theorie von einer multidimensionalen Seele oder Gottheit zu landen, die nicht nur eine glorifizierende, personifizierte Vorstellung von dem darstellt, was eurer Ansicht nach den Menschen ausmacht.[6]

Darunter haben nicht nur eure Metaphysik und Wissenschaften zu leiden, auch eure Alltagserfahrungen als menschliches Wesen sind sehr viel weniger als das, was sie sein könnten. Es gibt also sehr gegenwärtige, und was das angeht, biologisch praktikable Wahrscheinlichkeiten, die einen so großen Wandel des persönlichen Bewußtseins gestatten, daß das gesamte Menschengeschlecht in eine andere Erfahrungsebene geschleudert werden würde. So wie sich nach EUREN Vorstellungen einst die Höhlenmenschen auf der Erde ins Tageslicht wagten, gibt es eine Zeit für den Menschen, da er sich in das umfassendere Wissen seiner subjektiven Realität wagt, Komma, um die Dimensionen der Eigenpersönlichkeit zu erforschen und seine kleinen Bereiche zu überschreiten, in denen er bislang Schutz gefunden hat.

(23.11 Uhr.) Im Sinne der Geschichte, wie ihr sie versteht, fühlte sich der Mensch sicher und geschützt in der Vorstellung, daß er als Spezies unter einer Sonne eine Vorrangstellung einnähme, und sich alles andere um sein Wesen drehe. Dies stellte, innerhalb dieses Bezugsrahmens, eine Stabilität her, die aufgegeben wurde, als der Mensch seinem Bewußtsein andere Freiheiten einräumte. So muß er also jetzt allmählich erkennen, daß er selbst aus einere MYRIADE von Wahrscheinlichkeiten die eine auswählte, mit der er sich nunmehr konfrontiert sieht.

Das eine Selbst, das er anerkennt, ist nur der Teil von ihm, dessen er sich gegenwärtig bewußt ist. Andere ihm zugängliche Aspekte des Bewußtseins und Teile seines umfassenderen Wesens erscheinen als fremd, ›seinem Selbst nicht zugehörig‹ oder ›jenseits von ihm selbst‹, eben wegen des selektiven Fokus, wie er jetzt wirksam ist.

Das bedeutet offensichtlich nicht, daß nicht Wesenheiten mit einer Eigenpersönlichkeit existieren, die von der euren völlig getrennt ist.

Es bedeutet allerdings, daß euch eure Vorstellungen und Theorien dazu zwingen, jegliche ›sich aufdrängende‹ Information oder Erfahrung, die Teil der von euch nicht als offizielles Selbst anerkannten Aspekte eures Wesens sind, zu mißdeuten und zu verzerren.

(Pause von einer Minute um 23.22 Uhr.) Ein solches Verhalten bewirkt sogar eine gewisse körperliche Unehrlichkeit, denn die Unabhängigkeit der Zellen von Zeit bringt es mit sich, daß sich die zellulare Struktur auf bestimmten Ebenen wahrscheinlicher künftiger Ereignisse gewahr ist, wie ich schon erwähnte *(vor der Pause).* Der Körper reagiert von daher sowohl auf künftige wie auf vergangene Aktivitäten, um sein gegenwärtiges körperliches Gleichgewicht aufrechtzuerhalten.

Das dem Körper innewohnende Wissen wird dann oft versuchen, sich in psychische Aktivitäten zu übersetzen, welche sich dann unter Umständen in Vorahnungen, Eingebungen und so weiter äußern. Die Sinne können zur Verdeutlichung der Botschaft eingesetzt werden. Ihr könnt beispielsweise eine innere Stimme hören oder ein Bild aufblitzen sehen. Je nach euren Überzeugungen werdet ihr diese Informationen auf vielfältigste Weise deuten, aber da diese Erfahrungen nicht zum Bestandteil anerkannter, OFFIZIELLER Aktivität gehören, können sie in erschreckender Form auftreten. Punkt. Ihr schreibt sie vielleicht ›Gespenstern oder Geistern‹ oder körperlosen Persönlichkeiten zu, aber so, daß sie in einer konfusen Masse von Dogma und Aberglaube zusammengewürfelt werden.

Wenn ihr für den Anfang versteht, daß IHR ein Geist und deshalb selbst unabhängig von Raum und Zeit seid, dann könntet ihr die Möglichkeit zumindest in Betracht ziehen, daß euch einige solcher Botschaften aus anderen Teilen eurer eigenen Realität zukamen. Solche Botschaften bieten oft die Möglichkeit, bestimmte wahrscheinliche Handlungen zu vermeiden.

Gib uns einen Moment – einen langen Moment –

(Jane machte um 23.33 Uhr, immer noch in Trance, eine Pause und zündete sich eine Zigarette an. Seit Beginn der Reihe von Sitzungen, die zu ›Unbekannte Realität‹ *gehören, machte sie es sich sozusagen zur Gewohnheit, nach dem Buchdiktat einiges Material zu anderen Themen zu übermitteln; so auch jetzt, und sie beendete die Sitzung um 23.51 Uhr.*

Nach der letzten Sitzung hatte Jane angefangen, über Kapitelunterteilungen und Überschriften für das neue Buch nachzudenken. Seth hatte natürlich nichts dergleichen angegeben. Ich sagte ihr, daß das Buch möglicherweise keine Kapitel hätte und Seth etwas anderes geplant haben könnte. [Und später hinzugefügt: Die Lösung, die sich schließlich für dieses kleine Dilemma abzeichnete, habe ich in meinen einleitenden Bemerkungen beschrieben.])

Anmerkungen zu Sitzung 684

1 Siehe Anmerkung 4 zur 682. Sitzung.

2 Eine später hinzugefügte Anmerkung: In einer Reihe von späteren Sitzungen in ›*Unbekannte Realität*‹ geht Seth tatsächlich weiter auf die zellulare Präkognition ein. Unter anderem in Band 1; siehe dazu die Sitzungen 690/91 in Teil 2.

3 In Anmerkung 1 zu Sitzung 681 ging ich sehr kurz auf die Fluktuation des Bewußtseins, oder der Realität, ein und verwies die Leser auf die 567. Sitzung in Kapitel 16 von *Gespräche mit Seth*. Weiteres Material zum selben Thema findet sich auch im selben Buch in der 535. Sitzung in Kapitel 9 und in der 576. Sitzung in Kapitel 19.
Und siehe, in Verbindung mit Seths Aussage von heute abend, daß »... eure Körper wie Lichter aufblinken und verlöschen«, Janes Kommentare zu ihren Gefühlen über ähnliche Gedanken in den Eingangsbemerkungen zur letzten Sitzung.

4 In früheren Zeiten haben auch Jane und ich die Zelle nur für das Resultat ihrer Vergangenheit gehalten. Doch gleichzeitig versuchte Jane in ihrer Lyrik, hinter diesen allgemein verbreiteten Glauben zu blicken. Die folgenden Zeilen stammen aus *Pathetique*, einem langen Gedicht, das sie 1959 schrieb. Sie war 30 Jahre alt, und ihre Entwicklung des Seth-Materials lag noch fünf Jahre in der Zukunft.

Die Zellen erinnern sich
Ihrer vergangenen Tode und aller vergangenen Tode,
Und hören im gelben Wispern ihrer Atome
Das Frösteln, den ersten Frost und den letzten Frost...
Wundersam über alles Wissen hinaus,
Lodert im Innern das Feuer.
Und muß ich sterben, so gingen einst
Diese Atome aufrecht doch,
Und kannten sich und sprachen meinen Namen,
Und singend sind sie ewiglich.

5 Siehe Seths Material zur Umprogrammierung der Vergangenheit in *Die Natur der persönlichen Realität:* Sitzungen 654 und 657 in den Kapiteln 14 und 15. Einiges von seinen früheren Informationen über den Fötus findet sich in den Sitzungen 503/504 im Anhang zu *Das Seth-Material.*

6 Seth äußert sich zu einem multidimensionalen Gott in Kapitel 14 von *Gespräche mit Seth*, und Jane von ihrem Standpunkt aus in Kapitel 17 von *Adventures in Consciousness.*

Sitzung 685, Montag, 25. Februar 1974, 21.51 Uhr

(Als Jane sich heute zu einem Nachmittagsschlaf hinlegte, hatte sie eine ungewöhnliche Erfahrung. Hier ein Auszug aus ihren Notizen: »Kurz bevor ich einschlief, hatte ich eine mentale Projektion, die sich anscheinend in die Vergangenheit erstreckte, meine Vergangenheit. Ich war ein Baby in meiner Heimatstadt, Saratoga Springs im Staat New York. Es war um das Jahr 1931. Alles war neblig, grau, farblos. Zunächst sah ›ich‹ auf ›mich selbst‹ in meinem Kinderwagen hinunter. Dann bewegte ich mich relativ leicht durch die Straßen und wurde im Verlauf der Projektion ›älter‹. Warte – gerade, als ich dies schrieb, fing ich etwas auf (von einem anderen Teil meines *Bewußtseins, weder Ruburt noch Seth), was in etwa besagte, daß die Projektionsumgebung tatsächlich so fokussiert ist wie die meine, aber daß es sich um eine Wahrscheinlichkeit von mir handelt. Biologisch gesehen war ich in mein ›Jetzt‹ nicht eingepaßt; ich war darin und nicht darin, zwischen fokussierten Realitäten ... reiste in oder durch diese Fluktuationen des Bewußtseins, von denen Seth in seiner letzten Sitzung sprach. Er erwähnte in dieser Sitzung auch wahrscheinliche Bewußtseinsarten. Machte ich den Versuch, eine davon hier in meiner eigenen physischen Realität zu entwikkeln? Aber es handelte sich definitiv um ein Ereignis im Wachzustand. Gleich nachdem ich aufgestanden war, beschrieb ich Rob die ganze Sache ...«*

Wir hatten auf den Beginn der heutigen Sitzung seit 21.26 *Uhr gewartet. Wir unterhielten uns über dies und das, und Jane wurde zunehmend ungeduldiger. Wieder einmal, wie schon vor der 684. Sitzung und zu anderen Gelegenheiten, sagte sie, daß nun in den Sitzungen »etwas anders sei«: Für dieses Buch müßte sie »einen ganz bestimmten klaren Fokus« bekommen ...)*

Guten Abend.

(»Guten Abend, Seth.«)

Nun: Laß uns einen Moment Zeit... Körper ist auch Muster. Punkt. Während sich das Material, aus dem er sich zusammensetzt, ständig verändert, bewahrt das Muster seine Integrität. Die Form ist in Raum und Zeit eingraviert, und doch existiert das Muster selbst auch außerhalb dieses Bezugsrahmens – der Körper ist somit eine Projektion in den dreidimensionalen Bereich. Das Bewußtsein der darin enthaltenen Zellen ist jedoch ewig. Der physische Raum selbst setzt sich also aus unsterblichem Stoff zusammen. Die Projektion in Zeit und Raum mag für euch verschwinden, vergehen und sterben. Die Hauptidentität existiert weiter, so wie auch das Bewußtsein der Millionen von Zellen, die einst Teil des Körpers waren, weiter existiert.

(Pause von einer Minute um 21.59 Uhr.)

Solange der lebendige Körper vom gewöhnlichen menschlichen Bewußtsein bewohnt wird, fungiert er als ein intensiver Fokuspunkt. Die in seinem Innern existierende Anhäufung von Bewußtsein auf allen Ebenen fokussiert ihr eigenes Kommunikationsnetzwerk, das mit allen anderen gleicher Art verknüpft ist. Somit gibt es elektromagnetische und biologische Interaktionsebenen zwischen allen Körpern. Das Netzwerk reicht jedoch weit darüber hinaus. Alle Zellen können nicht nur auf einander reagieren, sondern ihre kollektive Aktivität bringt sogar höhere Bewußtseinszentren zur Reaktion auf eine GEGEBENE Reihe von weltlichen Bedingungen, und nicht auf andere, ebenso legitime Bedingungen, die nicht in das akzeptierte Muster passen. Wahrscheinlichkeiten werden somit IN EINEM GEWISSEN MAß nach zellularen Richtlinien bestimmt. Dies sollte einleuchtend sein.

(Um 22.07 Uhr eine lange Pause, eine von vielen.) Die Struktur des Körpers wird in sich Muster für die Art von Wahrscheinlichkeiten aufbauen, die praktisch erfahren werden können. Die Ursprungs-Realität, aus der alles andere kommt, ist selbst nie vorbestimmt – das heißt vorgefaßt oder festgesetzt. Das Universum wird immer erschaffen, unter jedem Aspekt. Punkt.

Wenn sich das Bewußtsein spezialisiert, sieht es sich immer als das Zentrum seiner Welt. Alle Spezifizierungen des Bewußtseins und alle phänomenalen Erscheinungen finden statt, wenn die Grundeinheiten des Bewußtseins, die BEs in den EE-Einheiten und somit in den Dimensionen der Verwirklichung in eurem Sinne zutage treten. Euer vorrangig akzeptiertes Bewußtsein befindet sich in eurer Körpermaterie, und durch ihn – den Körper – betrachtet ihr die Welt. Nichts kann euch daran hindern, euren Körper von einem Standpunkt aus zu betrachten, der außerhalb von ihm liegt, außer der Tatsache, daß ihr gelehrt worden seid, daß das Bewußtsein im Fleisch eingekerkert ist.

Der Körper ist ein sendender und empfangender Organismus; eure Heimatstation, sozusagen, und der Fokus für eure Aktivität. Ihr könnt jedoch ganz bewußt aus ihm herausspringen – und tut es oft, wenn ihr für eine Weile, vor allem im Traumzustand, die Welt aus einer anderen Perspektive betrachtet.

Laß uns einen Moment Zeit... Bei einigen Abenteuern besucht ihr tatsächlich andere wahrscheinliche Realitäten, in denen ihr eine ebenso reale Körperstruktur wie ›die eure‹ besitzt. Euer eigenes psychisches Rüstzeug erlangt, was das angeht, seine wunderbare Komplexität, weil es sich aus dem reichhaltigen Fundus eurer umfassenderen wahrscheinlichen Existenzen nährt. Selbst ein nur geringes Verständnis dieser Gedanken kann euch vermitteln, wie beschränkend vormalige psychologische Theorien und Vorstellungen waren.

(Um 22.25 Uhr Pause von einer Minute.) Das Selbst, das ihr kennt und anerkennt, trägt in sich Hinweise auf und Spuren von allen euren wahrscheinlichen Eigenschaften, die in eurem Realitätsystem verwirklicht WERDEN KÖNNEN. Euer Körper ist dazu ausgerüstet, jede von ihnen zur Erfüllung zu bringen. Aufgrund der früher erwähnten Selektivität[1] mögen bestimmte Richtungen leichter sein als andere, und einige erscheinen vielleicht unmöglich. Doch innerhalb der psychischen und biologischen Struktur eurer Spezies weisen die Wege der Wahrscheinlichkeiten mehr Kreuzungen auf, als ihr vermutet.

Das geistige Bewußtsein, wie ihr es normalerweise versteht, lenkt euer allgemeines Handeln, und seine Gedanken bestimmen die von euch angewandte Art der Selektivität. Aus diesem Grund versuche ich, eure bewußten Vorstellungen zu erweitern, so daß ihr besser ausgerüstet seid, die Richtung eurer physischen Erfahrung aus all den euch offenstehenden wahrscheinlichen Erfahrungen auszuwählen.

Macht nun eure Pause.

(22.32 Uhr. Ich hatte Janes Trance für gut gehalten, obgleich sie viele Pausen eingelegt hatte, aber sie sagte, daß dies nicht gerade ihr bester Tag sei. Auch war sie sich der Langsamkeit ihrer Übermittlung nicht bewußt gewesen. Außerdem hatte sie das Gefühl, daß wir kurz vor der Sitzung zu Abend gegessen hätten [um 19.30 Uhr].

Ich diskutierte mit Jane die Fragen, die mir gekommen waren, als Seth davon sprach, wie »beschränkend vormalige psychologische Theorien und Vorstellungen waren«. Warum war die Psychologie als Fach so unterentwickelt? Warum hatte sie sich nicht weiter entfaltet, bis sie solche Gedanken, wie sie Jane heute abend übermittelt hatte, einbeziehen konnte? Janes Arbeit war insofern einzigartig, als sie durch ihre individuelle Persönlichkeit kam, so fügte ich hinzu; aber warum war etwa die Theorie der Wahrscheinlichkeiten, oder ihr Äquivalent, nicht Bestandteil allgemeinen Wissens, oder warum wurde sie in der heutigen Psychologie nicht wenigstens in Betracht gezogen? Ich fragte, ob Seth einen Kommentar dazu abgeben wollte.

Nachdem wir noch ein paar Minuten darüber gesprochen hatten, sagte Jane: »Ich habe das Gefühl, daß du auf deine Fragen zur Psychologie Antworten bekommen wirst – aber sie werden als Vorwort zu diesem Buch erscheinen.« An ein Vorwort hatten wir noch gar nicht gedacht. Im Spaß fragte ich sie, was als nächstes in der Sitzung zur Sprache kommen würde. Ich hatte das allgemein gemeint, aber sie erwiderte: »Das Vorwort«. Auch dann erwartete wohl keiner von uns, daß Seth noch heute abend ein solches Projekt durchführen würde. Aber um 22.57 Uhr kam er damit durch:)

Nun: Vorwort: Es gibt eine ›unbekannte‹ Realität, in Anführungszeichen. Ich bin Teil davon, und ihr seid es auch...

(Seth endete um Mitternacht. Heiter:) ENDE DES VORWORTS.

(»Okay.«)

Ende der Sitzung.

(»In Ordnung. Danke dir, Seth. Gute Nacht«, sagte ich um 0.01 Uhr, und Seth war fast sofort verschwunden. Siehe das Vorwort zu Beginn des Buches. Jane sagte, daß Seth zwar nun doch nicht meine speziellen Fragen zur Psychologie berücksichtigt hatte, daß sie aber als Auslöser für das Vorwort gedient hätten. Sie fühlte sich gut. Ich las ihr das Vorwort vor – und danach fühlte sie sich sogar noch besser.

Obwohl die Sitzung hier scheinbar endete, zeigten sich anschließend verschiedene – und anhaltende – Phänomene, die damit in Zusammenhang standen. Janes Saratoga-Erfahrung war auch beteiligt. Das wesentliche Material dazu findet sich in Einzelheiten in Anhang 4.)

Anmerkung zu Sitzung 685

1 Seth spricht über Selektivität in der 682. Sitzung um 22.36 Uhr.

Sitzung 686, Mittwoch, 27. Februar 1974, 21.45 Uhr

(Die Phänomene, die nach der Sitzung vom letzten Montag aufgetreten waren, zeigten sich weiterhin. Jane war fasziniert von dem Material, das sie in jener Nacht nach der Sitzung im Schlaf ›selbständig‹ und auch, am nächsten Tag, schriftlich produzierte. Siehe dazu Anhang 4. Als wir uns um 21.10 Uhr auf die heutige Sitzung vorbereiteten und die Informationen, die sie erhalten hatte, diskutierten, merkte sie, daß sich diese spezifische Erfahrung fortsetzte, diesmal allerdings in Form eines Diktats, obwohl Seth nicht daran beteiligt war. Ich notierte, was sie zu sagen hatte; es ist in Anhang 5 wiedergegeben, und ich schlage vor, es sich vor dieser Sitzung anzusehen.

Es war 21.40 Uhr, als Jane ihr Diktat beendet hatte. Einige Augenblicke lang saß sie still da. »Jetzt warte ich auf Seth«, sagte sie. Dann: »Es ist, als würde ich eine Menge Ideen um mich herum spüren, und ich lasse ihn sie für mich ordnen ... Aber jetzt bin ich wohl bereit ...«)

(Sanft:) Guten Abend.

(»Guten Abend, Seth.«)

Nun, grundsätzlich ist es so, daß das Fassungsvermögen der Zelle Zeit, wie ihr sie versteht, überspannt. Punkt.

Jedoch experimentierte das menschliche Bewußtsein nach zeitspezifischen Grundsätzen. Und als sich der Mensch dieser Richtung entsprechend entwickelte, kamen bestimmte biologische und mentale Methoden der Selektion und Unterscheidung zum Einsatz. Als er sich, historisch gesehen, des Erinnerungsvermögens gewahr wurde und sich seiner Vergangenheit als einer Vergangenheit in eurem Sinne entsann, war es ihm auch möglich, Vergangenheit und Gegenwart durcheinanderzubringen. Lebhafte Erinnerungen, die zwar außerhalb des Kontexts standen, aber eine unmittelbare neurologische Wertigkeit erhielten, konnten mit dem für seine Gegenwart notwendigen brillanten Fokus wetteifern.[1]

Obwohl die Vergangenheit tatsächlich so unmittelbar, lebendig und schöpferisch IST wie die Gegenwart, nahm der Mensch in verschiedenen Schichten gewisse Anpassungen vor, die zur Fokussierung eindeutiger Unterscheidungsmerkmale führten und die Erfahrung der Vergangenheit von der Erfahrung der Gegenwart trennten. Im Verlauf der Entwicklung seiner spezifischen Form betonte das Bewußtsein allmählich den selektiven Aspekt und konzentrierte sich besonders auf einen kleinen Handlungsbereich, während es andere Daten und Informationen ausblendete. Dies war notwendig, weil diese spezielle physische Handhabung körperlicher Existenz eine sofortige physische Reaktion auf unmittelbar gegebene Reize verlangte.

(21.55 Uhr.) Eine solche Selektivität und Spezialisierung boten dem Bewußtsein also eine angemessene Methode, sich mit der irdischen Existenz vertraut zu machen. Jäger mußten sofort auf die gegebene Situation reagieren. Unter dem Aspekt der Zeit mußte das ›gegenwärtige‹ Tier um der Nahrung willen getötet werden – nicht das ›einstige‹ Tier. JENES Tier – das einstige – existierte so gewiß wie das gegenwärtig wahrgenommene, doch im Kontext des Menschen mußte die physische Handlung auf einen sehr spezifischen Bereich ausgerichtet werden, da das physische Überleben davon abhing.

(Pause, und langsam:) Die Tatsache, daß die Zelle keine Ahnung von Zeitunterscheidung hat, mußte umgangen werden. Auf zutiefst unbewußten Ebenen ist die neurologische Struktur sehr viel anpassungsfähiger, als es den Anschein hat. Es wurden somit Anpassungen vorgenommen. Im Grunde reagiert die neurologische Struktur sowohl auf Informationen der Vergangenheit wie auch der Zukunft. Biologisch gesehen ist eine solche Aktivität also eingebaut. Die spezialisierte ›neue‹ Art von Bewußtsein in einem einzigen Körper mußte äußerst präzise und schnell reagieren. Deshalb konzentrierte sie sich nur auf eine Reihe neurologischer Botschaften.

(Als Seth formulierte Jane das Material sehr sorgfältig, fast Silbe für Silbe, so als wollte sie mir Zeit geben, alles fehlerlos mitzuschreiben. Ohnehin ist ihre Diktion in Trance meist ausgezeichnet; ich muß sie nur ganz selten bitten, ein Wort oder einen Satz zu wiederholen.)

Diese traten biologisch mehr und mehr hervor, so daß das menschliche Bewußtsein auf ihnen entlangglitt oder sich darauf sprunghaft fortbewegte. Sie wurden in die biologisch und geistig akzeptierten Impulse oder Botschaften und in die Sinneswahrnehmung eingepaßt; sie wurden zu den einzigen OFFIZIELLEN Informationen, die, übersetzt in

Sinneswahrnehmung, die physische Realität bildeten. Diese Selektivität gab ein begreifbares Verfahren ab, den Bezug von der inneren zur äußeren Existenz herzustellen.

(22.10 Uhr. Bedächtig, aber nachdrücklich:) Andere, ebenso gültige Botschaften wurden ignoriert. Sie wurden, obschon gegenwärtig, biologisch UNSICHTBAR. Die Zellen reagierten noch auf die ansonsten vernachlässigten Impulse, da sie Informationen aus der Vergangenheit und Zukunft brauchten, um das Gleichgewicht des Körpers in der ›Gegenwart‹ aufrechtzuerhalten. Der Aspekt der notwendigen unmittelbaren BEWUSSTEN ÄUSSEREN Handlung an einem ›bestimmten‹ KREUZUNGSPUNKT MIT EREIGNISSEN wurde dem auftauchenden Ich-Bewußtsein überlassen.

Während also die Zellen Informationen aus der Vergangenheit und Zukunft brauchten und sie dazu benutzten, aus dieser unsichtbaren Spannung die gegenwärtige leibliche Realität des Körpers zu formen, konnten DANN dieselben Informationen eine Bedrohung für das Ich-Bewußtsein darstellen, das davon hätte überwältigt werden können. Innerhalb der Körperstruktur gibt es jedoch in der Tat Botschaften, die von eurem Standpunkt aus zu schnell oder zu langsam[2] überspringen, um eine physische Reaktion zuzulassen. In dieser Weise behält das zellulare Fassungs- und Erkenntnisvermögen seinen freien Fluß; doch die *(in den Sitzungen 682/683)* erwähnte Selektivität UMGEHT diese Informationen, so daß es keine Konflikte mit gegenwärtigen Sinnesdaten gibt, die eine physische Handlung in der Zeit erforderlich machen.

Andere Botschaften tragende Impulse sind ebenso wert und gültig wie jene, die ihr wahrnehmt und auf die ihr reagiert. Ich wiederhole, die Zellen reagieren ständig auf sie. Der Körper ist, wie *(in der 685. Sitzung)* erwähnt, ein elektromagnetisches Muster, schwebend und ausbalanciert in einem Netz von Wahrscheinlichkeiten, das an einem Kreuzungspunkt in Raum und Zeit als körperlich erfahren wird.

Als der Mensch – ich bediene mich eurer Geschichtsbegriffe – mit dem Erinnerungsvermögen zu experimentieren begann, gab es zahllose Vorfälle, bei denen das auftauchende Ich-Bewußtsein zwischen Vergangenheit und Gegenwart, wie ihr sie versteht, nicht klar genug unterschied.

Die Vergangenheit IN der Gegenwart trat dann so leuchtend in Erscheinung, daß der Mensch im Rahmen der Zeitumstände, die er selbst geschaffen hatte, nicht angemessen reagieren konnte. Die Zukunft war, praktisch gesprochen, blockiert *(lange Pause)*, um die

Handlungsfreiheit zu bewahren und die physische Erkundung, Neugierde und Kreativität zu fördern. Das Erinnerungsvermögen ließ jedoch auch mentale PROJEKTIONEN in die Zukunft zu, so daß der Mensch seine Aktivitäten zeitlich planen und wahrscheinliche Resultate vorhersehen konnte: ›Schattenbilder‹ von künftigen Wahrscheinlichkeiten dienten immer als mentale Impulse zu allen möglichen physischen Erkundungen in allen Bereichen.

(»Meinst du beispielsweise in allen Bereichen des Planeten?«)

Diese Schattenbilder gaben Impulse für geistige, spirituelle UND physische Erfahrungen. Ich nehme an, das beantwortet deine Frage.

(»Ja.«)

Die Menschheit befaßte sich mit der Schöpfung einer neuen Welt physischer Existenz. Um dieses spezielle Experiment durchzuführen, war eine Konzentration auf die physische Prozedur notwendig. Schattenbilder aus der Zukunft waren eine Sache, die den Menschen inspirierte. Wären solche Informationen jedoch sofort und direkt vor ihm in Erscheinung getreten, dann wäre er der physischen Freuden, Bestrebungen und Herausforderungen beraubt worden, die so WESENTLICH für das Experiment an sich waren. Möchtest du deiner Hand etwas Ruhe gönnen?

(Ich schüttelte den Kopf. Jane hatte für Seth eine Dreiviertelstunde gesprochen und zeigte keine wirkliche Neigung zum Aufhören. Wie auch in den anderen Sitzungen für dieses Buch bemerkte ich bei Seth-Jane einen gesteigerten Schwung oder Antrieb. In Trance wickelte Jane mühelos diese komplizierten Sätze ab und gab sogar noch Anweisungen zu Hervorhebungen.)

Als Spezies wäre es euch leicht möglich gewesen, irgendeine andere ›Reihe‹ von neurologischen Impulsen oder Botschaften als die sogenannten ›realen‹ zu wählen und eure Erfahrung nach anderen Richtlinien zu strukturieren. Die biologische Struktur und das geistige Bewußtsein zusammen wählten jedoch die angenehmste Sequenz, in der ein durch neurologische Anerkennung bewirkter gegenwärtiger Aktivitätsbereich von unbewußtem geistigem Wissen und anderen biologisch unsichtbaren neurologischen Verbindungen gestützt wird.

Die Psyche kennt sich selbst und ist sich ihrer Teile bewußt. Wenn das Ich-Bewußtsein an einem bestimmten Punkt biologischer und mentaler Kompetenz angelangt ist, wenn die Erfahrung in der Gegenwart ausgedehnt genug ist, dann befindet es sich in einem Stadium, in dem es allmählich umfassendere Informationen akzeptieren könnte. Und in der Tat ist dies nun der Fall.

(Pause um 22.37 Uhr.) Sein Fokus in der Gegenwart ist nun gesichert. DIESER FOKUS brachte schließlich, in euren Begriffen, eine Erweiterung des Bewußtseins mit sich, eine, mit der der frühe Mensch nicht umgehen mußte. In eurem Sinne beinhaltet Zeit nun mehr Raum und von daher mehr Erfahrung und Reize. Wiederum historisch gesprochen, war sich die Privatperson selbst zu jeder Zeit nur jener Ereignisse auf einmal bewußt, die in ihrer unmittelbaren Umgebung geschahen. Sie konnte sofort reagieren. Die Ereignisse waren IN DIESEM MASSE zu handhaben. Und gönne deiner Hand Ruhe, wenn du willst.

(Ich fühlte mich in Ordnung, aber Jane, noch immer in Trance, hielt ihr leeres Zigarettenpäckchen hoch. Sie wartete still, bis ich ihr ein neues gebracht hatte.)

Das Ego spezialisierte sich auf die Ausdehnungen von Raum und seine physische Handhabung. Es spezialisierte sich auf Objekte. Als Folge ist sich nun die Person zu jeder Stunde auch der Geschehnisse am anderen Ende der Welt gewahr. Und oftmals scheint keine der ihr möglichen sofortigen physischen Reaktionen angemessen oder der Sache dienlich. Die physische Körperaktion verliert also IN DIESEM MASSE ihre makellose Präzision in der Zeit.

Du kannst keinem ›Feind‹ einen Tritt geben, der nicht in deinem Dorf oder Land lebt; noch dazu einem Feind, den du nicht einmal persönlich kennst. *(Nachdrücklich:)* Wie gesagt, in diesem Maße beinhaltet die sofortige physische Handlung in der Zeit nicht denselben Faktor von Leben und Tod, den sie hatte, als sich der Mensch mit einem rasenden Tier oder einem Feind im Nahkampf konfrontiert sah.

(»Kann ich eine Frage stellen?« Als Seth nickte Jane. »Gibst du uns eine Definition, was du mit dem frühen Menschen meinst? Ich denke, das würde die Leser interessieren.« Ich hoffte, Seth würde darauf eingehen. Noch immer in Trance nickte Jane wieder – und ich hatte den deutlichen Eindruck, daß ich ihre Übermittlung nicht hätte unterbrechen sollen.)

Nun: In der Vergangenheit konnte auf dieselbe Weise auch Liebe unmittelbar ausgedrückt werden. Historisch gesprochen stand der Mensch der Frühzeit – ich verwende hier eure Theorien über die Geschichte des Menschengeschlechts – in engem Kontakt mit seiner Familie, seinem Klan oder Stamm. Mit der zunehmenden Ausdehnung des Raumes leben die geliebten Menschen jedoch oft weit voneinander entfernt, und die körperliche Reaktion kann sich nicht sofort, an einem bestimmten Punkt unmittelbaren Kontakts, ausdrükken.

(22.57 Uhr.) Diese Entwicklung, wie auch andere, haben bereits Veränderungen im Verhalten des Menschen ausgelöst und ihn zu weiteren Bewußtseinsveränderungen inspiriert. Er braucht nun eine ausgedehntere Anschauung von Vergangenheit und Zukunft, damit er mit den Verzweigungen der Gegenwart, wie sie sich durch Erfahrung entwickelt haben, umgehen kann.

Anerkannte Theorien über das Selbst sind die Interpretationen des Ichs oder Egos von der Eigenpersönlichkeit. Sie werden in Theorien und Vorstellungen von Gott und Universum projiziert. Sie treffen mit einer gewissen biologischen Gültigkeit zusammen, und zwar wegen der früher erwähnten Selektivität, wonach nur eine Reihe von neurologischen Impulsen akzeptiert wird – und auf diesen bewegt sich die Realität des ichbezogenen Selbsts. Es gab eine ›Zeit‹, in der ein so gedeuteter Gott als Modell für das egoistische Verhalten eines Selbsts gegenüber einem anderen Selbst diente.

(Ich las diesen letzten Absatz Seth zur Überprüfung nochmals vor. Ich hatte alles richtig mitbekommen.)

(Langsam:) In einer Welt, in der die Einzelpersonen räumlich auf einen Stamm oder Klan beschränkt waren *(Pause von einer Minute),* war das Handeln unmittelbar, direkt. Die Umwelt bot einen Bezugsrahmen, in dem das Bewußtsein den direkten Umgang mit den Reizen lernte. Es lernte fokussieren. Die notwendige Spezialisierung bedeutete, daß nur soundso viel Informationen auf einmal gehandhabt werden konnten, sei es auf emotionaler oder anderer Ebene. Die Bildung verschiedener Stämme gestatteten dem Menschen ein kooperatives Verhalten in kleinen Gruppen. Das bedeutete, daß Menschen außerhalb dieser Gruppen selektiv ignoriert, als Fremde betrachtet wurden.

(Bestimmt:) An DIESEM PUNKT war es dem so bedingten Bewußtsein nicht möglich, fokussierte Konzentration, das Auftauchen von Ego-Bewußtsein zu handhaben, und gleichzeitig mächtige Gefühle des Einsseins mit anderen großen Gruppen zu erfahren. Es kämpfte um Individuation.

Die Individuation jedoch war abhängig von der Kooperation von Einzelpersonen. Als sich das Ego allmählich etwas sicherer fühlte, erweiterten sich die kooperativen Tendenzen, so daß die Entstehung von Nationen möglich wurde. Es war jedoch unausweichlich, daß das Ego-Bewußtsein seine Realität produzierte, in der es letztendlich auch andere Dinge und Informationen notwendigerweise zu akzeptieren hatte, welche es anfänglich ignorieren mußte.

Ich spreche soweit in geschichtlichem Sinne, wie ihr ihn versteht. Geschichte ist jedoch nur eure offizielle Linie akzeptierter Reize. Das wird später im Buch deutlich gemacht werden.

Neuer Absatz *(und schneller:)* Dehnt sich das ego-istische Bewußtsein aus, um bislang vernachlässigte Informationen einzubeziehen, dann wird es, praktisch gesprochen, eine neue Art der Identität erfahren; es wird sich anders erkennen. Seine Vorstellungen und Theorien vom göttlichen Wesen werden sich entscheidend verändern wie auch die Dimensionen der Emotion. Euer Erbe umfaßt sehr viel tiefere und vielfältigere Anlagen zur Liebe, doch sie wurden durch eure Theorien und Vorstellungen vom Selbst und von Göttlichkeit stark begrenzt. Oft scheint ihr zum Beispiel jene zu hassen, die einen anderen Glauben oder andere Überzeugungen haben als ihr, und im Namen der Religion und der Wissenschaft habt ihr an anderen Grausamkeiten begangen, weil eure beschränkten Vorstellungen von der Natur des Selbsts euch eure Emotionen fürchten ließen. So habt ihr oft Angst davor, daß euch die Liebe überwältigen könnte.

(Pause von einer Minute um 23.20 Uhr.) Während ihr damit beschäftigt wart, das zu schützen, was ihr für die Grenzen und Integrität einer einzelnen Eigenpersönlichkeit hieltet, kamt ihr als Menschheit tatsächlich an einen Punkt, wo ihr anfingt, eure eigene, größere Realität zu leugnen. Aber all das ist Teil des Experiments, auf das sich das Menschengeschlecht in EURER WAHRSCHEINLICHKEIT einließ.

War euer physisches Überleben, in jenem Sinne, einst von einem verengten Fokus abhängig, während ihr den Umgang mit der Körperlichkeit lerntet, so macht nun euer Erfolg in dieser Hinsicht eine Erweiterung des Fokus notwendig – ein neues Erwachen in eine größere Existenz der Eigenpersönlichkeit, was mit einer entsprechenden neuen Erkenntnis und Anerkennung neurologischer Aktivität einhergehen wird, die jetzt nur von einigen Personen *(wie Jane)* gespürt wird, aber im Erbe eurer körperlichen Struktur gegenwärtig ist.

(Lauter:) Nun, ich glaube nicht, daß man von dir vernünftigerweise noch ein weiteres Mitschreiben erwarten kann, ohne eine Pause zu machen, und so gebe ich dir eine.

(»Okay. Danke dir.«

23.26 Uhr. Tatsächlich aber war dies eine der Gelegenheiten, wo ich meine Mitschrift ewig hätte fortsetzen können. Seth-Jane schienen ganz gewiß imstande, weiterzumachen. Jane war nun eine Stunde und 41 Minuten in Trance gewesen, aber trotzdem kam sie sehr geschwind heraus. »Die Trancen haben sich allerdings verändert, seit er dieses Buch angefangen hat«, sagte sie. »Sobald ich mal im richtigen Geleise bin, macht Seth einfach immer weiter, und ich will es nicht ändern oder aussteigen... Ich glaube, es ist eine großartige Entwicklung. Aber weißt du: Wenn du denkst, du bist an etwas dran, das niemand sonst macht, dann hast du Angst, vom Rest der Welt als plemplem verschrien zu werden... Obwohl, Seth ist ein großartiger Organisator. Es ist so, als ob hinter den Kulissen der Sitzungen ein enormes Maß an Arbeit geleistet würde, damit ich die Informationen bekommen kann – aber dies ist nicht wie die Kanäle von Seth [wie sie in der 616. Sitzung in Kapitel 2 von Die Natur der persönlichen Realität *beschrieben werden].«*

Jane sagte, es sei vielleicht besser, zumindest für den Augenblick, nur in den Pausen Fragen zu stellen. Meine Frage zum frühen Menschen hatte sie nicht ›ernsthaft‹ irritiert; aber mein Gefühl, daß ich sie nicht zu diesem Zeitpunkt hätte unterbrechen sollen, war richtig gewesen. Sie sprach auch über mögliche Konfusionen oder Konflikte im Zusammenhang damit, daß Seth ›Unbekannte Realität‹ *abhandelte, während sie an ihrem* Adventures in Consciousness *schrieb. Sie hatte jedoch bislang keine Probleme und ist immer noch sehr begeistert von ihrem Buch; derzeit bringt sie Kapitel 4 in die endgültige Fassung. Abgabetermin für* Adventures *bei ihrem Verlag, Prentice Hall, Inc., ist September 1974.*

Aufnahme des Diktats in ruhiger Weise um 23.48 Uhr.)

Nun: An dieser Stelle, und durch das ganze Buch hindurch, wird es Abschnitte geben, die sich mit Übungs-Elementen – groß geschrieben – befassen. Sie mögen euch bis zu einem gewissen Grad zeigen, wie bestimmte hier angesprochene Theorien praktisch erfahren werden können und euch zumindest eine Ahnung von ihrer Anwendungsmöglichkeit geben.

Zentriert *(mit begleitenden Gesten:)*

Übungs-Element 1

Im Wachzustand fand sich Ruburt anscheinend in einer Art mentaler Projektion in Saratoga Springs, im Staat New York, wo er aufgewachsen war. *(Siehe Janes Aufzeichnungen am Anfang der letzten Sitzung.)* Alles war grau. Die unmittelbare Fülle von Sinnesdaten fehlte. Die Vision war klar, aber bruchstückhaft, äußerst selektiv. Bewegung war hier das stärkste Sinneselement. Einerseits war Ruburt körperlos, andererseits nahm er einen Teil der Erfahrung durch die Augen eines Kindes im Kinderwagen wahr.

Einen SPEZIELLEN Bordstein an einer bestimmten Eckkreuzung *(York Avenue und Warren Street)* nahm er besonders deutlich wahr, und seine Aufmerksamkeit wurde von diesem Brennpunkt gefangengenommen: ein Bordstein, eine schräge Fläche aus Erde und dann der Gehweg; und die Bewegung des Kinderwagens, als er auf den Gehweg geschoben wurde.

Das Kind selbst befand sich einerseits in der Vergangenheit, andererseits war es auch ein WAHRSCHEINLICHES, künftiges Selbst in dieser Vergangenheit. *(Pause.)* Vom Standpunkt von Ruburts offiziellem mentalem Fokus und vom Standpunkt der neurologisch akzeptierten Gegenwart aus mußte diese vergangene Umgebung verschoben oder verwischt bleiben. Er konnte sie nur erfahren, indem er der offiziell akzeptierten neurologischen Aktivität auswich. Er besuchte einen Laden, der sich ›nicht mehr‹ dort befindet, und hier wurden die Sinnesdaten etwas klarer. Er hat keine bewußte Erinnerung an das Innere des Ladens, aber er stand ihm sofort vor Augen – der dunkle, gewachste Fußboden, über den Sägemehl gestreut war. Selbst die Gerüche waren gegenwärtig.

Er machte einen Ausflug zu jener Volksschule, die er bis zur dritten Klasse besucht hatte,[3] sah die Kinder zur Pause herauskommen und fühlte sich als eines von ihnen – obschon er während der ganzen Erfahrung wußte, daß er ein Erwachsener war, der dieses Abenteuer unternahm.

Er wanderte von Ort zu Ort, glitt körperlos dahin – ein Ausflug des Bewußtseins. Dieselbe Umgebung existiert JETZT alternativ zu Ruburts Gegenwart, und ebenso lebendig wie sie. Von seinem Standpunkt aus gesehen handelte es sich jedoch um eine wahrscheinliche Vergangenheit.[4]

Das Kind, mit dem er sich momentan als das Selbst, das er jetzt ist, identifizierte, hatte nur DUNKEL und indirekt Anteil an einer gemeinsamen Erfahrung. Es handelte sich also nicht einfach um Regression. JENES Kind wuchs in jener Wahrscheinlichkeit auf, und Ruburt in dieser. *(Pause.)* Er kam mit bestimmten Koordinaten in Berührung, die, neurologisch gesehen, beide teilten: Er und das Kind waren mit dem Kinderwagen und dem Bordstein vertraut, der Mutter, die den Kinderwagen schob, und dem Haus, in das sich Ruburt als das Kind getragen fühlte.

Er nahm lebhaft das Innere des Hauses und die Treppe wahr. Er wußte, daß die Mutter anschließend die Treppe hinunterging, um den Kinderwagen hereinzuholen, aber als er versuchte, dieser Wahrnehmung zu folgen, wurde die Bewegung zu schnell für ihn. Die Gestalt der Mutter verwischte sich vollkommen. Er fühlte sich verwirrt und fand sich wieder, wie er den Laden um die Ecke betrat; dann umrundete er den Häuserblock und ging in die Schule.

Die Schule und der Laden existierten nicht in der Erfahrung des Kindes, denn in jener Wahrscheinlichkeit zog die Familie weg. Die vorangegangene Verwischung der Handlung war eine Folge neurologischer Verwirrung, und Ruburt schaltete unwissentlich auf eine Umgebung um, die auf physischer Ebene zum selben Block gehörte und für IHN Bedeutung hatte, aber nicht Teil der künftigen Erfahrung jenes Kindes war. Ihr müßt verstehen, daß eure eigene Vergangenheit so lebendig und kraftvoll wie eure Gegenwart existiert – doch eure WAHRSCHEINLICHEN Vergangenheiten und Gegenwarten existierten in gleicher Weise. Ihr akzeptiert sie einfach nicht in den Erfahrungssträngen, die ›ihr‹ anerkennt.[5]

(Pause.) Füge ein paar Leerzeilen ein.

Als Teil der Arbeit an diesem Buch fängt Ruburt gerade an, mit dem bewußten Erkennen von wahrscheinlichem Material zu experimentieren und mit dem bewußten Annehmen von Erfahrungsformen, die wegen der bereits erwähnten Selektivität normalerweise tabuisiert sind.

(0.19 Uhr.) Nach unserer letzten Sitzung ließ er also im Schlafzustand eine solche Erweiterung seines Bewußtseins zu, daß er sich Informationen und Erfahrungen gewahr wurde, die üblicherweise durch die mentale und neurologische Gewohnheit automatisch zensiert werden. In *Adventures* gebraucht Ruburt den Begriff »voreingenommene Wahrnehmung« – ein exzellenter Begriff –, der hier anwendbar ist. Ihr habt euch in diesem Sinne auf spiritueller, mentaler und physischer Ebene zur Voreingenommenheit gebracht. Im Schlafzustand wurde Ruburt unvoreingenommen, wenigstens bis zu einem

gewissen Grad, so daß er auf Informationen traf, die fremd oder außerhalb des üblichen Erfahrungskontextes zu stehen schienen.

Eure Zeittheorien SIND mit euren gewohnten, neurologischen Impulsen verknüpft. Es ist eine Sache, mit Theorien und Vorstellungen über Multidimensionalität, oder Wahrscheinlichkeiten, herumzuspielen, eine ganz andere ist es, mit ihnen, auch nur kurz, praktisch konfrontiert zu sein, wenn euch eure Denkmuster und neurologischen Gewohnheiten sagen, daß sie nicht übersetzt werden können. So fühlte sich Ruburt frustriert, und er sagte mir sehr deutlich *(siehe Anhang 4)*, daß sein Bewußtsein die Informationen, die er erhielt, nicht fassen konnte.

Wie ein guter Lehrer *(humorvoll)* berücksichtigte ich seine Proteste. Später schrieb er einen Text, der ihm kam. Dies war seine bewußte Interpretation der Informationen, die er in der Nacht zuvor erhalten hatte, eine ihm unter linearen Bedingungen bestmögliche Übersetzung.

Ich habe meine eigene Existenz, die sich sehr von der Ruburts unterscheidet, und doch besitze ich auch eine Realität, die mit seiner Psyche verknüpft ist.[6] Jeder von euch hat dieselbe Art von Verbindung mit ›wissenderen‹ Teilen von sich selbst, oder seiner größeren Identität, die selbst unabhängig, aber doch auch in eurer Psyche lebendig sind. Sie sind Teile der ›unbekannten‹ Realität.

Nun, ich bin imstande, Informationen zu erhalten, die Ruburt in SEINER *Lage* nicht hat. Unter anderen Bedingungen HAT er sie, und du auch, aber ihr seid geistig, spirituell und biologisch ihnen gegenüber voreingenommen. Als Spezies seid ihr jedoch bereit, euch eurer umfassenderen Realität gewahr zu werden und ihre ›unbekannten‹ Aspekte zu erforschen. Punkt. Von daher dieses Buch.

Einige der darin vertretenen Gedanken mögen euch irritieren, einfach deshalb, weil ihr euch so sehr geschult habt, sie nicht zur Kenntnis zu nehmen. Ihr solltet beim Lesen dieses Buches jedoch auch eine BESCHLEUNIGUNG des Bewußtseins erfahren und ein wachsendes Gefühl von Vertrautheit. Der Rahmen des Buches an sich wird euch, so ihr dies zulaßt, in andere Sphären eures eigenen umfassenderen und tieferen Wissens führen.

(Laut:) Punkt. Ende der Sitzung. Nächstes Mal werde ich ein paar persönliche Empfehlungen haben. Ruburts Lieblingsfernsehsendungen sind gut für ihn, und sein Geist kann sich dabei entspannen. Sie sind für ihn geistiges Spiel, und aus diesem Grunde wichtig.

(0.37 Uhr. »Gute Nacht, Seth. Danke dir sehr.«

Janes Trance war sehr tief gewesen. Nun hatte sie etwas trübe Augen. »Ich habe das Gefühl, ich möchte zwei Wochen lang nicht denken ...« Seth hatte es in der Sitzung nicht angesprochen, aber Jane sagte mir, »sie hätte von ihm bekommen«, daß sie eine Weile lang eine zusätzliche Mahlzeit zu sich nehmen sollte – zumeist spät am Abend, nach einer Sitzung etwa. Außerdem sollte sie jeden Tag noch mehr Körperübungen machen und sich dabei so schnell wie möglich bewegen. Sie stünde nicht unter irgendwelchem, zusätzlichen Streß, während sie ›Unbekannte Realität‹ *produzierte, so fügte sie hinzu, da sie es machen wollte, aber diese einfachen Übungen würden sie erfrischen. Ihr Energieverbrauch seit Beginn des Buches war verschwenderisch gewesen. Janes Kommentare vor der heutigen Sitzung über mögliche Instruktionen von Seth finden sich in Anhang 5.*

Nachdem Die Natur der persönlichen Realität *im Juli 1973 beendet war, wichen Jane und ich von unserer Montag-Mittwoch-Sitzungsroutine ab, indem wir uns ziemlich viel Zeit nahmen und an der Vorbereitung der Buchveröffentlichung arbeiteten. Wir machten es uns zur Gewohnheit, am Mittwochabend bestimmte Fernsehsendungen anzuschauen, aber seit wir unsere Sitzungen wieder regelmäßig abhielten, war uns das nicht mehr möglich. Ich schlug Jane vor, unsere Mittwochsitzungen auf Donnerstag zu verlegen.*

Und noch einmal mehr: In der Nacht nach dieser Sitzung merkte Jane immer wieder, daß sie sowohl im Schlaf- wie im Wachzustand mit dem Diktat zu ›Unbekannte Realität‹ *befaßt war.)*

Anmerkungen zu Sitzung 686

1 Wie schon beim Verweis in Anmerkung 2 für Sitzung 683, siehe auch hier die Sitzungen 647/648 in Kapitel 12 von *Die Natur der persönlichen Realität.*

2 Siehe Janes eigenes Material in Anhang 5. Es wäre jedoch gut, wenn Sie sowohl Anhang 4 als auch 5 im Kopf hätten, wenn Sie Seth in dieser Sitzung lesen, wie auch die Anmerkungen, die in der Pause um 23.26 Uhr gegeben werden.

3 Siehe Anmerkung 4 zur 679. Sitzung, wie auch den entsprechenden Abschnitt im Text.

4 Allein in *Gespräche mit Seth* findet sich viel Material über Wahrscheinlichkeiten, das ich in Zusammenhang mit dieser Sitzung zitieren könnte. Eine meiner Lieblingssitzungen ist jedoch die 566. in Kapitel 16, wo Seth über die tiefen psychischen Querverbindungen spricht, die mit wahrscheinlichen Vergangenheiten und Zukünften, Träumen, Telepathie,

gegenwärtigen Fähigkeiten, Ahnung und ähnlichen Themen zu tun haben. Er produziert auch Sätze wie: »Während ihr im gegenwärtigen Augenblick über dieses Buch gebeugt sitzt, befindet ihr euch im Zentrum eines kosmischen Wahrscheinlichkeitsnetzes, das durch eure geringste Denk- und Gefühlsbewegung beeinflußt wird.«

5 Eine Anmerkung, die ich in dieser Woche hinzufügte: Die spezielle Übung, die mit diesem ersten Übungselement in Verbindung steht, findet sich in der nächsten, der 687. Sitzung.

6 Eine später hinzugefügte Anmerkung: Wir bekommen natürlich immer noch weitere Information über die psychische Verbindung zwischen Jane und Seth. Selbst jetzt, nach den zehn Jahren, die Jane für Seth spricht, könnte man sagen, daß jede abgehaltene Sitzung einen weiteren Schritt in diesem Lernprozeß darstellt; wir gehen davon aus, daß dieser Prozeß so lange andauert, wie es zu Sitzungen kommt.

Sitzung 687, Montag, 4. März 1974, 21.42 Uhr

(Siehe Anhang 6 zum Material über den parallelen, den alternativen und den wahrscheinlichen Menschen, das Jane mir zuletzt kurz nach Mitternacht diktierte.

In Kapitel 3 und 12 von Die Natur der persönlichen Realität *habe ich in Anmerkungen beschrieben, wie Jane und ich 1972 bzw. 1973 Wildgänse auf ihrem Flug nach Süden und dann wieder auf ihrem Rückweg nach Norden beobachteten. Nun begegneten wir diesem wahrhaft erhebenden und geheimnisvollen Phänomen wieder – und wenn möglich erschien es uns bedeutungsvoller denn je. Für meine Person stellte ich intuitiv Verbindungen zwischen dieser regelmäßigen Reise der Wildgänse und unserem Arbeitsrhythmus bei der Produktion der Seth-Bücher her.*

Zwischen unserer heutigen Beobachtung und der im letzten März fanden sich willkommene Ähnlichkeiten: Wieder war das Wetter für die Jahreszeit sehr warm; und wieder fiel ein feiner Regen. Ich stieß das Küchenfenster auf, als Jane mich auf den vertrauten Schrei der Wildgänse aufmerksam machte. Einen halben Häuserblock entfernt zogen sie in niedriger Höhe über den Fluß, flogen unter den Wolken im Regen – ein langes, ausgedehntes ›V‹ in Richtung Norden.

Ich hatte nie so viele Wildgänse auf einmal gesehen oder schreien hören. Eine gewisse Anzahl von Vögeln flog hin und her, änderte, aus uns unbekannten Gründen, immer wieder ihre Position innerhalb der Formation, und sie ›sprachen‹ die ganze Zeit. Wieder einmal überkam mich angesichts des Schauspiels ihres Flugs eine große Zuversicht. Diese Vögel, so dachte ich, wußten, *wohin sie zogen,* wußten, *was sie taten, in einer Weise, die der Mensch kaum zu begreifen vermochte. Ich beobachtete die Formation, bis sie in den Nebeln und Bäumen am Horizont verschwand.*

Seit 21.20 Uhr hatten wir auf den Beginn der Sitzung gewartet. Um

21.37 Uhr sagte Jane ungeduldig: »Komm schon, Seth ... Hmm, das habe ich in letzter Zeit oft gemacht, nicht wahr?« Dann: »Ich fühle ihn vage ...« Und Seth setzte sein Material zu Übungselement 1 fort.)

Guten Abend.

(»Guten Abend, Seth.«)

Nun: Erfahrungen wie Ruburts Saratoga-Episode sind wertvoll, weil sie einen Prozeß einleiten, bei dem, bis zu einem gewissen Grad, andere neurologische Impulse ANERKANNT werden.

Im Laufe der Zeit kann dies zu bewußten Erfahrungen mit wahrscheinlichen Realitäten führen. Anfangs mögen die Einblicke sehr kurz und die Sinneserfahrungen verschwommen sein. Trotzdem bilden sich neue Muster und kognitive Bestrebungen zwischen der neurologischen Struktur und dem euch bekannten Bewußtsein heraus.

Folgendes ist eine ausgezeichnete vorbereitende Übung:

Nehmt irgendeine Szene aus eurer Vergangenheit, an die ihr euch erinnert. Erlebt sie in eurer Vorstellung so deutlich wie möglich, aber mit dem Gedanken an ihre wahrscheinlichen ERWEITERUNGEN. Manchmal wird sofort oder nach ein paar Versuchen ein bestimmter Teil der Szene grau oder verschwommen erscheinen. Dies ist dann nicht ein Teil der euch bekannten Vergangenheit, sondern ein Kreuzungspunkt, an dem dieses Vergangenheitsmoment als Abzweigung in eine Reihe von Wahrscheinlichkeiten diente, der IHR nicht gefolgt seid.

Statt ein vages Element zu spüren, mögt ihr euch auch unwirklich oder unkörperlich fühlen – ›geisterhaft‹, so wie Ruburt. Punkt. Statt dessen kann aber auch ein Dialog – sofern einer stattfindet – plötzlich abweichen von dem, was ihr erinnert; oder die gesamte Szene und Handlung verändert sich rasch. Alle diese Geschehnisse KÖNNEN Hinweise darauf sein, daß ihr allmählich einen Einblick in die wahrscheinlichen Variationen einer bestimmten Szene oder Handlung bekommt. Der wichtige Anhaltspunkt ist hier aber euer subjektives Gefühl, und habt ihr das erst einmal erfahren, so werdet ihr keine Zweifel mehr hegen.

Einige Leute werden mit dieser Übung wenig Mühe haben, andere werden einige Beharrlichkeit aufbringen müssen, bevor sich irgendein Erfolg einstellt. *(Pause.)* Diese Methode ist noch effektiver, wenn ihr euch eine Szene aussucht, in der eine wichtige WAHL getroffen wurde.

Geht in diesem Falle in eurer Phantasie eine oder mehrere andere Entscheidungen, die ihr auch hättet treffen können, nach und nach durch. An einem Punkt werden dann die Phänomene von Schattenhaftigkeit – das Grau der Szenerie oder andere eben erwähnte Merkmale – auftreten. Es kann sich nur eines davon oder auch mehrere zeigen, aber wiederum ist das subjektive Gefühl der wichtigste Anhaltspunkt. Eure Vorstellungskraft kann euch beispielsweise ein klares Bild vor Augen stellen, das dann trübe wird, und diese Verschwommenheit wäre euer Hinweis auf eine wahrscheinliche Handlung.

Ihr werdet die Wirksamkeit dieser Übung nicht begreifen können, solange ihr sie nicht ausprobiert habt und völlig mit ihr vertraut seid. Danach werdet ihr zum Beispiel wissen, wo sich das erinnerte Ereignis und die Imagination mit einer anderen Wahrscheinlichkeit kreuzen. Gleich, ob ihr nun großen Erfolg habt oder nicht, diese Übung wird eine neurologische Umorientierung einleiten, die sehr wichtig ist, falls ihr Einblick in die Realitäten zu gewinnen hofft, die sich außerhalb eurer gegenwärtigen neurologisch akzeptierten Sinnes-Realität befinden.

(Pause um 22.01 Uhr.) Diese Übung ist ein geistiger UND biologischer Zugang, der eure Vorstellungen von euch selbst wie auch von der Realität erweitern kann. Oft mag es euch scheinen, daß ihr während der Übung kaum Fortschritte erzielt. Es kann aber auch sein, daß ihr während des Tages, nachdem ihr eine wichtige Entscheidung in einer Richtung getroffen habt, die Realität der gegenteiligen Entscheidung samt ihrer Verzweigungen zu spüren beginnt. Auch kann die Übung eine andere Art von Traum zur Folge haben, einen Traum, der innerhalb des Traumzustands zumindest als Einführung in eine wahrscheinliche Realität erkannt wird. In jedem Fall befaßt ihr euch im Traumzustand direkt mit künftigen Wahrscheinlichkeiten. *(Pause.)* Zum Beispiel probiert ihr möglicherweise in einer Reihe von Träumen verschiedene Lösungen eines vorhandenen Problems aus und wählt dann eine davon.[1] Diese Wahl wird zu eurer physischen Realität.

Je nach Intensität der Situation kann nun eine andere, ebenfalls wünschenswerte Lösung in einer wahrscheinlichen Realität ausgearbeitet werden. Auf einer unbewußten Ebene seid ihr euch eurer wahrscheinlichen Selbsts gewahr und sie sich eurer. Ihr habt dieselben psychischen Wurzeln, und eure gemeinsamen und doch gesonderten Träume sind ›euch allen‹ zugänglich. Das bedeutet nicht, daß IHR den Traum von jemand anderem träumt, etwa wie Zwillinge, die das ja im übrigen auch nicht tun. Es bedeutet, daß ihr Anteil habt an einem gemeinsamen Symbolkörper, an einem gemeinsamen Hintergrund und an gemeinsamen Befähigungen. Der Traumzustand läßt in seinem multistrukturierten Wesen ein Traumgeschehen zu, bei dem wahrscheinliche Selbsts die Bühne betreten. Sie mögen in symbolischer Form auftreten und für starke Eigenschaften stehen, auf die sie sich konzentriert haben, auch wenn ihr sie nicht zur Kenntnis genommen habt.

(Langsam:) Der Traumzustand fungiert jedoch als vielfältiges Kommunikationsnetz zwischen wahrscheinlichen Selbsts und wahrscheinlichen Existenzen. Alle Wahrscheinlichkeiten entspringen der inneren Realität, entstehen aus der der Psyche eigenen inneren Aktivität und Struktur. *(Lange Pause.)* Das euch bekannte Bewußtsein kann nun in der Tat in eine tiefere und umfassendere Verwirklichung seiner selbst eintauchen, aber nicht, wenn es seine alte Position wie besessen verteidigt. Statt dessen muß es seine Macht und Kraft als Regisseur wahrscheinlicher Handlungen erkennen und darf seine eigenen größeren Fähigkeiten nicht länger beeinträchtigen.

Bis jetzt hat sich euer Bewußtsein, in euren Begriffen, auf neurologische Musterbildung spezialisiert. Wie *(in Sitzung 682)* erwähnt, war dies außerordentlich wichtig, solange es die Kunst eines spezialisierten Fokus erlernte. Nun muß es allerdings allmählich erkennen, daß es sich in der Tat erweitern und andere sehr legitime Realitäten in seinen Gewahrseinsbereich einbeziehen kann. Die Natur und das Wesen der Wahrscheinlichkeiten müssen verstanden werden, denn es ist die Zeit in der Welt, wie ihr sie erfahrt, gekommen, da höchste Weisheit und Unterscheidungsvermögen gebraucht werden. Euer Bewußtsein und eure neurologische Voreingenommenheit machen euch blind für die volle Dimension physischer Aktivität. Die wahren Implikationen physischer Handlung sind euch noch nicht ersichtlich.

(Pause von einer Minute um 22.23 Uhr.) Ihr beginnt, die Realität eures Planeten zu verstehen. Zum Beispiel könnt ihr ihn nicht ausplündern, etwas, das ihr erst allmählich begreift. Würdet ihr euer Bewußtsein für vormals negierte Botschaften öffnen, so würde euch das auf eine Weise in direkten Kontakt mit anderen Lebensformen auf eurem Planeten bringen, der ihr euch bislang verweigert habt. Allein euer zellulares Wissen von vergangenen und künftigen Wahrscheinlichkeiten würde euch spirituelle und körperliche Höflichkeit lehren.

(Wieder eine Pause von einer Minute.) Laß uns einen Moment Zeit... Die ›unbekannte‹ Realität erhält euch und das Netz des Lebens, wie ihr es begreift. Eure bewußten Vorstellungen und Gedanken müssen sich so erweitern, daß euer bewußtes Selbst seine wahre Natur

verstehen kann. Das Bewußtsein, wie ihr es euch denkt, ist kaum – KAUM – zur Hälfte entwickelt. Es hat gelernt, sich mit einer kleinen Gruppe neurologisch akzeptierter Reaktionen zu identifizieren. Nicht genutzte Bereiche des Gehirns bleiben latent und warten auf die Anerkennung, die sie aktivieren, ihre Aktivität AUSLÖSEN wird *(ernst)*. Wenn das geschieht, werden sich Geist, Verstand und Gemüt des reichhaltigen Lagers an Wahrscheinlichkeiten bewußt werden, dessen sich das Ego gegenwärtig so blind bedient.

DANN werden sich die großartigen, latenten, doch immer gespürten Dimensionen spiritualisierter Kreatürlichkeit allmählich entfalten. Einige wenige große Persönlichkeiten hatten Einblick in diese Fähigkeiten und Möglichkeiten, Komma, und ihre Liebe zur Menschheit und ihre Integrität aktivierten diese brachliegenden Bereiche des Gehirns.[2] Auf ihre Weise erfühlten sie die großartige wahrscheinliche Zukunft und deren Verzweigungen.

In vergangenen Jahrhunderten sahen sie eure Gegenwart, allerdings in der ihnen eigenen Art von Vision, und so war es nur teilweise die Gegenwart, wie ihr sie kennt. Eure emotionale Realität lodert nur selten wahrhaft auf, denn eure Vorstellungen von euch selbst leugnen die multidimensionalen Aspekte eures Seins. Das Bedürfnis und die Sehnsucht, zu lieben und zu wissen, sind, biologisch gesehen, in euch vorhanden, so auch in den Tieren und in einem Grashalm.

Eure Gottesvorstellungen gingen mit der Entwicklung eures Bewußtseins Hand in Hand. Das aufstrebende Ego brauchte das Gefühl, Herrschaft und Kontrolle zu haben, und so ersann es einen dominanten Gott, getrennt von der Natur. Nationen handelten oft als Gruppen-Ego – eine jede mit ihrem eigenen Gottes-Bild, ihren eigenen Vorstellungen und Theorien von Macht. Wann immer ein Stamm oder eine Gruppe oder eine Nation beschloß, Krieg zu führen, wurde der jeweils eigene Gottesbegriff dazu eingesetzt.

(Schneller um 22.45 Uhr.) Die Gottesvorstellung oder der Gottesbegriff waren somit ein Hilfsmittel, und ein wichtiges Hilfsmittel, bei der Entwicklung des menschlichen Egos. Um seinen Spezialisierungssinn herauszubilden, vergaß das Ego das umfassende, kooperative Unternehmen der Erde. Wenn ein Jäger buchstäblich um seine Beziehung zu einem Tier weiß, kann er es nicht töten. Auf tieferen Ebenen verstehen sowohl Tier wie Mensch diese Verbindungen. Auf biologischer Ebene weiß der Mensch, daß er von der Erde kam. Einige seiner Zellen waren die Zellen von Tieren; und das Tier weiß, daß es durch

die Augen des Menschen blicken wird.[3] Das Unternehmen der Erde IST kooperativer Natur. Das getötete Tier ist der Jäger von morgen. Vom Standpunkt des Ego-Bewußtseins aus gab es jedoch Wachstumsstadien; und die Gottesvorstellungen, die vom Einssein mit der Natur sprachen, waren NICHT jene, die den Zwecken des Egos INNERHALB SEINER ENTWICKLUNGSLINIE, WIE IHR SIE AUFFAẞT, dienten *(betont).*

Diese Techniken funktionierten eine Weile. Doch immer existierte im Hintergrund das unleugbare innere Selbst: die Träume des Menschen, seine biologische und spirituelle Integrität, und diese waren in der einen oder anderen Weise immer vor ihm da.

In eurer Wahrscheinlichkeit habt ihr dem inneren Selbst eine gewisse Freiheit zugestanden. Deshalb war dem sogenannten egoistischen Bewußtsein nicht vollkommene Herrschaft gegeben. Es blieb so flexibel, daß selbst in seinen Gottesvorstellungen[4] Symbole einer größeren Realität verborgen existierten. Wie schon gesagt, befaßt sich euer System mit physischen Manipulationsmöglichkeiten und mit der Umsetzung von schöpferischer Kraft in physische Form. Es mußte eine Weile lang eine ÄUẞERLICHE Trennung vor sich gehen, während der das Bewußtsein, egoistisch gesprochen, vergaß, daß es ein Teil der Natur ist, und vorgab, getrennt davon zu existieren.

Doch es gab ein Wissen darum – und unbewußt war es eingeschrieben in die Zellen, in Geist und Herz –, daß dieses Verfahren nur bis zu einem gewissen Punkt getrieben werden würde. Sobald das Bewußtsein des Menschen sich seiner sicher genug war, würde es nicht mehr so eng fokussiert bleiben müssen. Dann konnte die wahre Entfaltung des Bewußtseins der Menschheit beginnen. Dann konnte sich das Ego erweitern und der Realitäten gewahr werden, die es ›früher‹ ignoriert hatte. Punkt.

(Jane saß in Trance hin- und herschaukelnd da und hatte eine Hand über ihre geschlossenen Augen gelegt.)

Eine kurze Pause.

(22.59 bis 23.07 Uhr.)

Ihr selbst habt euch in eine Situation gebracht, wo sich euer Bewußtsein nun der wahrscheinlichen Vergangenheiten und wahrscheinlichen Zukünfte gewahr werden muß, um für euch eine gesunde, erfüllende und schöpferische Gegenwart zu gestalten.

Das Ego-Bewußtsein muß nun mit seinen Wurzeln, mit seiner Herkunft VERTRAUT GEMACHT WERDEN, oder es wird sich in etwas anderes verwandeln. Ihr seid in einer Situation, wo eure persönliche Erfahrung von euch selbst nicht mehr mit dem übereinstimmt, was euch von der Gesellschaft, den Kirchen, Wissenschaften, der Archäologie oder anderen Institutionen erzählt wird. Das ›unbewußte‹ Wissen des Menschen WIRD mehr und mehr bewußt und offensichtlich. Dies geschieht unter und mit DER LEITUNG EINES ERHELLTEN UND SICH ERWEITERNDEN EGOISTISCHEN GEWAHRSEINS (sehr viel lauter), das das bislang vernachlässigte Wissen organisieren kann – ODER ABER DIES WIRD AUF KOSTEN DES ANALYTISCHEN VERSTANDES GESCHEHEN (nochmals lauter) und zu einer Wiedergeburt des Aberglaubens, Chaos und des UNNÖTIGEN KRIEGES zwischen Verstand und intuitivem Wissen führen.

(Pause.) Wenn AN DIESEM GEGENWÄRTIGEN PUNKT der Menschheitsentwicklung das auftauchende, unbewußte Wissen von den bestehenden Institutionen negiert wird, dann wird es sich trotz dieser Institutionen erheben und sie vernichten. *(Pause.)* Kult um Kult wird entstehen, keiner gezügelt durch Gebrauch von Vernunft, weil die Vernunft die Existenz dieses umsichgreifenden unbewußten Wissens, desorganisiert und nur seine eigene, uralte Kraft spürend, geleugnet hat.

Wenn das geschieht, werden alle möglichen alten und neuen religiösen Sekten und Gruppierungen gegeneinander Krieg führen, und alle möglichen Ideologien werden auftauchen. Dies muß nicht eintreten, denn geistiges Bewußtsein, Verstand und bewußtes Gemüt, die – im Grunde genommen jetzt – gelernt haben, in physischer Hinsicht zu fokussieren, SOLLEN sich erweitern, unbewußte Intuition und unbewußtes Wissen akzeptieren und diese zutiefst kreativen Prinzipien in kulturellen Mustern organisieren.

Diese große emotionale Tiefe und Bewegung der Liebe ist bislang nur dürftig genutzt worden, und doch stellt sie sogar den BIOLOGISCHEN IMPETUS eures Seins dar. Eure Religionen haben euch in weitem Ausmaß gelehrt, euch selbst und eure physische Existenz zu hassen. Sie haben euch gesagt, daß ihr Gott lieben sollt, aber sie haben euch kaum gelehrt, die Götter in euch zu erfahren.

Nun: In der einen oder anderen Weise folgten, wie schon gesagt, die Religionen immer eurer Bewußtseinsentwicklung, und so haben sie ihren Zweck erfüllt und euren Zwecken gedient; und IMMER haben sie, wenngleich verzerrt, jene größeren inneren Realitäten eures Seins gespiegelt. Geschichtlich gesehen, so wie ihr Geschichte auffaßt, gibt euch die ›Fortentwicklung‹ der Religion ein perfektes Bild von der Entwicklung menschlichen Bewußtseins, der Herausbildung von und

Unterteilung in Völker und Nationen und der zunehmenden Stärkung und Verbreitung der Idee des ›Individuums‹.

An der Vorstellung von einem auf Egoismus gründenden Einzelwesen ist an sich nichts Falsches, Doppelpunkt: Ich meine nicht, daß Individualität verlorengehen, beiseite geworfen oder übergangen werden sollte. Ich sage auch nicht, daß sie begraben, unterdrückt oder in einem Super-Selbst aufgelöst werden sollte. Und ich meine auch nicht, daß sie an ihren Kanten und Rändern von einem mächtigen Unbewußten zerfranst werden sollte.

(Bestimmt:) ICH SAGE aber, daß das individuelle Selbst VON DER REALITÄT SEHR VIEL MEHR bewußt wahrnehmen muß; daß es eine Erweiterung seiner Kenntnisse über Identität zulassen muß, so daß sie vormals unbewußtes Wissen mit einschließen. Dazu müßt ihr, wie schon gesagt, verstehen, daß der Mensch sich über die Theorien von einem Gott, einem Selbst, einem Körper, einer Welt, so wie diese gegenwärtig angelegt sind,[5] hinausbewegen muß. Ihr balanciert nun schwebend an einer Schwelle, von der aus die Menschheit viele Wege gehen kann. Es gibt Bewußtseins-Gattungen. Eure Gattung befindet sich in einer Zeit des Wandels. Die Mechanismen des Körpers, in euren Begriffen, verfügen über Potentiale, von denen noch nicht Gebrauch gemacht wurde. Werden sie entwickelt, können sie die Menschheit unermeßlich bereichern und sie zu Ebenen spiritueller und psychischer Erfüllung bringen. Wenn einige Veränderungen nicht vorgenommen werden, wird das Menschengeschlecht ALS SOLCHES nicht überdauern.

(23.26 Uhr.) Das heißt nicht, daß IHR nicht überdauern werdet, oder daß das Menschengeschlecht nicht in EINER ANDEREN WAHRSCHEINLICHKEIT überdauern wird – aber im Sinne eures Verständnisses von geschichtlicher Abfolge wird sich das Menschengeschlecht so nicht fortsetzen.

(Pause.) In historischem Sinne gesprochen, so wie ihr ihn versteht, möchte ich euch sagen, daß es keine eingleisige Entwicklung vom Tier zum Menschen gab, sondern parallele Entwicklungen, während derer über lange Zeiträume hinweg Tier-Mensch und Mensch-Tier kooperativ nebeneinander existierten. In gleicher Weise existieren nun unter euch, euch unbekannt, viele Arten in embryonaler Form, die man als wahrscheinlichen Menschen[6] bezeichnen könnte.

Aufgrund dieser speziellen Entwicklungsrichtung des Egos habt ihr mit KÜNSTLICHEN psychodelischen Drogen und Chemikalien experimentiert, und zwar sowohl bei der Nahrung, zu medizinischen Zwekken, wie auch zur ›religiösen‹ Erleuchtung. Einige Auswirkungen von LSD[7] und anderen KÜNSTLICHEN psychodelischen Drogen geben euch einen Hinweis auf andere mögliche Richtungen, die euer Bewußtsein hätte einschlagen können oder noch immer einschlagen kann. So wie die Experimente jedoch durchgeführt werden und in Unkenntnis des Bezugssystems, nimmt das Bewußtsein dabei eine untergeordnete Position ein. Statt dessen könnte es durch andere Methoden als mit Drogen gelehrt werden, sein Wissen weitaus ungefährlicher zu erweitern und auf eine Weise zu organisieren, die außerordentlich vorteilhaft sein KÖNNTE. Trotzdem geben einige der Experimente Hinweise auf bestimmte Aspekte von einer der wahrscheinlichen Entwicklungen eurer Spezies.

Laß uns einen Moment Zeit. Gönne deiner Hand etwas Ruhe...

(Sehr betont:) Ihr könnt buchstäblich nichts tun, das NICHT natürlicht ist. Trotzdem werden ›künstliche‹ Chemikalien, wenn sie eine Zeitlang mit der Nahrung in den Körper aufgenommen werden, zur HERAUSBILDUNG EINER NEUEN ART VON NATUR FÜHREN, so wie ihr den Begriff versteht. Eure Körper sind wunderbar ausgerüstet und werden fast alles zu ihrem Vorteil verwenden. Viele Denkrichtungen sehen die Einnahme von sogenannten künstlichen Drogen oder Chemikalien in sehr negativem Licht und meinen, daß dies ein sich Abschneiden von der Natur bedeute. Und doch stehen diese Experimente für eine starke Wahrscheinlichkeitsrichtung, die noch in den ›Kinderschuhen‹ steckt, eine Wahrscheinlichkeit, in der der Mensch sich erhalten kann, ohne die Erde AUSZUZEHREN, leben kann, ohne Tiere zu töten, und buchstäblich eine neue Form physischer Struktur aufbaut, die mit der Erde VERKNÜPFT ist, ohne ihre Substanz zu erschöpfen.

Das bedeutet nicht, daß in der Zwischenzeit nicht eine gewisse biologische Konfusion eintreten könnte. Es bedeutet aber, daß sogar unter DIESEN Bedingungen, UND bewußt UNWISSENTLICH, die Menschheit mit einer wahrscheinlichen Spezies experimentiert und an sehr spirituellen Problemen arbeitet. Eure wahrscheinlichen Zukünfte und eure wahrscheinlichen Vergangenheiten existieren, in umfassenderer Hinsicht, zugleich. Ich will damit anfangen, daß ich euch, jedenfalls bis zu einem gewissen Grad, eure Geschichte in euch bekannten Begriffen erkläre. In diesem Maße hoffe ich, euch eure unbekannte Realität bewußt zu machen.

Nun – das ist das Ende von Teil 1, der aus den bisher abgehaltenen zugehörigen Sitzungen besteht, mit Ausnahme des Vorworts. Teil 1 sollte »Ihr und die ›Unbekannte‹ Realität« betitelt werden, ›Unbekannt‹ in Anführungszeichen. Laß uns einen Moment Zeit...

(Pause um 23.58 Uhr.) Wenn ich einen Teil der Vergangenheit des frühen Menschen unter historischen Aspekten beschreibe, will ich auch aufzeigen, daß dieses ›Erbe‹ in eurer alltäglichen Erfahrung mit der euch bekannten Welt lebendig ist. Punkt.

Die ›kulturellen Relikte‹ der Seele und der Ahnen der Menschheit sind nicht begraben, sondern sie sind in eurer Erfahrungswelt lebendig. Ein Fossil ist um nichts mehr ein Relikt als eine Fotografie. Beides ist erfüllt mit der Energie des Seins. Keines ist in einer Vergangenheit begraben, an die euer Wissen nicht heranreichen würde. Eine Fotografie lebt in der Gegenwart eurer Psyche, und ein Fossil lebt in der Vitalität eurer Zellen *(buchstabiert).*

Teil 2

Der Parallele Mensch, der Alternative Mensch und der Wahrscheinliche Mensch: Ihre Widerspiegelung in der Gegenwärtigen Persönlichen Psyche.

Eure Multidimensionale Realität Im Jetzt eures Seins

Sitzung 687, 4. März 1974 (Fortsetzung)

(0.01 Uhr.)

Nun: Teil 2: »Der Parallele Mensch, der Alternative Mensch, und der Wahrscheinliche Mensch«, Doppelpunkt: »Ihre Widerspiegelung in der Gegenwärtigen Persönlichen Psyche.« Das ist die Überschrift.

(Pause.) Etwas abgesetzt – das ist die eine Überschrift – die nächste: »Eure Multidimensionale Realität im Jetzt eures Seins.«

(Lauter:) ENDE DER SITZUNG –

(»In Ordnung – «)

– und meine herzlichsten Grüße an euch beide. Ruburt erholt sich. Ich werde ihm bald mehr zu sagen haben. Ich möchte, daß er zuerst ein paar seiner Bonbons *(aus diesem Buch)* bekommt.

(»Danke, Seth. Gute Nacht.«

0.04 Uhr. Jane war bald aus ihrer Trance heraus, die sehr gut gewesen war. Sie saß in ihrem Schaukelstuhl und fing an, mit den Füßen auf dem Boden zu trappeln. Ich spürte die Schwingungen. »Diese Trancen sind so tief, daß ich irgend etwas tun will, wenn ich herauskomme«, sagte sie. Sie trappelte weiter. »Sie sind anders, mit nichts zu vergleichen ...«

Am nächsten Morgen erzählte sie mir, daß sie nach dem Zubettgehen wieder »eine Menge Buchdiktat« absolviert hätte, aber diesmal war sie auf der Hut gewesen: Als sie merkte, daß das Material »durchlief«, wie sie es oft ausdrückt [was heißt, daß sie sich der Anwesenheit Seths nicht gewahr ist], knipste sie die Nachttischlampe an und hielt die Informationen auf einem Notizblock fest, den sie auf ihrem Nachttischchen liegen hat. Ich wurde in meinem Schlaf neben ihr nicht gestört. »Aha«, sagte sie sich, als der Informationsfluß stoppte, »diesmal habe ich alles mitgeschrieben.« Sie legte sich ins Bett zurück – und wachte auf. Sie hatte geträumt, daß sie alles aufgeschrieben hätte.)

Anmerkungen zu Sitzung 687

1 Dieses Seth-Material zu Traumlösungen erinnerte mich an einige Zeilen – fast alle, die noch erhalten sind – aus einem Gedicht, das Jane mit 17 Jahren geschrieben hatte:

Ich fand Träume, folgte ihnen
Und verlor sie.
Ich fand scheckige Kieselsteine am Meeresufer
Und behielt sie.
Aber es waren die Träume, die ich wollte.

Zum erstenmal hatte Jane Material zu (präkognitiven und anderen) Träumen in den Kapiteln 4 und 5 von *The Coming of Seth* veröffentlicht (Originaltitel: *How to Develop Your ESP Power*, im Deutschen: *Der Weg zu Seth*, Goldmann Verlag 1988).
Sie zitiert Seth zum Thema Träume in Kapitel 14 von *Das Seth-Material*, und bis zu einem gewissen Grad wird es von ihm direkt in *Gespräche mit Seth* und *Die Natur der persönlichen Realität* abgehandelt. Wir haben jedoch eine ziemliche Menge an unveröffentlichtem Seth-Material über Träume angesammelt und schauen nun nach Möglichkeiten, einen Teil dieser Informationen im Rest von ›*Unbekannte Realität*‹ unterzubringen.

2 Ich würde sagen, daß Seth, wenn er von den »ungenutzten Bereichen des Gehirns«, als Körperorgan, spricht, auch die Eigenschaften des nichtphysischen Geistes meint. Wir haben noch sehr viel über das Gehirn (vom Geist ganz zu schweigen) zu lernen; auch wenn jetzt alle Gehirnbereiche bis in die molekulare Ebene erforscht worden sind, so wurde doch nie die Spur oder der Abdruck eines Gedankens in seinem Gewebe gefunden. In Analogie mag das innere Wissen um Wahrscheinlichkeiten, von dem Seth spricht, in gleicher Weise mit dem Gehirn verbunden sein, wie eine Erinnerung offensichtlich im Gesamthirn ›stattfindet‹ und nicht nur in einem Teil lokalisiert ist.
Siehe zu Material über mentale und psychische Erweiterung im Alter und zu den Gehirnhälften die 650. Sitzung in Kapitel 13 von *Die Natur der persönlichen Realität.* In Kapitel 21 von *Gespräche mit Seth* erwähnt Seth kurz die künftige Aktivierung »neuer Zonen« des Gehirns zur »physischen Unterstützung« von Erinnerungen an vergangene Leben. Siehe die 586. Sitzung um 23.50 Uhr.

3 Genau genommen werden die Zellen des Menschen aufgrund ihrer Auflösung beim Tod ihres ›Gastgebers‹ nicht Teil der Struktur des Tieres – doch zumindest einige der langlebigeren molekularen Komponenten der Zellen könnten es werden, und zwar mit völlig intakter Erinnerung. Ich meine, an diesem Gedanken ist mehr dran als eine derart ›enge‹ Auslegung, wobei möglicherweise die Übertragung zellularer Erinnerung (oder etwas Äquivalentem) von Geschöpf zu Geschöpf eine Rolle spielt. Wir haben bislang Seth noch nicht gebeten, darauf einzugehen.
Jane befaßte sich 1965 in poetischer Form mit ähnlichen Vorstellungen:

Erleuchtung
Sprachlos wie ein Stein
Fühlte ich mich
Im Innern, stumm.
Begreifen verzehrte meinen Fuß
Und schluckte meinen Arm.

Fort trug der Wind
Schichten meiner Haut.
Herz und Gedärm
Lagen entblößt,
Vertrockneten in der Sonne.

Zaunkönige kamen, Falken und Würmer,
Unschuldige Kommunikanten,
Zum heiligen Mahl.
Köstlicher Körper –
Stück um Stück fortgetragen.

Von eines Zaunkönigs schlagendem Flügel
Sah ich mich als Falke niedersinken
Aus makellosem Himmel.
Und im Wurm fühlte ich das
Geschmeidige Nachgeben der Erde.

Unzerlegt war ich,
Verteilt zwischen den Sternen,
Verstreut, geschmolzen, gefroren.
Lose schwangen meine Zellen
In den Schädeln von Fröschen.

»Wer bin ich?« riefen der Wurm und der Falke,
Der Frosch, der Stern, der Fels.
Mein Herz und mein Gedärm, sie sangen,
Antworteten in mannigfachen
Stimmen.

4 Siehe zu Material über Wahrscheinlichkeiten, die Gottesvorstellung und Religion die Kapitel 14–17 in *Gespräche mit Seth*, und Kapitel 17 *in Adventures of Consciousness.*
5 Hier trifft auch viel von Seths Material im Vorwort und in der 683. Sitzung zu.
6 Siehe Anhang 6.
7 Siehe in *Die Natur der persönlichen Realität* Sitzung 638, Kapitel 9 und 10, und Sitzung 639. In letzterer finden sich Auszüge aus Janes *Dialogues Of The Soul And Mortal Self In Time*. Sie beleuchten einige unserer ›Trips‹ – allerdings ohne Drogen.

Sitzung 688,
Mittwoch, 6. März 1974, 21.47 Uhr

(»Heute zeigte ich Jane die fertige Version meines ›Geist-Porträts‹ von ihr als Mann in einer anderen Wahrscheinlichkeit. Das Bild bedeutete für mich einen neuen künstlerischen Ansatz und hatte mich zunächst in ziemliche Verwirrung gestürzt. Begonnen hatte ich es Anfang Februar. Ich will mich hier nicht lange mit der Beschreibung meiner vorangegangenen Fehlversuche aufhalten, möchte aber sagen, daß ich schließlich zum relativ einfachen bewußten Verständnis gelangte, daß ich eine wahrscheinliche Jane zu malen versuchte. Als sie am 20. Februar die 684. Sitzung abhielt, bemerkte ich plötzlich starke Ähnlichkeiten zwischen meinem Bild und gewissen Körperhaltungen, die sie in Trance immer wieder einnahm.

Dann kam Janes Projektions-Wahrscheinlichkeits-Erfahrung, in der ihr Heimatort Saratoga Springs eine Rolle spielte; sie beschrieb diese Episode in ihren Bemerkungen vor der 685. Sitzung in Teil 1, und Seth ging in der nächsten Sitzung ausführlich darauf ein. Die geisterhaften Züge dieses Geschehens passen zu dem, was ich in diesem Bild zu tun versuchte. Als ich es für den Hintergrund meines ›Porträts‹ von ›Jane‹ bei der dicken grauen und weißen Grundierschicht beließ, wurde mir klar, daß ich nicht nur eine wahrscheinliche Interpretation von ihr, sondern auch das Merkmal der Farblosigkeit in ihrer Saratoga-Erfahrung zum Ausdruck bringen konnte. Als ich mir das bewußt gemacht hatte, fiel es mir leicht, das Bild zu Ende zu bringen. Ich habe vor, weiterhin in dieser Richtung zu arbeiten.

Eine eher heitere Anmerkung: Jane hatte beschlossen, daß sie lieber mit den Mittwoch-Sitzungen fortfahren und sie nicht auf Donnerstag verlegen wollte. So attraktiv war das Fernsehprogramm am Mittwochabend nun doch wieder nicht. Außerdem, so sagte sie, fühle sie heute abend »Zeug in der Luft, über Zellen und Gebet und solche Dinge«; sie verkündete, daß sie die Sitzung abhalten wolle.

»Und nun, da ich hier sitze«, sagte sie und tätschelte die Armlehnen ihres Schaukelstuhls, »kann ich fühlen, wie sich das Material strukturiert. Es ist eine große Hilfe...«)

Guten Abend.

(»Guten Abend, Seth«)

Nun: Der Anfang von Teil 2. Die Überschrift habt ihr schon. Laß uns einen Augenblick Zeit...

Die BEs, oder Bewußtseinseinheiten[1], befinden sich buchstäblich gleichzeitig an jedem Ort und in jeder Zeit. Sie besitzen die größte Anpassungsfähigkeit und eine tiefe ›angeborene‹ Neigung zu Strukturierung und Organisierung aller Art. Sie handeln als Individuen, und jede trägt in sich das Wissen um alle anderen Arten von Aktivität in irgendeiner anderen Einheit oder Gruppe von Einheiten.

Wenn sie zusammenkommen, bilden diese Einheiten die Realitätssysteme, in denen sie ihre Erfahrung machen. In eurem System befinden sie sich beispielsweise innerhalb der Welt der Phänomene. Sie treten also immer im Gewand eines spezifischen Realitätsmusters auf. Euren Begriffen nach können sie sich in der Zeit vorwärts und rückwärts bewegen, aber sie verfügen auch über eine andere Form von innerer Beweglichkeit in der Zeit, als ihr sie kennt.

Sie existieren auch im Inneren eines Apfels, und so stellt euch einmal einen gewöhnlichen Moment als Apfel vor. Eurer üblichen Erfahrung nach haltet ihr den Apfel in der Hand oder ihr eßt ihn. Bei dieser Analogie würde der Apfel selbst (als der Moment) unendliche Variationen seiner selbst INNERHALB seiner selbst enthalten. Die BEs können deshalb sogar innerhalb der Zeit, wie ihr sie versteht, auf eine Weise agieren, die äußerst schwierig zu erklären ist. Die Zeit verläuft nicht nur vorwärts und rückwärts, sondern auch NACH INNEN UND NACH AUSSEN. Ich bediene mich hier bis zu einem gewissen Grad immer noch eurer Zeitvorstellungen. *(Pause.)* Ich hoffe, euch später im Buch ganz darüber hinauszuführen. Aber im Rahmen der Begriffe, derer ich mich hier bediene, ist es die nach innen und außen gerichtete Zeit, die euch ein Universum gibt, welches von relativer Dauer zu sein scheint und doch auch erschaffen wird.

Diese nach innen und außen gerichtete Schubbewegung schafft verschiedene wichtige Bedingungen, die für die Errichtung eines ›relativ‹ gesonderten, stabilen universalen Systems von jeglichem Standpunkt aus als geschlossen erscheinen. Doch der Umstand dieser nach innen und außen gerichteten Bewegung[2] schafft in wirksamer Weise die

Grenzen und Einzigartigkeit eines jeden universalen Systems und ermöglicht zugleich ein ständiges Geben und Nehmen an Energie zwischen den Systemen.

(22.04 Uhr.) Keine Energie geht je verloren. Es MAG so scheinen, daß sie aus einem System verschwindet, aber dann wird sie in einem anderen auftauchen. Diese Schubbewegung nach innen und außen, die nicht wahrgenommen wird, ist weitgehend verantwortlich für das, was ihr als normale, abfolgende Zeit anseht. *(Pause.[3])* Es ist natürlich von äußerster und höchster Wichtigkeit, daß diese BEs buchstäblich unzerstörbar sind. Sie können jede Form annehmen, sich in jeglichem Zeit-Verhalten, Bindestrich, organisieren, und sie scheinen eine Realität zu bilden, die von ihrer sichtbaren Form und Struktur völlig abhängig ist. Doch wenn diese beispielsweise durch eines der von Physikern angenommenen schwarzen Löcher[4] verschwindet, somit Struktur und Form anscheinend vernichtet sind und die Zeit drastisch verändert ist, taucht sie am anderen Ende wieder auf, wo das ganze ›Universumspaket‹, das im schwarzen Loch verschlossen war, wieder geöffnet werden würde.

Aus unendlich winzigen Quellen fließt der ständige Strom an neuer Energie in euer Universum. Diese Quellen sind die BEs. AUF ihre eigene Weise, und hier bediene ich mich nun einer ANALOGIE, fungieren sie, zumindest in gewisser Hinsicht, als winzige, aber außerordentlich potente schwarze UND weiße Löcher, so wie diese gegenwärtig von euren Physikern verstanden werden. Laß uns einen Moment Zeit...

Dieser Analogie folgend, dienen die BEs als Quellorte oder ›Löcher‹, durch die die Energie in euer System fällt oder davon angezogen wird – und dabei formen sie dieses System. Die Erfahrung von nach vorn gerichteter Zeit, die Erscheinung physischer Materie in Raum und Zeit und die gesamte phänomenale Welt folgen daraus. Wenn die BEs euer System verlassen, bricht die Zeit zusammen. In der Folge wird sie nicht länger als abfolgend erfahren, und die Materie wird immer dehnbarer, bis ihre geistigen Elemente offensichtlich werden. Neue BEs treten ständig in euer System ein und verlassen es dann wieder. Innerhalb des Systems sind sich die BEs durch ihre großen und kleinen Organisationsformen jedoch aller Geschehnisse gewahr – nicht nur auf dem GIPFEL des Augenblicks *(gestikulierend)*, sondern auch in ALLEN ihm innewohnenden Wahrscheinlichkeiten.

Nun: Das bedeutet, daß sich die Zelle biologisch aller ihrer wahrscheinlichen Variationen gewahr ist, während sie in eurer Zeit und euren Strukturen ihre einzigartige Position als Teil, sagen wir, eines jeglichen Organs in eurem Körper einnimmt. *(Pause.)* In umfassenderer Hinsicht ist die Zelle ein riesiges physisches Universum, das um eine unsichtbare BE kreist; unter euren Bedingungen wird die BE immer unsichtbar bleiben – jenseits des kleinsten Phänomens, das ihr mit irgendeinem Instrument erkennen könnt. Bis zu einem gewissen Grad kann sie jedoch in ihrer AKTIVITÄT erfaßt werden, und zwar durch ihre Auswirkungen auf die Phänomene, die ihr wahrzunehmen in der Lage seid.

(Pause um 22.26 Uhr. Ich holte Jane ein Bier, während sie in Trance wartend dasaß.)

Die früher erwähnten EE-Einheiten[5] stellen das Stadium der Erscheinung dar, den Punkt und die Schwelle, die euren Begriffen nach die BEs praktisch aktivieren. Darüber werden wir später noch mehr zu sagen haben.

Wesentlich ist jedoch, daß ihr die nach innen und außen gerichtete Schubbewegung der ›Zeit‹ versteht und begreift, daß daraus das Bild des abfolgenden Moments entsteht. Diese Bewegung verleiht der Zeit Dimensionen, die zu begreifen ihr noch nicht einmal begonnen habt. Wie schon gesagt, ihr lebt an der OBERFLÄCHE des Moments, ohne die darunterliegenden unerkannten und inoffiziellen Realitäten zu verstehen. Und um es zu wiederholen, all das ist verknüpft mit eurer neurologisch akzeptierten ANERKENNUNG bestimmter Botschaften zu Ungunsten anderer, mit eurer geistigen Voreingenommenheit, die euch effektiv blind macht für andere gültige biologische Mitteilungen, welche in der Tat die ganze ›Zeit‹ über GEGENWÄRTIG sind.

(Nachdrücklich:) Ich versuche, euch etwas über die umfassendere Realität eurer Spezies zu sagen, aber um dem einigermaßen gerecht werden zu können, muß ich euch, wenn möglich, bestimmter Vorstellungen über den Anfang der Zeit, oder die ›menschliche Frühgeschichte‹, berauben.

Für den ANFANG jedoch werden wir uns auf die alte Terminologie stützen, um sie hoffentlich allmählich hinter uns zu lassen. Laß uns einen Moment Zeit und gönne deiner Hand etwas Ruhe ...

(Ich mußte grinsen. Schon nach 30 Sekunden wartete Jane als Seth wieder darauf, weitermachen zu können.)

Die BEs bilden alle Systeme gleichzeitig. Nachdem sie das eure geformt und sich aus ihrer Energie in mannigfaltigen physischen Formen gestaltet hatten, waren sie sich aller wahrscheinlichen Variationen eines jeglichen biologischen Strangs gewahr. Es gab nie eine geradlinige

Entwicklung vom, sagen wir, Reptil zum Säugetier, Affen und Menschen. Statt dessen kam es zu großartigen, noch immer andauernden, unendlich reichhaltigen parallelen Explosionen von Lebensformen und -mustern, und zwar in so viele Richtungen als möglich. Es gab Tier-Menschen und Mensch-Tiere, um es in euren Begriffen auszudrücken, die lange Zeiträume hindurch sowohl Raum wie Zeit miteinander teilten.[6] Dies ist, WIE IHR ALLE WOHL WIẞT, ein physisches System in der Zeit. Hier sterben Zellen und werden ersetzt. In Kenntnis ihrer eigenen Unzerstörbarkeit wechseln die BEs in ihnen einfach die Form, bewahren aber die Identität aller Zellen, die sie gewesen sind. *(Nachdrücklich:)* Wenn die Zelle auch PHYSISCH STIRBT, so bleibt sie in ihrer unverletzlichen Natur doch unangetastet. Sie ist nur einfach nicht mehr physisch.

Diese Art von ›Tod‹ ist also auf die eine oder andere Weise in eurem System natürlich. Ich werde hier von vielen Standpunkten aus sprechen, und später will ich ausführlich auf eure Ansichten zur Sterblichkeit eingehen. Hier jedoch laßt mich sagen, daß alles Leben kooperativer Natur ist. Es weiß auch, daß es jenseits seiner Form existiert.

Die Erfahrung eurer Spezies beinhaltet eine bestimmte Art von Bewußtseinsentwicklung, die ÄUẞERST VITAL ist. (Pause.) Das machte eine bestimmte Form von Spezialisierung notwendig, eine gewisse ›langfristige‹ Identifikation MIT FORM. Die zellulare Struktur erhält eine großartige Effektivität in der gegenwärtigen Realität des Körpers aufrecht, weiß sich selber aber davon unabhängig. Die spezielle Bewußtseinsart des Menschen identifizierte sich vehement mit dem Körper. Dies war eine Notwendigkeit, damit sich die Energie auf die physische Manipulation konzentrieren konnte. In einem wichtigen Ausmaß trifft das auch auf Tiere zu. Die Zelle mag glücklich ›sterben‹, aber das spezifisch orientierte Bewußtsein von Mensch und Tier war nicht willens, so BEREITWILLIG loszulassen.

Die Zelle IST individuell orientiert und kämpft um rechtmäßiges Überleben. Doch ihre Zeit ist begrenzt, und das Überleben des Körpers hängt von der der Zelle innewohnenden Weisheit ab: Die Zelle muß schließlich sterben, damit der Körper überlebt, und nur durch das Sterben kann die Zelle ihre eigene Entwicklung befördern und somit ihr eigenes größeres Überleben sichern. Die Zelle weiß also, daß sterben leben bedeutet.

(22.59 Uhr. Jane übermittelte das gesamte Material auf sehr eindringliche Weise.)

Das Bewußtsein des Menschen, und in einem gewissen Maß auch das der Tiere, identifiziert sich hingegen spezifischer mit der Form. Um seine eigene Art individualisierten Gewahrwerdens zu entwickeln, mußte der Mensch für eine Weile seinen eigenen Platz innerhalb der Struktur der Erde bewußt ignorieren. Seine Erfahrung von Zeit schien die Erfahrung seiner Identität zu sein. Dem ANSCHEIN nach war es nicht so, daß sein Bewußtsein vor der Geburt in den Körper strömte und nach dem Tod wieder austrat. Er würde ›vergessen‹, daß es eine Zeit zu sterben gab. Er würde vergessen, daß der Tod neues Leben bedeutet. Eine natürliche Botschaft mußte das alte Wissen ersetzen.

Laß uns einen Moment Zeit... Bestimmte Zellen ›töten‹ andere Zellen im Körper, und dadurch wird die lebendige Ganzheit des Körpes aufrechterhalten. Die Zellen leisten einander DIESEN DIENST (GESTIKULIEREND). In der Außenwelt ›töten‹ bestimmte Tiere andere Tiere. So hattet ihr, in euren begrenzten Begriffen gesprochen, über lange Zeit eine Situation, in der Menschen und Tiere sowohl Jäger als auch Beute waren. In jenen verhangenen Zeitaltern[7] – von eurem Standpunkt aus – wurden diese Handlungen mit dem tiefsten und geheiligsten VERSTÄNDNIS ausgeführt. Wie schon gesagt, das getötete Tier wußte, daß es ›später‹ durch die Augen seines Mörders[8] blicken – zu einem neuen, andersartigen Bewußtsein gelangen würde. Der Mensch, der Mörder, verstand den tiefen Sinn von Harmonie, der sogar in diesem Morden lag, und wußte, daß im Austausch das physische Material seines Körpers von der Erde dazu gebraucht werden würde, die Pflanzen- und Tierreiche wieder zu ergänzen.

Auch als ihr – wie ihr im voraus wußtet – diese tiefen Verbindungen aus dem Blickfeld verlort, waren (und sind) sie doch weiterhin wirksam, bis, auf seine Weise, das menschliche Bewußtsein dieses Wissen wiederentdecken und Gebrauch davon machen könnte – bedacht und willentlich, und somit dieses Bewußtsein zur Entfaltung bringen würde. Von euch aus gesehen würde dies einen großen Sprung darstellen, denn das egoistisch gewahrende Individuum würde unbewußtes Wissen voll begreifen und AUS SICH SELBST HERAUS HANDELN, aufgrund seiner Wahl. Es würde zum bewußten Mitschöpfer werden. Dies ist offensichtlich noch nicht eingetreten.

Ich sagte euch *(um 22.26 Uhr in dieser Sitzung)*, daß ihr gegenwärtig nur die Oberfläche eines Moments wahrnehmt; und so nehmt ihr auch nur eine Entwicklungslinie der Spezies wahr. Doch sogar innerhalb eures Systems gibt es Hinweise auf andere koexistierende Wahrscheinlichkeiten. Die Delphine sind so ein Fall.[9] In eurer Wahrscheinlichkeitslinie sind sie seltsame Wesen, aber sogar jetzt erkennt ihr ihre große Gehirnkapazität und habt in einem gewissen Ausmaß trüben Einblick in die Reichweite ihrer Kommunikationsfähigkeit.

Einst gab es auf eurer Erde, so wie ihr Zeit betrachtet, viele solche Arten: Wasserbewohner mit einer Gehirnkapazität, die so gut war wie die eure oder besser. Eure Legenden von Meerjungfrauen beispielsweise, wenn auch sehr romantisierend, verweisen tatsächlich auf die Entwicklung einer solchen Spezies. Es gab verschiedene Arten, die kleiner waren als die Delphine, aber strukturell gesehen ihnen gleich. Ihre Intelligenz war unzweifelhaft, und alte Mythen von Meeresgöttern leiten sich davon her. Auch jetzt führen die Delphine ein außerordentlich tiefes und reiches, emotionales Leben, für das ihr relativ blind seid; und mehr als das, IHRERSEITS haben sie eine größere Achtung und Anerkennung für andere Arten als ihr.

(Pause von einer Minute um 23.24 Uhr, dann langsamer:)

Die Delphine haben einen ausgeprägten Sinn für persönliche Loyalität und eine intime Familienstruktur, und zudem sind sie, was Anerkennung und Verhaltensweise in bezug auf Individuum und Gruppe angeht, hoch entwickelt. Mit anderen Worten, sie kooperieren miteinander. Sie tun alles, um anderen Arten zu helfen, und doch halten sie sich keine Haustiere *(sanft, mit Blick auf mich)*. Es gab jedoch viele verschiedene Arten von wasserbewohnenden Säugetieren – einige verbanden die menschlichen Merkmale mit denen der Fische, doch grob gesprochen waren sie eher eine Kombination vom Typus SCHIMPANSE-Fisch, Bindestrich. Sie waren kleine Geschöpfe, die sich mit erstaunlicher Geschwindigkeit bewegten, und sie konnten sich tagelang auch auf dem Land aufhalten.

In anderen Wahrscheinlichkeiten herrschen wasserbewohnende Säugetiere vor. Sie kultivieren das Land, wie ihr Wasserkulturen anlegt, und lernen jetzt, über Zeiträume hinweg an Land tätig zu sein, so wie ihr erst jetzt lernt, unter Wasser zu hantieren.

Das physische Universum dient somit als Eingangsschwelle für Wahrscheinlichkeiten, und alle möglichen Arten finden ihre größte Erfüllung innerhalb dieses Systems, wobei eine jede neurologisch auf ihre eigene Realität und ›Zeit‹ eingestimmt ist. So ist der Körper, wie er gegenwärtig existiert, seiner Natur nach ausgerüstet mit anderen neurologischen Reaktionen, die für EUCH biologisch anscheinend nicht sichtbar sind. Dessen ungeachtet ist es euer Bewußtsein, und sind es eure Glaubensvorstellungen und Überzeugungen, die die neurologische Anerkennung steuern. In dieser Hinsicht seid ihr bei der GEBURT, und bevor der strukturierte Lernprozeß einsetzt, weitaus FREIER.

Ihr *könntet* (doppelt hervorgehoben) an diesem Punkt der Geburt sowohl ins ›Gestern‹ wie auch ins Morgen gehen – WENN IHR GEHEN KÖNNTET – und in der Tat trägt euch eure Wahrnehmung Ereignisse zu, die sich innerhalb und außerhalb der Zeitabfolge befinden. Reaktionen auf Ereignisse außerhalb der Zeit tragen dem Kind jedoch keine Anerkennung und Zustimmung ein. Es lernt sofort, solche neurologischen Impulse zu akzeptieren, im Gegensatz zu anderen, die zu Resultaten führen, und so werden die neurologischen Muster früh erlernt. Dies kann ein beängstigender Prozeß sein, wenngleich er mit Rückversicherungen und Bestätigungen einhergeht. Das Kind sieht, außerhalb des Kontexts, ohne Unterscheidung Gegenwart und Zukunft, und *(eindringlich)* ich spreche hier von physisch wahrgenommenen Bildern.

Alpträume bei Kindern fungieren oft als biologische und psychische Ventile, bei denen außerzeitliche Wahrnehmungen explosionsartig auftauchen – wahrgenommene Ereignisse, auf die angesichts der Konditionierung durch die Eltern nicht effektiv reagiert werden kann. Der Körper IST also in der Tat ein weitaus wundersamerer Mechanismus, als ihr euch klarmacht. Es ist die dem Körper eigene Präkognition[10], die die Entwicklung des Kindes möglich macht, ihm zu sprechen, zu gehen, zu wachsen erlaubt.

In gleicher Weise ist die Spezies, wie ihr sie euch denkt, sich auf einer Ebene ihrer eigenen Wahrscheinlichkeiten und ›künftigen‹ Entwicklungslinien gewahr. Das Kind, das gehen lernt, mag fallen und sich verletzen, aber es lernt. So macht auch die Menschheit ihre Fehler – und doch fährt sie in Reaktion auf ihr eigenes größeres Wissen fort, die Bereiche ihrer wahrscheinlichen Erfüllung aufzuspüren.

(Lauter, lächelnd:) Entweder Pause oder Ende der Sitzung.

(»Nun, wir machen eine Pause und sehen, was passiert.«

23.50 Uhr. Janes Trance war tief gewesen. Sie war erstaunt, zu hören, daß sie über zwei Stunden gedauert hatte; tatsächlich hatte sie die ganze Sitzung ohne Pause absolviert. »Es ist noch immer eine andere Art von Trance«, sagte sie, »und wenn du einmal drin bist, dann bleibst du besser drin. Es ist in einer Weise belebend, die ich nicht erklären kann.

Es ist verrückt«, fuhr sie fort, »aber ich weiß, daß das alles auf den

Alternativen, den Wahrscheinlichen und den Parallelen Menschen hinausläuft.« [Siehe Anhang 6] »Ich dachte, daß du heute abend müde seist, aber ich habe entschieden, daß ich die Sitzung abhalten und nicht die Wiederholungen im Fernsehen ansehen will... vor allem, nachdem ich beim Abwaschen das Zeug über Zellen und biologisches Gebet bekam.«

Jane entschloß sich um 23.55 Uhr, »eine Sekunde zu warten«, um festzustellen, ob sie die Sitzung wieder aufnehmen sollte. Dann beendeten wir sie um 0.05 Uhr. Ich war im Grunde derjenige, dem die Augen zufielen. Jane fühlte sich gut; sie sagte, daß sie die Sitzung noch lässig zwei Stunden fortsetzen könnte. Ich war in Versuchung, aber...)

Anmerkung zu Sitzung 688

1 Siehe Sitzungen 682–84 in Teil 1.

2 Im allgemeinen können aufgrund der Natur der BEs – Seths postulierter ›Grund‹-Einheiten des Bewußtseins – geschlossene Systeme nicht existieren. Auszug aus der Sitzung 581 in Kapitel 20 von *Gespräche mit Seth:* »Im Grunde genommen ist keines dieser Systeme geschlossen. Die Energie fließt ungehindert vom einen ins andere oder durchdringt vielmehr jedes einzelne von ihnen. Es ist lediglich die Tarnungsstruktur, die den Eindruck erweckt, als handele es sich um geschlossene Systeme, und das Trägheitsgesetz ist nicht relevant. Es scheint nur innerhalb eures eigenen Systems und wegen eures beschränkten Gesichtskreises Realität zu besitzen.«

Siehe dann in Anmerkung 4 zur 680. Sitzung in diesem Band einige frühere Zitate Seths über seine eigene Fähigkeit, sich zwischen bestimmten Realitätssystemen zu bewegen.

(Seth in der 512. Sitzung in Kapitel 1 von *Gespräche mit Seth:* »Übrigens werde ich im Zusammenhang mit der physischen Welt, mit der das äußere Ich verkehrt, manchmal den Ausdruck ›Tarnung‹ verwenden, denn die physische Form ist eine der Tarnungen, derer die Realität sich bedient.«)

3 Diese kleine Anmerkung paßt hier aus zwei Gründen: Janes Pause und Seths Abhandlung über unsere Art von Zeit. Dies schrieb ich um 21.55 Uhr in der 24. Sitzung am 10. Februar 1964: »Jane berichtet, daß sie, wenn sie bei der Übermittlung Seths eine Pause einlegt, das gesamte Konzept des diskutierten Themas erspüren kann. Subjektiv gesehen, scheint es ›über ihr zu hängen‹. Da es sie überfordern würde, alles auf einmal zu handhaben, zieht Seth es ihrem Gefühl nach zurück und entläßt es für sie in Form miteinander verbundener Worte.«

Und später hinzugefügt: Ebenfalls in dieser Sitzung beschreibt Seth, wie er »Konzepte herauslösen oder entwirren« muß aus ihren Mustern, damit er sie durch Jane übermitteln kann. Das diesbezügliche Material findet sich im Anhang zu Sitzung 711 in Band 2 dieses Buches. In diesem Anhang trage ich aus verschiedenen Sitzungen Informationen über die komplexe Beziehung Jane-Ruburt-Seth (und auch Rob-Joseph) zusammen.

4 Nach den Voraussagen Einsteins in seiner Theorie über die Schwerkraft stellt man sich vor, daß ein typisches schwarzes Loch aus den Überbleibseln eines kollabierten Riesensterns besteht, der seine gesamte nukleare Energie aufgebraucht hat. Seine Dichte ist unvorstellbar hoch, seine Schwerkraft so gewaltig, daß ihm nicht einmal Licht entfliehen kann. Von daher ist ein solches Objekt unsichtbar und bildet ein ›Loch‹ im Raum. (Es ist jedoch auch die These vertreten worden, daß eine gewisse Lichtstrahlung vom »Ereignis-Horizont«, der das schwarze Loch überlagert oder umgibt, ausgehen könnte, und daß diese Strahlung schließlich mit einer fortgeschritteneren Satellitentechnik ausgemacht werden könnte. Seth hat sich weder in der einen noch anderen Weise zu solchen theoretischen Eigenschaften von schwarzen Löchern geäußert.)
Siehe die 593. Sitzung im Anhang von *Gespräche mit Seth,* wo Seth kurz auf die schwarzen Löcher und ihre hypothetischen Gegenstücke, die weißen Löcher, eingeht.

5 Siehe Anmerkung 3 zu Sitzung 682 und die 683. Sitzung nach 23.30 Uhr.

6 Siehe Anhang 6.

7 Vor einer Woche bat ich Seth in der 686. Sitzung um einen Kommentar zu unseren Uranfängen, ohne jedoch eine Antwort zu erhalten. Zu diesem Zeitpunkt wissen wir immer noch nicht, auf welche Periode unserer Vergangenheit er sich bezieht. Ganz offensichtlich war es vor sehr langer Zeit; selbst nach konventionellen paläontologischen Begriffen siedelt man aufgrund kürzlicher Entdeckungen in Ostafrika einen Werkzeug produzierenden Menschen in Aktion vor 3 Millionen Jahren an, mit einem Stammbaum, der möglicherweise 14 Millionen Jahre zurückreicht. Wir haben nun vor, Seth zu bitten, sein Material über Menschen-Tiere bald zu entwickeln, und uns somit weitere Einzelheiten samt der beteiligten Wahrscheinlichkeiten zu geben.
Eine später hinzugefügte Anmerkung: Unglücklicherweise haben wir vor der Beendigung dieses Buches keine dieser Informationen erhalten, vor allem keine über die menschlichen Ursprünge. Der Hauptgrund? Ich war so mit den folgenden Sitzungen dieses Manuskripts beschäftigt, daß ich vergaß, die Frage zu stellen.

8 Siehe Sitzung 687 um 22.45 Uhr, wie auch Anmerkung 3.

9 Sofort erinnerte mich das Seth-Material an einen Roman über Delphine, den Jane 1963 in Arbeit hatte. Ihre erste belletristische Arbeit in Buchlänge, *The Rebellers,* war in jenem Sommer (als Taschenbuch) veröffentlicht worden, und sie experimentierte mit verschiedenen neuen Ideen. Kurz darauf, noch vor Beginn dieser Sitzungen Ende November im selben Jahr, schrieb sie ein Exposé und fünf Kapitel über die Entwicklung der Kommunikation zwischen Menschen und Walen, betitelt *To Hear A Dolphin.* Zu dieser Zeit war uns das natürlich nicht klar, aber der Roman beinhaltete einige der Ideen, die Seth in seinem Material darlegen sollte. Jane fand vor Beginn des Seth-Materials die Zeit, ihr Manuskript einem Verleger zu zeigen – der es ablehnte. *To Hear A Dolphin* wurde dann beiseite gelegt, offensichtlich auf immer. Gelegentlich sprechen wir noch darüber; wir denken nach wie vor, daß es von guten Grundannahmen ausging. Doch Jane sagt, sie müßte nunmehr das Buch völlig umschreiben.

10 Siehe in bezug auf eine solche körperliche Präkognition den Anfang der 679. Sitzung und die 684. Sitzung um 22.07 Uhr in Teil 1.

Sitzung 689, Montag, 18. März 1974, 21.55 Uhr

(Siehe in Anhang 7 einen Bericht darüber, wie Jane, am Sonntag vor einer Woche, in verändertem Bewußtseinszustand den Entwurf zu einem möglichen neuen Buch The Way Toward Health, *bekam.*

In der letzten Woche hatten wir nur eine Sitzung abgehalten, und dabei ging es weder um die Arbeit an ›Unbekannte Realität‹, *noch um das Buch über Gesundheit. Den Rest der Zeit waren wir mit der ASW-Gruppe, einer TV-Show, Korrespondenz und anderen Dingen beschäftigt. Janes Übermittlung heute abend war eher langsam.)*

Guten Abend.

(»Guten Abend, Seth.«)

Diktat: Nun: Die Bewußtseinsentwicklung, wie ihr sie versteht, folgt bis zu einem gewissen Grad der Entwicklung der Götter durch die Zeitalter hindurch; und in diesen Geschichten finden sich sowohl die Gestalten, die der Mensch hätte annehmen können, als auch die, die er tatsächlich angenommen hat. Alle Tiergötter verweisen auf verschiedene Experimente und Gattungen, in denen das Bewußtsein unterschiedliche Formen annahm, wobei die Entstehung des egoistischen Gewahrseins, wie ihr es kennt, in mehreren Versuchsbereichen erprobt wurde. Es gab zum Beispiel verschiedene Versionen des Erkenntnisvermögens und der Aktivitäten des Mensch-Tiers.

(Lange Pause.) Vor ungefähr 50 bis 30 Millionen Jahren[1] existierten zahllose Arten, die ihr heute als Mutationen betrachten würdet. Zwischen Mensch-Tier und Tier-Mensch wurde noch nicht so deutlich unterschieden. Das Bewußtsein war in gewisser Weise beweglicher und experimentierte mehr. Diese frühen Verbindungen, diese frühen Mischformen wurden später in den Mythen als Götter in Tiergestalt erinnert. Jene Vielfalt existierte lange vor der Zeit, von der eure Paläontologen ausgehen. Es gab viele Tierarten, die Werkzeug herstellten, EINIGE taten das, bevor der Mensch diese Fähigkeit erlangte. Das

Bewußtsein kennt alle ihm offenstehenden Wahrscheinlichkeiten von Erfüllung. Jede Spezies trägt in ihrer persönlichen und kollektiven Psyche die Entwürfe solcher wahrscheinlichen Verwirklichungsmöglichkeiten. Diese Entwürfe sind auf BIOLOGISCHER Ebene gültig – das heißt, sie gestatten der Zelle das präkognitive Wissen, auf das sich das gegenwärtige Verhalten gründet. Dies gilt nicht nur auf individueller Ebene, wo die Zelle beispielsweise ihr künftiges Muster kennt; gleichermaßen hat eine ganze Spezies unbewußt Kenntnis von ihrer eigenen ›idealen‹ Erfüllung in ihrem gesamten weltlichen Umfeld.

Wie bereits ausgeführt[2], wuchs das Ego-Bewußtsein. Diese inneren Muster, die der Psyche einer JEGLICHEN Spezies innewohnen, wurden zu Konzeptionen, geistigen Bildern – intuitive Projektionen, die alle bewußt weisungs- und richtungsgebend sein sollten. So dienten also die Götter als Stimulatoren für die Entwicklung. Scheinbar außerhalb des Selbsts existierend, sollten sie das Selbst in den Bereich seiner größten Erfüllung führen. Die Göttergestalten wandelten sich wie das Bewußtsein. Die verschiedenen Gottesvorstellungen, die sozusagen am Straßenrand liegenblieben, also untergingen, stehen für Entwicklungsbereiche, die, in eurem Sinne, nicht GEWÄHLT wurden, aber sie sind noch immer latent vorhanden. Der Totempfahl ist beispielsweise ein Relikt aus einer Zeit, da zwischen Mensch und Tier sehr viel mehr Kommunikation stattfand – da der Mensch in der Tat zu den Tieren GING, um zu lernen, und von ihnen sein erstes Wissen über Kräuter und richtiges therapeutisches Verhalten erwarb.[3]

(Lange Pause.) Historisch gesehen will euch scheinen, daß die Menschheit mit ihrem egoistischen Selbst-Gewahrsein aus der undifferenzierten Bewußtseinsart des Tieres entstand. Statt dessen existierten in der von mir angesprochenen Periode viele Arten von Bewußtsein. Die Tiere trafen die WAHL, ihre eigene Art von Bewußtsein zu entwickeln, wie IHR die eure wähltet. Das Bewußtsein der Tiere mag euch undifferenziert erscheinen. Es ist jedoch von höchster Spezifik, schwebend im Augenblick, aber so vollständig, daß nach euren Begriffen Vergangenheit und Zukunft WEITGEHEND bedeutungslos sind.

Die spezifische Konzentration hat einen hervorragenden Fokus zur Folge. Im Vergleich dazu hat das Ego-Bewußtsein einen Teil dieses Fokus verloren. Die Totempfähle reichen in eine Zeit zurück, vor diesen Punkt der Abweichung, da Mensch und Tier einander verstanden. Die in jenen Epochen physisch existenten und gedeihenden Arten wurden für euch wahrscheinliche Arten, denn sie entwickelten sich nicht in eurem System, sondern sie ›starben aus‹. Ihre lebendigen Relikte finden sich in den Göttervorstellungen, in denen sie verkörpert waren. Laß uns einen Moment Zeit...

(Pause von einer Minute um 22.28 Uhr.) In der einen oder anderen Weise enthält alle Mythologie Beschreibungen von anderen Gattungen, die in verschiedenen Formen auf der Erde existieren. Dazu gehören zum Beispiel auch die Geschichten von Feen und Riesen. Die Mythologie erzählt euch von den psychischen wie physischen Kulturrelikten eures Geschlechts. Es gab damals kleinere und größere Menschenarten[4] mit unterschiedlich bewußten Verbindungen zum Rest der Natur. Die größeren Experimente hatten mit der Hervorbringung einer Spezies zu tun, die ein Teil der Erde sein und doch auch zu gewahrenden Mit-Schöpfern werden würde. Es gab zahllose Erwägungen und Experimente in bezug auf Größe, Gehirnkapazität, Neurologie und Bewußtseinsstruktur, die flexibel genug sein würde, sich mit der Umwelt zu verändern, und doch auch kraftvoll genug, um diese Umwelt zu erforschen und zu verändern. Hast du das?

(»Ja.«)

Das auftauchende und sich entwickelnde Bewußtsein mußte, zumindest latent, über die Fähigkeit und das Fassungsvermögen verfügen, sich der Weltumstände gewahr zu werden. Als der Mensch nichts anderes kannte als ein einfaches Stammesleben, besaß sein Gehirn bereits die Fähigkeit, alles zu lernen, was es lernen mußte, denn eines Tages würde er für das Leben auf dem Planeten verantwortlich sein.

Ein solcher Spielraum ließ Platz für viele Wahrscheinlichkeiten und viele ›Irrtümer‹, aber das sich entwickelnde Bewußtsein mußte frei sein, sein eigenes Urteil zu fällen. Es sollte durch den ›Instinkt‹ nicht mehr als nötig programmiert sein. Biologisch gesehen war es jedoch an die irdische Existenz gebunden, und sollte somit sein natürliches Erbe verstehen. Es konnte sich also nicht allzusehr abtrennen oder ÜBERMÄSSIG arrogant werden. Sein Leben war so stark mit dem Rest der Natur gekoppelt, daß es aus Notwendigkeit immer wieder zu seiner Grundlage zurückkehren mußte. Es reagiert auf einen angeborenen Drang zu seiner eigenen größten Erfüllung und verändert in Reaktion auf seine Experimente und Erfahrungen automatisch die Richtung. In euren Zeiten gibt es große, durchgreifende Veränderungen hinsichtlich der religiösen Vorstellungen, und diese stehen für das dem Menschen innewohnende Wissen. Sein Bewußtsein – seine Psyche – projiziert größere Bilder von seiner eigenen wahrscheinlichen Erfüllung, und diese zeigen sich in seinen sich wandelnden Vorstellungen von Gott.

Ihr könnt eure Pause machen.

(22.47 Uhr. Janes Trance war ausgezeichnet gewesen. Sie hätte die Sitzung gern fortgesetzt, aber ich wurde müde; wir beschlossen, nicht weiterzumachen.)

Anmerkungen zu Sitzung 689

1 Seths Material beantwortet hier automatisch meine Frage zum frühen Menschen; siehe Anhang 6, wie auch Anmerkung 7 zu Sitzung 688. Laut unserem Lexikon fällt die Zeitspanne, die Seth in der heutigen Sitzung erwähnt, geologisch gesehen in die tertiäre Periode des Känozoikums. Diese Periode wird in weitere Epochen unterteilt. Wichtig ist hier (laut Lexikon), daß es in jener fernen Zeit viele Arten von Säugetieren gab, darunter »menschenähnliche Affen«.

2 Siehe in Sitzung 686, Teil 1, Janes erster Abschnitt der Übermittlung.

3 Siehe dazu (wieder einmal) die 648. Sitzung in Kapitel 12 von *Die Natur der persönlichen Realität* – vor allem Janes eigenes Material um 23.30 Uhr.

4 Viele Bibelleser werden sich an den berühmten Satz in Genesis 6,4 erinnern: »In jenen Tagen gab es auf der Erde die Riesen.« Hier jedoch, in Zusammenhang mit Seths Material: Allein in den USA entdeckte man in sehr alten Gesteinsformationen viele menschliche (und/oder menschenähnliche) Spuren, sowohl große wie kleine. Man fand sie in Pennsylvania, Kentucky, Missouri, Texas, New Mexico, Kalifornien und in anderen Staaten, und sie reichen unglaubliche 300 Millionen Jahre in das Karbonzeitalter zurück. In Texas wurden sehr deutliche riesenhafte, menschliche Spuren aus dem Mesozoikum vor 140 Millionen Jahren entdeckt, die sich im Felsgestein zusammen mit denen von verschiedenen großen Dinosaurierarten finden – eine Entdeckung, die zu den gegenwärtigen wissenschaftlichen Theorien völlig im Widerspruch steht, nach denen der Mensch höchstens ein paar Millionen Jahre alt sei (siehe Anhang 6 zu Sitzung 687 und Anmerkung 7 zu Sitzung 688).

Gewiß ließen Evolutionstheorien (Darwinismus) die Vorstellung nicht zu, daß Dinosaurier und der Mensch, oder IRGENDEINE Art von Mensch, Zeitgenossen waren! Allgemein gesehen, entschied sich die Wissenschaft dafür, die hier erwähnten Entdeckungen nicht zu akzeptieren, denn eine solche offizielle Anerkennung würde zeigen, daß sich verschiedene wissenschaftliche Fachbereiche – darunter Geologie und Biologie – in wichtigen Dingen erheblich irren.

Wie passen diese Hinweise auf menschliche Wesen in so uralten Zeiten zu den vergleichsweise bescheidenen Zeitangaben – von vor ›nur‹ 50 Millionen Jahren bis zu 30 Millionen Jahren –, die Seth zu Beginn dieser Sitzung hinsichtlich der Mutation anführt? Wir wissen es nicht. Jane war sich schon seit einigen Jahren der hier gegebenen Information bewußt, ohne ihr viel Aufmerksamkeit zu schenken. Unter dem Aspekt der Zeit sind wir jedoch beide an Fragen über die Ursprünge interessiert. Wir denken, daß uns Seth hier bis zu einem gewissen Grad behilflich sein kann, sollten wir ihn je darum bitten.

Sitzung 690, Donnerstag, 21. März 1974, 21.32 Uhr

(Jane hatte »überhaupt keine Ahnung« vom Material der letzten Sitzung. Sie versuchte jetzt, meine handschriftlichen Aufzeichnungen zu lesen, da ich erst eine Seite abgetippt hatte, konnte aber meine selbstgestrickte Kurzschrift nicht entschlüsseln. Sie hatte sich letzten Abend nach der Sitzung nicht besonders gefühlt, und so hatten wir statt dessen einige andere Angelegenheiten erledigt. Heute abend, sagte sie, wolle sie versuchen, Seth durchkommen zu lassen, obwohl sie nicht das Gefühl hätte, in bester Form zu sein. Um 21.28 Uhr saß sie da und »wartete darauf, daß die Dinge klar wurden«.)

Nun, guten Abend.

(»Guten Abend, Seth.«)

– und Diktat ... das Bewußtsein muß sich natürlich mit Spezialisierungen befassen, wenn es in eurem Realitätssystem effektiv sein will.

Sozusagen dahinter sind sich die BEs (oder Bewußtseinseinheiten) der verschiedenen Bewußtseinsarten, an denen sie teilhaben, gewahr. Bestimmte Organisations-, Verhaltens- und Experimentierformen schließen ihrer Natur nach andere ebenso gültige, aber unterschiedliche Herangehensweisen aus. Die BEs sind, in ihrem hinter aller Materie freischwebenden Wesen, mit all solchen Organisationsformen vertraut, so daß EINIGE DER LEKTIONEN, die von einer Spezies GELERNT werden, tatsächlich auf eine andere übertragen werden.

(Lange Pause.) Zum Beispiel mag ein bestimmtes Bewußtseinsexperiment von einer Spezies verfolgt werden, und dieses Wissen wird dann einer anderen gegeben oder übertragen, wo es als ›Instinkt‹ in Erscheinung tritt. Es wird hier als Grundlage für eine andere Verhaltens-, Erkundungs- oder Experimentierform benutzt. Ich sagte bereits, daß es die Evolution nicht, wie ihr denkt, in einer Art eingleisiger Abfolge, vom Affen zum Menschen, gibt.[1] Auch keine andere Spezies entwickelte sich in dieser Weise. Statt dessen existieren parallele Ent-

wicklungen. Eure Zeitwahrnehmung zeigt euch zum Beispiel nur ein Stück vom ganzen Kuchen.

Denkt man aber in Begriffen einer abfolgenden Zeit, so marschiert die Evolution nicht von der Vergangenheit in die Zukunft. Vielmehr ist sich die Spezies der Veränderungen, die sie vornehmen will, präkognitiv bewußt, und sie verändert aus der ›Zukunft‹ heraus den ›gegenwärtigen‹ Zustand der Chromosomen und Gene,[2] um so in der wahrscheinlichen Zukunft die spezifischen erwünschten Veränderungen herbeizuführen. Sowohl über als auch unter eurem üblichen Bewußtseinsfokus wird die Zeit also auf eine völlig andere Weise erfahren, und sie wird ständig manipuliert,[3] so wie ihr das auf physischer Ebene mit der Materie tut.

Die BEs, die später die Struktur in ihrer Gesamtheit bilden, formen alle Atome, Moleküle, Zellen und Organe, aus denen eure Welt besteht. Umgestaltungen in der Natur oder artenspezifische Veränderungen sind Umstände und Bedingungen, die in Übereinstimmung mit Gesamtmustern herbeigeführt werden, an denen alle Arten und Gattungen oder Kontinente und Ozeane zu jeder gegebenen ›Zeit‹ beteiligt sind. Solche Anlässe schließen eine gewaltige Bewußtseinsorganisation ein; manchmal handelt es sich um schöpferische Umwälzungen, durch die die Natur, wieder aus ihrer eigenen präkognitiven Information heraus, die ihren Bedürfnissen am besten entsprechenden Umstände herbeiführt. Diese biologische Präkognition hat ihre feste Grundlage in den Chromosomen und Genen, und sie spiegelt sich in den Zellen. Wie bereits *(in der 684. Sitzung)* erwähnt, wird die gegenwärtige Struktur eines jeglichen, physischen Körpers nur auf Grund der den Zellen innewohnenden präkognitiven Fähigkeiten aufrechterhalten. Das Selbst erfährt die Zukunft natürlich nicht als Zukunft. Diese stellt lediglich eine der auftauchenden Bedingungen eines erlebten Jetzt dar (jetzt sollte besser groß geschrieben werden). Das von den Zellen praktisch gefühlte ›Jetzt‹ beinhaltet also das, was ihr Vergangenheit und Zukunft nennen würdet, als einfachen Zustand von Jetztheit. Sie erhalten die Körperstruktur im Schwebezustand EURER Zeit nur aufrecht, indem sie sich selbst in einem reichhaltigen Medium an Wahrscheinlichkeiten manipulieren. Es findet ein ständiger Austausch an Mitteilungen zwischen der Zelle, wie ihr sie zur gegenwärtigen Zeit kennt, und der Zelle statt, wie sie in der Vergangenheit ›war‹ oder wie sie ›sein wird‹.

Das Erkenntnisvermögen der Zelle überspringt ihre aktuelle Form.

Die Realität, die physische Realität einer gegebenen Zelle, ist das fokussierte Resultat ihrer Existenz davor und danach in der Zeit; und aus ihrer Kenntnis der Vergangenheit und Zukunft erhält sie ihre gegenwärtige Struktur.

(Lange Pause.) Im umfassenderen Sinne trifft dies auf jegliche Spezies zu. Ihr seid also ihr selbst in der Zeit aufgrund der Selbsts, die zeitlich VOR UND NACH euch existieren. Dies ist wahr auf zellularer Ebene; und es ist auch in psychischer Hinsicht wahr. Eure Gedanken und Gefühle sind ebenso real wie eure Zellen. Auch sie bilden Organisationsformen. Eure Wünsche gehen innerhalb der Zeit von euch aus, und zwar in alle Richtungen. Hinsichtlich der Spezies formt einerseits eure Gegenwart eure Zukunft, aber unter tiefergehenden Aspekten hilft euer präkognitives Gewahrsein euren eigenen Möglichkeiten, aus der Zukunft heraus die GEGENWART zu gestalten, DIE DANN DIESE WAHRSCHEINLICHE ZUKUNFT ZU EURER REALITÄT MACHT.

In physischer Hinsicht wollt ihr vielleicht eine neue Stadt haben, so fangt ihr also mit einer urbanen Erneuerung an, Doppelpunkt: Die Architekten zeichnen Pläne, die natürlich zuerst Träume waren; in ihrem Geiste werden Vorbereitungen getroffen, werden Gebäude eingerissen. Sehr einfach ausgedrückt, könnte der Traum des Architekten als präkognitiver Vorfall bezeichnet werden, der aus einer wahrscheinlichen Zukunft in die Gegenwart eingeführt wurde. Die physische Ausführung der Planung stimmt mit der vorgestellten Zukunft überein und führt sie herbei. So hat auch auf umfassenderer Ebene die Menschheit Pläne für sich selbst; nur diese gründen sich auf ein sehr viel ausgedehnteres Verständnis von den beteiligten wahrscheinlichen Themen, Fähigkeiten und Bedingungen. *(Pause.)* Ein von einem Volk anerkannter Gott stellt einen solchen Plan auf psychischer Ebene dar, der als Ideal hinausprojiziert wird. Ihm folgen dann Organisationen auf physischer Ebene, Strukturen, die auf anderer Ebene dazu beitragen sollen, daß eine solche ›spirituelle‹ Evolution erreicht wird.

Da ihr euch jedoch IN der Dimension der Zeit aufhaltet, spiegelt das Gottesbild euren Bewußtseinszustand wider, wie er ›ist‹, und zugleich verweist es auf den erwünschten, künftigen Zustand. Die Gottesvorstellung fungiert als psychischer und spiritueller Entwurf, so wie der Plan des Architekten, nur auf anderer Ebene. Jede Spezies trägt in sich in unterschiedlichem Grad solche Entwürfe, und diese sind wichtig, da sie die Wahrscheinlichkeiten in idealisierter Form enthalten. Wie schon gesagt, haben sie auf psychischer und biologischer Ebene ihre

Gültigkeit. Sie dienen den Zellen als BIOLOGISCHE Muster und dem Bewußtsein als psychischer Anreiz.

Gönne deiner Hand einen Augenblick Ruhe und mach für unseren Freund ein Bier auf.

(22.16 Uhr. Jane zündete sich eine Zigarette an, während ich für sie eine Flasche Bier öffnete. Sie war weiter in Trance.)

Das Spirituelle und das Biologische können nicht voneinander getrennt werden. Ihre Absichten und ihre Realitäten verschmelzen miteinander. Laß uns einen Moment Zeit... *(Lange Pause um 22.19 Uhr.)* Dazu werde ich später im Buch sehr viel mehr zu sagen haben. Für den Augenblick möchte ich lediglich erwähnen, daß alle Götter, die unter euch in Erscheinung treten, stets von eurer Zeit sein und zugleich Ideen und Vorstellungen ausdrücken müssen, die über eure Zeit hinaus in die Zukunft zielen und als psychischer Anreiz dienen, stark genug, um künftige Veränderungen zu bewirken. Als, historisch gesehen, das Menschengeschlecht dabei war, eine notwendige künstliche Trennung zwischen sich und der restlichen Natur zu vollziehen; als es die Aufgabe einer besonderen Art von Spezialisierung und individuellem Fokus auf sich nahm, da brauchte es eine Religion, die es in seinen Fähigkeiten bestätigte, dies auch tun zu können.

In dieser Zeit trat auf psychischer Ebene zwischen den männlichen und weiblichen Zügen eine Entfremdung ein.* Die Unterschiede wurden übermäßig betont. Die alte Vorstellung von der Mutter-Göttin geriet ins ›Unbewußte‹; das Männliche, das absichtlich das starke, natürlich-aggressive Moment des Gebärens vergaß, nahm die physische Aggression und Kraft als ein Privileg in Anspruch – denn darin drückten sich nun die Qualitäten des Ego-Bewußtseins aus, das physisch auf seine Umwelt einwirken mußte.

Solange es *(das Ego-Bewußtsein)* sein tiefes Einssein mit der Erde und allen Geschöpfen anerkannte, konnte es nicht zu gleicher Zeit alle jene Fähigkeiten der Spezialisierung und seinen eigenen EINZIGARTIGEN Fokus entwickeln. Die Entstehung und Ausbreitung gesonderter Stammeskulturen und später der Nationen konnte nur durch eine Empfindung für Trennung und über eine bestimmte Form der Entfremdung geschehen. Dies ermöglichte jedoch eine VIELFALT, die unter den akzeptierten Bedingungen anders nicht hätte entstehen können. *(Pause.)* Der scheinbar lokale jüdische Gott *(Jahwe/Jehova)* endete

* Siehe Anhang 9.

schließlich damit, daß er in der einen oder anderen Weise das römische Reich zerstörte und dadurch eine völlige Umorganisierung der planetarischen Kultur herbeiführte.

Laß uns einen Moment Zeit, und gönne deiner Hand Ruhe...

(22.35 Uhr. Auch hier blieb Jane während einer kurzen Pause in Trance. Etwas über eine Stunde war vergangen.)

Christus, wie er historisch bekannt ist, repräsentierte auf psychischer Ebene die Wahrscheinlichkeiten des Menschen. Seine Vorstellungen und Lehren waren auf viele Weisen zu interpretieren – wie Körner, die der Mensch nach Belieben säen konnte. Wegen Christus gab es ein England – und eine industrielle Revolution. Es waren die männlichen Aspekte des Christus, die die westliche Zivilisation hervorhob. Andere Teile seiner Lehren folgten nicht der Haupt-LINIE christlichen Denkens und wurden begraben.

Die Kirche ignorierte zum Beispiel den physischen Aspekt der Geburt Christi und machte aus seiner Mutter eine unbefleckte Jungfrau, was bedeutete, daß das Bewußtsein der menschlichen Gattung für längere Zeit seine Beziehung zur Natur und seine weiblichen Aspekte nicht zur Kenntnis nehmen würde. (Ich spreche nun von der Hauptströmung westlicher Zivlisationen.) Gottvater würde anerkannt und die Erdgöttin vergessen werden. Von daher würde es feudale Herren geben, keine SEHERINNEN oder Prophetinnen. Punkt. Der Mensch (Mann) würde glauben, daß er tatsächlich als eine besondere Spezies die Herrschaft und Gewalt über die Erde hätte, denn Gottvater hatte sie ihm gegeben.

Das aufstrebende Ego-Bewußtsein hatte also seine religiösen Argumente zur Unterstützung seines Anspruchs auf Herrschaft und Kontrolle. Der Papst wurde zum personifizierten Gottvater, aber dieser Gott HATTE sich seit dem alten jüdischen Jehova nun doch gewandelt. Christus, historisch gesprochen, hatte die Konzeption so weit verändert, daß zumindest Gottvater NICHT GANZ so launisch war wie Jehova. *(Pause.)* Ein wenig Barmherzigkeit rückte in den Vordergrund. Das wachsende Ego-Bewußtsein konnte sich nicht ZÜGELLOS über die Natur hermachen. Und andererseits hielten heilige Kriege und Ignoranz das Volk nieder. Die Kirche – die römisch-katholische Kirche – bewahrte noch immer einen Vorrat an religiösen Gedanken und Vorstellungen, einen Speicher an Wahrscheinlichkeiten, aus dem sich die Menschheit bedienen konnte. Die religiösen Ideen dienten als sehr benötigte, soziale Organisationsform, und vielen Mönchen gelang es, alte Manuskripte und Untergrundwissen zu bewahren. Diejenigen nun, die mit RELIGIÖSEN PRINZIPIEN verbunden waren, überlebten im allgemeinen und brachten Gemeinschaften und eine Nachkommenschaft hervor, die beschützt wurde. Psychische, mediale und religiöse Vorstellungen dienten also, trotz vieler Schattenseiten, als Organisierungsmethode der Spezies. Sie sind hinsichtlich der ›Evolution‹ weitaus wichtiger, als erkannt wird. Religiöse Vorstellungen hielten von Anfang an Stämme zusammen, stellten gesellschaftliche Strukturen her und garantierten das physische Überleben und den Schutz, der eine Nachkommenschaft am wahrscheinlichsten machte.

Macht eure Pause *(lauter)* oder beendet die Sitzung, wie euch lieber ist.

(»Dann machen wir eine Pause.«

22.55 Uhr. Janes Trance war in der Tat sehr tief, ihr Tempo im allgemeinen gut gewesen. Sie fühlte sich jetzt sehr viel besser. Das Material war klar gewesen, sagte sie, und kam von dieser »bestimmten notwendigen Ebene«, die sie für dieses Buch erreichen mußte.

Sie sagte, das ›begrabene‹ Material über Christus und die Hauptströmung christlichen Denkens hätte mit okkulten [das heißt verborgenen] Lehren und den Essenern zu tun, einer der vier größeren jüdischen Sekten, die bekanntermaßen im ersten Jahrhundert im Heiligen Land existierten [siehe Kapitel 21 und 22 in Gespräche mit Seth]. *Jane fügte hinzu, daß sie möglicherweise spekulatives Material über Christus, das Okkulte und die Essener gelesen hatte; und wahrscheinlich, dachten wir, wurden viele ›geheime Lehren‹ Christus zugeschrieben.*

Dann fragten wir uns, ob sich Seth auf Aspekte von Christi Philosophie bezogen hatte, die wirklich begraben waren – heute weitgehend unbekannt. Fast immer nehme ich davon Abstand, den Fluß des Sitzungsmaterials mit Fragen zu unterbrechen, aber nun wünschte ich, ich hätte Seth danach gefragte. Jane und mir gefiel auch der Gedanke, daß religiöse Kräfte seit frühesten Zeiten an der Entwicklung der Spezies mitgewirkt hatten; dies schien eine sehr vernünftige Theorie zu sein – und so offensichtlich, nachdem sie einmal angesprochen worden war.

Wiederaufnahme des Diktats um 23.25 Uhr.)

Nun: Seid euch darüber klar, daß ich mich für den Moment vor allem auf eure westliche Zivilisation beziehe.

Die amerikanische Demokratie entsteht beispielsweise direkt aus der Geburt des Protestantismus und einer neuen Art von Unterfangen. Luther[4] ist ebensosehr verantwortlich für die Vereinigten Staaten von Amerika wie George Washington.

(Lange Pause.) In der Vergangenheit existierten andere demokratische Gesellschaften, aber dort gründete sich die Demokratie immer noch auf eine einzige religiöse Lehre, die allerdings auf verschiedene Weise ausgedrückt werden konnte – wie etwa in den griechischen Stadtstaaten *(im 6. und 5. Jahrhundert v. Chr.)*. Das Heilige Römische Reich vereinigte eine Zivilisation unter einer religiösen Idee, aber die wahre Brüderlichkeit kann nur darin ausgedrückt werden, daß unter dem Banner der Kooperation die Freiheit menschlichen Denkens eingeräumt wird; und nur daraus wird die Erfüllung der Spezies folgen, zusammen mit Bewußtseinsentwicklungen, die, euren Begriffen nach, von Anfang an latent vorhanden waren.

(23.29 Uhr.) Ich sage euch, daß die sogenannte Evolution und Religion eng miteinander verknüpft sind. Eine Weiterentwicklung eurer Konzeptionen wird zu einer stärkeren Aktivierung von Gehirnbereichen führen, die gegenwärtig auch nicht annähernd genutzt werden,[5] und dies wiederum wird eine Erweiterung auf psychischer wie biologischer Ebene auslösen.

Eine Vorbedingung war das Wachsen und die Ausbreitung von Ideen in räumlicher Hinsicht. Die Menschen auf der einen Seite des Planeten mußten wissen, was die Menschen auf der anderen Seite dachten. Alles das setzte die Handhabung des räumlichen Aspekts voraus. Religiöse Impulse dienten immer der Stimulierung menschlicher Neugierde in RÄUMLICHER Hinsicht *(nachdrücklich)*.[6]

Viele Gattungen, mit denen ihr die Welt teilt, tragen in sich latente Fähigkeiten, die sich sogar jetzt entwickeln. Mensch und Tier werden sich wieder im alten Verständnis auf der Erde begegnen, doch in einer neuen Situation.[7] Es gibt keine geschlossenen Systeme, und innerhalb einer tiefen biologischen Ordnung weiß jede Spezies, was die andere tut; und sie kennt den von ihr gewählten Platz im übergeordneten Plan. Auf die eine oder andere Weise WERDET ihr von all diesen Bewohnern wahrgenommen, die ihr möglicherweise als unter euch stehend betrachtet. Der wahrscheinliche Mensch taucht nun auf, aber dies auch in Beziehung zu seiner gesamten natürlichen Umwelt, in der Kooperation die Hauptkraft ist. Ihr kooperiert mit der Natur, ob euch das klar ist oder nicht, denn ihr SEID ein Teil von ihr.

Ende des Diktats.

(Pause um 23.42 Uhr.) Laß uns einen Moment Zeit ...

(Seth übermittelte nun etwas Material für Jane und mich.)

Ende der Sitzung, meine herzlichsten Grüße, und einen schönen Abend.

(»Danke, Seth. Gute Nacht.« 23.44 Uhr. Jane war wirklich weit weg gewesen.)

Anmerkungen zu Sitzung 690

1 In der 582. Sitzung in Kapitel 20 von *Gespräche mit Seth* zitierte ich Seth bei einem ASW-Gruppenabend im Jahr 1971: »Alles Bewußtsein existiert in Wirklichkeit gleichzeitig, und deshalb hat es sich auch nicht auf diese Weise entwickelt... die Evolutionsgeschichte (ist) ein ebenso schönes Märchen... wie die alttestamentarische Schöpfungsgeschichte... beide scheinen sie innerhalb ihres eigenen Kontextes stimmig zu sein, obwohl sie im weiteren Sinne keinen Anspruch auf Wahrheit erheben können...«
Siehe Anmerkung 4 und Anhang 8 zur 689. Sitzung (wie auch die Sitzung selbst) zu dieser Sitzung.

2 Siehe Anmerkung 9 zur Sitzung 682.

3 Und Seth nimmt am Geschehen teil. Bereits in der 14. Sitzung, am 8. Januar 1964, sagte er uns: »Von mir aus gesehen, kann Zeit manipuliert werden, ich kann mich ihrer mit Muße bedienen und sie erforschen. Für mich ist sie ein Vehikel... von daher hat sie noch immer eine gewisse Realität für mich...«
Jane befaßte sich mit ihren eigenen Zeitkonzeptionen – eine davon ist beispielsweise, daß die Vergangenheit ihre *eigene* Vergangenheit, Gegenwart *und* Zukunft hat – und zwar in ihrem Roman *The Education of Oversoul Seven*, 1973 bei Prentice Hall veröffentlicht.

4 Martin Luther, der deutsche Theologe und Übersetzer der Bibel, lebte von 1483 bis 1546. In jungen Jahren war er Mönch, rebellierte dann aber gegen die katholische Kirche und wurde der Führer der protestantischen Reformation in Deutschland.

5 Siehe Anmerkung 2 zur 687. Sitzung.

6 Siehe Sitzung 686 von 22.37 bis 23.26 Uhr.

7 Siehe Anhang 6 zur 687. Sitzung und auch die Sitzung selbst.

SITZUNG 691, MONTAG, 25. MÄRZ 1974, 21.35 UHR

(Weder Jane noch ich konnten uns daran erinnern, worum es in der letzten Sitzung am Donnerstag gegangen war, und ich hatte erst eine Seite meiner Aufzeichnungen abgetippt – eine ähnliche Situation, wie bei der Sitzung davor. An diesem Abend waren wir um 21.20 Uhr bereit. Um 21.30 Uhr sagte Jane, daß nun einiges vom heutigen Material Seths zu ihr »durchsickerte«.)

Guten Abend.

(»Guten Abend, Seth.«)

Nun: Diktat – und kannst du hier nicht etwas tun?

(Seth verwies auf Janes Ponys, die ihr fast über die Augen hingen. Ich hatte mir schon vorgenommen, sie zu kürzen.

»Ja doch.«

Amüsiert:) Dein Wort in Gottes Ohr...

Eure besondere Gesellschaft hat eine derart künstliche Trennung zwischen dem intuitiven und intellektuellen Wissen geschaffen, daß nur dem augenscheinlich Intellektuellen Glauben geschenkt wird. Trotz all ihrer schrecklichen Fehler und Verzerrungen haben die Religionen wenigstens die Idee von der Existenz unsichtbarer legitimer Welten lebendig erhalten, und einiges zugestanden und bekräftigt, was buchstäbliches Wissen der Zellen ist. Punkt.

Das Bewußtsein war sich immer des Erkenntnisvermögens –

(Um 21.39 Uhr begann das Telefon beharrlich zu läuten. Ich ging an den Apparat, während Jane aus ihrer Trance kam. Der Anruf war die Folge eines anderen Ferngesprächs, das Jane kurz nach dem Abendessen entgegengenommen hatte, und betraf eine verschwundene Person und eine staatliche Behörde. Es sollen hier keine weiteren Einzelheiten erläutert werden, außer daß es sich um einen sehr komplexen Fall handelte.

Obwohl sich Jane normalerweise nicht auf solche Dinge einläßt, wegen der Zeit, die sie beanspruchen und auch wegen ihrer eigenen emotionalen Einstellung dazu, hatte sie beim vorangegangenen Anruf doch ihre Eindrücke mitgeteilt. Jetzt sagte man ihr, daß sich diese als sehr stichhaltig erwiesen hätten, und sie gab nun in einem Gespräch, das eine dreiviertel Stunde dauerte, weitere Informationen. Man verständigte sich schließlich dahingehend, daß sie wohl um Mitternacht einen weiteren Anruf erhalten würde, nachdem man Zeit gehabt hatte, ihre zweite Serie von Eindrücken zu überprüfen. Jane sagte lachend, daß sie vermutlich, sollten diese neuen Informationen »nicht gut genug« sein, nie wieder von den beteiligten Personen hören würde –, doch zu diesem Zeitpunkt war uns nicht klar, was daraus noch folgen sollte.

Ich las ihr das Material vor, das Seth bislang durchgegeben hatte; um 22.30 Uhr nahm sie die Sitzung wieder auf, so als hätte es keine Unterbrechung gegeben:)

– der Zellen gewahr. Punkt. Es ist die unsichtbare Realität innerhalb der Zelle, die ihr ihre Struktur gibt. Die bemerkenswerte Organisationsstruktur des Körpers hinsichtlich seiner Lern- und Anpassungsfähigkeiten wird niemals verstanden werden, solange nicht die präkognitive Erkenntnisfähigkeit der Zelle mit in Betracht gezogen wird.[1]

Diese (*präkognitive Fähigkeit*) steuert die Zelle durch Labyrinthe an Wahrscheinlichkeiten, und erlaubt ihr zugleich, die Kenntnis von ihrer eigenen größtmöglichen Erfüllung zu bewahren – DIE IDEE VON SICH SELBST, die immer und zu jeder Zeit lebendig ist. Auf verschiedenen Stufen hat also jedes Individuum dieselbe idealisierte Version von sich selbst, und so auch jede Spezies. Hier meine ich JEDE Spezies und nicht einfach die Menschheit. Offensichtlich sind diese Versionen für die physischen Sinne nicht wahrnehmbar, doch sie sind starke Energiezentren, die bis zu einem gewissen Grad die physischen Sinne zur Aktivität stimulieren. In DIESEM Maß gibt es also in der Tat ›Baumgötter‹, Götter des Waldes, und ›Götter des Seins‹, die mit jeder Person verknüpft sind.

Engel sind in dieser Weise dargestellt worden.

Es existierte jedoch auch zu einer Zeit eine Vogelspezies von hoher Intelligenz – dies war vor der früher erwähnten Zeitperiode.[2] Sie hatten keine menschlichen Züge; sie waren nicht etwa Menschen mit Flügeln. Sie waren große Vögel mit Begriffsvermögen und der Fähigkeit, mit Ideen umzugehen. Sie waren gesellig, konnten gut schwimmen (*Pause*) und eine Zeitlang auf dem Wasser leben. Sie hatten Lieder von großer Schönheit und verfügten über einen äußerst umfangreichen Wortschatz. Sie hatten Klauen. *(Mit weit geöffneten, dunklen Augen hielt Jane ihre Hände hoch, die Finger wie zum Greifen – oder wie zur Kralle gebogen.)* Als der Mensch ein Höhlenbewohner war,[3] sah er oft diese Vögel, vor allem in den Klippen am Wasser. Viele Male retteten sie Kinder vor dem Absturz. Der Mensch identifizierte sich mit ihrem mühelosen Flug die Steilwände der Klippen hinauf, und er folgte dem Klang ihrer Lieder zu sicherem Gelände. Diese Erinnerungen verwandelten sich zu Engelsgestalten. In jedem Fall gab es zu jenen Zeiten, auf globaler Ebene, die größtmögliche Kooperation zwischen den Arten. Der innere Drang zur Entwicklung entstand jedoch aus dem angeborenen Erfassen künftiger Wahrscheinlichkeiten. In diesem Bild trafen sich alle zu irgendeiner Zeit lebenden Arten und Gattungen. Darin sind auch Pflanzen und Fauna eingeschlossen. Die, die kooperierten, überlebten, aber sie dachten nicht allein im Sinne des Überlebens ihrer eigenen Spezies – sondern auch, zeitlich gesehen, an ein größeres Lebensbild, oder eine unverletzliche Welt, in der ALLE überlebten.

Selbst innerhalb eures Systems gibt es verschiedene Existenzordnungen. Ihr konzentriert euch lediglich auf die eine, an der ihr euch orientiert. Es GIBT die ›Geister‹ aller natürlichen Dinge, aber unglücklicherweise projiziert ihr, falls ihr überhaupt eine solche Möglichkeit in Betracht zieht, eure eigenen religiösen Vorstellungen von gut und böse auf sie. Ihr mögt solche Ideen auch einfach als töricht abtun, denn intellektuell gesehen erscheinen sie vielen als anstößig. Solltet ihr persönlich solchen Vorstellungen anhängen, müßt ihr diese Geister häufig personifizieren, eure Anschauungen von Persönlichkeit auf sie projizieren. Statt dessen solltet ihr sie euch als eine andere Art oder Ordnung von Spezies denken, die mit allen natürlichen, lebenden Dingen verbunden ist.

Selbstverständlich haben sie eine Realität in der Energie, und sie sind bei der Umwandlung von Energie in die physische Form behilflich. Sie sind also eher aktiv als passiv. Um euch herum seht ihr physische Kräfte und denkt euch weiter nichts dabei. Ihr FÜHLT den Wind und seine Auswirkungen, aber ihr könnt IHN nicht sehen. Der Wind selbst ist unsichtbar. Ebenso sind auch diese anderen Kräfte unsichtbar. Grundsätzlich gesehen sind sie nicht besser oder böser als der Wind. Das sage ich, weil ihr euch üblicherweise vorstellt, daß etwas, das gut ist, eine Gegenkraft haben muß, die böse ist. Dies ist nicht der Fall. Im umfassenderen Sinn sind diese Kräfte GUT. Sie sind von beschützendem Wesen. Sie nähren jedes lebende Ding. Sie waren der Impetus für das, was ihr ALS Evolution ANSEHT. Sie sind insofern biologischer Natur, als sie sich in einem gewissen Ausmaß aus kollektivem, zellularem Wissen zusammensetzen – im Grunde unabhängig von der Zeit sind, aber die physische Aktivität innerhalb der Zeit LENKEN und dabei das physische Gleichgewicht aufrechterhalten.

Wie schon gesagt, existiert zwischen diesen Kräften eine großartige Kooperation. In dieser Weise weiß ein Baum in einem Wald um seine gesamte Umwelt und seine Beziehungen darin. Seine BAUMHEIT kann sich zum Beispiel mit Erdenheit vermischen.

(23.02 Uhr. Wieder klingelte das Telefon. Es war, wenn auch etwas früher, der erwartete dritte Anruf in der schon erwähnten Serie. Während Jane noch einmal aus ihrer Trance kam, erzählte mir der Anrufer, wie »beeindruckt« er von ihren Fähigkeiten sei – und, wie ich bei mir dachte, doch ziemlich überrascht. Als Jane ans Telefon kam, wurde sie davon informiert, daß praktisch alle ihre Informationen, soweit sie sich verifizieren ließen, korrekt gewesen waren. Ermutigt fügte sie nun noch weitere Eindrücke hinzu; diese waren spezieller und persönlicherer Natur. Als sie damit zu Ende war, war es 23.38 Uhr.

Ich schlug vor, die Sitzung zu beenden, aber Jane beschloß, sich noch mal hinzusetzen, um zu »sehen, was passiert«. Und so, eine Minute später:)

Nun: Noch ein bißchen Diktat.

(Pause.) Weil ihr Menschen seid, personifiziert ihr, was ihr wahrnehmt, ihr ›vermenschlicht‹ es. Ihr stellt euch vor, daß diese ›Geister‹ kleine Leute sind, mit euren Eigenschaften und Merkmalen ausgestattet. Statt dessen sind sie eine BEWUSSTSEINS-GATTUNG, ganz anders als die eure, die gewöhnlich, unter fast allen Bedingungen, physisch nicht wahrgenommen wird. Sie sind in der Tat mit Flora und Fauna verbunden, aber auch mit den Tieren und mit euch Menschen, und sie sind die ›Erd-Götter‹, die sich Ruburt in jungen Jahren vorstellte.

Jeder von euch hat seine eigene Erd-Gottheit. Dies ist nicht gerade der beste Begriff, aber er soll den Teil von euch ausdrücken, der, euren Verhältnissen nach, noch unausgedrückt ist – die ideale ERD-VERSION von euch selbst, die ihr werdet. Die ideale Erd-Version soll ganz und gar nicht ein fleischgewordenes, perfektes Selbst bedeuten; sie stellt vielmehr eine psychische Realität dar, in der sich eure eigenen Fähigkeiten in Beziehung zu eurer irdischen Umwelt im höchstmöglichen Maße selbst erfüllen, und zwar in der Zeit und an dem Ort, die ihr bereits gewählt habt.

Dieser erd-göttliche Teil von euch versucht, euch durch Wahrscheinlichkeiten zu leiten. Wie schon gesagt, auf tiefen, biologischen Ebenen unterhalb des normalen Bewußtseins und auf psychischen Ebenen über dem normalen Bewußtsein seid ihr euch der Integrität und Ganzheit eures Wesens und Seins gewahr – aber auch eurer großartigen und umfassenden Verbundenheit mit der natürlichen Umwelt von Zeit und Raum, während ihr im leiblichen Leben steht. Begriff und Gedanke der Erd-Gottheit können bewußt eingesetzt werden, den größten Nutzen aber habt ihr davon nur, wenn ihr die Ziele eures geistigen Bewußtseins und seine Beziehung zu eurer biologischen Natur versteht.

Euer geistiges Bewußtsein sagt euch, wo ihr euch in Zeit und Raum befindet, und lenkt eure Aktivitäten in einer Welt der menschlichen Handlung. Diese Welt hat ihre eigene Form reichlicher Verflechtungen und Komplikationen, die den Tieren genauso unbekannt ist, wie euch deren akute Verwirklichung. Weil ihr einen bewußten Geist habt, verlassen sich also andere Teile eures Wesens darauf, daß er ihnen ein adäquates Bild von eurer Situation und bewußte Handlungsanweisungen gibt. Diese Anweisungen werden dann ausgeführt. Dazu müßt ihr euren Geist, Verstand und Gemüt so umfassend wie möglich gebrauchen. Das Bild von der Realität in ZEIT UND RAUM, das ihr euren Zellen vermittelt, muß genau sein. Sie müssen von Minute zu Minute, Sekunde zu Sekunde, Mikrosekunde zu Mikrosekunde agieren, obgleich sie gemäß ihrer eigenen Orientierung mit eurer Zeitkonzeption NICHT vertraut sind.

Ende des Diktats (*herzlich*). Kurze Pause. Dann ein paar Bemerkungen, wenn ihr noch könnt.

(»Okay.«

0.18 Uhr. Janes Trance war ausgezeichnet gewesen, ihre Übermittlung kraftvoll und sicher. Und da wir entschieden, daß wir noch konnten, kam Seth nach einer Viertelstunde mit mehr als zwei Seiten Material für Jane und mich zurück. Die Sitzung war schließlich um 0.50 Uhr vorbei.)

Anmerkungen zu Sitzung 691

1 »Die Zellen sehen voraus.« Siehe die 684. Sitzung (mit Anmerkung 2) in Teil 1.

2 Die Zeitspanne, auf die sich Seth hier bezieht, war vor 30 bis 50 Millionen Jahren, wie er uns in der 689. Sitzung sagte, und fällt in die Periode des Tertiär. Wie lange vor *dieser* Epoche lebten diese intelligenten Vögel? Ich war nicht schnell genug, ihm diese Frage zu stellen; ich erinnerte mich nicht ausreichend gut an die Einzelheiten der 689. Sitzung...

3 Auch war ich nicht schnell genug, Seth zu fragen, ob das Material, das Jane heute abend für ihn übermittelte, in irgendeiner Weise in Widerspruch zu dem der 689. Sitzung stand; denn in dieser Sitzung hatte er darüber gesprochen, daß Mensch-Tier und Tier-Mensch im Tertiär existiert hatten. Vermutlich waren mit diesen ›mutierten Formen‹ die Anfänge des Menschen, im gewöhnlichen Sinne, verbunden, aber hier sprach Seth nun von Höhlen bewohnenden Menschen, die zu früheren Zeiten zusammen mit großen Vögeln existiert hatten. Hatte Jane in der einen oder anderen Sitzung die Informationen verzerrt? War es möglich, daß der Mensch bei den komplizierten Rhythmen der Geschichte (zumindest annähernd so, wie wir ihn kennen) *Mensch* gewesen war, sogar noch vor dem Tertiär, und daß er danach in einen langen Zyklus von Tier-Mensch-Formen einmündete, bevor er wieder zum Menschsein zurückkehrte? Hatte sich Jane zum Beispiel in der heutigen Sitzung in Informationen über die parallele (oder wahrscheinliche) Realität eingeklinkt, zu involviert, um diese Fragen auf der Grundlage von zu wenig Material zu bestimmen? (Und, so wie ich auch zur Anmerkung 7 von Sitzung 688 sehr viel später hinzufügte: Obwohl wir, in diesem Sinn, an Fragen des menschlichen Ursprungs interessiert waren, lösten wir sie nicht, bevor Seth mit ›*Unbekannte Realität*‹ zu Ende kam.)

Sitzung 692, Mittwoch, 24. April 1974, 22.03 Uhr.

(Siehe in Anhang 10 eine Zusammenfassung von Janes medialer Arbeit im Zusammenhang mit »der Geschichte von der verschwundenen Person«, wie wir sie schließlich nannten. Das erste Mal hatte sie am Abend der letzten Sitzung, der 691., damit zu tun. Ich habe diesem Material im Anhang einige Zitate von Jane und Seth beigefügt.

Am Mittwoch, dem 27. März, erhielten wir von Janes Verleger die Fahnen von Seths zweitem Buch, Die Natur der persönlichen Realität: Ein Seth-Buch. [1] *An diesem Abend wurde keine Sitzung abgehalten. In der Tat waren wir mit der Korrektur der Fahnen so beschäftigt – wir gingen über 500 Seiten sorgfältig und Wort für Wort durch, überprüften immer wieder Anmerkungen, Rechtschreibung, Interpunktion und so weiter –, daß wir die nächsten acht geplanten Sitzungen ausließen, was einem Zeitraum von 26 Tagen entsprach. Normalerweise hätte Seth diese Sitzungen auf die Arbeit an* ›Unbekannte Realität‹ *verwandt. Uns mißfiel eine derartige Unterbrechung unseres schöpferischen Rhythmus, wenngleich Jane ihre ASW-Gruppenabende wie gewohnt abhielt und in diesem Rahmen als Seth und Sumari durchkam. Wir sagten uns, daß Seth durchaus imstande sei, die Arbeit an* ›Unbekannte Realität‹ *wieder aufzunehmen, wenn wir dazu bereit waren, gleich ob es sich um eine zeitliche Unterbrechung von sechs Wochen oder sechs Monaten handelte.*

Und so war es natürlich auch. Und wieder einmal bediente sich Seth eines ›frischen‹ Ereignisses als Grundlage für sein heutiges Buchdiktat – einer Traumerfahrung von mir, die ich in der dritten Nacht nach der letzten Sitzung hatte.

Am Freitagmorgen, dem 29. März, berichtete ich Jane, daß ich irgendwann in der letzten Nacht mit dem sicheren Wissen aufgewacht sei, gerade zwei *Träume zugleich geträumt zu haben.[2] Für einen Augenblick hatte ich noch eine bewußte Erinnerung an einen davon, bevor auch er unwiderruflich entschwand. Weder Jane noch ich konnten uns entsinnen, von einem doppelten Träumen, wie ich es nannte, gehört oder es erlebt zu haben. Ich schrieb einen Bericht über dieses Phänomen und fragte mich, ob ich ein ganz gewöhnliches Traumgeschehen verzerrt hatte – wohl wissend, daß dem nicht so war. Ich beschloß, Seth zu bitten, über die beiden Träume zu sprechen, wenn wir wieder Sitzungen hatten, vergaß dann aber die Angelegenheit, bis ich, letzte Woche, dazu kam, die erste Rohfassung dieser Aufzeichnungen nochmals durchzulesen. [Es stellt sich dann heraus, daß Seth, wenn er meine ›Träume‹ in dieser Sitzung bespricht, aus seiner Perspektive sehr viel genauer vorgeht, als ich es vermochte.]*

Vor Beendigung dieser Aufzeichnungen kam mir der Gedanke, einige andere Leute zu fragen, ob sie von einem doppelten Träumen gehört oder es erlebt hätten. Zuerst sprach ich mit unserer Freundin Sue Watkins, die fast von Anfang an [1967] an Janes ASW-Gruppenabenden teilgenommen hatte. Ich war nicht wenig überrascht, als Sue sagte, daß sie diese Erfahrung schon mehrmals gemacht hätte. Jane und ich kennen Sue seit 1965, doch soweit wir uns erinnern konnten [und aus welchen Gründen auch immer], war das Thema doppeltes Träumen zwischen uns nie zur Sprache gekommen.

Aber nicht nur hatte sie dies mehr als einmal erlebt, Sue sagte auch, sie könne sich an Teile dieser simultanen Träume erinnern, was sehr viel mehr war, als ich von mir behaupten konnte. Grinsend fuhr sie dann fort, mich weiter zu verblüffen, indem sie die Doppelträume eines anderen *ASW-Gruppenteilnehmers beschrieb – was ganz offensichtlich hieß, daß die besagte Person ebenfalls gewisse Traumabenteuer hatte, von denen Jane und ich nichts wußten. Letztlich kam ich zu dem Schluß, daß meine eigene kleine Erfahrung so bedeutsam gar nicht war; aber immerhin hatte ich Jane und mich auf einen anderen Aspekt des Traumlebens aufmerksam gemacht. Siehe in Anmerkung 2 weitere Informationen, die ich gesammelt habe sowie einen Auszug aus der Beschreibung eines Multitraumereignisses von Sue, die sie [auf meine Bitte hin] anfertigte.*

Die Tatsache, daß ich zwei Träume zugleich träumte, ließ mich sofort eine zweite Frage an Seth notieren. Ich wollte, daß er seine Aussage in der 690. Sitzung, um 23.29 Uhr, vertiefte: »Eine Weiterentwicklung eurer Konzeptionen wird zu einer größeren Aktivierung von Gehirnbereichen führen, die gegenwärtig auch nicht annähernd genutzt werden, und dies wird wiederum eine Erweiterung in psychischer wie biologischer Hinsicht auslösen.« Ich fragte mich, welche Verbindung, wenn überhaupt, zwischen der Fähigkeit, mehr als einen Traum auf einmal zu träumen [und/oder zu erinnern] und jenen »›Gehirnbereichen‹, die gegenwärtig auch nicht annähernd genutzt werden«, besteht.

Ich las meine beiden Fragen Jane vor, während wir auf den Beginn der heutigen Sitzung warteten. Sie hörte sehr genau zu, und sagte dann, daß »da etwas über die Träume sei« – was bedeutete, daß Seth in der Nähe und sich unseres Gesprächs bewußt war, und wahrscheinlich einen Kommentar abgeben würde. In der Tat hatte sich bei Jane seit dem Abendessen ein starkes Gefühl der Entspanntheit eingestellt, so sehr, daß sie erwog, die Sitzung auszulassen. Sie entschied sich dann doch dafür, weil wir letzthin schon soviel Zeit versäumt hatten. Wir warteten: Jane nippte an ihrem Wein. Dann nahm sie ihre Brille ab, sie war in Trance.)

Guten Abend.

(»Guten Abend, Seth.«)

Nun: Um mit deinem Traum anzufangen: Die Wesenheit ist sich der Erfahrungen aller ihrer Persönlichkeiten gewahr. Laß uns einen Moment Zeit...

In bezug auf die Wesenheit könnte dein eigenes Bewußtsein mit einem Bewußtseinsstrom, in eurem Sinne, verglichen werden. Der umfassendere Teil deiner eigenen Identität ist sich also all deines bewußten und unbewußten lebendigen Materials vollkommen gewahr. Ebenso ist sie sich derselben Art von Daten und Informationen von allen (ihren und deinen) Teilen gewahr.

Weil du deine Erfahrungen mit der dir vertrauten regulären Bewußtseinsrichtung gleichsetzt, bist du selten imstande, Material von irgendeinem ›anderen Selbst einzubringen‹ und es zu behalten, während du dein eigenes Identitätsgefühl beibehältst. Ein solches Material mag gelegentlich in dein eigenes Denken einsickern oder eindringen, aber es mischt sich und wird nicht erkannt. In solchen Fällen nimmt es die Färbung deiner eigenen Denkmuster an. Es kommt zur allgemeinen Atmosphäre deines Wesens hinzu. Ohne Kenntnisse oder Training müßtest du dein eigenes Bewußtsein ›verlieren‹, um dieses ›andere Bewußtsein‹ wahrnehmen zu können.

Es besteht hier eine Wechselbeziehung mit etwas, über das Ruburt gestern abend in der (ASW-)Gruppe sprach. Er sagte, Schreiben KANN zuerst eine Methode sein, bis zu einem gewissen Grad neben dem

Leben zu stehen, um das Leben EINZUFANGEN und die unbeschreibbare Einzigartigkeit eines gegebenen Tages zu bewahren. Aber, sagte er, du kannst dann entdecken, daß das Schreiben selbst zur Erfahrung des Tages wird. So wie du befürchtet hast, im normalen Leben zu versinken, bist du dann im Schreiben ›versunken‹, ohne die Möglichkeit, beiseitezutreten und die Erfahrung anzuschauen. Meine Zusatzbemerkung dazu ist nun: Du bräuchtest in diesem Fall dann die Schöpfung eines anderen ›Selbsts‹, das neben dem schreibenden Selbst steht, um die ursprüngliche ABSICHT und Zielsetzung zu bewahren.

Nun: Ebenso könntest du, praktisch gesprochen, ein solches Ander-Bewußtsein (mit Bindestrich) nicht erfahren, solange du nicht gelernt hast, etwas beiseite zu stehen, so wie der von Ruburt angeführte Schriftsteller. Punkt. Aber selbst, wenn es so wäre, würde die Erfahrung des Ander-Bewußtseins an sich deinen Lebensraum überlagern. Du bräuchtest ein anderes Selbst, das beide Bewußtseinsrichtungen zugleich verfolgen kann, in keinem aufgeht, sondern seinen Stand in beiden bewahrt. Dies wäre im normalen Leben ein sehr schwieriges Unterfangen, sollte es von LÄNGERER DAUER sein.

Nun: Im Traumzustand muß dein spezialisierter Fokus nicht so präzise oder zeitorientiert sein wie im Wachzustand.

(22.20 Uhr.) In deinem Fall hast du eine ausgezeichnete Leistung vollbracht. Du WARST dir der simultanen Träume gewahr, von denen ein jeder in unterschiedlichen Realitäten erfahren wurde. Du konntest an diesem Punkt nicht beide Träume erinnern, weil dein Gehirn als physisches Organ die simultanen Informationen nicht handhaben konnte. Dies hat mit den von mir erwähnten nicht genutzten Gehirnbereichen zu tun.[3]

Auf bestimmten Ebenen kann das Gehirn natürlich simultanes Material handhaben, auch wenn ihr euch dessen nur oberflächlich bewußt sein mögt. Der Körper ist sich der vielfachen simultanen Reize gewahr, die euch bewußtseinsmäßig entgehen, und er ist imstande, auf diese Informationen hin zu handeln. Dies schließt alle möglichen Sinnesdaten ein, die auf der Bewußtseinsebene nicht relevant sind. *(Betont:)* Aufgrund der speziellen Ego-Ausrichtung, für die sich die Menschheit entschied, blieben jedoch viele der Spezies innewohnenden Entwicklungs-Wahrscheinlichkeiten latent. An sich IST das Gehirn als physisches Organ befähigt, mit mehr als einer Bewußtseins-Hauptrichtung umzugehen. Dies bedeutet übrigens nicht die Entwicklung einer Doppelpersönlichkeit. Es bedeutet die zunehmende Erweiterung der Vorstellung von Identität: ›Ihr‹ wäret euch nicht nur des Ichs gewahr, das ihr immer kanntet, so wie ihr es jetzt tut, sondern es entstünde auch ein tieferes Identitätsgefühl.

DIESE Identität würde das euch schon immer bekannte Ich enthalten und es in keiner Weise bedrohen. Das neue Ich wäre einfach mehr als ihr jetzt seid. Ihr hättet lediglich eine weitere Bewußtseinserweiterung, ein anderes Selbst das sich-des-Seins-bewußt-ist, genauso wie – und hier bediene ich mich zugegebenermaßen eine Analogie – sich der Schriftsteller des lebenden Selbsts in diesem Sinne gewahr ist; er IST das Selbst, das lebt, und das zudem aus der Position einer gewissen Abgesondertheit heraus imstande ist, dieses gelebte Leben zu kommentieren.

Nun, wie ich zugebe, verweist diese Analogie in sehr geringem Maß auf die Art von tieferen Ereignissen, die eintreten, wenn Selbsts aus Selbsts geboren werden, um auf verschiedenen Handlungsebenen zu wirken. Im Falle der Wesenheiten hält sich jedes solches Selbst GÄNZLICH in seiner eigenen Dimension oder in seinem eigenen Realitätssystem auf.

(An mich gewandt:) Du BEGINNST dich in rudimentärer Weise diesen ungenutzten Gehirnbereichen zu öffnen, sonst hättest du dir der Tatsache zweier simultaner Träume nicht bewußt werden können. Sprache und deine verbalen Denkmuster machen jedoch, selbst unter optimalen Umständen, eine Übersetzung dieser Art außerordentlich schwierig. Eine vielsprachige Person MAG, zumindest in dieser Hinsicht, eine gewisse Vorstellung davon haben, wie Begriffe und Gedanken durch ein Sprachmuster strukturiert werden, und sie besäße von daher eine gewisse zusätzliche Freiheit im Umgang mit solchen Übersetzungen – vorausgesetzt natürlich, sie wäre sich solcher Möglichkeiten überhaupt bewußt.

Nun: Die eine Erfahrung war dein eigener Traum im üblichen Sinne. Der andere, simultan erlebte ›Traum‹ war hingegen deine verworrene Interpretation von der als wesentlich erfahrenen Realität eines anderen Teils von dir selbst, und zwar in einer völlig anderen Realität; ein Durchsickern innerhalb verschiedener Dimensionen. Wenn du dir einer solchen Erfahrung erst einmal bewußtbist, wirst du wahrscheinlich in ›deinem‹ Traumzustand noch andere Erfahrungen machen.

Nun: Macht eine Pause oder beendet die Sitzung, wie es euch lieber ist.

(»Dann laß uns eine Pause machen.«

22.43 Uhr. Jane brauchte einige Augenblicke, bis sie aus ihrer tiefen Trance herauskam. Ihre Übermittlung war stetig, fast rasch gewesen. »Ich habe eine ziemlich gute Vorstellung von dem, was gesagt wurde«, berichtete sie mir. »Und kurz vor der Sitzung wußte ich, was Seth zu deiner Traumerfahrung sagen würde. Nicht, daß ich dir jetzt erzählen könnte, was er gesagt hat – aber irgendwie hatte ich doch dieses Wissen...« Sie wußte auch, daß dieses Traumereignis zu meiner Frage über die ›ungenutzten‹ Gehirnbereiche paßte.

Jane war noch immer zutiefst entspannt, und so fragte ich sie wieder, ob sich Seth zu ihrem Zustand äußern solle. Sie entschied sich dafür, die Entwicklung der Dinge abzuwarten. Ihr Kopf sank immer wieder nach unten; sie gähnte, blinzelte; ihre Hände fühlten sich »wie Wasser« an, berichtete sie. Zuweilen zeigten solche Merkmale den Beginn eines entschieden veränderten Bewußtseinszustands an, aber jetzt, so fügte sie hinzu, würde sie nicht in »eine psychodelische Erfahrung« eintauchen.

Wiederaufnahme des Diktats um 22.59 Uhr.)

Nun (*ruhig*): Ohne angemessene Vorbereitung würdest du im Wachzustand eine solche Erfahrung als äußerst bedrohlich empfinden – und ich muß bei meinem Umgang mit euren Vorstellungen vom Selbst und EUREN Ideen von der Ein-Persönlichkeit[4] sehr behutsam sein.

Ich spreche nicht so sehr von dir persönlich, Joseph, sondern will hier betonen, daß die Menschheit gegenwärtig das Individuum in äußerst beschränkten Begriffen vom Selbst definiert. Diese Vorstellungen werden mit aller Macht geschützt, und sie müssen in der Tat verstanden UND sogar geachtet werden, auch wenn gleichzeitig Versuche zu ihrer Erweiterung unternommen werden. Gewiß hat sich durch die Zeiten hindurch die Beschaffenheit des Bewußtseins in vielfältiger, manchmal sogar in scheinbar widersprüchlicher Weise, verändert, aber gegenwärtig gibt es nichts, womit ihr euer derzeitiges Bewußtsein von Erfahrung vergleichen könntet.

In sehr begrenztem Maß stellen die verschiedenen Zivilisationen und Kulturen, mit denen ihr, historisch gesehen, vertraut seid, einen schwachen Abglanz der verschiedenen Bewußtseinsqualitäten und ihrer Erfahrungsvielfalt dar. Aber so wie es physische Arten und Gattungen gibt, existiert auch das, was man BEWUSSTSEINS-GATTUNGEN nennen könnte (*betont*).[5]

(23.08 Uhr.) Es gibt sogar jetzt innerhalb eurer GATTUNG eine Anzahl unterschiedlicher Bewußtseinsarten; unterschiedlich insofern,

als die physische Lebenssituation auf eine andere qualitative Weise erfahren wird, mit der ihr in eurer Kultur nicht natürlich vertraut seid; unterschiedlich insofern, als das GESAMTE Gewebe von Bedeutung, Interpretation, Erfahrung und Leben selbst eurer euch vertrauten Art von Erfahrung ›fremd‹ ist. Das bedeutet nicht, daß diese Unterschiede als RESULTAT von kulturellen Hintergründen oder Umständen auftreten, denn manche dieser Menschen existieren innerhalb eurer Kultur, und andere mit eurer Bewußtseinsart leben in Kulturen, wo sie eine Minderheit darstellen. Ich sage nur, daß es jetzt auf eurer Erde Bewußtseins-Gattungen gibt, obwohl das wahrscheinlich nicht der beste Begriff dafür ist. Ihr wart so von äußerlichen Unterschieden besessen, vor allem, was Farbe und Nationalität angeht, daß ihr diese anderen, weitaus wichtigeren Variationen hinsichtlich der FORM, die das Bewußtsein im Zusammenhang mit dem physischen Leben innerhalb eurer Gattung – dem Menschengeschlecht – annimmt, völlig ignoriert habt.

(Pause um 23.15 Uhr.) Was deinen persönlichen Erfahrungsbereich angeht, so ist Sumari[6] ein treffendes Beispiel. Die Angehörigen jeder Bewußtseins-›Gattung‹ – und das setzt du besser in Anführungszeichen – beziehen sich in der für sie charakteristischen Weise auf die physische Existenz und haben sogar eine unterschiedliche Anschauung von Zeit, Raum und Handlung. Sie passen sich ihren Körpern auf ihre eigene, besondere Weise an. Jede Gruppe hat eine andere Beziehung zum Körper, zur Natur und zur Welt im allgemeinen.

Laß uns einen Moment Zeit... *(Jane zündete sich, noch immer in Trance, eine Zigarette an.)* Eure in Schichten und Klassen unterteilenden Vorstellungen von Ein-Persönlichkeit übergehen jedoch alle diese inhärenten Unterschiede, und ihr habt, sobald ihr in Kontakt mit jenen kommt, deren Gedanken und Ideen ihr nicht versteht, die Tendenz, eure eigenen Vorstellungen auf sie zu übertragen. Sogar jetzt WIRD beispielsweise in einigen ›Stammeskulturen‹ das Selbst auf ganz andere Weise erfahren; die sogenannte Individualität, wie ihr sie versteht, wird hier bewahrt, aber jedes Selbst wird auch als Teil von anderen Stammesangehörigen sowie der natürlichen Umwelt erfahren. Für einige scheint das zu bedeuten, daß die Individualität eine Totgeburt oder unterentwickelt ist. Ihr schützt euer Bild von der Eigenpersönlichkeit, koste es, was es wolle – sogar gegen den Beweis der Natur, die zeigt, daß alle miteinander verbunden sind.

Einzigartigkeit, persönliche Erfahrung und Individualität gelangen nur zu ihren Dimensionen des Seins und wahrer Größe, wenn die inhärenten Beziehungen zwischen allen Elementen des Seins verstanden werden. Ihr kämpft gegen eure eigene, größere Individualität und die weiteren Dimensionen eures Seins an, wenn ihr eure VORSTELLUNGEN von Eigenpersönlichkeit im Übermaß beschützt, indem ihr die Erfahrung des Selbsts einschränkt.

Nun: Das ist das Ende der Sitzung. Meine herzlichsten Grüße an euch beide.

(»Okay. Gute Nacht, Seth.«

23.29 Uhr. Jane war wirklich drin gewesen. »Junge, ich habe das Zeug kristallklar bekommen«, sagte sie schließlich. »Aber dann stoppte es auf einmal, und die Sitzung war vorbei.« Ihr sehr vergnügter Zustand der Entspanntheit hielt an.)

Anmerkungen zu Sitzung 692

1 Siehe Anmerkung 1 zu Sitzung 682.

2 Eine Anmerkung, die ich einen Monat später hinzufügte: Meine Überraschung über das Phänomen des doppelten Träumens hält an, denn inzwischen kenne ich neun Leute (Sue Watkins und mich eingeschlossen), die entweder dasselbe oder etwas in sehr ähnlicher Form erlebt haben. Sechs davon nehmen an der ASW-Gruppe teil; eine Person ist mit Jane und mir eng befreundet; zwei Leute sind uns unbekannt. Wir haben von ihnen gehört, sind ihnen aber nie begegnet. Beide sind Schriftsteller, und ihre Erfahrungen mit dem doppelten Träumen wurden mir von Tam Mossman, Janes Lektor, berichtet.

Anscheinend könnte man ohne große Schwierigkeiten genügend Material für eine außerordentlich interessante Untersuchung zu diesem Thema sammeln. Die oben erwähnten Variationen sind an sich schon sehr faszinierend, und reichen von einem Bericht über einen »überlappenden Doppeltraum« – das heißt, der zweite Traum dieser Person begann mitten im ersten und setzte sich über dessen Ende hinaus fort – bis zu einem, in dem mir der Träumer mitteilte: »Ich wußte, daß ich *zwei* Träume auf einmal hatte, aber ich erinnerte sie fast als *einen* Traum.«

Sue Watkins ist medial und schriftstellerisch begabt. (Siehe den Text, den sie für die 594. Sitzung im Anhang von *Gespräche mit Seth* schrieb. Sie tritt auch in Kapitel 5 von Janes *Adventures in Consciousness* in Erscheinung.) In den Vorbemerkungen zu dieser Sitzung erwähnte ich die Multitraumerfahrung von Sue und versprach, hier einen Teil ihrer Beschreibung zu präsentieren. Ich habe dazu nicht einen Text über die Träume selbst ausgewählt, sondern die ersten Abschnitte, in denen sie den subjektiven Rahmen des ganzen Traumereignisses skizziert.

»Als ein Traum-Selbst sitze ich mit einem Freund, Stephen, im Wohnzimmer, als plötzlich

Selbst-Erkenntnis, Verbindungen zwischen Ereignissen, Symbole und die innere Logik und Textur meines Lebens und meiner Erfahrungen kristallklar werden. Sie türmen sich allmählich auf merkwürdige Weise auf, wie Zelle auf Zelle, oder Reihen von Lastwagen, die knapp außerhalb meines Gewahrseins aufeinander prallen. Es ist so, als könne mein Traum-Selbst nur soundso viel auf einmal handhaben, und das Zeug häuft sich, und ich stehe auf und gehe in die Küche. ›Was ist los?‹ fragt mich Stephen, aber ich kann nur sagen, daß ich kurz vor dem *Platzen* bin. Ich habe keine Zeit für weitere Erklärungen.
Während ich in die Küche gehe, füllt sich der Kopf meines Traum-Selbsts mit lebhaften Szenen, wie mit anderen Träumen, Interpretationen von diesem neuen Gewahrsein. Ich projiziere alles hinaus, rings um mich her, in buchstäblich *Hunderte* von leuchtenden Szenen; Ausdruck, wie ich wußte, von Wahrscheinlichkeiten, ›vergangenen‹ und ›künftigen‹ Ereignissen, Nebenereignisse, die ich nicht einmal zu begreifen vermag... die alle zugleich geschehen, und das ›Anker‹-Traum-Selbst hat ein vollkommenes Verständnis davon. Ich habe das Gefühl, daß zwar all das aus diesem Anker-Selbst entsteht, die Selbsts in diesen Träumen aber gleich stark fokussiert sind – ein jedes ein Traum-Selbst, das in seinem Universum existiert und über seine eigenen Verbindungen verfügt, die sich nach außen erstrecken, ganz ähnlich, wie es die meinen tun. Ich werde buchstäblich zur Erfahrung, ich selbst zu sein, enthalten in all diesen Selbsts, während ich zugleich diese Selbsts bin, die in mir enthalten sind. Zumindest einem dieser Selbsts kommt das Wissen um dieses gesamte Ereignis zu Bewußtsein wie ein eigener halberinnerter Traum, und die Erfahrung des Erinnerns und Erinnertwerdens ist wie flüssige Elektrizität in mir, dem Anker-Selbst.
Beim Erwachen kann ich mich nur dreier dieser Träume klar entsinnen, doch das Gefühl, daß in dieser Art Erfahrungen in mir simultan enthalten sind, bleibt...«
Einer der im ersten Absatz dieser Anmerkung erwähnten Schriftsteller ist Lee R. Gandee. Tam Mossman lektorierte seine Autobiographie, *Strange Experience*, die 1971 bei Prentice Hall veröffentlicht wurde. In Kapitel 9 seines Buchs beschreibt Lee seine Erfahrung von einem Doppeltraum, der auch starke präkognitive Elemente enthielt. Hier ist in Essenz die Ereignisversion, die er Tam schickte, nachdem ich Tam gefragt hatte, ob er sich an Leute mit solchen Erfahrungen erinnern könnte:
»Was Doppelträume angeht, ja, ich träume gelegentlich zwei Träume zugleich. Wenn Sie Seite 144 von *Strange Experience* aufschlagen, werden Sie meinen Bericht über zwei simultane Träume finden. In einem davon befinde ich mich in einem Truppenzug (im Zweiten Weltkrieg) auf dem Weg nach Karachi, Indien, und im anderen schlafe ich in einer kalten *Baracke*. Im Buch schrieb ich, daß ich mir ›jeder Bewegung, jedes Tons und Geruchs im Zug bewußt war, und doch auch bewußt dessen, daß ich mich in der sehr kalten Baracke befand. Ich war mir auch bewußt, daß beides, der Zug und die Baracke, Träume waren, und daß mein Körper in einem kalten Zelt bei Leesburg, Florida, lag‹. Später dann, verließ ich in dem einen Traum den Zug, stieg dann wieder ein und suchte nach mir, während ich im anderen Traum aufstand, Kohle in den Ofen warf und meinen Mantel über die Decken auf der Liege in der *Baracke* breitete – und im *Zelt* erwachte. Ich habe also diese Doppelträume, und der Karachi-Traum war ein WAHRtraum. Die Männer, die sich im Traum im Zug befanden, gehörten der Luftwaffe an und waren mir real bekannt, und sie wurden (innerhalb eines Monats) dorthin geschickt.«
Und hier ist es angebracht, eine jener geglückten Analogien zu erwähnen, die ich gelegentlich herstellen kann (obwohl ich in diesem Fall mehrere Monate brauchte – nachdem ich

meine kleine Erfahrung mit dem doppelten Träumen gemacht hatte –, um auf die so offensichtliche Verbindung zu kommen); denn in unserer Realität gewährt das doppelte oder Multitraumereignis wenigstens einen schwachen Einblick in die zahlreichen Leben, die, Seths Aussage zufolge, unsere Wesenheit oder unser Gesamt-Selbst simultan erfährt. Ich schrieb in meinen einleitenden Bemerkungen, daß meines Erachtens Janes Geschwindigkeit bei der Produktion des Seth-Materials »eine Übersetzung von oder starke Annäherung an Seths Theorie darstellt, wonach im Grunde alles gleichzeitig existiert; daß es in Wirklichkeit keine Zeit gibt ...« Ich möchte hier hinzufügen, daß das Phänomen des doppelten Träumens eine andere Methode darstellen könnte, sich dem Gedanken von simultaner Zeit (oder simultanen Leben) anzunähern, ein Thema, zu dem wir als physische Geschöpfe immer so viele Fragen haben.

3 Vgl. dazu meine zweite Frage in meinen Vorbemerkungen zu dieser Sitzung und Anmerkung 2 zu Sitzung 687.

4 Siehe die 683. Sitzung bis zur ersten Pause.

5 Seth gebrauchte den Ausdruck »Bewußtseins-Gattung« zum erstenmal in der letzten Sitzung nach 23.38 Uhr. Und wie ich hier später hinzufügte: Einen weiteren anregenden Begriff führt er in der 715. Sitzung in Band 2 von ›*Unbekannte Realität*‹ ein, nämlich »Zivilisation der Psyche«. Viel von dieser Sitzung kann als Erweiterung des hier gegebenen Materials über die Bewußtseinsqualitäten, die auf der Erde existiert haben, angesehen werden. In der 715. Sitzung läßt Seth auch einige humorvolle Bemerkungen zu Janes eigener zwiespältiger Reaktion fallen, als sie zum erstenmal mit solchen Hinweisen auf die »Multidimensionalität unseres Seins« konfrontiert war.

6 Siehe Anhang 9 mit den Anmerkungen 2 und 3.

Sitzung 693, Montag, 29. April 1974, 21.45 Uhr

(Kurz bevor sie in Trance ging, sagte mir Jane: »Ich habe etwas Faszinierendes für dich ...«)

Guten Abend.

(»Guten Abend, Seth.«)

Nun: Laß uns einen Moment Zeit ... In der einen oder anderen Weise werden wir uns in diesem Buch immer wieder mit Geschichte befassen, so wie ihr sie kennt und wie ihr sie nicht kennt. Wir werden darüber in Begriffen der ›Vergangenheit‹ eurer Spezies sprechen.

In vieler Hinsicht ist Geschichte eure eingebaute Vergangenheit, augenfällige Ereignisse, die signifikant sind. Alle verschiedenen Variationen, die sich das menschliche Bewußtsein zunutze machen kann, alle Wahrscheinlichkeiten des Menschengeschlechts ereignen sich einerseits in vergangenen Zeitaltern – sie geschehen aber auch in dem, was ihr als Gegenwart anseht. Wie bereits erwähnt *(in den Sitzungen 680–682)*, sucht sich euer Bewußtsein bestimmte Ereignisse heraus und bringt sie zur Bedeutsamkeit und damit in die offizielle Realität, die ihr kennt.

Neuer Absatz: Es finden sich jedoch auch in eurem Privatleben Hinweise auf andere Sequenzen, in denen Ereignisse stattfinden können – und auch STATTFINDEN. Gewöhnlich werdet ihr der Bedeutsamkeit solcher Verweise nicht gewahr. Sie entgehen ganz einfach eurer Aufmerksamkeit, weil sie nicht in die euch vertraute, geordnete Sequenz passen. In eurer Realitätsvorstellung erscheinen solche Anhaltspunkte OHNE Bedeutung. Sie ergeben keinen Sinn, vor allem nicht im allgemein anerkannten Ordnungsschema der Realität.

Eure Zellstruktur IST von sich aus fähig, solchen Sequenzen zu folgen. Da das Verstandesbewußtsein diese Anhaltspunkte für bedeutungslos hält, nimmt es sie nicht wahr oder bezeichnet sie als Zufälligkeiten. In eurem persönlichen Alltagsleben können euch diese Hinweise aber, wenn sie mit anderen Augen gesehen werden, viel über die Potentiale der Menschheit erzählen und euch Einblicke in andere Realitätssysteme gewähren, in denen das menschliche Bewußtsein zu reagieren vermag. Ich bediene mich hier eines Vorfalls aus Ruburts und Josephs Erfahrung, aber der Leser oder die Leserin können ihre eigenen Bezüge herstellen und ähnliche Ereignisse entdecken, aus denen die gleichen Schlüsse gezogen werden können.

Neuer Absatz. Als sie eines Sonntagmorgens durch Sayre,[1] Pennsylvania, fuhren, fiel Joseph in einem ihm vertrauten Viertel ein zum Verkauf stehendes Haus auf, und er erinnerte sich daran, daß es im Besitz eines Mannes gewesen war, den seine Mutter sehr gern gehabt hatte. Spontan ließ Joseph Ruburt in der Maklerfirma anrufen, deren Schild am Haus angebracht war. Das Haus gehörte noch immer besagtem Mann. Joseph konnte sich nur daran erinnern, daß seine Mutter von diesem Herrn in Vergangenheitsform gesprochen hatte. Innerhalb der anerkannten, gemeinsamen Realität der Butts-Familie hatte es keinen engeren Kontakt zwischen Josephs Mutter und Mr. Markle *(wie ich ihn nennen will)* gegeben. Josephs Mutter hingegen war von diesem Mann sehr beeindruckt und fasziniert, und sie war davon überzeugt gewesen, daß sie ihn statt des von ihr gewählten Ehemanns hätte heiraten KÖNNEN. Jahrelang phantasierte sie von einer solchen Situation. Mr. Markle war und ist reich. Nun ist er natürlich ein alter Mann und nicht mehr imstande, sich um sein Heim zu kümmern. Er lebt in einem Altersheim, wo er aber gut versorgt ist.

Joseph fühlte sich von Mr. Markles Haus sehr angezogen. Obwohl der Preis ziemlich hoch war, erwogen Ruburt und er, es zu kaufen, und so wurden sie von den Maklern durch das Haus geführt. Ein Zufall – lediglich ein Trick des Schicksals, daß Joseph durch das Haus[2] des alten Mannes wandern konnte, und daß Mr. Markle seine letzten Jahre in einem Pflegeheim verbrachte, wie Josephs Mutter auch –, bedeutungslos aber denkwürdig, daß dieses Haus zum Verkauf stand, und daß der alte Mann auf einen überhöhten Preis bestand, so wie Josephs Mutter auf einen hohen Preis für ihr Haus bestanden hatte, entschlossen, das Geld auch zu bekommen.[3] Punkt. So sieht es von außen aus. Es schien sich um einen dieser merkwürdigen Vorfälle im Leben zu handeln.

(22.12 Uhr.) Statt dessen handelt es sich um ein vielfältiges, tiefes Gewebe von Wahrscheinlichkeiten; denn in einer Wahrscheinlichkeit waren die beiden tatsächlich verheiratet, und DIESE Stella (Butts) sah

das Haus an den ältesten Sohn gehen *(an mich)*. In DIESER Wahrscheinlichkeit traf dieser Joseph statt dessen auf das Haus einer ihm relativ unbekannten Person, entdeckte, daß es zum Verkauf stand, und kann es nun kaufen oder auch nicht, entsprechend dieser neuen Serie von Wahrscheinlichkeiten, die damit auftauchte. Es existiert hier eine wechselseitige Überblendung von ›Auswirkungen‹. In dieser Wahrscheinlichkeit hat Josephs Mutter in finanzieller Hinsicht wenig hinterlassen, relativ gesehen, und IHR Haus wurde verkauft. Ihre Familie bekam es nicht.

(Humorvoll:) Nun, alle Wahrscheinlichkeiten stehen miteinander in Beziehung. Josephs Mutter ist, in eurem Sinne, tot und sich bis zu einem gewissen Grad der Natur ihrer eigenen Realität jenseits des Physischen gewahr. In gewissem Maße ist sie imstande, ihre eigenen wahrscheinlichen Existenzen zu verfolgen: Das heißt, sie ist sich dessen bewußt, daß sie sich außerhalb des offiziellen Bezugsrahmens befindet.[4]

Ihre psychische Struktur und ihre charakteristischen Verhaltensweisen sind ihr jedoch immer noch zu eigen und wirksam, so daß ›sie‹ sich in jene Wahrscheinlichkeitsbereiche ›einklinkt‹, die ihre Wünsche und Interessen berühren. In DIESEM System wollte sie, daß Joseph ihr Haus haben sollte *(siehe Anmerkung 1)*, aber aus vielen Gründen kam es nicht dazu.

(Pause.) Weitgehend auf ihr Geheiß stieß Joseph dann auf das besagte *(Markle-)*Haus, fand, daß er es tatsächlich wollte, und unternahm dann die entsprechenden Schritte in SEINER Realität.

(Mit dunklen Augen hob Jane ihr leeres Glas hoch.)

Halte ihn in Trance...

(Sie hatte Bier getrunken. Nun saß sie ruhig wartend da, während ich ihr eine neue Flasche aus dem Eisschrank holte.)

Möchtest du deinen Fingern etwas Ruhe gönnen?

(»Nein.«)

Wenn deine Mutter schon nicht den Mann und seinen Reichtum bekam, dann konntest wenigstens DU – nach IHRER Denkweise jetzt – doch noch das Haus bekommen, das in ihrer Phantasie zu ihren Lebzeiten ihr gehörte.

(Ich mußte schmunzeln, denn Seth gab eine außerordentlich typische Beschreibung der Gedankengänge meiner Mutter.)

Sie träumte oft davon, in diesem Haus zu leben. Auf mentaler und emotionaler Ebene benutzte sie jene Wahrscheinlichkeit, um in diesem

Leben ihre Stunden des Tagträumens zu bereichern, natürlich ohne sich klarzumachen, daß diese Tagträume ihre eigene Realität hatten.

Sogar jetzt möchte sie noch, daß Joseph ein schöneres Haus hat, als seine Brüder es jeweils haben – *(nachdrücklich und amüsiert:)* das kannst du streichen, wenn du willst.

Neuer Absatz: Dies ist jedoch ein ganz klarer Fall der Verwobenheit von Wahrscheinlichkeiten. In dieser Wahrscheinlichkeit kann Joseph wählen, ob er es kaufen will oder nicht; es gibt also beispielsweise keinen Zwang *(von Stella Butts Seite.)* Man zeigte Joseph und Ruburt noch ein zweites Haus in Sayre – es war sehr viel billiger aber im allgemeinen dem sehr ähnlich, das Josephs Mutter in diesem Leben bewohnt hatte. Sie sahen sich beide Häuser am selben Tag an. Das zweite Haus stand, wie das erste, aus Altersgründen zum Verkauf. Ein älteres Ehepaar war kürzlich von dort in ein Altersheim gezogen. Wieder sagt das ›offizielle‹ Bewußtsein: »Zufall. Alles ganz natürlich; viele Häuser stehen nun mal zum Verkauf, weil sich die alten Menschen nicht mehr darum kümmern können.«

(Pause um 22.33 Uhr.) Das zweite Haus hatte keine Garage, befand sich auch nicht in einem vornehmen Viertel, aber es war von eigener Eleganz. Mit seinen komischen Winkeln und Ecken brachte es Ruburt zum Lachen. Laß uns einen Moment Zeit ... Auf diesem Haus lastete nicht das Gewicht von Stellas Absichten, aber es war auch ein Haus, das ihr aufgefallen war; sie fand es eindrucksvoller als ihr eigenes – eines, in dem sie hätte glücklich sein können. Es war IHRE zweite Wahl.[5]

Auch das Maklerehepaar *(die Johnsons)* hatte etwas damit zu tun. Wieder sagt das offizielle Bewußtsein, es sei Zufall, daß dieses Paar, auf seine Weise, künstlerische Neigungen hatte, sich an Bildern und Büchern erfreute, freischaffend war, nach einigen Ehejahren noch immer in einem Apartment lebte – und daß der Mann, im Gegensatz zu seiner Frau, ein RELATIV ruhiger Mensch war *(amüsiert)*. Und wieder vermischen sich Wahrscheinlichkeiten, denn die Frau hätte sehr wohl eine SCHRIFTSTELLERIN sein können, der Mann ein Künstler; und als sie Ruburt und Joseph sahen, nahmen sie Kontakt mit anderen Wahrscheinlichkeiten auf, die in ihrem Wesen begründet waren.

Die Absichten von Josephs Mutter leben, in diesem Sinne, über das Grab hinaus fort. Sie will immer noch, daß Joseph ein Haus hat, und zwar ein eleganteres und reicheres, als sie es hatte. Mr. Markle, der reiche Geschäftsmann, verfügte nun ebenfalls über starke künstlerische Fähigkeiten. Er handelte mit wertvollen Steinen und schönen Antiquitäten. Diese Eigenschaften zogen Stella, Josephs Mutter, an, und bei der Situation, die sie sich in diesem Leben geschaffen hatte, war sie beeindruckt, denn sie wußte, daß die Talente dieses Mannes ihn reich machen würden. Seine künstlerischen Fähigkeiten brachten ihn dazu, sich Leute mit Besitz auszusuchen, die selbst über latente künstlerische Fähigkeiten verfügten.

Laß uns einen Moment Zeit... *(Jane, als Seth, zündete sich eine Zigarette an.)*

Als sich die beiden Paare miteinander unterhielten, stellte sich heraus, daß es noch andere ›Zufälligkeiten‹ gab: Ruburt und Joseph hatten kürzlich daran gedacht, ein Wochenende in einem bestimmten Motel in einem Erholungsgebiet zu verbringen. Es befand sich zwar in dieser Gegend, aber nicht unbedingt in der Nähe. Das Maklerehepaar hatte wegen schlechten Wetters im gleichen Motel eine Nacht verbringen müssen, in dem damals gerade ein Medium zur Unterhaltung auftrag.

Das Medium verblüffte das Paar, indem es einige spezifische Elemente ihrer Erfahrungen korrekt benannte, und so existierte auch eine gewisse mediale Verbindungslinie. Natürlich wiederum ein Zufall. So meint das offizielle Denken. Das vielfältige und verschlungene Gewebe der Wahrscheinlichkeiten wird nur dann in all euren Leben sichtbar, wenn ihr aufhört, eure Wahrnehmungen und Erfahrungen in vorgefertigter Weise zu organisieren *(nachdrücklich)*.

Die vielen Richtungen, die der Menschheit möglich sind, existieren jetzt. Joseph reagiert in einer Hinsicht auf zellularer Ebene. Die Zellen erkannten die hier beteiligte, wahrscheinliche Realität,[6] und er, Joseph, hatte das Gefühl, im *(Markle-)*Haus ›heimisch‹ zu sein, ohne sich diese Empfindung auf bewußter Ebene erklären zu können. In gewisser Hinsicht wird sich seine Mutter bestätigt fühlen, wenn Joseph dieses Haus kauft, aber es ist nach wie vor seine und Ruburts Entscheidung. Wenn ihr dem mehr Aufmerksamkeit schenkt, was ihr für Zufälle haltet, werdet ihr eine andere Art von Ordnung entdecken, die der anerkannten Ordnung, der ihr folgt, zugrunde liegt. Das hat biologisch gesehen alle möglichen Implikationen, soweit es die Menschheit betrifft; ihr könnt jetzt vielleicht auch verstehen, daß es unterhalb oder jenseits eurer Leben auch wahrscheinliche Geschichtsabläufe gibt, und zwar auf individueller und KOLLEKTIVER Ebene.

Die Ordnungen, die ihr neurologisch nicht anerkennt, KÖNNEN sich zeigen, wenn ihr ihre Realität einmal anerkannt habt. Dann werden eure Sinnesdaten allmählich bestätigen, was bislang nicht bestätigt oder bekräftigt wurde.

Macht eure Pause. *(Lächelnd.)* Ich habe Erbarmen mit deinen Fingern.

(22.58 Uhr. »Ich fühle mich komisch«, sagte Jane. Ihre Trance war sehr tief gewesen, ihre Übermittlung größtenteils sehr rasch. Sie atmete mehrmals tief ein, so als holte sie zusätzlich Luft. »Ich war wirklich weg – er hätte mich vier Stunden lang in diesem Zustand lassen können ...« Sie erklärte, daß sie kurz vor Beginn der Sitzung einen gewissen Schimmer vom darauffolgenden Material bekommen hätte, aber keine Zeit mehr gehabt hätte, mir darüber zu berichten. Sicherlich hatte keiner von uns erwartet, daß Seth auf die Geschichte mit den beiden Häusern in Sayre eingehen würde.

Wir hatten sehr viel über die an der ganzen Häuserepisode beteiligten wahrscheinlichen Verzweigungen gesprochen – vielmehr, wir erwarteten, daß diese Dinge am Wirken waren, wenn das Seth-Material auch nur irgendeinen Gültigkeitswert hat. Seit Beginn der Sitzungen vor über einem Jahrzehnt hat sich unsere Denkweise beträchtlich verändert. Ab und zu erinnern Jane und ich uns daran, wieviel Veränderung das für jeden von uns tatsächlich bedeutet hat; dies hilft uns, unsere persönlichen Welten mit denen von anderen in Beziehung zu setzen. Niemand von uns glaubt beispielsweise noch an Zufall im herkömmlichen Sinne – nicht mehr, seit Seth vor einigen Jahren über die Elemente zu sprechen begann, die hinter diesen Phänomenen stehen. Wir schreiben jeder Handlung oder jedem Geschehen Gründe zu, auch wenn sie zuweilen verborgen sind. [Und oft wird, wie wir entdeckt haben, eine genauere Beobachtung diese Gründe zutage fördern.] Diese Denkweise ließ uns die Kette der Umstände im Zusammenhang mit diesen beiden Häusern fast als selbstverständlich annehmen; alles, was sich da entfaltete, schien so mühelos an seinen Platz zu fallen, daß wir gar nicht weiter nachfragten: »Oh, natürlich – so mußten die Dinge kommen ...«

Inzwischen halten wir es für unwahrscheinlich, daß wir eines der beiden Häuser kaufen. Wir haben Seth nicht gefragt, was wir tun sollen, und wollen ihn auch nicht fragen. Es gibt hier noch mehr ›Zufälligkeiten‹ als die, die Seth heute abend beschrieb, und keine davon war Jane oder mir vor dem Sayre-Abenteuer bewußt bekannt: Mr. Markle befindet sich in einem Pflegeheim, das nur wenige Meilen von unserer Wohnung in Elmira entfernt ist, und meine Mutter verbrachte ihre letzten Tage in einem ganz ähnlichen Heim, keine 15 Meilen weit weg; eines der Kinder von Mr. Markle lebt in Elmira und hat etwas mit einem Laden zu tun, den Jane und ich besuchten; Mr. Johnson, der Makler, der uns in Sayre herumführte, hatte, als er jünger war, Schilder gemalt und Laster beschriftet, wie ich auch; er und ich hatten gemeinsame Bekannte in Sayre, darunter einen älteren Künstler von einem gewissen Bekanntheitsgrad – nun verstorben –, den wir in unseren High-School-Tagen gekannt hatten, und so weiter.

Dann ging Seth, nach Ende der Pause um 23.24 Uhr, auf eine weitere ›Haus-Verbindung‹ ein.)

Laß uns einen Moment Zeit... Das Apartmenthaus, in dem Ruburt und Joseph gegenwärtig leben, hat eine gemeinsame Auffahrt.

In gewisser Hinsicht ist dies die Verbindung, das Symbol, zwischen den beiden Wahrscheinlichkeitssystemen, denn Mr. Markles Haus hat auch eine gemeinsame Auffahrt. Ruburt und Joseph leben in einem Doppelapartment, in einem großen, alten Anwesen, das man in Wohnungen unterteilt hat. Die Auffahrt teilt man sich mit einer sehr reichen Familie nebenan, und hier ist ein gleichermaßen großes Haus Heim für eine einzige Familie. Josephs Mutter wollte ihren Sohn sehr reich sehen. Symbolisch verbindet die Auffahrt beide Realitäten und ist ein Punkt, wo sich beide Realitäten mischen.

Laß uns einen Moment Zeit...

(Pause um 23.28 Uhr. Damit war das Buchdiktat zu Ende. Wie wir ihn kurz vor der Sitzung gebeten hatten, übermittelte Seth noch einiges andere Material für Jane und mich. Er beendete die Sitzung genau um Mitternacht.

Eine Anmerkung: Da die nächste Sitzung abgehalten wurde, bevor ich mit dem Abtippen dieser Aufzeichnungen fertig war, kann ich hinzufügen, daß sich Seth in der 694. Sitzung mit einigen unserer sich anbietenden Fragen zur Rolle meiner Mutter bei der Häusergeschichte befaßt.)

Anmerkungen zu Sitzung 693

1 Jane und ich unternahmen unsere Fahrt vor drei Wochen, am 7. April. Sayre ist nur 18 Meilen von Elmira entfernt und liegt in die schönen Pennsylvania-Hügel eingebettet zwischen zwei Ortschaften, Athens im Süden und Waverly im Norden, im Staat New York. Dort sind die drei Orte als ›Das Tal‹ bekannt. Gelegentlich statten wir Sayre einen Besuch ab. Obwohl in Meilen nicht weit entfernt, ist es für mich, was die Jahre angeht, in vielen wichtigen Aspekten sehr weit weg.

Sayre ist ein altes Eisenbahnstädtchen, überwiegend untere Mittelschicht, das seine Bedeutung vor allem als Kreuzungspunkt verschiedener größerer Eisenbahnlinien erhielt; aber hier steht auch eine sehr bekannte Klinik, die immer größer wird. Als meine Brüder und ich dort aufwuchsen, lag die Einwohnerzahl wahrscheinlich unter 6500, und heute ist sie nicht viel höher. Meine Familie lebte von 1922 (als ich drei Jahre alt war) bis 1931 in dem von Seth erwähnten Viertel und zog dann ans andere Ende der Stadt. Ich kann mich gut daran erinnern, daß ich nur äußerst widerwillig umzog; der kleine Junge wollte seine Freunde und die geliebte Umgebung nicht verlassen. Die Motive meiner Eltern für diesen Umzug hatten für mich damals keine Bedeutung. Sie kauften jedoch das ›neue‹ Haus, und es blieb bis 1972 in Familienbesitz – ein Jahr nach meines Vaters Tod und ein Jahr, bevor meine Mutter sterben sollte.

Siehe ähnliches Material in Anmerkung 9 zur Sitzung 679 und Anmerkungen 2 und 3 zu Sitzung 680.

2 Die ›Maklerleute‹, die Jane und mir letzten Donnerstag, am 25. April, das Markle-Haus zeigten, waren ein Mann-Frau-Team, das in Sayre eine kleine Makler- und Versicherungsagentur betrieb. Wir mochten die Johnsons (nicht ihr richtiger Name) sofort. Mein Gang durch das Haus von Mr. Markle war eine seltsame Erfahrung, mit der ich gewiß nicht gerechnet hatte – 43 Jahre später, nachdem ich zuletzt darin gewesen war. Jane war natürlich nicht so stark davon angezogen, und das half mir, meinen Enthusiasmus in Grenzen zu halten. Mir schien, daß ich mich aus meinen Grundschultagen vor allem an das große Wohnzimmer erinnerte; die Markles hatten nämlich zwei Kinder, die im gleichen Alter wie mein jüngerer Bruder und ich waren; manchmal trafen wir uns alle vier dort im Haus und gingen dann zusammen zur Schule.

Das Haus, das die Butts-Familie damals bewohnte, steht gleich um die Ecke, einen Block weiter – von der Veranda des Markle-Hauses ist es fast zu sehen. (Später fand ich einige alte Fotos davon in unserem Familienalbum, und wurde daran erinnert, daß es damals noch keine Randsteine gab.) Selbst heute kann ich mich noch der meisten Familien und ihrer Kinder aus dieser Gegend entsinnen. Aus diesen wenigen Blocks bestand weitgehend die Welt meiner Kindheit.

Wenn Jane und ich nun durch diese bescheidenen Straßen fahren, habe ich ein schwer zu beschreibendes Gefühl von Vertrautheit und Fremdheit. In Anbetracht der Jahre hat sich hier bemerkenswert wenig verändert. Ich sage mir, daß die Bäume nun sehr viel größer und dichter sind, und ich bin seltsam verwundert, daß die Holzhäuser noch stehen. Ich sage mir auch, daß viele andere Menschen ähnliche Empfindungen haben müssen an Orten, die einst für sie wichtig waren – und die noch immer so existieren. Aber seit ich mit Seths Theorien über Zeit vertraut bin, bin ich mir, wenn wir dorthin fahren, mehr denn je bewußt, daß hier sehr viel mehr geschieht als nur eine Reise durch den Raum.

3 Meine Mutter bestand nicht nur »auf einen hohen Preis für ihr Haus«, zur Überraschung aller, die mit diesem Verkauf zu tun hatten – Familienmitglieder, Makler und andere – bekam sie ihn auch.

4 In seinem Vorwort spricht Seth über die Verbindung zwischen dem Tod meiner Mutter und dem Beginn von ›*Unbekannte Realität*‹; in den Sitzungen 679–680 über einige wahrscheinliche Leben meiner Mutter; und in Sitzung 683 über meine Kontakte zu ihr im Traumzustand. Siehe die entsprechenden Anmerkungen zu jeder Sitzung.

5 Ich würde meinen, daß Seths Aussage, »Es war *ihre* zweite Wahl«, hier einer sorgfältigen Interpretation bedarf. Ihre möglichen Implikationen entgingen mir während der Sitzung; ansonsten hätte ich um eine Erläuterung bitten können. Da ich das nicht tat, schrieb ich schließlich diese Anmerkung ein Jahr später um.

Bei der damaligen Sitzung verstand ich Seth so, daß das zweite Haus, das Jane und ich am 25. April besichtigten, auch die zweite Wahl meiner Mutter in bezug auf uns gewesen war, und zwar *für diesen Tag*. Später fragten wir uns, ob er nicht gemeint hatte, daß mit den Jahren dieses Haus Stella Butts nächstbeste Wahl, nach Mr. Markles Haus, *für sie selbst* gewesen war. Wir wählten den konservativen Ansatz und entschieden, daß dies sehr unwahrscheinlich war. Denn nicht nur hätten beide Häuser zu gleicher Zeit zum Verkauf stehen, und hätten Jane und ich sie am selben Tag besichtigen müssen – sondern von den Hunderten von Häusern in Sayre hätte meine Mutter ihnen an erster und zweiter Stelle viele Jahre lang den Vorzug geben müssen. Die Wahrscheinlichkeit, daß dieser Punkt mit den ersten beiden Punkten zusammentraf, war sehr gering. Wir dachten, daß die ›Zufälle‹, die diese beiden Häuser betrafen, bereits bemerkenswert genug waren.

Und doch – winzige Möglichkeiten existierten trotz all dieser Logik. Meine Mutter hätte tatsächlich einige emotionale Verbindungen mit diesem Haus haben können.

Das besagte Haus steht ein paar Blocks von der Gegend entfernt, in die meine Familie 1931 zog, wie ich in Anmerkung 1 beschrieb. Da es an einer der Hauptstraßen von Sayre liegt, an einer verkehrsreichen Kreuzung, muß meine Mutter in den folgenden Jahren oft daran vorbeigekommen sein; und doch ist mir das Haus als eigene Wesenheit nie aufgefallen, bis Jane und ich mit den Johnsons vor seiner Haustür standen. Als uns die Johnsons sagten, wer die Eigentümer waren, konnte ich nur erwidern, daß ich den Namen gehört hatte, als ich in Sayre lebte; das alte Ehepaar war im Alter meiner Mutter gewesen. Ich konnte mich zwar nicht erinnern, daß meine Mutter sie erwähnt hatte, aber es war möglich, daß sie sie gekannt hatte. Es konnte Verbindungen über gemeinsame Freunde geben haben. In einem geringen Maße konnten Jane und ich mit Schlußfolgerungen spielen, die sich aus Seths Kommentar, daß dieses Haus die zweite Wahl meiner Mutter war, ergaben. Fragen konnte ich sie kaum mehr, da sie vor fünf Monaten gestorben war; aber Stella Butts hätte die Eigentümer kennen und in ihrem Heim gewesen sein KÖNNEN; sie hätte es überaus gern haben *können* ...

6 Siehe die Sitzungen 684–685 in Teil 1.

Sitzung 694, Mittwoch, 1. Mai 1974, 21.29 Uhr

(»Also«, sagte Jane, während wir auf den Beginn der Sitzung warteten, und deutete auf zwei Punkte vor sich, »es ist Buchmaterial dort [links] und Zeug über mir dort [rechts]. Aber es ist komisch: Ich glaube nicht, daß sich Seth dort befindet – *nur die Information. Es ist, als ob ich darauf wartete, daß das Material in einen Schlitz fällt; dann befaßt sich Seth, der* hier *ist – sie berührte ihren Bauch – damit.*

Ich kann die Information, sagen wir, außerhalb von mir spüren, aber ich kann sie nicht in meinem normalen Bewußtseinszustand bekommen. Wenn Seth durchkommt, befindet er sich auf derselben Ebene wie das Material, und er – oder ich – können es heranziehen … Es ist, als wäre dort ein Informationsspeicher, aber ich muß durch eine Bewußtseinstür gehen, um zu ihm zu gelangen.«

Janes Übermittlung war, als die Sitzung anfing, eher langsam.)

Guten Abend.

(»Guten Abend, Seth.«)

Nun: Diktat *(flüsternd, mit geschlossenen Augen).* Laß uns einen Augenblick Zeit …

Das RELATIV unbedeutende Beispiel für wahrscheinliche Ereignisse und ihre Interaktion, das ich gerade *(in der letzten Sitzung)* anführte, gibt ein paar wichtige Hinweise auf die Natur von Wahrscheinlichkeiten im allgemeinen. Es ist eindeutig eine Struktur vorhanden, aber nicht die Art von Ordnung, die zu erkennen ihr gewöhnt seid. Diese kleine, persönliche Erfahrung wiederholt sich endlos in unterschiedlichen Variationen in allen Bereichen des Alltagslebens – das heißt, wahrscheinliche Ereignisse beeinflussen sich ständig wechselseitig, und *(betont)* durch diese Wechselwirkung gelangt IHR zu einer anerkannten, von euch akzeptierten, Reihe von Episoden, physische Realität genannt.

Unterhalb der anerkannten Ordnung von Ereignissen jedoch, existiert ein weites Feld sich ständig ereignender Handlung. Diese Wahrscheinlichkeitsfelder sind Aktionsquellen für eure Realität; aber euer Weltgeschehen ist gleichfalls eine Quelle für diese anderen Wahrscheinlichkeiten.

Dies gilt für alle Ebenen, geistige wie biologische. Wahrscheinlichkeiten beziehen also Atome, Moleküle und Zellen ein; ebenso auch die Gedanken und offensichtlicheren physischen Ereignisse. Euer Körper ist ein Wahrscheinlichkeits-Gebilde (schreib das mit Bindestrich, wenn du möchtest) insofern, als er seine Existenz lediglich der Erscheinung der Atome an bestimmten Wahrscheinlichkeitspunkten verdankt. Auf anderen Ebenen existieren diese Atome an eben diesen Punkten NICHT, oder DORT *(Jane beugte sich vor, um den Worten Nachdruck zu verleihen)* ist euer Körper nicht dasselbe physische Gebilde. Er existiert somit DORT nicht.

Wissenschaftlich könnt ihr, mit all euren Instrumenten, die Gegenwart der Atome bislang nur im Feld eures eigenen Wahrscheinlichkeitssystems wahrnehmen. Da ihr physisch durch den Körper wahrnehmt, der atomisch strukturiert ist, bringt euch eure Sinneswahrnehmung natürlich dahin, jegliche Anerkennung anderer wahrscheinlicher Reize oder Reaktionen abzublocken. In seinem Buch *Adventures in Consciousness* kommt Ruburt auf das zu sprechen, was er »voreingenommene Wahrnehmung« nennt.[1] Ein exzellenter Begriff in dieser Hinsicht.

(Lange Pause.) Laß uns einen Moment Zeit ... *(wieder eine lange Pause.)*

Einiges davon läßt sich nur sehr schwer in Worte fassen. Die EE-Einheiten[2] innerhalb der Materie, innerhalb der Atome und Moleküle, SIND sich der möglichen, wahrscheinlichen Handlungsfelder gewahr. Während die Ganzheit des Körpers in einer ständigen Wiederholung innerhalb einer Wahrscheinlichkeit begründet ist und innerhalb dieses wahrscheinlichen Systems eine gewisse ›Konstanz‹ aufrechterhalten muß, und während die physische Wahrnehmung weitgehend darauf ausgerichtet ist, fließt die grundsätzliche INTEGRITÄT oder Ganzheit des Körpersystems und des Bewußtseins von außerhalb des Systems darin ein. Punkt.

(Seth-Jane beendeten den letzten Satz in einem leicht triumphierenden Ton, nachdem sie die gesamte Interpunktion angegeben hatten.)

Die Atome, die sich innerhalb des Systems geziemend benehmen und anscheinend seinen Regeln und Grundvoraussetzungen folgen,

ÜBERSPANNEN trotzdem die Wahrscheinlichkeiten. Eure Zeitstrukturen sind also aufs engste mit wahrscheinlicher Handlung und Verwirklichungsbereichen verknüpft. Euren Begriffen nach scheint es beispielsweise so zu sein, daß Joseph das zum Verkauf stehende Haus erst sehen konnte, NACHDEM eine bestimmte Ereignisserie eingetreten war. Es scheint so, daß alles von früheren Ereignissen abhängig war: die Begegnung seiner Mutter mit Mr. Markle vor vielen Jahren, als sie beide jung waren; ihre Tagträume und Phantasien Jahre später; ihr eigener Tod; Mr. Markles späte Jahre und das Aufgeben seines Heims.

(22.00 Uhr.) Euren Begriffen nach scheint es so, als hätte all dies geschehen müssen, BEVOR das Haus zum Verkauf stand, so daß Joseph, der erst vor ein paar Tagen daran vorbeikam, das Schild entdecken und beschließen konnte, sich das Haus anzusehen. In sehr viel grundlegenderer Hinsicht existieren alle Ereignisse zugleich, so wie auch Atome und Moleküle in allen wahrscheinlichen Positionen zugleich erscheinen. Der Körper, der sich in der Dimension der Zeit verhält, bedient sich einer Zeitstruktur und handelt in ihr auf natürliche Weise, da seine ›konstante‹ Struktur in der Zeit andauert. Innerhalb dieses Bezugsrahmens WURDE Zeit erfahren – und indem sie sich dieser organisierenden Struktur bedient, SCHEINT Zeit diese Ereignisse zu vereinen.

Laß uns einen Moment Zeit... Diese Ereignisse GELANGEN ZUR BEDEUTSAMKEIT[3] wegen der besonderen, gewählten Organisationsform. Andere, ebenso gültige Ereignisse erscheinen nicht bedeutsam – sie werden nicht wahrgenommen oder real. Dennoch existieren sie. In einer Realität, zum Beispiel, heiratete Josephs Mutter Mr. Markle. Joseph erbte sein Haus. In JENER Realität starb Mr. Markle vor Josephs Mutter, und somit gab es keinen Grund für einen Joseph HIER, sich überhaupt nach einem Haus umzusehen; er hatte eins. In JENER Realität hat Joseph Ruburt nicht geheiratet. Und in DIESER Realität (die du und Ruburt kennen) fühlte Ruburt instinktiv eine TRENNUNG zwischen sich und dem Haus.

(»Kann ich eine Frage stellen?« Ich wollte den Materialfluß nicht gern unterbrechen, aber dies war eine gute Gelegenheit, auf das zu sprechen zu kommen, was mir seit Montag im Kopf herumging.)

Ja.

(»Nun, ich weiß, daß du in der letzten Sitzung [kurz vor 22.33 Uhr] gesagt hast, daß meine Mutter in ihrer nichtphysischen Realität nicht versucht, Jane und mich dazu zu bringen, das Haus von Mr. Markle zu kaufen; und doch frage ich mich, was andere von dem Gedanken

halten, daß wir in unserer Realität einen gewissen Einfluß von, sozusagen, ›der anderen Seite‹ spüren –«)

Schreib deine Frage auf, und ich werde sie beantworten.

(»Mach weiter. Ich kann sie später aufschreiben.« Und Seth fuhr fort, sich auf seine Weise mit der Frage zu befassen.)

Ich stellte klar, daß die Entscheidung bei Joseph und Ruburt lag. Aber darüber hinaus brachte die ganze Hausfrage dieser Art Fragen nach Wertvorstellungen und Vorrangigkeiten in ihr Leben, die außerordentlich wichtig waren. Sie mußten Stellung zu diesen Themen beziehen. Joseph war sich unbewußt des ersten Hauses (in Sayre) gewahr und hätte sich dazu entscheiden können, beispielsweise nicht diese bestimmte Straße entlangzufahren. Sowohl er als auch Ruburt haben sich relativ wenig aus Geld und gesellschaftlichem Status gemacht. Sie lebten statt dessen in einem Apartment und legten wenig Wert auf Äußerlichkeiten. Aber in eurer Gesellschaft besteht immer ein Druck, ein ansehnliches Haus zu erwerben, und materielle Besitztümer werden oft als Auszeichnung für Leistungsfähigkeit betrachtet.

Laß uns einen Moment Zeit... Ruburt und Joseph fingen an, finanziell ganz gut dazustehen. Erst dann traten konventionelle Vorstellungen in den Vordergrund. Diese Gedanken zogen emotional gewisse Aspekte von Josephs Mutter an. Sie wollte ganz einfach, daß es ihr Sohn zu etwas brachte, und das bedeutete für sie Besitz von einem ansehnlichen Heim. Punkt. Was sie angeht, so war das ein doch ziemlich unschuldiger Ehrgeiz.

Als sie das starke Gefühl spürte, daß AUCH Joseph ein solches Heim wollte, begann sie – nun euren Begriffen nach –, aus ihrem anderen Bezugsrahmen nach dem Tod heraus, diese Gelegenheit in seine Erfahrung einzubringen. DAS IST NICHT MANIPULATION. Es zeigt jedoch, daß ein Teil von Josephs Mutter, der Teil, der mit ihrem Sohn verbunden war, in bestimmter Weise noch immer mit ihm in Verbindung ist. Es zeigt auch, daß sein Verlangen nach einem Haus in Sayre (*tiefer und lauter*) dazu BEITRUG, BESTIMMTE EREIGNISSE HERBEIZUFÜHREN: Wenn er es wollte, konnte er ein solches Haus haben.

Diese Episode spiegelt auch seine Überzeugungen wider, denn er würde, wie er dachte, bestimmte Freiheiten aufgeben müssen, und dazu war er nicht bereit. Die Ereignisse existieren im Grunde zugleich, doch auf eurer Ebene müßt ihr sie in der Dimension der Zeit wahrnehmen. So wie Wahrscheinlichkeiten eure ganz persönliche Alltagsrealität beeinflußen und färben können, indem sie VON euren

Wünschen und Überzeugungen IN eure Erfahrung hineingebracht werden, so wird auch eure Massenkultur, Weltgeschichte und Ausrichtung der Spezies von wahrscheinlichen Ereignissen gefärbt, die nicht in eure offiziell anerkannte Vorstellung von physischer Realität passen.

Der alternative Mensch, der wahrscheinliche Mensch, die alternativen Ichs, wahrscheinlichen Ichs – diese Themen beziehen sich sowohl auf das Individuum wie auf die Spezies, und ebenso auf eure Zukunft wie auf eure Vergangenheit.

Laß uns einen Moment Zeit und dir auch.

(Pause von einer Minute.) Die größten wissenschaftlichen Entdekkungen sind immer ›Zufälle‹. Sie entstehen aus der intuitiven Kreativität, wenn plötzlich eine neue Art von Bedeutsamkeit gesehen wird, die ›früher‹ nicht voraussagbar war. Ihr akzeptiert alle Daten, die in eure Theorien passen, und ignoriert Hinweise, die im Widerspruch dazu stehen. Doch dahinter seid ihr alle Bedeutung-schaffende Geschöpfe, Muster-Bildner, versunken in der Zeit, aber im Grunde gesondert davon, und so gelangen neue Einsichten in euer Gewahrsein und verändern buchstäblich den Charakter jeglicher gegebener Realität zu jeder gegebenen Zeit.

Macht eure Pause.

(22.34 Uhr. Jane hatte in tiefer Trance über ein Stunde lang gesprochen. Ich sagte ihr, daß ich ›Unbekannte Realität‹ *für ausgezeichnet hielte. »Aber ich bin dabei draußen«, sagte sie und erklärte, daß sie das Buch auf bewußter Ebene nicht sehr gut kannte, kaum eine Vorstellung von seiner Struktur hatte und nicht sagen konnte, was reinkommen würde. Dagegen war ihre Beteiligung an Seths letztem Buch,* Die Natur der persönlichen Realität *bei der Produktion sehr viel persönlicher gewesen.*

Wir sprachen über die allgemeinen Implikationen von Seths Material über meine Mutter – daß sie nicht nur nach ihrem ›Tod lebendig‹, sondern ein Teil von ihr auch auf Jane und mich konzentriert war. Jane hatte Seth gestattet, auf eine sehr viel persönlichere Art über die ganze Situation zu sprechen, als sie das normalerweise tut; als Folge davon haben wir zum Beispiel bereits mehr Informationen über Stella Butts als über den zeitlich früheren Tod von Janes eigenen Eltern [1971 und 1972].[4] Wir wußten, daß Seth nicht endlos mit der Beschreibung meiner Mutter und ihrer gegenwärtigen Realität fortfahren würde; so etwas konnte sich leicht zu einem eigenen Buch auswachsen. Dazu kommt, daß Jane sehr tiefe Überzeugungen hat, was Aussagen über nach dem Tode fortlebende Personen betrifft; die Information in Anhang 10, Abschnitt 2, ist hier von Bedeutung. Ich denke auch, daß Seth im Verlauf des Buchs mehr zu den Überzeugungen, die hinter ihren Empfindungen stehen, sagen können wird.

Seth übermittelte diese Information ziemlich vehement in den nächsten drei Absätzen. Wiederaufnahme des Diktats um 22.50 Uhr.)

Nicht nur ist Josephs Mutter auf einer anderen Realitätsebene noch lebendig, sie lernt auch noch. Sie ist sich deshalb auch seiner Entscheidung, das (Markle-)Haus nicht zu kaufen, durchaus gewahr.[5] Auf ihrer Realitätsebene war sie sich der Tatsache bewußt, daß Joseph das Haus sehr gerne hätte, daß ein Teil von ihm ein großes Heim besitzen wollte, auch wenn das Pflege und Wartung bedeutete; und daß EIN ANDERER TEIL VON IHM diesen Aufwand nicht wünschte, weil er ihm zuviel Zeit von seiner Malerei und unserer Arbeit abziehen würde.

Der Teil, der sich momentan das Haus wünschte, zog sofort DIESELBE ART VON VERLANGEN an, die Josephs Mutter empfunden hatte. Dies aktivierte erneut, AUF EINER ANDEREN ALS DER PHYSISCHEN HANDLUNGSEBENE, alte Konflikte zwischen ihnen. Eine Weile lang vereinte sie ihr Verlangen. Jetzt jedoch kann Stella Butts die Reaktionen ihres Sohnes besser verstehen. Durch seine Entscheidung in dieser Realität kann sie schließlich und allmählich die Gründe für sein Verhalten in der Vergangenheit begreifen, die ihr vordem unverständlich waren.

Versucht zu verstehen, daß alle diese Reaktionen in Wirklichkeit zugleich geschehen ... Josephs Wunsch auf dieser Seite zog die gleichen Wünsche seiner Mutter an. *(Pause.)* Euren Begriffen nach dauern die Reaktionen jedoch an.

Nun laß uns einen Moment Zeit ...

(23.00 Uhr. Die Arbeit am Buch war für diesen Abend beendet. Jane machte in Trance eine Pause und übermittelte dann ziemlich viel Material über verschiedene andere Dinge. Die Sitzung endete um 23.43 Uhr.)

Anmerkungen zu Sitzung 694

1 Im Glossar zu *Adventures of Consciousness* definiert Jane voreingenommene Wahrnehmung als »Die Neigung, undifferenzierte Daten zu speziell differenzierten Sinnesbegriffen zu organisieren«. Siehe auch Kapitel 14 desselben Buchs.

2 Siehe Anmerkung 3 zu Sitzung 682.

3 Siehe die 682. Sitzung nach 22.21 Uhr.

4 Zu einigem Material über Janes familiären Hintergrund siehe Anmerkung 4 zur 679. Sitzung wie auch die Sitzung selbst.

5 Eine Anmerkung, die ich zehn Monate später hinzufügte: Es sollte noch viele Verzweigungen bezüglich des Hauses geben, die nicht nur das von Mr. Markle in Sayre betrafen, sondern auch einige Häuser hier in Elmira. Unter gewöhnlichen Gesichtspunkten konnten wir kaum darauf gefaßt sein, daß sich eine solche Masse an ›Haus-Verbindungen‹ entwickeln würde. Diese Ereignisse fanden statt, als Seth-Jane mit Teil 6 von Band 2 von ›*Unbekannte Realität*‹ befaßt waren, und sie werden zum Teil detailliert beschrieben; sie bilden auch fast ideale Brücken zwischen den beiden Bänden dieses Buches.

Sitzung 695, Montag, 6. Mai 1974, 21.29 Uhr

(Am letzten Samstagabend, dem 4. Mai, kam Jane im Trancezustand kurz mit eigener Information durch. Zumindest war Seth nicht offen zugegen. Das letztemal geschah dies am 4. März frühmorgens; ihr Material handelte damals vom parallelen, dem alternativen und dem wahrscheinlichen Menschen; Seth kam in der 687. Sitzung vom selben Tag darauf zu sprechen, und dies bildete die Grundlage für den Teil 2 dieses Bandes. [Das Material selbst findet sich in Anhang 6.]

Es ist jedoch nicht nötig, hier Janes Material vom Samstag zu zitieren. Es kam durch, weil wir im Zusammenhang mit den ersten beiden Sitzungen für dieses Buch [679–680] über unsere verstorbenen Eltern und über Wahrscheinlichkeiten diskutiert hatten. Als Einstieg für sein Buch hatte Seth sich je eines Kindheitsfotos von Jane und mir bedient. Vorletzte Nacht trug ich Jane meine Idee vor, Seth um einen Kommentar zu frühen Fotos ihrer Eltern, Marie und Delmer,[1] zu bitten, und zu sehen, was sich an Material daraus entwickeln würde.

Während wir auf den Beginn der heutigen Sitzung warteten, sprachen wir über die oben gegebenen Informationen. »Seths Buch erinnert mich an ein altmodisches Tagebuch«, meinte ich, »allerdings mit einem neuen Dreh – dem der Wahrscheinlichkeiten.« Ich fuhr fort, daß ich etwas besorgt gewesen wäre, weil die Anmerkungen für dieses Buch beträchtlich länger wurden als die für Gespräche mit Seth *oder* Die Natur der persönlichen Realität. *Doch ich hätte das Gefühl, daß es Gründe dafür gäbe, und entschied, weiter so zu verfahren. Jane stimmte dem zu. Sie sagte, die Anmerkungen sollten einen etwas weltlicheren Bericht von unserem Leben liefern, ›parallel‹ zu Seths komplizierteren Informationen über Wahrscheinlichkeiten und andere Theorien. Sie meinte, er würde später im Buch zum Thema Anmerkungen noch mehr zu sagen haben.*

Gleich nachdem dieses Gespräch zwischen uns, um 21.03 Uhr, been-

det war, berichtete mir Jane, daß sie nun ›eigenes‹ zusätzliches Material diktieren würde, und sie bat mich, es aufzuschreiben:

»Das, was wir über die Spezies Mensch wissen, kann mit dem verglichen werden, was wir über uns selbst als Individuum wissen. In einer Hinsicht gehören beide Theorien derselben Ebene an und befassen sich mit Realitäten in abfolgenden Zeitsequenzen. Das Individuum existiert, wie die Spezies, in MULTIDIMENSIONALER *Hinsicht; es hält sich schwebend im Umfeld von Wahrscheinlichkeitsfokussen auf und flicht sich ständig in alternative Realitäten hinein und wieder heraus.*

Das Foto einer gegebenen Person stellt eine erlebte, wahrscheinliche Identität dar, die in einer anerkannten Zeitsequenz fokussiert ist. Seine Gültigkeit hängt von den anderen UNSICHTBAREN *Schnappschüssen ab, die nicht gemacht wurden, so wie die angegebenen Noten einer Symphonie wichtig sind wegen der implizierten Noten, die aktuell* nicht *gespielt werden.*

So stellt ein ›Bild‹ von der Menschheit auch nur eine Version von der Spezies dar, einen ›Schnappschuß‹ in einer bestimmten Zeitsequenz, nur gültig wegen der unsichtbaren Realitäten, die wir nicht fokussieren, die aber die Grundlage der Realität bilden.«

*Binnen weniger Augenblicke kam Jane aus ihrem veränderten Bewußtseinszustand heraus. »Ich weiß nicht, wo das herkam«, sagte sie lachend, »aber was immer du wissen willst, frag nur zu ...« Gegenwärtig geben wir uns damit zufrieden, solche Vorfälle zu protokollieren, während ›*Unbekannte Realität*‹ wächst und gedeiht. In der heutigen Sitzung findet sich ein Widerhall der Erfahrung vom letzten Samstagabend, obwohl dieses Material wohl nicht die weitreichende Auswirkung hat wie jenes, das Jane am 4. März übermittelte.*

Um 21.15 Uhr las ich Jane meine handschriftlichen Aufzeichnungen von der letzten Sitzung vor, da ich sie noch nicht abgetippt hatte. Sie war außerordentlich entspannt, während sie zuhörte, wollte aber eine Sitzung abhalten. »Ich warte nur darauf, daß es klar wird ...«)

Nun, guten Abend –

(»Guten Abend, Seth.«)

– und Diktat:

Übungs-Element 2

Ich möchte gern, daß jeder Leser und jede Leserin zwei Übungen ausprobieren. Nehmt zunächst einen Vorfall, der sich an dem Tag ereignet hat, da ihr diese Seite lest. Seht dieses speziell ausgewählte Ereignis als etwas an, das aus dem riesigen Fundus anderer wahrscheinlicher Ereignisse, die auch hätten geschehen können, in eure Erfahrung getreten ist.

Untersucht dieses Ereignis, so wie es euch bekannt ist. Dann versucht, seine Entstehung anhand des Fadens eures vergangenen Lebens, wie ihr es versteht, zu verfolgen und projiziert im Geiste nach außen, welche anderen Ereignisse aus diesem entstehen und in eurer wahrscheinlichen Zukunft zum Geschehen werden könnten. Diese Übung hat noch einen anderen Teil: Wenn ihr mit dieser Prozedur fertig seid, dann verändert euren Standpunkt; seht das Ereignis aus dem Blickwinkel einer anderen Person, die auch daran beteiligt ist. Gleich, wie persönlich die Erfahrung ERSCHEINT, jemand anders HAT eine Verbindug dazu. Seht euch die Episode durch seine oder ihre Augen an, und fahrt dann mit der angegebenen Prozedur fort, nur daß ihr euch dabei dieses veränderten Blickpunkts bedient.

Niemand kann diese Übung für euch machen, aber die subjektiven Resultate können ganz erstaunlich ausfallen. Aspekte des Ereignisses, die vorher nicht in Erscheinung traten, können plötzlich sichtbar werden. Seine Dimensionen werden vollständiger erfahren werden.

Laß uns einen Moment Zeit...

(Seth kam nun auf das Material zu sprechen, mit dem Jane bei unserem Gespräch am letzten Samstagabend in Berührung kam, zusätzlich zur Information, die sie diktiert hatte.)

Übungs-Element 3

Für diese Übung nehmt ihr ein Foto von euch und legt es vor euch hin. Das Bild kann aus der Vergangenheit oder Gegenwart sein, aber versucht dafür zu sorgen, daß es sich um einen Schnappschuß von einem Selbst handelt, das in vollkommener Fokussierung AUSBALANCIERT ist, aufscheint aus einer darunterliegenden Dimension, in der ANDERE WAHRSCHEINLICHE BILDER HÄTTEN AUFGENOMMEN WERDEN KÖNNEN. Dieses Selbst, seht ihr, erscheint triumphierend, einzigartig und unanfechtbar in seinem eigenen Erleben; doch in den Zügen, die ihr vor euch seht – in dieser Haltung, Positur, in diesem Ausdruck –, leuchtet auch etwas auf, TÖNUNGEN ODER SCHATTIERUNGEN, Echos aus anderen Wahrscheinlichkeiten. Versucht diese zu erspüren.

Übungs-Element 4
Nun: Nehmt ein weiteres Foto von euch, in einem anderen Alter als das erste. Fragt euch einfach: »Betrachte ich dieselbe Person?« Wie vertraut oder fremd ist dieses zweite Foto? Worin unterscheidet es sich vom ersten? Welche Ähnlichkeiten vereinen in euren Vorstellungen beide Fotos? Welche Erfahrungen hattet ihr jeweils, als die Fotos aufgenommen wurden? Welche Wege GEDACHTE die Person auf dem einen Bild ZU VERFOLGEN, die dann die Person auf dem anderen Bild nicht ging? Diese Wege oder Richtungen HABT ihr verfolgt. Wenn sie nicht von dem Selbst eingeschlagen wurden, das ihr anerkennt, dann HAT es ein Selbst getan, das euren Begriffen nach ein wahrscheinliches Selbst ist. Verfolgt im Geiste beim Überdenken solcher Ereignisse, welche Richtungen das Selbst genommen haben könnte. Wenn ihr auf eine Entwicklungslinie stoßt, von der ihr euch wünscht, daß ihr sie verfolgt hättet, es aber nicht getan habt, so denkt intensiv über Möglichkeiten nach, wie diese Aktivitäten nun in den Rahmen eures offiziell akzeptierten Lebens passen könnten.[2] Solche Überlegungen, gepaart mit Verlangen – und unterstützt von gesundem Menschenverstand –, können Kreuzungspunkte von Wahrscheinlichkeiten heranziehen, die eine neue Ausrichtung tiefer Elemente der Psyche bewirken. Auf diese Weise können wahrscheinliche Ereignisse von eurer gegenwärtigen Lebensstruktur angezogen werden.

(21.40 Uhr.) Wir sprachen über den wahrscheinlichen Menschen und beabsichtigen, uns tiefer mit dem wahrscheinlichen MANN (oder der FRAU), wie sie sich auf eure Spezies anwenden lassen, zu befassen. Die Ereignisse der Menschheit beginnen jedoch mit dem Individuum. Alle Kräfte, Fähigkeiten und Eigenschaften, die der Spezies innewohnen, sind ihren einzelnen Angehörigen inhärent. Wenn ihr eure eigene unbekannte Realität versteht, könnt ihr viel über die unbekannte Realität der Menschheit lernen.

Übungs-Element 5
Nun: Wählt noch ein Foto aus. Ich möchte, daß ihr es euch auf etwas andere Weise anseht. Auch dies sollte ein Foto von euch selbst sein. Schaut es euch an als Bild von euch ALS Repräsentant eurer Spezies in einem bestimmten Raum zu einer bestimmten Zeit. Seht es euch an wie etwa ein Foto von einem Tier in seiner Umwelt. Zeigt das Foto beispielsweise ein Zimmer, dann denkt euch das Zimmer als eine bestimmte Art von Umwelt, so natürlich wie die Wälder. Betrachtet

das Bild von eurer Person unter folgenden Gesichtspunkten: Wie vermischt es sich mit oder sondert sich ab von den anderen Elementen auf dem Foto? Betrachtet diese Elemente als Eigenschaften eurer Gestalt, seht sie als ERWEITERTE ZÜGE an, die zu euch gehören. Ist das Foto beispielsweise dunkel und zeigt Schatten, dann seht in dieser Übung diese als dem abgebildeten Selbst zugehörig an.

Stellt euch einen auf dem Foto gezeigten anderen Blickwinkel vor und untersucht eure Gestalt von diesem Punkt aus. Seht, wie sie als Teil des Gesamt-MUSTERS der Umgebung betrachtet werden kann – des Zimmers oder der Möbel oder des Gartens oder was immer.

Wenn ihr ein Bild von einem Tier in seiner Umwelt seht, stellt ihr oft Bezüge her, die ihr beim Betrachten eines Bildes von einem menschlichen Wesen in SEINER Umgebung nicht herstellt. Doch jede Örtlichkeit ist so einzigartig wie der Lebensraum eines jeden Tieres – so persönlich, so gemeinsam, so BEDEUTSAM in bezug auf das Individuum wie auf die Spezies, der dieses Einzelwesen angehört. Bemüht einfach eure Vorstellungskraft: Stellt euch bei der Betrachtung eures Fotos vor, daß ihr ein Repräsentant einer Spezies seid, eingefangen in dieser speziellen Pose, und daß der Fotorahmen oder Fotorand einen ›Zeitkäfig‹ darstellt. Ihr seht von außen auf das Foto hinunter, befindet euch nun außerhalb des Zeitkäfigs, in den ihr als Exemplar gestellt wurdet. Dieses Exemplar, dieses Individuum, dieses Ich stellt nicht nur euch selbst dar, sondern auch einen Aspekt eurer Spezies. Wenn ihr dieses Gefühl haltet, dann wird das Zeitelement so real wie jeder andere Gegenstand auf dem Foto. Zeit ist der Rahmen, wenn auch ungesehen.

Nun: Schaut auf. Das Bild, das Foto, ist nur ein kleiner Gegenstand innerhalb eures gesamten Blickfeldes. Nicht nur befindet ihr euch AUSSERHALB eurer selbst auf dem Foto, sondern nun stellt es auch nur einen kleinen Teil eurer Realität dar. Und doch bleibt das Foto unverletzlich in seinem eigenen Kontext erhalten; ihr könnt DARIN nicht die Position auch nur eines Gegenstandes verändern. Wenn ihr das Foto vernichtet, vermögt ihr in keiner Weise die Realität, die dahinterstand, zu vernichten. Ihr könnt nicht den Baum töten, der etwa auf dem Bild abgebildet war.

Laß uns einen Moment Zeit...

(22.11 Uhr. In Trance schwieg Jane abrupt über eine Minute lang. Ihre Augen blieben geschlossen, während sie sanft hin- und herschaukelte. Ihre Übermittlung war seit Beginn der Sitzung gut gewesen.)

Die Person auf dem Foto liegt außerhalb eurer Reichweite. Das Ich, das ihr seid, kann alle erwünschten Veränderungen innerhalb eurer Erfahrung vornehmen: Ihr könnt zu euren eigenen Zwecken Wahrscheinlichkeiten verändern, aber ihr könnt nicht den Lauf anderer wahrscheinlicher Selbsts ändern, die ihre eigenen Wege gegangen sind. Alle wahrscheinlichen Selbsts SIND miteinander verbunden. Sie beeinflussen sich gegenseitig. Es existiert eine natürliche Wechselwirkung, aber kein Zwang. Jedes wahrscheinliche Selbst besitzt seinen eigenen freien Willen und seine Einzigartigkeit. Ihr könnt eure Erfahrung in der euch bekannten Wahrscheinlichkeit verändern – welche sich wiederum auf zahllosen anderen Wahrscheinlichkeiten dahinbewegt. Ihr könnt jede Anzahl wahrscheinlicher Ereignisse in eure Erfahrung einbringen, aber ihr könnt nicht die wahrscheinlichen Erfahrungen von einem anderen Teil eurer Realität NEGIEREN. Das heißt, ihr könnt sie nicht auslöschen.

So wie ihr euch ein Foto aus eurer persönlichen Geschichte anschaut, das euer Erscheinen in DIESER bestimmten Realität zeigt – oder die Realität, die zur Zeit, als das Foto aufgenommen wurde, offiziell akzeptiert war –, seht ihr auch auf ein Bild von einem Repräsentanten eurer Spezies, eingefangen in einem bestimmten Moment von Wahrscheinlichkeit. Diese Spezies hat so viele Sprößlinge und Entwicklungsrichtungen, wie ihr persönlich sie habt. So wie es wahrscheinliche Selbsts in persönlicher Hinsicht gibt, gibt es auch wahrscheinliche Selbsts in bezug auf die Spezies. Wie ihr eure anerkannte, offizielle, persönliche Vergangenheit habt, habt ihr in eurem Wirklichkeitssystem mehr oder weniger eine OFFIZIELLE Kollektivgeschichte akzeptiert *(siehe Anmerkung 2)*. Bei näherer Überprüfung jedoch weist diese Geschichte der Spezies viele Lücken und Widersprüchlichkeiten auf und läßt viele Fragen offen.

Macht nun eure Pause.

(22.23 Uhr. Und während der Pause merkten wir beide nicht, daß Seth gerade Teil 2 beendet hatte.)

TEIL 3

Der persönliche wahrscheinliche Mann, die persönliche wahrscheinliche Frau, die Spezies in Wahrscheinlichkeiten und Blaupausen für Realitäten

Sitzung 695, 6. Mai 1974 (Fortsetzung)

(Die Pause war um 22.45 Uhr beendet.)

Dies ist der Anfang des nächsten Teils –

(»3.«)

– benannt *(Pause)*: »Der persönliche wahrscheinliche Mann, die persönliche wahrscheinliche Frau, die Spezies in Wahrscheinlichkeiten und Blaupausen für Realitäten.«

Laß uns einen Moment Zeit... Wir haben uns hier Ruburts und Josephs persönliche Erfahrung zunutze gemacht. Nunmehr möchte ich aber, daß jeder Leser und jede Leserin seine oder ihre Familienmitglieder heranzieht, um so direkter durch die persönliche Erfahrung einige Gedanken, die ich vortragen möchte, begreifen zu können.

Übungs-Element 6

(Pause.) Denkt, in euren Begriffen, an die Vorfahren in eurer Familiengeschichte. Denkt dann an euch selbst und an eure gegenwärtige Familie. Versucht dabei, euch Zeit als so etwas wie Raum vorzustellen. Lebten eure Vorfahren im 19. Jahrhundert, dann denkt euch dieses Jahrhundert als einen ORT, der so gewiß wie jeder euch bekannte Teil der Erde existiert. Seht euer Jahrhundert als einen weiteren Ort an. Wenn ihr Kinder habt, so stellt euch deren Erfahrung in fünfzig Jahren wiederum als einen anderen Ort vor.

Nun: Denkt euch eure Vorfahren, euch selbst und eure Kinder als Angehörige eines Stammes, und jeder von euch reist in andere LÄNDER statt in Zeiten. Eine Kultur ist so real wie Bäume und Felsen, betrachtet also die verschiedenen Kulturen dieser drei Gruppen als natürliche Umwelt der verschiedenen Orte oder Länder; und stellt euch dann vor, wie jede Gruppe die einzigartige Umgebung ihres Reiselandes erkundet. Stellt euch weiterhin vor, daß diese Erkundungen natürlich zugleich stattfinden, mag die Kommunikation auch mangelhaft sein und jede Gruppe ihre Schwierigkeiten haben, mit den anderen zu kommunizieren. Stellt euch auch vor, daß es aber ein Heimatland gibt, aus dem unsere Gruppen ursprünglich kamen. Jede Expedition schickt ›Briefe‹ nach Hause, in denen sie das Verhalten, die Sitten, Umwelt und Geschichte des Landes, in dem sie sich befindet, kommentiert.

Diese Briefe sind in einer ursprünglichen Muttersprache geschrieben, die wenig mit der Sprache zu tun hat, die man sich in dem jeweiligen Land ANGEEIGNET hat. *(Pause, dann humorvoll:)* Mit anderen Worten, Mama und Papa in den heimatlichen Gefilden wissen, wohin ihre Kinder gegangen sind: Mit Vergnügen, Erstaunen und Verwunderung lesen sie die Mitteilungen ihrer Nachkommenschaft. In dieser selbstgestrickten Analogie schreiben Mama und Papa an ihre Kinder Briefe zurück – ebenfalls in jener Muttersprache. Aber mit der Zeit verlieren die Kinder die Erinnerung an ihre Sprache. Mama und Papa wissen, daß Zeiten wie Orte oder Länder sind, aber ihre Kinder vergessen allmählich auch das, und beginnen zu glauben, daß sie weitaus tiefer voneinander getrennt sind, als es in Wirklichkeit der Fall ist. Sie sind auf andere Weise ›heimisch geworden‹. Mama und Papa verstehen. Die Kinder haben vergessen, daß sie sich ebenso leicht durch die Zeit bewegen können wie durch den Raum.

Laß uns einen Moment Zeit... Behaltet im Gedächtnis, daß in dieser Analogie die verschiedenen Kinder eure Vorfahren, ihr selbst und eure Kinder sind. Sie erkunden das Land der Zeit. Nun ist es in eurer physischen Welt offensichtlich, daß die Natur mehr von sich selbst HERVORBRINGT. Im Land der Zeit bringt auch die Zeit mehr Zeit hervor. So wie ihr auf Bäumen herumklettern könnt, die Äste hinauf und HINUNTER, so könnt ihr gleichermaßen in der Zeit herumklettern. Mama und Papa zu Hause wissen das. Der Stammbaum der Familie existiert insgesamt zugleich – aber dieser Baum ist nur ein Baum, der im Land der Zeit ERSCHEINT. Er hat Äste, die ihr nicht erklettert und nicht erkennt, und so sind sie für euch nicht real. Es existieren somit wahrscheinliche Stammbäume. Dasselbe gilt auch für die Spezies.

(Eine Pause von fast zwei Minuten, die um 23.12 Uhr beginnt.) Laß uns einen Moment Zeit... Es gibt alternative Realitäten, und diese existieren nur aufgrund der Natur der Wahrscheinlichkeiten. Nun laß uns einen Moment Zeit...

Die Potentiale des wahren Selbsts sind so multidimensional, daß sie nicht innerhalb eines Raums oder einer Zeit ausgedrückt werden können. Jede Person, die eine andere Person liebt, erkennt das unendliche Potential in diesem Menschen. Dieses Potential braucht unendlich viele Gelegenheiten und Möglichkeiten; die Realität des wahren Selbsts braucht eine stets neue, sich verändernde Situation, denn jede Erfahrung bereichert es und befördert von daher seine eigenen Möglichkeiten. AUFS GANZE gesehen trifft das auch auf das Menschengeschlecht zu. Mama und Papa stehen in unserer Analogie für das unendliche Potential innerhalb einer Grundeinheit des Bewußtseins *(BE)*.

Dann denkt an eure Vorfahren, eure jetzige Familie und an eure Kinder und spürt das vorhandene riesige Potential in ihnen. Nun: Stellt euch eure Spezies vor, wie ihr sie euch denkt, und die buchstäblich endlosen Ausdrucksmöglichkeiten und schöpferischen Fähigkeiten allein in den Bereichen, die ihr gewahrt. Keine einzelne Zeit- oder Raumdimension könnte diese Kreativität fassen. Keine einzelne historische Vergangenheit könnte erklären, WAS IHR JETZT SEID als Einzelperson oder als Angehörige einer Spezies. Punkt.

Nun laß uns einen Moment Zeit... Ende des Diktats.

(23.23 Uhr. Wieder einmal beschloß Seth den Abend mit einigem Material zu einem anderen Thema. Vor kurzem hatten Jane und ich darum gebeten, daß er die Sitzung in dieser Weise beenden möge, bis wir mit einigen Projekten, die wir vernachlässigt hatten, wieder auf dem laufenden wären. Ende um 23.33. Uhr.)

Anmerkungen zu Sitzung 695

1 Siehe wieder einmal Anmerkung 4 zur 679. Sitzung.

2 Das hier erwähnte »offiziell akzeptierte Leben« erinnerte mich daran, daß Seth in der letzten (694.) Sitzung von »eurer offiziell anerkannten Vorstellung von der physischen Realität« gesprochen hatte, und zwar im Zusammenhang mit der Rolle, die wahrscheinliche Ereignisse in unserer Weltgeschichte spielen. In der 686. Sitzung erwähnte er »offizielle Informationen«, als es um das Thema der frühzeitlichen Wahl bestimmter mentaler und biologischer Impulse als physische Realität ging; in derselben Sitzung gebraucht er später den Begriff »offizielle Geschichte«, der keiner weiteren Erklärung bedarf. In der 684. Sitzung sprach er über unsere »offizielle Aktivität«, als er unsere Reaktion auf Ahnungen und Vorahnungen mit unserem Akzeptieren der normalen psychischen Realität verglich.
Siehe dann in der 681. Sitzung, was Seth über die individuelle biologische Geschichte und die grundsätzliche Unvoraussagbarkeit des Bewußtseins zu sagen hat.

Sitzung 696, Mittwoch, 8. Mai 1974, 21.58 Uhr

(Heute ist Janes 45. Geburtstag. Ich hatte sie nicht gebeten, heute abend eine Sitzung abzuhalten, aber sie bot es freiwillig an. Während wir darauf warteten, daß Seth durchkam, sprach sie über den Tod ihrer Eltern.[1] *Ihr Vater, Delmer, starb am 16. November 1971 im Alter von 68 Jahren; ihre Mutter, Marie, starb, im gleichen Alter, am 10. Mai 1972.*

Als Jane noch jung war, hatte Marie sie allen Ernstes oft gewarnt: »Wenn ich sterbe, komme ich als Geist zurück und verfolge dich.« Zu jener Zeit war Marie Ende zwanzig/Anfang dreißig und bereits durch ihre Arthritis schwer behindert; und, um Seth aus einer Sitzung im Jahre 1964 zu zitieren, sie hatte »... oft sehr hitzig davon gesprochen, daß Ruburts Geburt die Ursache von Krankheit und Schmerzen war, daß heißt von ihrer Arthritis ... Wenn Ruburts Mutter noch mal von vorn beginnen müßte, dann würde sie das Kind nicht bekommen – und das Kind im Erwachsenen hat noch immer das Gefühl, daß die Mutter, sogar jetzt noch, die Macht hätte, das Kind in den Mutterleib zurückzuzwingen, und sich zu weigern, es zu gebären ...«

Jane sagte heute abend, daß für sie der Gedanke, daß die ›Toten‹ in dieser klischeehaft banalen Weise zurückkehrten, noch immer sehr stark emotional besetzt sei. Doch obgleich Seth bislang sehr wenig zu Geistern, Spuk und Besessenheit [für uns gehören diese Dinge zusammen] gesagt hatte, schienen Janes frühe familiäre Erfahrungen sie nicht dazu gebracht zu haben, gegen diese Themen einen Block aufzubauen. »Seth ist einfach noch nicht dazu gekommen«, sagte sie. »Wenn er soweit ist, dann wird das eine Anzahl von großartigen Kapiteln – vielleicht sogar eines Tages ein Buch.«)

Guten Abend.

(»Guten Abend, Seth.«)

Nun: Diktat ... Jedes Wahrscheinlichkeitssystem hat seinen eigenen Satz von ›Blaupausen‹, die ganz klar seine Freiheiten und Grenzen definieren und die zur Erfüllung günstigsten Strukturen aufzeigen.

Es handelt sich hier nicht um ›innere Bilder von Vollkommenheit‹, und bis zu einem gewissen Grad ändern sich diese Blaupausen auch,[2] da die Vorgänge innerhalb eines gegebenen Wahrscheinlichkeitssystems automatisch das Gesamtbild verändern und erweitern. Die Blaupausen sind eher inneren Arbeitsplänen vergleichbar, die je nach Umständen verändert werden können, aber sie sind, in einem gewissen Maß, Ide(e)-alisierungen, mit Bindestrich.

Ihr als Individuum tragt also eine solche Blaupause in euch; sie enthält alle Information, die ihr braucht, um in dem euch bekannten wahrscheinlichen System die günstigste Version von euch zuwege zu bringen. Diese Blaupausen existieren auf biologischer wie auf jeder anderen Ebene – psychisch, spirituell, geistig. Die Information ist in Gene und Chromosomen eingewoben, aber sie existiert UNABHÄNGIG davon, und die physischen Strukturen stellen nur die Informationsträger dar.[3] Ebenso enthält der unermeßlich große innere Geist der menschlichen Gattung INSGESAMT solche Arbeitspläne oder Blaupausen. Sie existieren unabhängig von der physischen und in einer inneren Welt, und daraus bezieht ihr die Theorien, Ideen, Kulturen und Technologien, die ihr dann auf physische Ebene übersetzt.

Der Platonismus sah die innere Welt als vollkommen an.[4] Für euch ist Vollkommenheit jedoch etwas, das getan und beendet ist oder nicht mehr übertroffen werden kann, und das leugnet natürlich die Kreativität ausmachenden Eigenschaften, die allerdings immer danach streben, sich zu ÜBERTREFFEN. Die idealisierte innere Welt Platons würde schließlich zu einer toten Welt werden, da ihre Modelle für alle Veräußerlichungen als BEREITS vollendet angesehen werden – abgeschlossen und perfekt.

Viele haben diese innere Welt als die Quelle der physischen Welt betrachtet, stellten sich aber vor, daß es das Ziel des Menschen sei, diese vollkommenen Bilder nur nach bestem Vermögen ins Physische umzusetzen. *(Sehr kraftvoll:)* Nach diesem Bild hat der Mensch selbst NICHTS ZUR SCHÖPFUNG dieser inneren Welt oder zu ihrer Schönheit BEIGETRAGEN. Er konnte sie bestenfalls auf physischer Ebene kopieren – war aber niemals imstande, sich mit ihrer Vollkommenheit zu messen. Bei dieser Version der Beziehung zwischen innerer und äußerer Realität werden das Hin und Her, das Geben und Nehmen zwischen Innerem und Äußerem nicht zur Kenntnis genommen. Der Mensch, der aufgrund der Natur seiner Psyche Teil dieser inneren Welt ist, hat ganz automatisch seine Hand bei der Erschaffung jener Blaupausen im Spiel, die er dann AUF EINER ANDEREN EBENE als Richtlinien verwendet.

(Lange Pause, die Augen geschlossen.) Bis zu einem gewissen Grad gelingt großen Künstlern nicht nur ein physisches Bild von der Inneren Idee, groß geschrieben, sondern sie waren auch bereits an der Ideenschöpfung beteiligt.

In euren Begriffen gesprochen stellt die innere Welt noch unverwirklichtes Ideenpotential dar – aber diese Ideen und Potentiale existieren NICHT außerhalb des Bewußtseins. Sie sind Ideale, die dem Menschenherzen eingepflanzt sind,[5] doch in anderer Hinsicht ist der Mensch derjenige, der sie aus dem tieferen, die physische Zeit überspannenden Wissen seines Seins heraus dort angesiedelt hat. Das Sein ist weise und MITFÜHLEND, und so hat in gewisser Hinsicht das sich selbst als Mensch erkennende Bewußtsein künftige Verlängerungen seiner selbst in das Zeitsystem, das dem Menschen bekannt sein würde, ausgesandt und liebevoll Wegweiser für sich selbst aufgestellt, denen es ›später‹ folgen kann.

Laß uns einen Moment Zeit ... Der Mensch selbst ist ebenso sehr aus göttlichem wie irdischem Stoff gemacht, und SO GESEHEN sehnte sich der Gott in ihm nach dem Menschen im Gott und nach Erden-Erfahrung. Euch selbst nicht verstehend,[6] habt ihr versucht, die Gottesidee außerhalb von euch und eurem Lebensrahmen anzusiedeln. Ich hoffe, jeden von euch durch verschiedene Übungen in diesem Buch mit dem inhärenten Einssein der inneren und äußeren Realitäten vertraut zu machen und euch eine Ahnung von eurer eigenen unendlichen Natur, sogar innerhalb der Grenzen eurer Kreatürlichkeit, zu vermitteln, euch zu helfen, den göttlichen Stoff im menschlichen Stoff zu sehen. In anderer Hinsicht kann dies euch helfen, die Potentiale eurer Spezies zu erkennen und die Barrieren einschränkender Gedanken niederzureißen. Ich möchte gern eure Vorstellungen von der menschlichen Natur verändern. Bis zu einem gewissen Grad würde das zur Folge haben, daß ihr euren Begriff von Göttlichkeit HUMANISIERT. Aber merkwürdigerweise werdet ihr, wenn dies geschehen ist, schließlich die Göttlichkeit im Menschen erkennen.

Ideale, die vorher außerhalb der Reichweite von einzelnen Menschen oder der Menschheit zu liegen schienen, werden ihren Charakter ändern und zu Arbeitsmodellen werden, die ihr euch wirksam und fröhlich zunutze machen könnt.

Macht nun eure Pause.

(22.35 Uhr. Janes Übermittlung war normal gewesen; und die Sitzung würde kurz sein, wie sie nun sagte. So war es. Seth kam nach ein paar Minuten wieder durch und sagte heiter: »Richte Ruburt aus, ich hätte ihm ›Alles Gute zum Geburtstag‹ gewünscht.« Anschließend gab er noch eine Seite Material für Jane zu einem anderen Thema durch. Um 22.48 Uhr war Schluß.

Bei den hier ausgelassenen Informationen gab es ein paar Sätze, die ich gern zu Protokoll geben möchte. Wenn Jane mit gewissen Herausforderungen fertig geworden wäre, bemerkte Seth, ». . . dann wird eine ›Geburt‹ von anscheinend neuen Konzeptionen stattfinden, einfach weil seine (Ruburts) alten geistigen Barrieren ihn daran hindern, bestimmte wichtige Verbindungen herzustellen; und sein Kommunikationssystem zwischen Wach- und Schlafzuständen wird sich verbessern«.

Letzteres ist vielleicht schon im Gange: In den letzten Wochen hat sich Janes Erinnerung und ihre Teilnahme an einer solchen Kommunikation zwischen ihren wachen und träumenden Selbsts erheblich verstärkt, und sie zieht auch sehr viel mehr Nutzen daraus. So nehmen auch ihre Protokolle an Umfang zu, da sie immer detailliertere Aufzeichnungen von ihren Traumaktivitäten und den damit zusammenhängenden ›bewußten‹ Ereignissen macht. Diese Aktivität scheint nicht nur ein vorübergehendes Phänomen zu sein.)

Anmerkungen zu Sitzung 696

1 Siehe zum Thema ›Janes familiärer Hintergrund‹ die 679. Sitzung mit den Anmerkungen 4 und 8 sowie den dazugehörenden Anhang 1.

2 Seth sprach sehr kurz über solche Blaupausen in Kapitel 20 von *Die Natur der persönlichen Realität* – siehe die 672. Sitzung nach der Pause um 22.28 Uhr. Er beendete diesen Punkt mit der Aussage: »Es gibt jedoch ein Ausgleichssystem, und in so manchen Träumen werden euch solche Blaupausen bewußt gemacht. Sie können in Gestalt von bestimmten Wiederholungsträumen auftreten, die sich durch euer ganzes Leben hindurchziehen – Aufklärungsträume; und selbst wenn ihr euch nicht an sie erinnert, wacht ihr dennoch in euren Vorsätzen gestärkt oder mit plötzlich klaren Zielvorstellungen auf. Wenn ihr mit euren Glaubenssätzen arbeitet, versucht einmal abzuklären, was ihr eigentlich vom Traumzustand haltet, denn wenn ihr Vertrauen zu Träumen habt, können sie durch eure bewußte Mitarbeit als VERBÜNDETE für euch noch wichtiger werden.«

3 Seths Material erinnerte mich hier an das, was Jane mir letzte Woche über ihre eigene

objektivierte Wahrnehmung von Information gesagt hatte; siehe ihre Bemerkungen vor Beginn der 694. Sitzung am 1. Mai.

4 Platon, der griechische Philosoph und Dichter, lebte von ca. 427 bis ca. 347 v. Chr. Durch die Jahre hindurch behandelte er in einer Reihe von Dialogen oder freien Gesprächen immer wieder das, was er als die von Gott gegebenen Ideen des Menschen ansah.

5 Siehe hinsichtlich Seths männlichem Namen für Jane (Ruburt) Anmerkung 3 zur Sitzung 679 und seinen Kommentar, daß das Geschlecht trotz aller unserer Geschichten über die Fleischeslust ein psychisches Phänomen ist.

Immer wieder mal will eine Leserin von Jane wissen, warum Seth in seinen Büchern so oft das männliche Geschlecht verwendet, vor allem in Passagen wie in der heutigen 696. Sitzung. Bei ein bißchen Überlegung zeigt sich, daß es trotz der ›sexistischen‹ Implikationen sehr schwierig wäre, ein solches Material auf andere Weise darzubieten, so allgemein verbreitet ist der Gebrauch von ›man‹, ›der‹, ›sein‹ und ›ihm‹. Im Englischen (und im Deutschen, Anm. d. Übers.) haben wir oft nicht das richtige *Wort*, das im Zusammenhang mit der Menschheit das Männliche und Weibliche gleichwertig vertritt. ›Menschengeschlecht‹ paßt oftmals nicht. Wir wollen auch nicht ›es‹ dafür einsetzen, da es ein Neutrum bezeichnet und, was uns betrifft, nicht mit Gefühlen verbunden wird. Wir möchten uns auch nicht damit befassen, das Seth-Material umzuschreiben: Wir sind sicher, daß Seth, wenn er in Passagen das männliche Geschlecht verwendet, alles andere im Sinn hat, als damit eine Vorliebe für dieses Geschlecht auszudrücken.

Während Jane und ich über diese Problematik sprachen, produzierte sie spontan schriftlich folgenden Text:

»Seth bedient sich der englischen Sprache (meiner Muttersprache), um über Themen zu sprechen, die von ihren Konzepten her an sich schon in dieser Sprache sehr schwer auszudrücken sind – oder, was das angeht, in irgendeiner Sprache.

Offensichtlich ist es Seths Anliegen, das, was er kann, innerhalb des Rahmens dieser Sprache zu erklären, und nicht die Sprache *selbst* zu verändern – wie es beispielsweise oft nötig wäre, um die sich in ihr ausdrückenden Vorurteile zu vermeiden. Diese Vorurteile zeigen sich am offensichtlichsten in ihren geschlechtsbezeichnenden Aspekten: Das englische ›mankind‹ (Menschheit, wobei *man* auch Mann bedeutet, Anm. d. Übers.) steht für die Spezies im allgemeinen und ›er‹ für *den* Einzelnen. Das läßt sprachlich gesehen die Frau im Regen stehen – und das in vielerlei Hinsicht –, denn die männliche Absicht ist klar.

Daß er sich dieser Sprache bedient, macht jedoch auch Seths Absicht klar: Die individuelle Wesenheit kommt *vor* der Geschlechtszugehörigkeit. Diese Geschlechtszugehörigkeit ist eine Mischung aus ›weiblichen‹ und ›männlichen‹ Elementen, die sich ergänzen und nicht im Gegensatz zueinander stehen. Keines ist überlegen. Männliches und Weibliches stehen auch für psychische und biologische Seiten und eine sexuelle Einstellung. Durch alle Seth-Bücher zieht sich ein gemeinsamer Faden: Unser Geschlechtsvorurteil ist die Folge bestimmter Bewußtseinsaspekte, die wir als Spezies vor langer Zeit zu Ungunsten anderer Aspekte betonten.«

6 Siehe unter anderem in Teil 1 die 684. Sitzung nach 23.11 Uhr und die 686. Sitzung zwischen 21.55 und 23.26 Uhr.

Sitzung 697, Montag, 13. Mai 1974, 21.18 Uhr

Guten Abend.

(»Guten Abend, Seth.«)

Nun: Diktat... Bei diesen *(in der letzten Sitzung besprochenen)* Idealisierungen handelt es sich also um eine bestimmte Art psychischer Muster, die auf verschiedenen Ebenen auftreten. In gewisser Hinsicht werden sie zur persönlichen ›Idee‹ der Zelle in bezug auf ihr Wachstum und ihre Entwicklung, ein IN der Zelle lebendiges Bild physischer Information, ein Teil ihrer Struktur. Diese Idealisierungen verfügen über eine eigene Triebkraft, das heißt, sie entfalten sich in die Richtung ihrer größtmöglichen Erfüllung.

Die Idealisierungen SELBST bestehen aus ›bewußtem‹ Stoff. Es handelt sich also nicht um inaktive Daten.[1] Die Natur der Wahrscheinlichkeiten bestimmt den Rahmen, innerhalb dessen es zu diesen Erfüllungen kommen kann, und gibt den lebendigen Entwicklungen ihre Form. Die Struktur der Wahrscheinlichkeiten liefert zum einen ein Gittersystem, nach dem ein bestimmtes praktisches Wachstum nicht gewählt oder als nicht bedeutsam angesehen wird; zum anderen stellt sie ein schützendes, schöpferisches, reiches Umfeld her, eine Realität, in der die Idealisierung aus einer fast unendlichen Vielfalt an möglichen Handlungen die auswählen kann, die für ihre Erfüllung am geeignetsten sind.

Die Idealisierung hat in jedem System schon vorab bestimmte Ereignisarten als bedeutsam akzeptiert und andere (ebenso wahrscheinliche) Ereignisse als nicht bedeutsam abgelehnt. Dies liefert einfach einen brauchbaren Fokus, in dem Ausführungen, Errungenschaften und Erfahrungen möglich werden.

(21.27 Uhr.) Vereinfacht gesagt, ihr werdet nicht etwas zu erreichen suchen, das ihr nach euren Vorstellungen von Realität für unmöglich haltet. Der Aspekt des Verstandesbewußtseins, der normalerweise als

Intellekt verstanden wird, soll abschätzen, ob etwas in eurer Welt machbar ist. IHR WERDET BUCHSTÄBLICH NUR DAS SEHEN, WAS IHR SEHEN WOLLT.[2] Wenn die Menschheit Raumfahrt für unmöglich hielte, hättet ihr sie nicht. Das ist die eine Sache; wenn aber eine Einzelperson glaubt, daß sie unmöglich von einem Ende des Kontinents zum anderen reisen oder ihren Job wechseln oder irgend etwas tun kann, dann wird es auch PRAKTISCH nicht dazu kommen. Der Idealisierung von BEWEGUNG oder von Veränderung mag in der Vorstellungswelt dieser Person der Ausdruck verweigert werden – sie wird aber trotzdem nach einer Ausdrucksmöglichkeit durch Erfahrung streben. Dies gilt sowohl für die Spezies insgesamt als auch für ihre einzelnen Repräsentanten. WEIL ihr nun, euren Begriffen nach, eine bewußte Spezies seid, gibt es die Menschheit betreffende Idealisierungen, die ihr annehmen oder ablehnen könnt. In eurem speziellen menschlichen Entwicklungsstadium treten diese in eurer Welt oft zuerst als Fiktion, Kunst oder sogenannte reine Theorie auf.

Gedanken haben ihre eigene Struktur, so wie die Zellen, und streben nach ihrer Erfüllung. Sie werden von gleichartigen Gedanken angezogen, und so habt ihr als Spezies eine innere Kollektivgestalt des Denkens. In persönlicher Hinsicht sind eure Gedanken Ausdruck eurer Idealisierungen; und indem sie diese inneren Muster AUSDRÜKKEN, modifizieren und verändern sie sie in schöpferischer Weise. Bis zu einem gewissen Grad wird jede eurer Körperzellen mit jedem eurer Gedanken verändert. Jede Reaktion der Zellen verändert eure Umwelt. Das Gehirn reagiert dann auf diese Veränderung. Es findet ein ständiges Geben und Nehmen statt. So wie die Zellen auf bestimmten Ebenen auf den ewig wechselnden Strom von Wahrscheinlichkeiten reagieren, tun das auch eure Gedanken. Euer Körper reagiert jedoch so, wie ihr DENKT, daß er reagieren sollte, und deshalb haben eure bewußten Überzeugungen und Glaubensvorstellungen von der Realität sehr viel mit diesen wahrscheinlichen Erfahrungen, die ihr als Teil eures persönlichen Lebens akzeptiert, zu tun.

Die persönliche Blaupause, die ihr von Geburt an habt, ist in gewisser Hinsicht sehr viel umfassender als irgendeine physische Materialisierung davon, die in eurem Raum und in eurer Zeit zustande kommen könnte. Dies gibt euch Wahl- und Manipulationsmöglichkeiten und schafft Raum für eine Unzahl an ›möglichen‹ wahrscheinlichen Aktivitäten. Hier seid ihr Richter und habt das letzte Wort, und wenn sich eure Ideen und Gedanken ändern, wenn ihr euch einem wahrscheinlichen Selbst nähert und es als euer offizielles Selbst[3] annehmen wollt, steht euch immer ein reiches Lager an wahrscheinlichen Handlungen zur Verfügung, aus dem ihr wählen könnt. Stünde euch nur eine offen, dann hättet ihr keine Wahl. Dasselbe gilt für die Spezies. Nun laß uns einen Moment Zeit...

(21.45 Uhr. Pause von über einer Minute.) Eure gegenwärtige Entscheidung, eine bestimmte Bewußtseinslinie als real zu akzeptieren und andere zu ignorieren, erschwert das Verstehen dieser Gedanken. Ihr trimmt euch – sogar biologisch – darauf, bestimmte Reize zu unterdrücken; oft aber REAGIERT der Körper auf eben diese Reize, die ihr ganz bewußt nicht zur Kenntnis nehmt. Öffnet ihr euch jedoch für diese neuen Bedeutungen, dann könnt ihr allmählich Einblick in andere Ereignisordnungen[4] gewinnen, mit denen ihr ziemlich hautnah befaßt seid.

Oft geht ihr zum Beispiel mit Wahrscheinlichkeiten ganz gut um, obwohl ihr aufgrund eurer Vorstellungen und Theorien weiterhin bewußt die Augen vor ihnen verschließt. Aber sogar DANN folgt auf anderen Ebenen eure unbewußte Reaktion euren bewußten ABSICHTEN. So mögt ihr beispielsweise, anscheinend aus einem bestimmten Grund, einen Schritt im physischen Leben tun. Ihr mögt aber auch unbewußt auf einschlägige Informationen über wahrscheinliche Handlungen von anderen reagieren. Da ihr die Tatsache, daß ihr so reagieren KÖNNT, nicht wirklich akzeptiert, mögt ihr einerseits diese inoffizielle Information blockieren, sie andererseits aber trotzdem in Betracht ziehen. Ihr seid euch der wahrscheinlichen Zukunft in Bereichen, die euch betreffen, weitaus bewußter, als ihr wißt. Dies stimmt auf allen Ebenen. Wenn eure Absichten und Ziele zum Beispiel Krankheit ausschließen, ihr aber an die Möglichkeit einer Ansteckung GLAUBT, dann werdet ihr automatisch Umstände meiden, die zu einer Ansteckung führen könnten. Hinsichtlich der Wahrscheinlichkeiten heißt das, daß diese Wahrscheinlichkeit nicht in eure Erfahrung einfließen wird.

Laß uns einen Moment Zeit... Alles das trifft INSGESAMT zum Beispiel auf Krankheiten zu, die sich in einer Spezies ausbreiten.

Macht eure Pause.

(22.00 Uhr. Jane sagte, daß gegen Ende der Übermittlung der Lärm im Haus ihren Trancezustand beeinträchtigt hätte, und fügte dann hinzu, daß sie heute ohnehin nicht in bester Form sei. Soweit ich es beurteilen konnte, hatten aber weder der Lärm noch ihre Empfindun-

gen das Material beeinflußt. Wiederaufnahme des Diktats in ruhiger Weise um 22.14 Uhr.)

Ich werde in diesem Buch noch mehr über Krankheiten, Epidemien und Massenleiden zu sagen haben.

Seiner Natur nach erweitert sich Bewußtsein fortwährend. Von seinem Wesen her wird euch das Bewußtsein, wie ihr es als Spezies begreift, auf die eine oder andere Weise über eure beschränkten Vorstellungen von der Realität hinausführen, denn eure Erfahrungen werden Herausforderungen mit sich bringen, die innerhalb eures gegenwärtigen Bezugsrahmens nicht bewältigt werden können. Die Probleme, die sich auf EINER Ebene des Bewußtseins stellen, werden automatisch zu Durchbrüchen in andere Bereiche von Bewußtseinsaktivitäten führen, wo Lösungen gefunden werden können.

Viele eurer globalen Dilemmas erscheinen nur deshalb so aussichtslos, weil ihr in diesen Bereichen soweit gegangen seid, wie ihr konntet – ohne weiter zu gehen. Die Probleme dienen in dieser Hinsicht als Anreiz. Das bedeutet nicht, daß ihr Katastrophen erfahren MÜSST. Sie sind nicht vorbestimmt. Es bedeutet, daß ihr bestimmte Erfahrungen gewählt habt, und daß sie euch automatisch zu schöpferischer Weiterentwicklung führen werden, wenn ihr es zulaßt. Die Idealisierung ist hier Brüderlichkeit im Sinne eurer Spezies. Biologisch gesehen ist, euren Begriffen nach, eine solche ›Brüderlichkeit‹ in der Zusammenarbeit eurer Körperzellen gegeben, da sie gemeinsam tätig sind, um eure individuelle Körperstruktur zu bilden. Bei eurem Standpunkt verliert ihr die Wertschätzung für die großartige INDIVIDUALITÄT einer jeden Zelle. Ihr nehmt selbstverständlich an, daß die Zellen, da sie so gut zusammenarbeiten, keine persönliche Einzigartigkeit besitzen.

In anderer Hinsicht aber – in sozialer Hinsicht – müßt ihr erst zu der gleichen Art spiritueller Brüderlichkeit gelangen, über die eure Zellen verfügen; und so versteht ihr nicht, daß die Erfahrung eurer Welt aufs engste mit eurer persönlichen Erfahrung verknüpft ist. Wenn ihr euch den Finger verbrennt, tut es sofort weh, euer Körper beginnt sogleich mit einem kooperativen Unternehmen, bei dem Anpassungen vorgenommen werden und die Wunde zu heilen beginnt. Wird ein Teil der MENSCHHEIT verletzt, so mag es eine Weile dauern, bis ›ihr‹ den Schmerz fühlt, aber der gesamte unbewußte Mechanismus der Spezies wird versuchen, die Wunde zu heilen. Ihr könnt auf bewußter Ebene diese Entwicklung unterstützen und eure brüderliche Verbundenheit mit allen anderen Lebewesen eingestehen. So würde die Heilung sehr viel rascher vonstatten gehen. Es existiert eine Brüderlichkeit auf biologischer Ebene, ein inneres Einfühlungsvermögen auf zellularer Ebene, das alle Einzelwesen einer Spezies miteinander verbindet. Dies ist das Resultat einer biologischen Idealisierung. Sie existiert in allen Gattungen, und VERBINDET alle Gattungen.

Das Menschengeschlecht leidet, wenn irgendeiner seiner Angehörigen verhungert oder an einer Krankheit stirbt, so wie die ganze Pflanze leidet, wenn ein Teil ihrer Blätter ›unglücklich‹ ist. Und genauso kommen das Glück, die Gesundheit und die Erfüllung eines jeden einzelnen Angehörigen einer Spezies allen ihren Angehörigen zugute. Der Mensch kann sich des unermeßlich weiten Mediums der Wahrscheinlichkeiten, in dem er existiert, gewahr sein, und deshalb bewußt die für jene Idealisierungen am besten geeigneten Wahrscheinlichkeiten aussuchen, die auf seine größtmögliche Erfüllung zielen. Kein Teil der Spezies kann lange auf Kosten anderer Teile wachsen und sich entwickeln.

(22.36 Uhr.) Laß uns einen Moment Zeit... Eine Fotografie ist in einem gewissen Maß die Materialisierung einer bis zu einem bestimmten Punkt ausgeführten Idealisierung. Auf anderer Ebene stellen euer Körper und eure Erfahrungen eine sehr viel reichere Erfüllung dar, eine lebendige, gegenwärtig erfahrene Materialisierung. Das Bild eurer Welt ist wieder ein anderes.

Übungs-Element 7

Findet, wenn möglich, ein Foto von euch als Klassenmitglied – ein Foto von einem Schulabschluß vielleicht oder ein Foto von Klubmitgliedern. Untersucht, was ihr dort seht. Dann denkt darüber nach, was nicht zu sehen ist. Stellt euch die emotionale Realität einer jeden Person zum Zeitpunkt dieser Aufnahme vor. Versucht die Interaktion, die zwischen den verschiedenen Personen stattfand, zu erspüren. Wenn ihr damit fertig seid, dann versucht eine Ahnung von den engen Beziehungen zu bekommen, die jede Person mit anderen Personen hatte, die nicht auf dem Bild zu sehen, aber Zeitgenossen waren. Verfolgt danach im Geiste Kontakte, die mit familiärer Interaktion zu tun haben und in die Zeit vor dieser Aufnahme zurückreichen. Dann denkt an all die wahrscheinlichen Handlungen, die entweder akzeptiert oder verworfen wurden, so daß sich zeitlich gesehen diese Menschen *(für das Foto)* zusammenfanden.

Auf biologischer Ebene wurden Krankheiten vermieden, der Tod, der hätte eintreten können, aber nicht eintrat. Auf der Zeitebene gab es eine endlose Vielfalt an Wahrscheinlichkeiten und Entscheidungen. Die Leute hätten umziehen können und taten es nicht, andere zogen um und kamen so in diese spezielle Gegend. Hinter diesen Entscheidungen stand eine Unzahl an Gedanken und Ideen. Ihr gestaltet eure Erfahrung selbst. In umfassenderer Hinsicht entschieden sich alle diese Leute, zu einer bestimmten Zeit an diesem bestimmten Ort zu sein, und so ist das Foto das Resultat vielfacher Entscheidungen und stellt einen Erfahrungsfokus dar, der aus einer Unzahl von Wahrscheinlichkeiten entstand. Das Bild der Welt repräsentiert in größerer dimensionaler Hinsicht dieselbe Art von Fokus. Eure persönlichsten Entscheidungen haben Einfluß auf die Spezies. Ihr seid der Schöpfer von euch selbst in Raum und Zeit. Und ihr wirkt auch mit an der umfassenderen Kreativität der Erfahrung der Menschheit.

Nun laß uns einen Moment Zeit, und das ist das Ende des Diktats. Macht eure Pause.

(»Okay.«

22.50 Uhr. Jane sagte, ihr Trancezustand sei während des zweiten Teils der Übermittlung »sehr viel besser« gewesen; in der Tat wirkte sie kraftvoller. Um 23.03 Uhr kam Seth zurück und beendete die Arbeit des Abends, indem er bis 23.28 Uhr über andere Themen sprach.)

Anmerkungen zu Sitzung 697

1 Jane verwies in ihrem zitierten Material zu Beginn der 694. Sitzung in Teil 2 unter einem anderen Gesichtspunkt auf den Begriff der lebendigen Information. Siehe auch Seths Material über die Bewußtseinseinheiten in der 682. Sitzung in Teil 1, um 22.06 Uhr.

Auch in *Die Natur der persönlichen Realität* sagt uns Seth: »Information existiert nicht aus sich selbst heraus. Verbunden mit ihr ist das Bewußtsein all derer, die sie verstehen, aufnehmen oder hervorbringen. Es gibt also keine Chronik im Sinne eines objektiv vorhandenen, für alle Zeiten präsenten Informationsfonds, in den ihr euch einstimmt. Vielmehr zieht das Bewußtsein, das die Information einmal erhalten hat, erhält oder erhalten wird, diese wie ein Magnet an ... Die Information selbst strebt nach Bewußtwerdung. Sie ist nicht tot oder leblos. Sie ist nicht einfach etwas, nach dem ihr greift, sie ist ebenso etwas, das ergriffen werden möchte und sich deshalb zu denen hingezogen fühlt, die nach ihr suchen. Euer Bewußtsein zieht das Bewußtsein an, das mit dem Material schon verbunden ist.« Siehe die Notizen und Zitate im Anschluß an die 618. Sitzung in Kapitel 3 von *Die Natur der persönlichen Realität*.

2 Siehe Kapitel 2 (unter vielen, die hier zutreffen) in *Die Natur der persönlichen Realität*.

3 In Anmerkung 2 zur Sitzung 696 werden verschiedene Formen angeführt, in denen Seth die Begriffe ›offiziell‹ und ›inoffiziell‹ im Zusammenhang mit unseren Vorstellungen von der physischen Realität gebraucht.

4 Siehe Kapitel 15 in *Adventures of Consciousness*: Die innere Ordnung der Ereignisse und »inoffizielle« Wahrnehmungen.

Sitzung 698, Montag, 20. Mai 1974, 21.28 Uhr

(Die für letzten Mittwoch geplante, reguläre Sitzung fiel aus, weil Jane sich in einem außerordentlich entspannten Zustand befand, ein Zustand, den sie in den letzten paar Wochen häufig genoß. Am letzten Freitag klinkte sie sich jedoch, in verändertem Bewußtseinszustand, in einiges Material über Seth, Träume und andere Bewußtseinsgattungen ein; sie nennt es The Wonderworks, *und einige Auszüge daraus finden sich in Anhang 11.*

Jane war fast den ganzen Tag über wieder einmal in melancholischer Stimmung gewesen, sagte aber nach dem Abendessen, daß sie heute eine Sitzung abhalten wolle. Wir saßen da und warteten, und um 21.15 Uhr bekam sie ihren ersten Wink von Seth, daß tatsächlich eine Sitzung stattfinden würde. »Und sie wird für das Buch sein ... Ich bin allerdings nicht daran gewöhnt, davor derartig entspannt zu sein ...« Es sollte eine sehr kurze Sitzung werden, und entgegen Janes Erwartungen widmete Seth die Hälfte der Zeit Jane selbst. Ich hatte zwei Fragen vorbereitet, die mir im Zusammenhang mit dem Material für dieses Buch gekommen waren, mußte sie aber auf das nächste Mal verschieben.)

Nun, guten Abend.

(»Guten Abend, Seth.«)

Diktat: Diese Blaupausen für die Realität sind relativ unsichtbar, da ihr euch erlaubt habt, ihre Existenz zu vergessen.

Ihr habt, in Verfolgung bestimmter Ziele, so getan, als existierten sie nicht. Nun verlangt allerdings die globale Lage der Menschheit die neuerliche Aneignung einiger ›alter Künste‹. Diese können euch helfen, euch jener inneren Idealisierung gewahr zu werden, die eurer persönlichen Realität und eurer Welt insgesamt Form geben. Sie können euch mit anderen inneren Ereignisordnungen bekannt machen und mit dem reichhaltigen Fundus an Wahrscheinlichkeiten, aus dem eure physische Existenz entsteht.

Diese Künste sind nutzlos, wenn sie nicht praktiziert werden – nutzlos insofern, als sie latent bleiben, nicht in den äußeren Rahmen eurer Welt eingebracht werden. Ihre Anwendung setzt als erstes das Wissen voraus, daß hinter der euch bekannten Welt eine andere existiert, daß es neben dem euch vertrauten Bewußtseinsfokus andere, ebenso legitime Fokusse gibt.

Jeder von euch träumt, aber es gibt wenige Traumkünstler. Viele der wahren Zwecke von Träumen[1] sind vergessen worden, auch wenn diese Zwecke nach wie vor erfüllt werden. Die bewußte Kunst, Träume zu erschaffen, zu verstehen und zu NUTZEN ging weitgehend verloren; und die enge Beziehung zwischen Alltagsleben, Weltereignissen und Träumen wird fast völlig ignoriert. Die ›Zukunft‹ des Menschengeschlechts wird in den persönlichen und kollektiven Träumen seiner Angehörigen ausgearbeitet, aber auch das wird nie berücksichtigt. Die Menschen einiger alter Kulturen, die Ägypter eingeschlossen, wußten die Traumaktivität bewußt zu lenken, in verschiedene Ebenen der Traumrealität einzutauchen und zu den Quellen des Schöpferischen vorzudringen, und sie waren imstande, dieses Quellenmaterial in ihrer physischen Welt zu nutzen.[2]

(21.41 Uhr.) Das zellulare Leben wird von euren Träumen beeinflußt. Heilungen können im Traumzustand stattfinden, wo die Ereignisse einer anderen Existenz-ORDNUNG die Zellen selbst verändern. Ruburt hat die Realität der Traumebenen erforscht,[3] und dadurch erhält er allmählich einen Einblick in ihre Bedeutsamkeit. Bis zu einem gewissen Grad kann jeder Leser und jede Leserin mit solchen persönlichen Reisen beginnen. Diese Traumexpeditionen werden ein starkes Licht auf die Natur der persönlichen Alltagserfahrung werfen und euch ein persönliches Wissen über die Arbeitsweise von Wahrscheinlichkeiten vermitteln.

Laß uns einen Moment Zeit ... An früherer Stelle sagte ich in diesem Buch, daß die euch bekannte Welt aus einer grundsätzlichen Unvoraussagbarkeit hervorgeht, aus der dann Bedeutungen entstehen.[4] Kein Realitätssystem ist geschlossen. Der spezielle Strang wahrscheinlicher Handlungen, den ihr offizielle Erfahrung nennt, baumelt nicht irgendwo draußen in Raum und Zeit herum – er verwebt sich mit anderen solchen Strängen, die ihr nicht erkennt. Im Wachzustand müssen sich die bewußten Geisteskräfte ausschließlich auf diesen einen bestimmten Brennpunkt, den ihr Realität nennt, konzentrieren, damit sie eure Aktivitäten im irdischen Leben angemessen lenken

…nd allerdings ziemlich gut dafür ausgerüstet, euch auch …n gewissen Grad in anderen Realitätsebenen zu leiten, …cht für bestimmte Überlebensaufgaben gebraucht werden. …euch in der Vergangenheit eingeredet habt, daß das geistige …sein notwendigerweise von der inneren Realität ABGESCHNIT-…N MUSS, meint ihr, daß es auch dem Traumzustand entfremdet sein muß. Entsprechend dieser Überzeugungen findet ihr das Träumen chaotisch, unvernünftig und völlig losgelöst von normaler, bewußter Lenkung, Absicht oder Tätigkeit. Oft scheint euch der Schlaf fast wie ein kleiner Tod, und Psychologen haben das Träumen mit kontrolliertem Irrsinn verglichen.[5] So sehr habt ihr Wach- und Traumerfahrungen voneinander geschieden, daß ihr anscheinend getrennte ›Leben‹ führt, und zwischen euren wachen und euren Traumstunden existiert kaum eine Verbindung. Das reiche Gewebe wahrscheinlicher Handlungen, aus denen ihr euer offizielles Leben AUSWÄHLT, wird genauso unsichtbar. Dies ist ziemlich unnötig.

Macht eure Pause.

*(21.56 Uhr. Siehe die Bemerkungen vor Beginn der Sitzung. Wie bereits gesagt, kehrte Seth nach einer Pause zurück und sprach über die Gründe für Janes exzellenten Entspannungszustand. Der größte Teil des Materials ist hier ausgelassen, aber ich kann dazu sagen, daß dieser Zustand mit ihrer Arbeit an den Herausforderungen zu tun hatte, die ihre physischen Symptome darstellten [wie in Anmerkung 8 zur 679. Sitzung in Teil 1 beschrieben]. Seit sie ihr eigenes Glaubenssystem allmählich mehr und mehr versteht, tritt in ihrem physischen Zustand eine langsame, aber kontinuierliche Verbesserung ein. In dem persönlichen Teil dieser Sitzung erklärte Seth dann, wie ihr wohltuend gelockerter Zustand »*nun *in einem Traumzustand letzte Nacht begann, diesen Morgen vertieft wurde und weiter so bis zum Grad der Entspannung kurz vor der Sitzung … Die [kürzlichen] Träume geben auch zusätzliche Zuversicht; und beim Träumen werden Körperzustände verändert – etwas, das die Ärzte nicht erkennen«.*

Seths letzte Aussage hatte mit seiner Behauptung zu tun, daß »auch Hormone automatisch in das System ausgeschüttet werden, die Aktivitäts- oder Beruhigungsphasen fördern, je nach speziellen Vorgängen innerhalb des Gesamtprozesses [der Heilung]. Die Träume sorgen für ein stetiges Geben und Nehmen zwischen der bewußten und der sogenannten unbewußten Aktivität. Dies ist auch eine Zeit tiefer unbewußter Kreativität …« Ende um 22.43 Uhr.)

Anmerkungen zu Sitzung 698

1 Siehe Anmerkung 1 zur 687. Sitzung in Teil 1. Im nächsten Abschnitt möchte ich einige der dort gegebenen Informationen aus einem anderen Blickwinkel betrachten.
Seit Beginn der Sitzungen vor etwa zehn Jahren sprach Seth immer wieder über Träume und verwandte Themen. Sein Material brachte Jane dazu, eigene exzellente Arbeit mit Träumen zu leisten: Siehe zum Beispiel Kapitel 4 und 5 in *Der Weg zu Seth* und Kapitel 14 in *Das Seth-Material.* In der Tat ziehen sich Informationen über Träume sowohl von Seth als auch von Jane durch alle Bücher hindurch, die die beiden bislang allein oder gemeinsam produziert haben.
Die 92. Sitzung am 28. September 1964 war wesentlich für Informationen über Träume, und Jane zitiert in den oben erwähnten Kapiteln einiges daraus; ich möchte die Leser bitten, sich vor allem das Material in den beiden genannten Büchern anzusehen. In Verbindung mit dieser Sitzung gebe ich hier einige nachfolgende Informationen Seths über Träume wieder, und zwar aus der 97. Sitzung.
»Die Traumwelt ist in der Tat eine natürliche Nebenerscheinung der Beziehung zwischen dem inneren Selbst und dem physischen Wesen. Es ist keine Widerspiegelung, sondern vielmehr eine Nebenerscheinung, die nicht nur eine chemische Reaktion beinhaltet, sondern auch die Umwandlung von Energie aus einem Zustand in einen anderen.
In gewisser Hinsicht sind ALLE Existenzebenen oder -bereiche Nebenerscheinungen von anderen. Ohne den bestimmten Funken, der durch die Wechselbeziehung zwischen dem inneren Selbst und dem physischen Wesen entzündet wird, gäbe es zum Beispiel die Traumwelt nicht. Aber umgekehrt ist die Traumwelt für die weitere Existenz des physischen Individuums notwendig.
Dieser Punkt ist außerordentlich wichtig. Tiere träumen, wie ihr wißt. Was ihr nicht wißt, ist die Tatsache, daß alles Bewußtsein träumt. Wir sagten, daß bis zu einem gewissen Grad auch Atome und Moleküle Bewußtsein haben, und auch sie, in jedem einzelnen winzigen Bewußtsein, gestalten ihre Träume, wie sie auch andererseits ihre eigene, physische Gestalt formen. Nun, wie sich im physischen Bereich die einzelnen Atome zu ihrem eigenen Nutzen zu komplizierten, strukturierten Gestalten verbinden, verbinden sie sich auch in der Traumwelt zu solchen Gestalten, die in ihrer Natur allerdings ein wenig anders sind.
Ich sagte, daß die Traumwelt ihre eigene Art von Form und Dauer hat. Sie ist physisch orientiert, allerdings nicht in dem Maße, wie es euer gewöhnliches Universum beinhaltet. Der Aufbau einer Traumgestalt geschieht in gleicher Weise wie der Aufbau der physischen Gestalt eines Individiums.
Die Traumwelt ist keine formlose, zufällige Semikonstruktion. Sie existiert nicht als Masse, aber sie existiert in der Form. Sie ist weder ein Widerspruch noch eine Entstellung. Die wahre Komplexität und Bedeutung der Traumwelt als unabhängiger Existenzbereich hat sich euch noch nicht eingeprägt. Aber wenn eure Welt und die Traumwelt im Grunde auch jeweils unabhängig sind, so üben sie doch Druck aufeinander aus und beeinflussen sich gegenseitig.
Wesentlich ist, daß ihr erkennt, daß die Traumwelt eine Nebenerscheinung eurer eigenen Existenz ist. Und weil sie mit euch durch chemische Reaktionen verknüpft ist, läßt dies, in Tieren wie in Menschen, den Zugangsweg zu Interaktionen offen. Da Träume eine

Nebenerscheinung eines jeden, innerhalb der Materie agierenden Bewußtseins sind, führt uns das zu der richtigen Schlußfolgerung, daß Bäume ihre Träume haben, daß alle physische Materie, die in verschiedenen Graden um die individualisierten Bewußtseinseinheiten gebildet wird, auch an der autonomen Konstruktion des Traumuniversums teilnimmt.«

2 Wir sind letzthin beim Lesen auf einiges Material gestoßen, das zumindest in Andeutung auf das verweist, was Seth uns hier erzählt.

3 Siehe die Bemerkungen zu Janes zunehmender Traumaktivität am Ende der 696. Sitzung. Ihr sehr aktives Traumleben, samt der begleitenden täglichen Protokolle und Interpretationen, setzt sich fort. Sie sammelt eine ziemliche Menge an Information an. (Ich möchte hier die Leser und Leserinnen an Anhang 11 erinnern.)

4 Seth sprach über die grundsätzliche Unvoraussagbarkeit, aus der die Bedeutungen hervorgehen, in den Sitzungen 681/682 in Teil 1. Nach der Pause um 23.47 Uhr in der 681. Sitzung fügte er diesen Satz in sein Material ein: »Dem ›chaotischen‹ Bett eurer Träume entspringt eure geordnete, täglich organisierte Handlung.«

5 Seths Aussage erinnerte mich an einen Artikel, den ich vor einigen Jahren in einer Zeitung las. Ich habe ihn nie vergessen, weil er mich so negativ beeindruckt hat; ich entsinne mich, Jane damals darauf aufmerksam gemacht zu haben. Es ging um einen Psychologen in Europa, wobei unter anderem dessen Ansicht, daß »Träume der Abfall des Geistes sind«, zitiert wurde. Jane und ich finden es noch immer erstaunlich, daß ein Mann in dieser Position eine Aussage machen kann, die von so wenig Verständnis zeugt...

Sitzung 699, Mittwoch, 22. Mai 1974, 21.20 Uhr

(Die Phasen tiefer Entspanntheit, die Jane seit Beginn dieses Monats so oft erlebt hat, scheinen vorbei zu sein. Der Abend war sehr warm, als wir auf den Beginn der Sitzung warteten. Ich erinnerte Jane an die beiden Fragen, die ich wegen der verkürzten Sitzung am Montag aufgeschoben hatte, aber Seth machte am Ende des heutigen Materials nur eine kurze Bemerkung dazu.)

Guten Abend.

(»Guten Abend, Seth.«)

Diktat: Euren Begriffen nach friert ein Foto Bewegung ein, hält den Moment fest – oder alles an diesem Moment, das ihr physisch wahrnehmen könnt.

Unter normalen Umständen erinnert ihr euch vielleicht an die Gefühle, die ihr zum Zeitpunkt dieser Aufnahme von euch hattet, und bis zu einem gewissen Grad mögen sich diese in den Gesten oder im Gesichtsausdruck zeigen. Aber die umfassendere subjektive Realität dieses Augenblicks erscheint auf einem solchen Foto nicht in physischer Weise. Sie verflüchtigt sich vollkommen, was ihr physisches Erscheinungsbild innerhalb dieser Struktur angeht. Ebenso sind Vergangenheit oder Zukunft ausgeschlossen. Der für die Herstellung eines solchen Fotos notwendige spezielle Fokus macht also den Ausschluß anderer Daten erforderlich. Das ist wohl ganz offensichtlich. Weil ihr innerhalb bestimmter Zeitperioden manipulieren müßt, tut ihr das gleiche im Alltagsleben und ignoriert oder schließt auf bewußter Ebene viel Information aus, die ansonsten verfügbar wäre.

Ein erinnerter Traum kann mit einem psychischen Foto verglichen werden, ein Bild daß NICHT physisch materialisiert, nicht eingefrorene Bewegung, nicht von Raum und Zeit eingerahmt ist; deshalb treten hier viele der Bestandteile in Erscheinung, die in einem gegebenen Moment vom aktiven Wachbewußtsein ausgelassen werden.

Ein erinnerter Traum ist das Resultat vieler Dinge, aber oft handelt es sich um eure bewußte Interpretation von Ereignissen, die ursprünglich ganz anders waren als eure ERINNERUNG daran. In diesem Maße ist der von euch erinnerte Traum ein von eurem geistigen Bewußtsein aufgenommener Schnappschuß von einem umfassenderen Geschehen. Es gibt viele verschiedene Arten von Träumen, von denen einige mehr, andere weniger getreu eurer Erinnerung entsprechen – aber wenn ihr einen Traum erinnert, greift ihr automatisch bestimmte Teile eines subjektiven Ereignisses aus anderen heraus, und versucht diese so in einen ›Rahmen‹ von Zeit und Raum zu spannen, daß sie nach eurer üblichen Orientierung Sinn ergeben. Aber auch dann sind Traumereignisse so multidimensional, daß dieser Versuch oft fehlschlägt. Die Angelegenheit mag hier vielleicht verständlicher werden, wenn ihr eine Szene aus einem Traum mit der Szene auf einem Foto vergleicht. Ein Foto zeigt gewisse Ereignisse aus der Zeit, da es aufgenommen wurde. Es wird zum Beispiel keinen Türken zur Zeit der Kreuzzüge zeigen. Eine Traumszene hingegen kann ein solches Motiv beinhalten.

Es hilft, wenn ihr euch ab und zu intensive Traumbilder[1] wie ein Foto vorstellt. Wie ihr im Laufe eures Lebens eine Reihe von Fotos von euch sammelt, die zu verschiedenen Zeiten an verschiedenen Orten aufgenommen wurden, so ›sammelt‹ ihr im Traumzustand subjektive Fotos anderer Art. Sie erscheinen jedoch nicht als Reihenfolge. Trotzdem können sie euch auf bewußter Ebene wertvolle Informationen über eure Zukunft und Vergangenheit geben.

Nach normalen, allgemein akzeptierten Begriffen wandeln und bewegen sich die auf den Fotos gezeigten Gestalten nicht, verändern nicht ihre Beziehungen. Die lebendige subjektive Fotografie des Traumes stellt hingegen einen anderen Bezugsrahmen her, innerhalb dessen diese ›Gestalten‹ über eine eigene Beweglichkeit verfügen. Sie verkörpern eine Kreativität in ganz anderem Sinne, als ihr sie gewöhnlich versteht. Ihr wißt, was eine PHYSISCHE ANGELEGENHEIT *(betont)* ist, denn ihr seht die Kinder eurer Lenden; die Kinder eurer Träume aber erlebt ihr nicht in gleicher physischer Weise, noch begreift ihr, daß euer Traumleben Kontinuität hat. Auf seinen eigenen Ebenen besitzt es eine Ordnungsstruktur, die ihr nicht versteht, und aus seinen reichen Quellen bezieht ihr viel von der Energie, mit der ihr eure Alltagserfahrung gestaltet. Euer geistiges Bewußtsein IST der Regisseur dieser Erfahrung.

Ihr träumt aber, gleich ob ihr am Leben oder tot seid, IN EUREN

BEGRIFFEN. Wenn ihr, im leiblichen Sinne gesprochen, am Leben seid, dann wird das, was ihr als Träumen bezeichnet, dem untergeordnet, war ihr Leben im bewußten Wachzustand nennt. Ihr untersucht eure Träume immer von einem Standpunkt des ›Fremdartigen‹ aus, einer voreingenommenen Haltung zugunsten des gewöhnlichen Wachzustands. Die Traumsituation wird jedoch folglich in verzerrter Form erlebt. Oft scheint sie nicht klar zu sein. Verglichen mit dem bewußten Wachzustand mag sie verschwommen, ungenau oder unfokussiert erscheinen. Dies trifft nicht IMMER zu, denn in einigen Träumen ist ein Zustand von Wachsamkeit unbestreitbar. *(21.50 Uhr.)* Aus vielen Gründen, von denen einige erwähnt, andere noch nicht angesprochen wurden, habt ihr eure Träume weitgehend aus eurem Leben ausgeschlossen. Obwohl ihr natürlich einen genauen Fokus in Zeit und Raum halten müßt, gibt es keinen wirklichen Grund, warum ihr euch derartig von euren Traumerfahrungen abtrennen müßtet.

Laß uns einen Moment Zeit... Einige Erfinder, Schriftsteller, Wissenschaftler, Künstler, die den direkten Umgang mit kreativem Material gewohnt sind, sind sich der Tatsache wohl bewußt, daß viele ihrer produktiven Ideen aus dem Traumzustand kommen. Sie sehen die Resultate der Traumaktivität im praktischen, physischen Leben. Viele andere können, auch wenn sie darin ungeübt sind, bestimmte Entscheidungen im Wachzustand ganz klar auf Träume zurückführen. Wenige verstehen allerdings, daß die persönliche Realität wie ein Endprodukt ist, das aus der unermeßlichen Produktivität im Traumzustand entsteht. Ruburt nennt dies *Die Wunderwerke*[2], und das aus gutem Grund. Euer Bewußtsein fluktuiert im Wachzustand, hat Phasen, in denen ihr euren Begriffen nach mehr oder weniger wachsam seid, eure Aufmerksamkeit von den anliegenden Dingen abschweift; oder aber ihr seid im Augenblick ganz sicher exzellent fokussiert. Es gibt also im Wachzustand unterschiedliche Grade von Bewußtheit. Normalerweise schenkt ihr diesen wenig Aufmerksamkeit.

Die von euch akzeptierte offizielle[3] Bewußtseinsrichtung ignoriert fröhlich irgendwelche Abweichungen und macht in diesen Fällen gewöhnlich munter weiter, so als sei nichts geschehen. Im Traumzustand ereignen sich diese Fluktuationen auch. Es sollte klar sein, daß ihr dort von einer Zeit zur anderen springen könnt.

Hier ist jedoch sehr viel mehr im Spiel, denn es existieren ›gesonderte‹ Bewußtseinsstränge[4], wenn ihr wollt, die im Traumzustand ganz natürlich verfolgt werden, und mit etwas Übung und Sorgfalt

KÖNNT ihr ihnen folgen. Sie haben mit wahrscheinlichen Ereignis-›Reihen‹ zu tun. Wenn zum Beispiel ein bestimmtes Traumereignis zur physischen Materialisierung gewählt wird, dann werden zu gegebener Zeit andere Ereignisse in eurer Realität auftauchen, und das in Form von Serien.

Ihr könnt eure Pause machen.

(22.02 bis 22.25 Uhr.)

Diktat: Ihr habt euch selbst ein ganz hübsches Bild von dem gemalt, was ihr für eure Realität haltet, und zwar als Individuen wie als Spezies. Alle eure Institutionen, Glaubenssätze und Handlungen scheinen euer Bild zu rechtfertigen, denn natürlich wird es anscheinend von allem, was innerhalb dieses Gesamt-›Rahmens‹ existiert, bestätigt.

Es handelt sich alles in allem um ein relativ einfaches Bild – jedes Bewußtsein zu einem bestimmten Fokus wird gelenkt, läßt sich in einem einzigen Körper nieder, dessen Existenz durch die Geburt am einen Ende und den Tod am anderen Ende bedingt wird. *(Pause.)* Unglücklicherweise ist dieses Bild ebenso begrenzt wie jede eurer Fotografien. Ihr seid gewohnt, euren Traumzustand vom Standpunkt des ›Wach‹-Zustands zu untersuchen. Aber versucht doch einmal im Traumzustand eure normale Realität des Wachzustands zu erforschen. Gebt euch einfach die Anweisung dazu. Die Resultate mögen euch ziemlich erstaunen. So einfach wie möglich und in den Begriffen gesprochen, die ihr versteht, laßt es mich folgendermaßen ausdrükken: Von der anderen Seite aus betrachtet – von dem, was so locker Traumzustand genannt wird – gibt es eine Existenz, die ebenso gültig ist wie die eure, und von diesem Standpunkt aus KÖNNT IHR als die Träumer ANGESEHEN werden. ›Ihr‹ meint den Teil von euch, der sich in dieser Realität konzentriert. Ihr formt sie mit Hilfe von Informationen und von ENERGIE, die einerseits ihre Quelle AUSSERHALB dieses Systems hat, andererseits ständig in dieses System einfließt – und so sind in dieser Hinsicht die Systeme miteinander verbunden.

Laß uns einen Moment Zeit... Dies gilt für alles Bewußtsein in jeglicher Form. Man könnte also sagen, daß eure Zellen träumen. Es gibt winzige Variationen elektrischer Entladung, gegenwärtig nicht wahrnehmbar, die diese Art von Fluktuation bei den Zellen deutlich zeigen könnten, und so auch bei den Atomen und Molekülen.

Euren Begriffen nach, träumen Atome offensichtlich nicht von Katzen, die Hunde jagen, doch *(nachdrücklich)* es gibt in der Tat

›Ausfälle‹ in der physischen Fokussierung, die eurem Traumzustand analog sind. Laß uns einen Moment Zeit... In diesen Situationen verfolgen die Atome ihre eigenen wahrscheinlichen Aktivitäten, stellen in der Tat erstaunliche Berechnungen an und bringen in EURE Wirklichkeit die notwendigen wahrscheinlichen Handlungen, die die offiziellen Lebensformen sicherstellen. Aber sie sind dabei in keiner Hinsicht begrenzt, denn auch ihre ANDEREN wahrscheinlichen Richtungen werden verwirklicht. Punkt. Ihr seid euch also auf unterschiedlichen Ebenen im Traumzustand subjektiv anderer wahrscheinlicher Realitäten gewahr. Eure bewußte Absicht wird UNBEWUßT in den Traumzustand eingebracht, und das hilft euch, die Daten und Informationen zu sortieren. *(Siehe Anmerkung 4.)*

Ihr wählt also aus anderen Wirklichkeitsströmungen die Ereignisse aus, die ihr physisch materialisiert haben wollt; und ihr tut es gemäß eurer Glaubensvorstellungen von der Natur der Realität. Ein Foto wird gemacht, und ihr habt ein Bild von einem Ereignis vor euch, das euren Begriffen nach bereits geschehen ist. In den Träumen macht ihr viele subjektive ›Fotos‹ und entscheidet, welche von ihnen ihr in der Dimension der Zeit materialisieren wollt. Bis zu einem gewissen Grad sind deshalb die Träume Blaupausen für eure späteren Schnappschüsse.

Mach nun eine kurze Pause – und *(heiter)* sag Ruburt, daß er vom Aufbau dieses Buches überrascht sein wird.

(22.50 Uhr. Janes dissoziierter Zustand war ausgezeichnet und ihre Übermittlung, wenn es auf die angegebenen Pausen zuging, ziemlich schnell gewesen. Sie sagte, Seths letzte Bemerkung sei darauf zurückzuführen, daß sie beim heutigen Abendessen, wie auch schon vorher, davon gesprochen hatte, daß sie das Buch noch immer nicht richtig durchgelesen und wenig Ahnung von seinem Aufbau hatte. [Siehe die entsprechende Bemerkung um 22.43 Uhr in der 694. Sitzung.] Dann, als wir etwas aßen, fragte mich Jane wieder, ob dieses Buch irgendeinen Aufbau – oder ein bestimmtes Ziel hätte: »Worauf will Seth hinaus?« Ich schlug vor, daß sie sich darüber keine Gedanken machen und das Buch auf seine Weise entstehen lassen sollte, und erklärte, daß sich Teile meiner Bemerkungen und Anmerkungen mit den Umständen seiner Entstehung befaßten.

Nach der Pause, um 23.17 Uhr, kam Seth mit einer ziemlich langen Passage an Material zu einem anderen Thema durch. Er beschloß die Sitzung um 23.43 Uhr mit folgendem Satz in bezug auf die Fragen, die ich für ihn parat hatte: »Ich wünsche euch herzlichst einen guten Abend – und ich weiß, wann dein Material passend sein wird.« Da ich seinen Satz dahingehend interpretierte, daß noch einige Zeit vergehen konnte, bis die Fragen in die Struktur seines Buches paßten, will ich hier kurz ihren Inhalt skizzieren.

1. Seth bezeichnet in der 697. Sitzung nach 21.27 Uhr unsere Gattung als »eine bewußte Spezies«. Ich wollte einen Kommentar von ihm, wie wir uns denn, zumindest unseren Begriffen nach, in einem anderen *als dem ›bewußten‹ Zustand befinden könnten. Ich hatte Mühe, mir eine solche Situation vorzustellen.*[5]

2. Ein Foto von Jane und ihren Eltern, Marie und Delmer. Es war im Sommer 1932 aufgenommen worden, als Jane drei Jahre alt war, und soweit wir wissen, ist es das einzige existierende Foto von der Familie Roberts. Ich hätte gerne gehört, was Seth zu einigen der wahrscheinlichen Wege zu sagen hatte, die seither von den drei auf dem Foto gezeigten Personen eingeschlagen worden waren. Diese Frage ging mir nicht aus dem Sinn, seit Seth in dieser Form über die verschiedenen Kindheitsfotos von Jane und mir in der ersten Sitzung für dieses Buch gesprochen hatte. [Siehe die 679. Sitzung mit den entsprechenden Anmerkungen über Jane und ihren familiären Hintergrund. In dieser Sitzung hatte Seth gesagt, daß die zwölfjährige Jane auf dem besprochenen Foto in bezug auf die Jane, der ich schließlich begegnen und die ich heiraten sollte, zu einer wahrscheinlichen Jane wurde.] Abgesehen von dem, was Seth uns über ihre Eltern sagen konnte, war ich neugierig zu erfahren, ob die Jane, die hier im Alter von drei Jahren gezeigt war, möglicherweise noch eine andere *wahrscheinliche Jane war – oder dazu bestimmt war, es zu werden …)*[6]

Anmerkungen zu Sitzung 699

1 Seths anregendes Material zu Traum-Gestalten erinnerte mich an ein gleichermaßen anregendes Gedicht über das träumende Selbst, das Jane 1965, etwas eineinhalb Jahre vor Beginn der Seth-Sitzungen, geschrieben hatte. Ich wollte dieses Gedicht immer veröffentlicht sehen; ich meine, es hat in seiner Thematik und Bildlichkeit sehr viel zu bieten.

Mein Träumendes Selbst

Mein träumendes Selbst
Schaute durchs Fenster
Und sah mich auf dem Bett.
Mondlicht füllte
Meinen schlafenden Schädel.
Ich lag nackt und still.

Mein träumendes Selbst
Kam herein
Und ging umher.
Mir war, als bewegten sich Türen,
Als öffneten sich Räume
In meinem Kopf.

Mein träumendes Selbst
Hatte Augen wie Schlüssel,
Schimmernd im Dunkel.
Keine Kammer gab es
In meinen Knochen,
Die sie nicht erschlossen.

Mein träumendes Selbst
Schritt durch
Das Gitterwerk meiner Seele.
Im Vorbeigehen
Schaltete es Lichter ein.
Draußen war die Nacht
Schwarz und kalt.

Mein träumendes Selbst
Legte sich aufs Bett.
Ich stand daneben,
Ergriffen von Scheu.
»Aber wir sind ja beide eins«,
sagte ich. Er sagte,
»Ich dachte, daß du es weißt.«

2 Siehe Anhang 11 zu Sitzung 698.

3 Siehe Anmerkung 2 zur 695. Sitzung.

4 In Anhang 4 zu Sitzung 685 beschrieb Jane ihre Versuche, im Traumzustand eigene multidimensionale wahrscheinliche Informationen zu ordnen, und wie diese sich zur Verarbeitung in Seitenpools der Erfahrung sammelten, »bevor sie in den ›offiziellen Bewußtseinspool‹ einflossen«. Dann, so fügte sie etwas später hinzu, kannst du, indem du die unmittelbare neurologische Aktivität umgehst und von den »Seitentaschen oder -pools, wo die Informationen noch unverarbeitet sind, Gebrauch machst... verschiedene andere Bewußtseinsstränge ›zugleich‹ aufnehmen, wenn es auch schwierig sein mag, diesen Zustand zu halten«.
Und natürlich fand ich beim Schreiben dieser Anmerkung, daß Seths heutiges Material, wie auch Janes gesamter Anhang 4, stark an das erinnern, was ich doppeltes Träumen nenne. Siehe die 692. Sitzung und Anmerkung 2 dazu.

5 Eine Anmerkung, die ich nach über fünf Monaten hinzufügte: Seth *hat* die Frage beantwortet, und zwar in der 718. Sitzung, Teil 5, Band 2.

6 Und nach Beendigung des 2. Bandes von ›*Unbekannte Realität*‹ im April 1975 hinzugefügt: So interessant sie ist, habe ich diese Frage doch nie weiter verfolgt, und Seth hat dazu keine Information angeboten.

Sitzung 700, Mittwoch, 29. Mai 1974, 21.28 Uhr

(Am Montagabend wurde keine Sitzung abgehalten.)

Guten Abend.

(»Guten Abend, Seth.«)

Diktat: Vor allem müßt ihr verstehen, daß eure eigene größere Realität existiert, ob ihr euch nun im eigenen Körper befindet oder außerhalb davon, und daß eure subjektive Erfahrung einen weitaus größeren SPIELRAUM hat, als das physische Gehirn einräumt.

Diese setzt sich natürlich – unabhängig vom körperlichen Leben – fort, während ihr ein Geschöpf in Raum und Zeit seid. Sie stellt sozusagen eine parallele, nichtkörperliche Existenz dar, die euer Gehirn nicht registriert. Im Schlafzustand befindet ihr euch in einem Verbindungsbereich, der Durchlässigkeiten erlaubt.

Neuer Absatz: Die Blaupausen für die Realität lassen sich nicht im äußerlichen Universum finden. Einige andere Zivilisationen experimentieren mit einer anderen Art von Wissenschaft als der, mit der ihr vertraut seid. Sie hatten unterschiedlichen Erfolg mit ihren Versuchen, die Natur der Realität zu verstehen, und es ist richtig, daß sich ihre Gesamtziele von den euren unterscheiden. Diese Menschen fokussierten ihr Bewußtsein in einer völlig anderen Richtung. Euer Verhalten, eure Sitten, Wissenschaften, Künste und Lehren sind in gewisser Weise einmalig und charakteristisch für euch, aber sie lassen Einblicke zu, in welcher Weise die verschiedenen Fähigkeitsgruppierungen zur Erkundung der ›unbekannten‹ Realität genutzt werden können.

Kunst ist im wahrsten Sinne des Wortes ebensosehr eine Wissenschaft wie Biologie. Wissenschaft, wie ihr sie begreift, spaltet sich vom gegebenen Gegenstand ab. Kunst identifiziert sich mit dem Gegenstand. So betrachteten andere Zivilisationen, euren Begriffen nach, Kunst als eine hervorragende Wissenschaft, und benutzten sie derart, daß sie ein sehr klares Bild von der Natur der Realität zeichnete – ein Bild, in dem die menschliche Emotion und Motivation eine überragende Rolle spielten.

Eure Wissenschaftler verbringen lange Jahre mit ihrer Ausbildung. Würde dieselbe Zeitspanne auf das Erlernen einer anderen ART von Wissenschaft verwendet werden, könntet ihr in der Tat weitaus mehr über die bekannten und unbekannten Realitäten entdecken. Einige Personen befassen sich mit der Erforschung von Träumen und arbeiten in ›Traumlaboratorien‹; aber auch hier haben wir es mit voreingenommener Wahrnehmung zu tun: Außenstehende Wissenschaftler untersuchen die Träume von anderen oder befassen sich vor allem mit den im Traumzustand eintretenden physischen Veränderungen. Das Problem ist, daß viele in der Wissenschaft tätige Menschen nicht begreifen, daß es eine innere Realität gibt. *(Nachdrücklich.)* Sie ist nicht nur ebenso gültig wie die äußere, sie ist auch deren URSPRUNG. DIESE Welt ist es, die euch Antworten, Lösungen anbietet, und die euch viele der hinter der Welt eurer Erfahrung existierenden Blaupausen enthüllen würde.

(21.53.) Die wahre Kunst des Träumens ist eine WISSENSCHAFT, die schon seit langem von eurer Welt vergessen wurde.[1] Eine solche Kunst, wenn man nach ihr strebt, übt den Geist in einer neuen Art von Bewußtsein – einem, das in beiden Existenzen zu Hause, in beiden wohl verwurzelt und sicher ist. Fast jeder kann ein zufriedener und produktiver AMATEUR in dieser Kunst-Wissenschaft werden; die wahre Erfüllung aber verlangt Jahre der Übung, eine tiefe Entschlossenheit und Hingabe – wie eben jede wahre Berufung.

Bis zu einem gewissen Grad ist ein natürliches Talent eine der Vorbedingungen für einen solchen wahren Wissenschaftler der Traumkunst. Und es erfordert Wagemut, Forschungsdrang, Unabhängigkeitsgeist und Spontaneität. Eine solche Arbeit ist ein Vergnügen. Es gibt hier einige Leute, die von eurer Gesellschaft kaum anerkannt werden, weil ihren Gaben keine Priorität eingeräumt wird. Aber das TALENT existiert dennoch.

Laß uns einen Moment Zeit und gönne deiner Hand etwas Ruhe ... Wer diese uralte Kunst ausüben will, lernt zuerst, wie man im Schlafzustand im NORMALEN Sinne bewußt wird. Dann wird er[2] feinfühlig für die verschiedenen subjektiven Veränderungen, die eintreten, wenn Träume anfangen, ihren Verlauf nehmen und enden. Im weiteren macht er sich mit der Symbolik seiner eigenen Träume vertraut und schaut, wie diese mit den äußeren Symbolen, die im Wachzustand auftreten, und die er mit anderen gemeinsam hat, übereinstimmen oder nicht. Über diese gemeinsamen Symbole werde ich später mehr zu sagen haben, denn sie können zu Wegweisern werden, auf die man sich geeinigt hat.

Es gibt innere Orte der Begegnung, innere ›Plätze‹, die als Treffpunkte für Austausch und Kommunikation dienen. Punkt. In einem völlig anderen Kontext werden sie genauso genutzt wie irgendeine Stadt oder ein Marktplatz in der physischen Welt. Darauf wird später im Buch noch näher eingegangen werden.[3] Unser Traumkunst-Wissenschaftler lernt es, solche Korrelationspunkte zu erkennen.

Man kann hier gewissermaßen von Lernzentren sprechen.[4] Viele Leute haben Träume, in denen sie beispielsweise in einer anderen Art von Realität an Unterrichtskursen teilnehmen. Gleich ob diese Träume ›entstellt‹ sind oder nicht, viele von ihnen stellen doch eine gültige, innere Erfahrung dar. Alles das ist aber nur der Anfang für unseren Traumkunst-Wissenschaftler, denn dann beginnen er oder sie die Tatsache zu erkennen, daß sie es mit vielen verschiedenen Ebenen und ARTEN von Realität und Aktivität zu tun haben. Er muß lernen, diese zu ISOLIEREN, die eine von der anderen zu trennen, und dann versuchen, die Gesetze, denen sie unterstehen, zu begreifen. Dabei lernt er, daß einige dieser Realitäten fast mit der physischen Realität übereinstimmen, daß sich beispielsweise auf GEWISSEN Ebenen Ereignisse in der Zukunft physisch manifestieren, wohingegen andere das nicht tun. Dann bekommt er allmählich einen Schimmer von den Blaupausen für die Welt, die ihr kennt.

(Herzlich:) Macht eure Pause.

(22.10 Uhr. »Er hat aufgehört, damit du deinen Fingern etwas Ruhe gönnen kannst«, sagte Jane, nachdem sie aus einer ausgezeichneten Trance herausgekommen war. Das Tempo ihrer Übermittlung war durchschnittlich gewesen. »Es ist wirklich komisch, ich kann spüren, daß hier noch eine Menge mehr ist und darauf wartet, abgerufen zu werden aber vor der Sitzung – nichts. Ich muß da auf eine ganz bestimmte bewußte Weise reinkommen, wie ich es bei den anderen Büchern [Gespräche mit Seth *und* Die Natur der persönlichen Realität] *nicht mußte.« Jane schnippte ein paarmal mit den Fingern. »In der ASW-Gruppe kommt Seth pfeilschnell durch, so wie die ganze Zeit gestern abend. Aber nicht hier… Aber wenn ich erst einmal angefangen habe, möchte ich immer weitermachen…«*

Wiederaufnahme des Diktats in gleicher Weise um 22.26 Uhr.)

Nun: Ihr stellt Gegenstände her. Ihr brauchtet Jahrhunderte, um euren technologischen Stand zu erreichen. Für euch scheinen die Gegenstände von außen zu kommen, allgemein gesprochen – denn schließlich fabriziert ihr sie doch in euren Fabriken und Labors, nicht wahr?

In gewisser Hinsicht scheinen ›künstliche‹ oder synthetische Stoffe nicht natürlich zu sein. Ihr produziert sie mit Material, das von außen kommt. Doch eure Welt setzt sich aus ganz natürlichen Produkten zusammen, Gegenstände, die, wenn ihr darüber nachdenkt, fast WUNDERSAM aus dem Inneren der Erde hervorkommen.

Ihr arbeitet mit Material, das bereits da ist, das zur Verfügung steht. Ihr mischt, verwandelt und verändert das, was bereits vorhanden ist. Doch das gesamte physische Universum entsteht aus dem Inneren, und keine eurer Fabriken würde euch auch nur einen Gegenstand liefern können, wenn es nicht das gäbe, was schon vor langer Zeit als Rohmaterial in Erscheinung trat. Wälder, Pflanzen, alle Arten von Lebewesen auf der Erde, die Jahreszeiten und der Planet selbst kommen aus diesem nicht identifizierbaren Inneren. Physische Ereignisse entspringen derselben Quelle.

(22.35 Uhr.) Laß uns einen Moment Zeit... Der wahre Wissenschaftler begreift, daß er das innere und nicht das äußere Universum erforschen muß; er versteht, daß er sich nicht von einer Realität abspalten kann, deren Teil er notwendigerweise ist, und daß eine solche Vorgehensweise bestenfalls ein verzerrtes Bild ergibt. Im wahrsten Sinne haben eure Träume und die Bäume vor euren Fenstern einen gemeinsamen Nenner: Sie entspringen beide der INNERNHEIT des Bewußtseins.[5]

(22.39.) Seht es mal als Analogie, ganz einfach so an: Euer gegenwärtiges Universum ist ein kollektiver Traum, der seine Gültigkeit hat – ein Traum, der die Realität in einem bestimmten Licht darstellt; ein Traum, der vor allem BEDEUTSAM ist, schöpferisch, und sich nicht auf CHAOS (MIT EINEM WISSENDEN BLICK) gründet, sondern auf spontane Ordnung. Um ihn zu verstehen, müßt ihr euch allerdings auf eine andere Bewußtseinsebene begeben – eine, wo der Traum vielleicht für den Moment nicht ganz so real erscheint. Dort, von einem anderen Blickpunkt aus, könnt ihr ihn sogar noch klarer sehen, ihn wie ein Foto in der Hand halten; gleichzeitig könnt ihr aus dieser breiteren Perspektive erkennen, daß ihr in der Tat auch außerhalb dieses Traum-

kontexts steht, aber in einem ›Innen‹, das auf dem Schnappschuß, aufgrund seiner Begrenztheit, nicht gezeigt wird.

Nun: Das ist das Ende des Diktats. Laß uns einen Moment Zeit, und dann werden wir fortfahren. Dies ist persönliches Material. Vor allem aber wird dieses Buch viele sehr wichtige Bereiche eröffnen und Leitlinien geben, denen viele andere folgen können.

(Seth übermittelte über Jane nun drei Seiten Information für sie selbst. Die Sitzung endete um 23.02 Uhr.

Vieles von diesem persönlichen Material ist von der Art, wie es dann in Janes ›eigenen‹ Werken auftaucht, so etwa in Adventures of Consciousness, *oder wie sie es in ihre Dichtung überträgt. Dabei finden sich ein paar Hinweise auf bestimmte allgemeinere Aspekte bezüglich ihrer Fähigkeiten, und diese können hier wiedergegeben werden. »Ruburt«, so kommentierte Seth, »fängt gerade mit seinen eigenen Traumunternehmungen an, mit denen er ernsthaft beginnen konnte, als er gelernt hatte, Vertrauen in sein eigenes Sein zu haben.« [Anhang 11 enthält Ausschnitte aus* The Wonderworks, *dem Papier, das Jane vor fast zwei Wochen über Seth, Träume und die Erschaffung unserer Realität verfaßte. In meinen Anmerkungen zu* The Wonderworks *beschrieb ich ihre eigene kürzliche Traumserie – die übrigens noch immer andauert.] Und: »In unserem Fall«, sagte Seth etwas später, »›wird‹ Ruburt fast zum Material, das er von mir empfängt. Wenn gewisse andere günstige Veränderungen eintreten und Ruburts Verständnisvermögen befördern, dann mögen wir vielleicht imstande sein, uns auf* anderen *Bewußtseinsebenen zu treffen – im Traumzustand, wenn er nicht mit der Zusammenarbeit für die Produktion unseres Buchmaterials beschäftigt ist.« Denn Jane hat Seth nie sozusagen von Angesicht zu Angesicht im Traum getroffen. Am nächsten kam sie einer solchen Situation, als sie im Traumzustand eine Sitzung für ihn abhielt, so wie sie es im Wachsein tut.*

Nun ein paar Bemerkungen zu Teilen des Buchmaterials aus der heutigen Sitzung. Solche Vorfälle wie die eben gegebene Information über Janes Traum zeigen, wie ›Unbekannte Realität‹ *und die Ereignisse in Janes Alltagsleben ineinander verwoben sind.*

1. Am Ende des Absatzes des Materials ab 22.35 Uhr, wo Seth auf die »INNENHEIT *des Bewußtseins« zu sprechen kommt: Ich dachte, daß sein Material das von Jane widerspiegelt, wie sie es in* The Wonderworks *festgehalten hat.*

2. Dann, gleich nach 22.39 Uhr, sprach Seth vom »Chaos«. Seine recht verschmitzte Betonung des Wortes war mir nicht entgangen. Jane und ich hatten kürzlich ein Buch von einem Biologen gelesen. Darin stehen viele gute Dinge, aber wir störten uns an Passagen, in denen der Autor »Leben« als Gegensatz zu »Unleben« beschreibt; oder solche, in denen er ein letztendliches Chaos als unvermeidlich postuliert – daß sich unser Universum letztlich auf eine willkürliche Verstreuung von Materie zubewegt. Solche Gedanken sind gewiß Projektionen einer begrenzten menschlichen Sichtweise und ziemlich irreführend, wie wir meinen. Auch haben Jane und ich uns mit den Jahren unabhängig voneinander von der herkömmlichen wissenschaftlichen Auffassung abgewendet, nach der das Leben dem Zufall zu verdanken sei. Der emotionale Charakter unserer schöpferischen Bestrebungen brachte uns dazu, diese Theorie in Frage zu stellen. Heute halten wir sie nicht einmal nach gewöhnlichen wissenschaftlichen Maßstäben für richtig.

Auch ist das Chaos des Biologen nicht dasselbe wie Seths »Unvoraussagbarkeit«. Wie uns Seth in der 681. Sitzung in Teil 1 sagt. »Die Wissenschaft denkt gern, daß sie sich mit voraussagbaren Vorgängen befaßt. Sie nimmt jedoch nur so wenige Daten wahr ... daß die große innere UN*voraussagbarkeit irgendeines Moleküls, Atoms oder einer Welle nicht sichtbar wird ...« Wir schlagen vor, in diesem Zusammenhang noch einmal vor allem Seths Material in der 681. Sitzung zwischen 22.00 und 22.36 Uhr nachzulesen.)*

Anmerkungen zu Sitzung 700

1 Siehe die 698. Sitzung bis 21.41 Uhr.

2 Da Seth hier für die Vertreter der menschlichen Rasse das männliche Pronomen »er« verwendet, verweise ich die Leser und Leserinnen auf die Anmerkung 5 zu Sitzung 696 in Teil 3.

3 Eine später hinzugefügte Anmerkung: Leider hat Seth sein Versprechen, weiter auf die Traum-/Symbol-Treffpunkte einzugehen, nicht gehalten.

4 Kapitel 9 und 10 von *Gespräche mit Seth* enthalten viel Information über Träume. Was das Material über Ausbildungszentren nach dem Tode angeht, siehe vor allem die 537. Sitzung in Kapitel 9. Manche Menschen in unserer Realität, unter ihnen Jane, stehen, wenn sie sich im Schlafzustand außerhalb ihres Körpers befinden, jenen bei, die gerade gestorben sind, und helfen ihnen, sich an ihre jeweilige neue Umgebung anzupassen. Und Seth in der 536. Sitzung: »Ich selber bin viele Leben lang, unter der Leitung eines anderen, in meinen täglichen Schlafzuständen ein solcher Seelenführer gewesen.«

5 Und auch Bäume haben ihre Träume. Siehe Anmerkung 1 zu Sitzung 698.

Sitzung 701, Montag, 3. Juni 1974, 21.17 Uhr

(Nach dem Abendessen tippte ich die Sitzung vom letzten Mittwoch fertig; Jane hatte gerade noch Zeit, sie durchzulesen, bevor wir uns um 20.50 Uhr zur heutigen Sitzung niederließen.

Sanft.) Guten Abend.

(»Guten Abend, Seth.«)

Nun: Laß uns einen Moment Zeit... Wir sprechen leise, um Ruburt in einem bestimmten Zustand zu halten – aber *(humorvoll, sich nach vorn beugend)* flüstern werden wir nicht.

(Lange Pause.) Die Außenheit der physischen Welt ist also mit einer multidimensionalen ›Innenheit‹ verknüpft. Diese äußere Welt wird in eine Realität projiziert, die euren bewußten Wünschen, Glaubensvorstellungen und Absichten entspricht. Es ist wichtig, daß ihr euch diese Position des Bewußtseins, WIE IHR ES EUCH VORSTELLT, merkt. Jede physische Erfahrung ist einzigartig, und während die Energie dafür und ihre Erschaffung aus dem Innern kommen, könnte das Ursprüngliche, Persönliche und doch auch Gemeinsame an dieser Erfahrung nicht AUF DIESELBE WEISE *(nachdrücklicher)* existieren, würde sie nicht auf diese Art veräußerlicht.

In der Veräußerlichung oder Verkörperung liegt also eine tiefe Absicht und Bedeutung, und sie bringt eine andersartige Ausdrucksform hervor. Obwohl ich in diesem Buch die Bedeutung der inneren Realität hervorhebe, leugne ich in keiner Weise die großartige Gültigkeit und Absicht irdischer Erfahrung. Jegliche Übung in diesem Buch sollte euch helfen, diese Erfahrung zu bereichern und ihren Bezugsrahmen und ihr Wesen zu verstehen. Keine dieser Übungen sollte einem Versuch dienen, den Inhalten und Bedeutungen eurer eigenen irdischen Realität zu ›entfliehen‹.

Neuer Absatz: Trotzdem, die Blaupausen liegen im Innern. Laß uns einen Moment Zeit... Wir werden bald mehr über unseren

Traumkunst-Wissenschaftler zu sagen haben *(siehe die letzte Sitzung)*; es gibt jedoch noch andere wichtige Methoden, mittels derer die Natur der Realität studiert werden kann. Vor allem eine hat nichts mit dem Traumzustand AN SICH zu tun. Sie bedingt aber eine Manipulation des Bewußtseins. Bedingt beinhaltet das die Identifikation mit dem Gegenstand der Untersuchung und nicht die Trennung von ihm.

Laß uns einen Moment Zeit... Als er mit eurer Zivilisation verbunden war, kam der Mensch Einstein[1] dem vielleicht am nächsten, denn er war ganz natürlich imstande, sich mit verschiedenen ›Funktionen‹ des Universums zu identifizieren. Er war fähig, der inneren Stimme der Materie zuzuhören. Er wurde auf intuitive und emotionale Weise zu seinen Entdeckungen geführt. Er LEHNTE sich gegen die Zeit und fühlte, wie sie nachgab und schwankte.

Der wahre (geistige) Naturforscher[2] wird ein kühner Forscher sein – er wird nicht mit kleinen Geräten am Universum herumpolken, sondern sich gestatten, seinen Bewußtseinsstrom durch die vielen offenen Türen zu lenken, die zwar nicht mit Instrumenten, aber mit Geist und Gemüt gefunden werden können.

Euer eigenes Bewußtsein, so wie ihr es euch denkt, so wie ihr damit vertraut seid, kann euch in der Tat zu einem sehr viel größeren Verständnis von der simultanen Natur der Zeit[3] führen, WENN ihr es zulaßt. Statt dessen benutzt ihr oft Gerätschaften, Instrumente und irgendwelche Ausrüstungen – aber sie können, in diesem Sinne, Zeit nicht FÜHLEN. Ihr könnt es. Ein Studium eurer eigenen bewußten Erfahrung mit Zeit wird euch sehr viel mehr lehren. Punkt.

(Pause um 21.40 Uhr. Janes Stimme hatte nach und nach normale Lautstärke erreicht.)

Übungs-Element 8

Wenn ihr euer Bewußtsein als Schwelle oder Eingang benutzt, könnt ihr aber noch mehr entdecken. Bleibt stehen, wo ihr seid, bildlich gesprochen. Stellt euch diesen Moment bewußten Gewahrseins als Pfad vor. Stellt euch viele andere solche Pfade vor, die alle zusammenlaufen; stellt euch nun vor, wie ihr einem dieser Pfade folgt. Akzeptiert ohne Kritik, was ihr erfahrt. Bis zu einem gewissen Grad ›verändert‹ ihr euer Bewußtsein. *(Halb im Scherz:)* Natürlich ›verändert‹ ihr es überhaupt NICHT. Ihr benutzt es ganz einfach auf andere Weise und fokussiert es, wie kurz auch immer, in eine andere Richtung. Dies ist die einfachste aller Übungen.

Nehmt an, ihr stündet euer ganzes physisches Leben lang an einer Stelle, und das tut ihr, weil euch gesagt wurde, daß ihr das tun müßt. In diesem Falle würdet ihr, nur das sehen, was direkt vor euch ist. Euer Blickfeld mag euch noch eine Ahnung davon geben, was zu beiden Seiten liegt, oder ihr hört vielleicht Geräusche von hinten. Objekte – Vögel zum Beispiel – mögen an euch vorbeiflitzen, und ihr rätselt über ihre Bewegung, Bedeutung und ihren Ursprung. Wenn ihr euch nun plötzlich drei Zentimeter nach rechts oder links bewegt, VERÄNDERT ihr nicht euren Körper, sondern nur seine Position, und ihr erweitert euer Gesamtbild, indem ihr euch ganz vorsichtig von eurer Ausgangsposition abkehrt. So verhält es sich auch mit dieser kleinen Übung.

Laß uns einen Moment Zeit... Gegenwärtig seid ihr euch der Bewußtseinsdimensionen nur sehr wenig gewahr – eurer eigenen oder jener, die sich ANSCHEINEND ›unterhalb‹ der euren befinden. Der wahre Naturforscher ist einer, der sich innerhalb seines eigenen Bewußtseins umzudrehen und umzublicken wagt.

Laß uns einen Moment Zeit... In der Materie existieren innere Strukturen. Sie sind Energie-WIRBEL. Sie haben mehr als ein Ziel. Diese Strukturen werden von Bewußtseins-Verbänden, oder den BEs, gebildet. Ihr verfügt beispielsweise über ein sehr gründliches Wissen von der Natur einer Zelle oder eines Atoms. Aus ihnen setzt sich euer Leib zusammen. Es existiert, IN GEWISSER HINSICHT, ein Bewußtseinskontinuum, von dem euer gegenwärtiges PHYSISCHES Leben ein Teil ist. Ihr seid in einer bestimmten Art von Kommunikation und GEMEINSCHAFT mit euren eigenen Zellen verbunden, und auf bestimmten Bewußtseinsebenen wißt ihr das. Ein wahrer Naturforscher würde lernen, diese Bewußtseinsebenen nach Wunsch zu erreichen. Es wurden Bilder von zellularen Strukturen gezeichnet, lange bevor sie mittels irgendwelcher technologischer Methoden sichtbar gemacht werden konnten.

Laß uns einen Moment Zeit... Es gibt Formen und Gebilde, die vor euren geschlossenen Augen erscheinen, perfekte Abbilder von Atomen, Molekülen und Zellen, was ihr aber nicht erkennt. Es gibt auch Gemälde – sogenannte abstrakte Bilder – die unbewußt gemalt wurden, viele von Amateuren, und ausgezeichnete Darstellungen solcher innerer Organisationsformen sind.[4]

Ruburt war zuweilen imstande, sich mit seinem Bewußtsein in kleine physische Instrumente (*Computerkomponenten zum Beispiel*) zu versetzen und deren innere Aktivität etwa auf der Ebene von Elektronen wahrzunehmen. Mit etwas Zeit könntet ihr, in EUREN Begriffen, die

Struktur der sogenannten Partikel genauso klar verstehen, wenn ihr euch solcher Methoden bedientet. Derzeit würden eure Begriffe allerdings nicht ausreichen. Genau eure Begriffe sind es, die euch einsperren und zu der falschen ›Art‹ von Fragen führen.

(Belustigt:) Die falsche Art Fragen ist allerdings die RICHTIGE für euch in eurer Zivilisation und mit euren Überzeugungen, denn in diesem Maße wollt ihr innerhalb dieser Struktur verbleiben. Erst jetzt fangt ihr an, eure Methoden und sogar eure Fragen anzuzweifeln.[5] Der wahre Naturforscher wäre imstande, seine Fragen in seinem üblichen Bewußtseinszustand zu stellen, dann dieses Bewußtsein in andere Richtungen zu WENDEN, wo er dann selbst zu Abenteuern-mit-der-Realität geführt wird, bei denen diese Fragen verwandelt werden. Und dann würden die Antworten GEFÜHLT werden.

(22.08 Uhr. Sehr kraftvoll während der ganzen folgenden Passage:) Aber die meisten Naturforscher trauen gefühlten Antworten nicht. Gefühle, meint man, haben sehr viel weniger Gültigkeit als eine graphische Darstellung. Anscheinend kann man eure Welt nicht mit Gefühlen handhaben – aber mit dem Versuch, sie mit graphischen Darstellungen in den Griff zu bekommen, kommt ihr auch nicht besonders weit!

In vielen Fällen scheinen eure Wissenschaftler der seltsamen Vorstellung anzuhängen, daß man eine Realität VERSTEHEN kann, indem man sie zerstört; daß ihr den Lebensmechanismus eines Tieres wahrnehmen könnt, wenn ihr es tötet; oder daß ihr ein Phänomen dann am besten untersuchen könnt, wenn ihr euch davon abspaltet. So versucht ihr oft, die Natur des menschlichen Gehirns zu erforschen, indem ihr das Gehirn eines Tieres zerlegt, Teile des Tiergehirns von seinen anderen Bestandteilen trennt, sie isoliert, und insgesamt in die Integrität sowohl des fraglichen Tieres als auch eurer eigenen spirituellen Prozesse hineinpfuscht. Damit meine ich, daß ein jeder solcher Versuch euch sozusagen mehr und mehr aus dem Zusammenhang mit euch selbst, eurer Umwelt und anderen Arten reißt. Punkt. Während ihr vielleicht gewisse sogenannte Fakten ›kennenlernt‹, entfernt ihr euch doch immer weiter von jeglichem wirklichen Wissen, denn die sogenannten Fakten stehen euch im Weg. Bis jetzt habt ihr NICHTS von der Einzigartigkeit des Bewußtseins verstanden.

(Sehr nachdrücklich:) Es ist absurd zu glauben, daß ihr irgend etwas über das Bewußtsein lernen könnt, indem ihr es zerstört. Es ist absurd zu glauben, daß ihr auch nur ein Jota über die innere Realität des

Lebens lernen könnt, wenn euch eure Suche dazu bringt, sie zu zerstören. Zerstörung, seht ihr, *in euren Begriffen* (doppelte Hervorhebung), setzt schon mal grundsätzlich eine falsche Auslegung von Leben voraus.

Wird deine Hand müde?

(»Nein«, sagte ich, obwohl ich das Tempo doch ein bißchen spürte. Aber Jane war in guter Form.)

Es gibt Möglichkeiten, sich mit Tieren, mit Atomen und Molekülen zu identifizieren. Es gibt Möglichkeiten, VON den Tieren zu lernen. Es gibt Methoden, mit deren Hilfe man entdecken kann, wie beispielsweise verschiedene Arten wandern, um dann, wenn man will, solche Leistungen technologisch zu kopieren. Zu diesen Methoden gehören keine Sezierungen, DENN WAS IHR AUF DIESE WEISE LERNT, WERDET IHR EUCH NICHT ZUNUTZE MACHEN KÖNNEN *(tiefer und sehr viel lauter).*

In gewisser Weise seid ihr einfach zu überschwenglich, wie Kinder, die ein neues Spiel spielen. Ihr werdet entdecken, daß ihr bestenfalls Bauklötze für Kinder benutzt. Einige von euch sind bereits zu dieser Schlußfolgerung gelangt. Im Verlauf dieses Buches werde ich für den Anfang einige Vorschläge skizzieren, wie ihr euer Bewußtsein gebrauchen könnt, um die Natur der Realität zu verstehen und einige jener inneren Blaupausen deutlich zu machen.

Macht eine kurze Pause.

(22.28 bis 22.45 Uhr.)

Nun: Selbst in eurem Sinn von Geschichte und abfolgender Zeit habt ihr als Gattung verschiedene Methoden des Umgangs mit der physischen Welt ausprobiert.[6] Bei diesem letzten Unternehmen nun entdeckt ihr, daß äußerliche Manipulation nicht ausreicht, daß Technologie ALLEIN nicht ›die Antwort‹ ist. Versteht mich bitte: An einer liebevollen Technologie ist nichts auszusetzen.

Wäre Einstein ein besserer Mathematiker gewesen[7], hätte er seine Durchbrüche nicht geschafft. Er wäre zu EINGESCHÜCHTERT gewesen. Sogar dann noch behinderte ihn seine Mathematik und führte zu einem Knick in seinen intuitiven Einsichten. Oft nehmt ihr selbstverständlich an, daß intuitives Wissen nicht praktikabel ist, nicht funktioniert oder euch keine Diagramme liefert. Genau diese Diagramme, auf die die Wissenschaft so stolz ist, können auch Schranken sein und euch totes statt lebendiges Wissen liefern. Deshalb können sie ziemlich UNpraktisch sein.

Ich gebe zu, daß ich hier etwas hinterlistig bin; aber wenn ihr es nicht für notwendig erachten würdet, Tiere zu töten, um Wissen zu erwerben, dann hättet ihr auch keine Kriege. Ihr würdet das Gleichgewicht der Natur weitaus besser verstehen.

Wenn ihr nicht das Bedürfnis hättet, Realität (in euren Begriffen) zu zerstören, um sie zu verstehen, dann müßtet ihr nicht Tiere sezieren, in der Hoffnung, die Ursachen für menschliche Krankheiten zu entdecken. Ihr hättet schon vor langer Zeit ein LEBENDIGES ERFAHRUNGSWISSEN erlangt, wobei Krankheiten als solche nicht auftreten würden. Ihr hättet schon vor langer Zeit die Verbindungen zwischen Geist und Körper, Gefühlen, Gesundheit und Krankheit verstanden.

Ich sage nicht, daß ihr damit unbedingt eine vollkommene Welt gehabt hättet, aber ihr wäret unmittelbarer mit den Blaupausen für die Realität umgegangen.

(Abrupt:) Ende des Diktats.

(22.56 Uhr. Fast ohne Pause schalteten Seth-Jane auf einiges Material für mich um; die Sitzung endete um 23.16 Uhr. Janes Trance war den ganzen Abend über ausgezeichnet gewesen.)

Anmerkungen zu Sitzung 701

1 Jane hatte sich heute Einsteins Buch über seine Relativitätstheorie angesehen. *(Relativity, The Special and the General Theory*, in der Übersetzung von Robert W. Lawson, © by the Estate of Albert Einstein, Crown Publishers Inc., New York, N. Y.; Deutsch: Die Spezielle und die Allgemeine Relativitätstheorie.) Sie legte es bald beiseite und sagte mir, sie könne nicht sehr viel davon verstehen, außer mit großer Willensanstrengung. Von den darin enthaltenen mathematischen Dingen begriffe sie gar nichts. Ich hatte das Buch letzten Monat bestellt, nachdem sie ihr Interesse daran bekundet hatte. Einstein starb 1955 im Alter von 76 Jahren.

2 Zwei Wochen nach dieser Sitzung fügte ich dem Begriff Seths »der wahre Naturforscher« das Wort (»geistig«) hinzu, weil er sich in den nächsten drei Sitzungen auf den »geistigen Naturforscher« bezieht.

3 Eine fünf Monate später hinzugefügte Anmerkung: Was einige frühere Bemerkungen Seths über die Zeit angeht, siehe die Auszüge aus der 14. Sitzung (vom 8. Januar 1964) in Kapitel 4 von *Das Seth-Material.* Aus derselben Sitzung zitierte ich einige Sätze in den einleitenden Bemerkungen zu Band 1 von *›Die Unbekannte Realität‹* (und auch im Anschluß an die 724. Sitzung in Band 2) und machte mir einige Gedanken über unsere Versuche, Seths Theorie von simultaner Zeit zu begreifen. In den einleitenden Bemerkungen findet sich auch einiges andere hier zutreffende Material, das mit Janes Trance-Produktionszeiten für die Seth-Bücher zu tun hat.

4 Als Künstler habe ich mich gelegentlich selbst gefragt, ob manche abstrakte Gemälde

einen solchen Ursprung haben könnten. Es ist sehr wohl möglich, daß ich mit Jane darüber gesprochen habe, obwohl ich mich nicht speziell daran erinnern kann.

5 In der Physik sind Fragen gewiß in Mode, wenn auch nur zu ihren eigenen Bedingungen. Vor zwei Monaten veröffentlichte eine bekannte Zeitung an der Ostküste einen langen Artikel über den »Aufruhr« und die »Konfusion« in der modernen Physik seit den neuesten Entdeckungen bestimmter Phänomene auf atomarer und subatomarer Ebene. Viele dieser neuen Fakten widersprechen alten, respektierten Fakten und führen zu vormals nie gehörten oder verworfenen Fragen. Diese haben zu tun mit den inneren Strukturen solcher fast dimensionsloser Vorgänge wie beim sich um den Atomkern bewegenden Elektron und bei den verschiedenen ›schwereren‹ Partikeln, aus denen sich der Kern selbst zusammensetzt.

Nun vermutet man, daß uns, zumindest in vielen Fällen, einige der fundamentalen Naturgesetze nicht direkt zugänglich sind, daß uns unsere Welt oft nur eine vage Darstellung ihrer Grundeigenschaften vermittelt. Die Wissenschaft braucht neue Theorien, in denen sich möglichst viele von den vier Natur-Kräften (Schwerkraft, Elekromagnetismus und die atomaren ›starken‹ und ›schwachen‹ Kräfte) zusammenfassen lassen, anstatt sie, wie in der Vergangenheit, voneinander zu trennen. Nun sagt man uns, daß Einfachheit angesagt ist.

(Und, einfach ausgedrückt, die Theorie, daß die »Ereignis-Horizonte« von schwarzen Löchern ein möglicherweise nachweisliches Licht ausstrahlen, könnte einen Schritt zur Zusammenfassung einiger dieser Kräfte bedeuten – Schwerkraft und Elektromagnetismus –, so wie sie sowohl in der Relativitätstheorie als auch der Quantentheorie behandelt werden. Siehe Anmerkung 4 zu Sitzung 681 und Anmerkung 4 zu Sitzung 688.)

6 Siehe in Teil 1 die 683. Sitzung bis 22.11 Uhr.

7 Offensichtlich war Albert Einstein kein großer Mathematiker. Oft machte er Bemerkungen über sein schwaches Gedächtnis. Er arbeitete viel mit Intuition und inneren Bildern. Nicht lange nachdem die Grundzüge seiner speziellen Relativitätstheorie im Jahr 1905 veröffentlicht worden waren, hieß es, daß Einstein seine Leistung zumindest teilweise der Tatsache verdanke, daß er wenig über die Mathematik von Zeit und Raum wüßte.

In der 45. Sitzung vom 20. April 1964 finde ich folgende Bemerkung Seths: »Einstein reiste im Innern und vertraute seiner Intuition, und er benutzte seine inneren Sinne. Er hätte noch viel mehr entdeckt, wäre er imstande gewesen, seiner Intuition sogar noch mehr zu trauen, und den sogenannten wissenschaftlichen Beweis seiner Theorie den minder begabten Menschen zu überlassen, um sich so selbst mehr innere Freiheit einzuräumen.«

Seth gibt eine Beschreibung der inneren Sinne in Kapitel 19 von *Das Seth-Material.*

Sitzung 702, Montag, 10. Juni 1974, 21.19 Uhr

(Letzten Dienstagnachmittag nahmen Jane und ich, in unserem Wohnzimmer, an einem Fernsehinterwiev teil, das von einer New Yorker Fernsehstation ausgestrahlt werden wird. Der Moderator der Sendung und sein Kameramann blieben noch, um Janes ASW-Gruppe an diesem Abend zu filmen. Seth kam während des Abends durch und war, wie so oft, in bester Form, heiter – und ernst. Jane sang auch in ihrer Trance-Sprache, Sumari.

Seth wird damit zum erstenmal seit 1970 wieder im Fernsehen erscheinen; damals hatten wir nach der Veröffentlichung von Das Seth-Material *etwas Publicity betrieben, und Jane hatte bei zwei Gelegenheiten in Städten im Osten der USA für Seth gesprochen. Die Reaktion darauf war hervorragend gewesen, und gelegentlich erhält sie noch einen Anruf oder Brief aufgrund vor allem einer der Shows. Ich sollte vielleicht hinzufügen, daß Jane und ich, seit Seth im Februar dieses Buch begonnen hat, eine weitere Fernsehverpflichtung erfüllt haben, und daß mit Jane ein langes Rundfunk-Interview geführt wurde. Aber der Arbeitsdruck und unsere eigene konservative Einstellung gegenüber persönlicher Publicity brachten uns dazu, andere Gelegenheiten dieser Art nicht wahrzunehmen.*

Die für den nächsten Abend, am Mittwoch, regulär geplante Sitzung wurde nicht abgehalten, damit Jane sich ausruhen konnte.)

Guten Abend.

(»Guten Abend, Seth.«)

Nun: Für den Anfang: Diktat. Laß uns einen Moment Zeit...

Der Gebrauch eurer Instrumente und eure Vorliebe für diese Geräte beim Studium der umfassenderen Natur der Realität wird euch letztlich eine wichtige Lektion erteilen: Diese Instrumente sind nur von Nutzen beim Messen in der Realitätsebene, in der sie selbst existieren.[1] Punkt.

Sie helfen euch, das Universum sozusagen in horizontalen Begriffen zu interpretieren. Bei der Erforschung der tieferen Realitäten in und ›hinter‹ diesem Universum sind diese Instrumente nicht nur nutzlos, sondern sogar irreführend. Ich meine nicht, daß ihr Gebrauch an sich sinnlos ist, ich verweise nur auf die damit verbundenen Begrenzungen.

Die sogenannte objektive Wissenschaft liefert euch ein Bild, ein Modell, das auf seine Weise gute Dienste tat, euch zum Beispiel ermöglichte, auf den Mond zu reisen und Fortschritte in einer Technologie zu erzielen, an der für eine gewisse Zeit euer Herz hing. Im Rahmen der objektiven Wissenschaft, wie sie jetzt existiert, wird sich aber auch die Technologie vor einer Mauer finden. Selbst als WERKZEUG ist die objektive Wissenschaft nur eine Weile hilfreich, weil sie ständig gegen tiefere innere Realitäten anrennt, die dann, ganz einfach wegen der Methoden und der Einstellung dieser Wissenschaft, beiseite geschoben oder ignoriert werden müssen.[2] Keine objektive Wissenschaft oder hervorragende Technologie allein wird beispielsweise auch nur einen Mann oder eine Frau am Leben erhalten, wenn diese sich entschieden haben, den leiblichen Körper zu verlassen, oder wenn sie am täglichen Leben keine Freude mehr finden.

(Pause.) Wie schon gesagt, eine liebevolle Technologie wird immer zur QUALITATIVEN und spirituellen Vertiefung von Erfahrung beitragen. Die innere Existenzordnung und die wahre Wissenschaft vertragen sich miteinander. Der wahre Wissenschaftler fürchtet sich nicht vor einer Identifikation mit der Realität, die er erforschen will. Er weiß, daß er es nur dann wagen kann, ihre Natur im Ansatz zu verstehen. Es gibt viele INOFFIZIELLE Wissenschaftler, wahre Wissenschaftler in dieser Hinsicht, die man in diesem Zeitalter nicht kennt. Viele sind, nach äußerlichen Gesichtspunkten, ganz gewöhnliche Leute, die andere Berufe haben. Es ist jedoch kein Zufall, daß größere Entdeckungen oft von ›Amateuren‹ gemacht werden – von jenen, die von offiziellen Dogmen relativ unabhängig sind, befreit vom Druck, im jeweiligen Fachbereich an die Spitze zu kommen –, jenen, deren Kreativität frei und ungezwungen in den Bereichen ihres natürlichen Interesses fließt.

(21.42 Uhr.) Laß uns einen Moment Zeit... Ohne Identifikation mit dem Land, dem Planeten und den Jahreszeiten wird euch alle Technologie nicht helfen, die Erde zu verstehen, oder sie sich euch auch nur effektiv, von vollständig ganz zu schweigen, zunutze zu machen. Ohne eine Identifikation mit der Menschheit als Ganzes kann keine Technologie die Menschheit retten. *(Pause während einer sehr*

intensiven Übermittlung.) Solange sich der Mensch nicht mit den anderen Lebensformen, mit denen er die Welt teilt, identifiziert, wird keine Technologie ihm je helfen, seine Erfahrung zu verstehen. Ich meine das in sehr praktischer Hinsicht. Geräte werden euch letztlich nichts über die Dimensionen eures Bewußtseins lehren. Wenn ihr sie einsetzt, sogar auch um zu Bewußtseins-VERÄNDERUNGEN zu gelangen *(beim Biofeedback zum Beispiel),* programmiert ihr euch selbst, ihr tretet beiseite.

Laß uns einen Moment Zeit... Solche Geräte können nur dann nützlich sein, wenn sie euch zeigen, daß solche Veränderungen NATÜRLICH möglich sind. Sonst werden sie, bei euren Vorstellungen von angewandter Wissenschaft und Technologie, zum Schwer- und Angelpunkt, und die Betonung liegt auf dem Gedanken der Machbarkeit, der Verfahrensweise, der MANIPULATION. Mit anderen Worten, solange die Vorstellungen und Gedanken, die der objektiven Wissenschaft zugrunde liegen, nicht verändert werden, werden die durch Geräte bewirkten veränderten Bewußtseinszustände mit Sicherheit zur Manipulation des Bewußtseins, statt zu seiner Befreiung eingesetzt werden.

Dies ist keine Voraussage. Ich verweise nur auf eine der existierenden Wahrscheinlichkeiten. Es gab in der Tat Zivilisationen auf eurem Planeten,[3] die, ohne irgendeine ART von Technologie, die Wirkungsweise und Bewegungen der Planeten, die Position der Sterne so gut kannten wie ihr – Menschen, die sogar ›spätere‹ globale Veränderungen voraussahen. Sie bedienten sich einer geistigen Physik und Naturwissenschaft. Es gab vor euch Menschen, die zum Mond reisten, und gleichermaßen ›wissenschaftliche‹ und stichhaltige Daten zurückbrachten. Es gab jene, die den ›Ursprung‹ des Sonnensystems weitaus besser verstanden als ihr. Einige dieser Zivilisationen brauchten keine Raumschiffe.[4] Statt dessen haben exzellent ausgebildete Menschen, die die Fähigkeiten des Traumkunst-Wissenschaftlers und des geistigen Naturforschers vereinten, für Reisen nicht nur durch die Zeit, sondern auch den Raum zusammengearbeitet. Es existieren uralte Landkarten, die von einem günstigen Aussichtspunkt in 300 Kilometer Höhe oder noch mehr gezeichnet und bei der Rückkehr von solchen Reisen sorgfältig ergänzt wurden.

Es gab Zeichnungen von Atomen und Molekülen, die ebenfalls verfertigt wurden, nachdem ausgebildete Männer und Frauen die Kunst der Identifikation mit solchen Phänomenen erlernt hatten. In vielen archäologischen Archiven ist noch viel Bedeutsames und Wichtiges verborgen, das ihr nicht erkennt, weil ihr nicht die richtigen Verbindungen herstellt – und in einigen Fällen seid ihr noch nicht weit genug fortgeschritten, um die Informationen verstehen zu können.

Laß uns einen Moment Zeit ... Den speziellen Vorstoß, den eure Wissenschaft unternahm, und die Richtung, die sie einschlug, sind jedoch der Entwicklung solcher innerer Wissenschaften genau ENTGEGENGESETZT, so daß euch bislang und bis zu einem gewissen Grad jeder Schritt in die eine Richtung weiter von der anderen entfernt hat. Doch alle Wissenschaft gründet sich auf das Verlangen nach Wissen, und deshalb gibt es Kreuzungspunkte auch zwischen den unterschiedlichsten Pfaden; und ihr befindet euch an einem solchen Kreuzungspunkt.

Eure eigene Wissenschaft hat euch zu ihrer logischen Schlußfolgerung gebracht. Das reicht nicht aus, und manche hegen den Verdacht, daß ihre Methoden und Einstellungen Nachteile in sich bergen. Physiker streben sozusagen über sich selbst hinaus, wo ihnen nicht einmal mehr ihre eigenen Instrumente folgen können, und ihre Regeln und Gesetze nicht anwendbar sind. Selbst der Prophet Einstein führte sie nicht weit genug. Ihr könnt euch nicht von einer Realität absondern und dann wenig mehr zustande bringen als Diagramme von ihr. So werdet ihr ihr lebendiges Herz oder ihre Natur nicht verstehen.

Das Verhalten der Elektronen zum Beispiel wird eurem technischen Wissen nicht greifbar sein – denn im tiefsten Sinne werdet ihr nichts anderes ›wahrnehmen‹ als eine Fassade, eine Erscheinung oder Illusion. Soweit konntet ihr, im Rahmen der Spielregeln, eure ›Fakten‹ über Elektronen arbeiten lassen. Ihren multidimensionalen Aktivitäten zu folgen, ist jedoch eine ganz andere Materie – *(humorvoll)* ein Wortspiel –, und ihr braucht, mit Verlaub, etwas schnellere Mittel und Wege.

(Pause.) Die Blaupausen für die Realität liegen noch unter der Aktivitätsebene des Elektrons. Solange ihr in Begriffen von (subatomaren) Partikeln denkt, seid ihr im wesentlichen auf der falschen Spur – oder auch dann, wenn ihr in Begriffen von Wellen denkt. Der Gedanke von in Wechselbeziehung stehenden FELDERN kommt der Sache natürlich näher, aber auch hier tauscht ihr nur leicht unterschiedliche, aber im Grunde ähnliche Begriffe gegeneinander aus. In allen diesen Fällen ignoriert ihr die Realität des Bewußtseins und seine Gestalt-Strukturen und Manifestationen. Solange ihr nicht das von Natur aus hinter jeglichen ›sichtbaren‹ und ›unsichtbaren‹ Manifestationen existierende Bewußtsein wahrnehmt, setzt ihr eurem Wissen ganz konkrete Schranken.

Macht eure Pause.

(22.20 Uhr. »Ich weiß nicht, was er über Elektronen und dergleichen Dinge gesagt hat«, sagte Jane, sobald sie aus ihrem seit einer Stunde andauernden Trancezustand heraus war, »aber all das ist allgemein und läuft auf etwas mehr hinaus. Ich habe es so weit geführt, wie ich konnte. Wir werden vielleicht nach der Pause mehr darüber bekommen . . .«

Ich fand es sehr interessant, daß Seth heute in seinem letzten Abschnitt über subatomare Wellen und Partikel gesprochen hatte. Diese Theorien beinhalten die bei den Physikern noch immer verbreitete Konzeption von der Dualität der Natur. Zum Beispiel: Besteht Licht aus Wellen oder Partikeln? Eine gegenwärtige Verständigung auf den Hilfsbegriff Komplementarität läßt die Forscher Resultate akzeptieren, die zeigen, daß beide *Aspekte zutreffen. Wie in der letzten Sitzung bemerkt, hatte Jane an jenem Tag versucht, Einsteins Relativitätstheorien zu lesen. Kurz vor der heutigen Sitzung hatten wir flüchtig über Einsteins Arbeit und einige damit verbundene Themen gesprochen, aber ich hatte sie nicht gebeten, mit Hilfe von Seth Material zur Physik zu vermitteln.[5] Auf ihre Weise ist Jane jedoch an diesem Bereich ziemlich interessiert und hat hier ein bißchen mit Wissenschaftlern gearbeitet. Darüber werden wir möglicherweise später im Buch mehr zu sagen haben.*

Nun aber sagte Jane – wir hatten das Thema Elektronen gerade angeschnitten –, daß sie sich weiterer Informationen zu diesem Punkt gewahr wäre. Seth war bereit. »Ich werde das hier so gut machen, wie ich kann«, sagte sie, während sie ihre Brille abnahm. Weiter um 22.20 Uhr.)

Ruburts Vokabular ist kein offiziell wissenschaftliches. Und FÜR UNSERE ZWECKE SOLLTE ES DAS AUCH NICHT SEIN – denn dieses Vokabular ist beschränkt.

So vereinfacht wie möglich gesagt, und bis zu einem gewissen Grad in euren Begriffen, bestimmt von eurem Blickpunkt aus der Spin der Elektronen* Zeit-›Sequenzen‹. In diesem Sinne bedeutet also ein umgekehrter Spin eine umgekehrte Zeitbewegung. Es gibt viel, was ihr nicht beobachten könnt. Es gibt viel, was außerordentlich schwer zu erklären ist, einfach deshalb, weil allein schon eure Wortstruktur bestimmte Grundannahmen beinhaltet. Der Elektronenspin geht je-

* Begriff aus der Physik: Bahndrehimpuls (Anm. d. Red.).

doch in VIELE RICHTUNGEN ZUGLEICH,[6] ein Phänomen, das wahrzunehmen euch unmöglich ist. Darüber könnt ihr nur Theorien entwickeln. Es existieren »elektromagnetische Impulse, die darüber zustande kommen und aufrechterhalten« werden, gewisse Stabilitäten, die ihre eigene Integrität bewirken und aufrechterhalten, OBWOHL DIESE UNTER UMSTÄNDEN NICHT in allen Teilen des Spins ›gleich‹ sind. Es gibt Gleichmäßigkeiten, die ›zwischen‹ den Ungleichheiten aufgebaut werden.

Zeit, in euren Begriffen, dreht sich also VON NEUEM rückläufig, so sicher, wie sie sich von neuem *(das Telefon klingelte)* – ignoriere es – in die Zukunft dreht. Und sie dreht sich nach außen UND nach innen, in alle Wahrscheinlichkeiten zugleich.

(22.34 Uhr. Es klingelte fast zwei Minuten. Ich fand die Situation sehr irritierend – vor allem, da ich vergessen hatte, das Läutwerk vor der Sitzung abzustellen. Wenn es einen Moment gab, in dem wir keine Unterbrechung brauchen konnten, dachte ich, so dann, wenn Jane sich mit Material dieser Art befaßte. Sie sprach aber weiter für Seth:)

Gleichwohl existieren ungleiche Schubbewegungen in alle Richtungen, doch durch eine Konzentration auf nur bestimmte TEILE des Spins können ›Gleichmäßigkeiten‹ ermittelt werden.

Macht eure Pause.

(22.36 Uhr. »Ich habe das Telefon gehört und versucht, die Trance zu halten«, sagte Jane. »Aber ich weiß nicht, mit diesem Buch … und wenn ganz normale Leute es lesen. Ich lasse einfach alles kommen … Aber es macht doch großen Spaß. Mir ist, als wäre ich im Herzen der Dinge. Es ist erst kurz nach halb elf, aber ich habe das Gefühl, seit Beginn der Sitzung wirklich sehr weit gereist zu sein …«

Im Sinne herkömmlicher Reinkarnationsbegriffe fragte ich Jane halb im Scherz, ob sie je eine Traumkunst-Wissenschaftlerin oder eine geistige Naturforscherin gewesen sei. Sie wüßte es nicht, erwiderte sie. [Wir sprechen übrigens kaum jemals darüber, welche persönlichen Reinkarnationserfahrungen wir wohl haben oder hatten, gleich ob sich solche Leben nun auf Seths Theorien von simultaner Zeit und Wahrscheinlichkeiten oder auf Zeit als Reihe von abfolgenden Momenten gründen mochten.] Jane wußte allerdings, daß der Rest der Sitzung für sie sein würde. Sie hatte recht. Seth kam um 22.55 Uhr durch und sagte dann um 23.30 Uhr gute Nacht.

Eine Zusatzbemerkung: Janes vielfältige und lebhafte Traumserie hält immer noch an, und sie fertigt weiterhin detaillierte Protokolle an.

Manchmal ist sie mit dieser Arbeit mehrere Stunden am Tag beschäftigt. Für letzte Nacht hat sie zum Beispiel fünf Träume verzeichnet. Ich habe ihre letzten Träume in Anhang 11 zu Sitzung 698 erwähnt. Dort finden sich auch Auszüge aus The Wonderworks – *Texte, die sie letzten Monat im veränderten Bewußtseinszustand schrieb, und die zumindest teilweise durch ihre Traumserie inspiriert wurden. In einigen der ausgelassenen Sitzungspassagen ging Seth ziemlich ausführlich auf Janes Traumarbeit und damit verbundene Aktivitäten ein. So auch heute abend. Wichtig ist hier anzumerken, daß Janes mit dem Träumen verbundene Erfahrungen einige neue und sehr spannende mediale Entwicklungen für sie bedeuten.)*

Anmerkungen zu Sitzung 702

1 Wieder (wie schon in Anmerkung 7 zur letzten Sitzung) zitiere ich Seth aus der 45. Sitzung: »Jede Erforschung des wesentlichen inneren Universums, das das einzige wahre Universum ist, muß so weit als möglich von einem Punkt außerhalb eurer Verzerrungen geschehen ... Um AUßERHALB eures Universums zu gelangen, müßt ihr nach INNEN reisen ... Eure sogenannten wissenschaftlichen, sogenannten objektiven Experimente können in alle Ewigkeit fortgesetzt werden, aber hier wird nur immer weiter mit (physischen) Tarnungsinstrumenten in einem Tarnungsuniversum herumgeforscht werden ... Es ist richtig, daß auch das Unbewußte seine Verzerrungselemente hat, aber ihnen ist leichter zu entkommen als den Tonnen an verzerrender Tarnungsatmosphäre, die eure wissenschaftlichen Experimente belasten.«

(Siehe Anmerkung 3 in Anhang 11, in bezug auf Seths Gebrauch des Begriffes »Tarnung« in den frühen Sitzungen.)

2 Seths Material zu Technologie und Wissenschaft, die zu inneren Realitäten führen, erinnert mich an zwei Beispiele, auf die ich kürzlich beim Lesen stieß. Beim ersten handelt es sich um eine etwas persönlichere, innere Realität als beim zweiten, aber beide werfen interessante Fragen auf. Jeder Leser und jede Leserin kennen wahrscheinlich ähnliche Beispiele. (Wie ich allerdings in Anhang 1 schrieb: »Ich bin nicht daran interessiert, unsere Technologie herunterzumachen, sondern will auf gleichzeitig existierende innere Faktoren aufmerksam machen, die, dessen bin ich mir sicher, genauso wichtig sind.«)

Mein erstes Beispiel betrifft die Entwicklung von Biofeedback-Geräten in den 60er Jahren. Mit diesen Instrumenten sollte man, falls nötig, den eigenen Blutdruck oder gewisse andere vegetative Körperfunktionen kontrollieren lernen. Zweifellos ist ein solches selbständiges Überprüfen und Kontrollieren ein Beispiel für »liebevolle Technologie«, von der Seth in der letzten Sitzung sprach; inzwischen wissen wir aber, daß die in das Biofeedback gesetzten frühen Erwartungen reichlich übertrieben waren. Innerhalb eines vernünftigeren Kontexts wird diese Technik ihren Platz in unseren Heilsystemen einnehmen, aber alles, was wir dabei lernen, wird sicher immer wieder auf die Notwendigkeit verweisen, unsere persönlichen inneren Realitäten zu verstehen; das heißt, was *verursachte* ursprünglich den hohen Blutdruck oder was auch immer?

Mein zweites Beispiel entspringt einem neueren Buch über Astronomie. Der Autor erläutert die verschiedenen Theorien zum Ursprung unseres zu beobachtenden Universums von Planeten, Galaxien, Quasaren und so weiter und führt Beweise für und gegen jede Theorie an. Doch als er zur Frage kommt, was VOR unserem Universum war (oder ob es schon seit ›Ewigkeit‹ existiert), wird uns mitgeteilt, daß sich die Wissenschaft nicht mit einem letztlichen Ursprung oder Ende befaßt; in bezug auf irgendwelche vorhandenen Antworten dazu werden wir auf die Bereiche von Theologie und/oder Philosophie verwiesen.

Es ist merkwürdig, aber doch unausweichlich, denke ich, daß das Bewußtsein, das solche Disziplinen wie Biofeedback oder Astronomie (um mich der beiden hier angeführen Beispiele zu bedienen) entwickelt, schließlich doch auf seine eigenen, inneren Quellen zurückgeführt wird.

3 Vier kleine Anmerkungen, die letzten beiden wurden aus dem zweiten Band von *»Unbekannte Realität«* übernommen:

Siehe Kapitel 15 in *Gespräche mit Seth* in bezug auf Seths Material über Kunst und Technologie in der alten Zivilisation von Lumania (wie auch seine Verweise auf vorangegangene und nachfolgende Zivilisationen). Auch jetzt, so sagt er uns, sind Eigenschaften der Lumanianer in unserem Erbgut verankert.

Seth spricht über einige »Bewußtseins-Gattungen« in Sitzung 692, Band 1, ab 23.08 Uhr.

Aus der 715. Sitzung in Teil 4 Band 2: »Es gibt Zivilisationen der Psyche, und nur, wenn ihr euch darüber Kenntnisse aneignet, werdet ihr die Wahrheit über die ›untergegangenen‹ Zivilisationen eures Planeten entdecken – denn jede dieser Kulturen stimmte mit einem entsprechenden Teil der Psyche, der euch auch jetzt zu eigen ist, überein und entstand daraus.«

Aus der 742. Sitzung in Teil 6, Band 2: »Atlantis ist ein Land, das ihr bewohnen wollt, das in eurer Literatur erscheint, in euren Träumen und Phantasien, und das als Anreiz für eure Entwicklung dient... Es trägt aber auch den Stempel eurer Ängste, denn in euren Legenden heißt es, daß Atlantis zerstört wurde. Es existiert in eurer Zukunft, ihr aber verlegt es in eure Vergangenheit, nicht nur die Zerstörung, sondern das gesamte Muster, gesehen durch das Raster eurer Glaubensvorstellungen und Überzeugungen. Abgesehen davon kamen und gingen aber viele Zivilisationen auf GEWISSERMAßEN gleiche Weise, und der ›Mythos‹ (von Atlantis) gründet sich also GEWISSERMAßEN auf physische Fakten in eurem Sinne.«

4 In der 40. Sitzung am 1. April 1964 hatte Seth etwas zu den Herausforderungen zu sagen, die die Weltraumfahrt für unsere eigene Zivilisation bedeuten wird: »... was Weltraumreisen angeht, so seid ihr durch die damit verbundenen Zeitelemente sehr stark beeinträchtigt... Unter euren Bedingungen wird es einfach zu lange dauern, dahin zu kommen, wohin ihr wollt. Die Wissenschaftler werden sich nach einfacheren Methoden umsehen. Sie sind sogar schon jetzt dazu gezwungen, die Möglichkeiten der Telepathie als Kommunikationsmittel in Betracht zu ziehen, und sie werden immer weiter und weiter in diese Richtung gedrängt werden.

Es ist sehr wohl möglich, daß ihr SCHLIEßLICH bei etwas anlangt, das eurer Absicht nach ein Weltraumunternehmen sein soll, um festzustellen, daß ihr zu einer anderen Ebene (Wahrscheinlichkeit) ›gereist‹ seid. Aber zunächst werdet ihr den Unterschied nicht erkennen.«

Und aus der 45. Sitzung, 20 Tage später. »... eure gegenwärtige Theorie vom sich ausdehnenden Universum ist ein Irrtum. Die Weltraumfahrt wird fallengelassen werden, wenn eure Wissenschaftler entdecken, daß der Raum, so wie ihr ihn kennt, eine Verzerrung ist, und daß das Reisen von einer sogenannten Galaxie zur andern dadurch bewerkstelligt wird, daß man den physischen Körper seiner Tarnung (Materie) entkleidet. Das Beförderungsmittel bei sogenannten Weltraumreisen ist geistige und psychische Mobilität im Sinne von psychischer Energieumwandlung...«

5 Siehe in der vorangegangenen Sitzung, einschließlich der Anmerkungen 1 und 7, das Material über Einstein, sowie Anmerkung 5; in der 684. Sitzung das Material zu multidimensionalen Aktivitäten und Fluktuationen der BEs (oder Bewußtseins-Einheiten), wie Seth sie nennt, zu Elektronen und anderen derartigen Phänomenen; und in der 681. Sitzung, hier vor allem auch Anmerkung 7, das Material über Wissenschaft, wahrscheinliche Atome und die grundsätzliche Unvoraussagbarkeit hinter allen Realitätssystemen. In derselben Sitzung kommt Seth auch auf Janes Vokabular zu sprechen, so wie heute abend nach der Pause.

6 Seth in der 681. Sitzung: »Atome können sich gleichzeitig in mehr als eine Richtung bewegen.« In Anmerkung 7 schrieb ich, daß ich in intuitiver Reaktion auf diese Aussage diese multidimensionale Fähigkeit des Atoms mit Seths Theorie von simultaner Zeit und Wahrscheinlichkeiten in Verbindung brachte. Da Elektronen die Partikel oder Vorgänge sind, die sich um den Atomkern bewegen, stelle ich auch hier die gleichen Verbindungen her. So haben wir, Seth zufolge, einen außerordentlich komplizierten und tiefgründigen Tanz von Einheiten oder Kernen – ein Verhalten, das nicht wirklich in Worte übersetzt werden kann.

Siehe in der 688. Sitzung, in Teil 2, das Material über Zeit und die rückwärts und vorwärts, nach innen und außen gerichtete Bewegung der BEs oder Bewußtseinseinheiten.

Physiker sprachen seit 1925 über den Elektronenspin; kurz danach begannen sie, den Spin der Bestandteile des Atomkerns an sich in Betracht zu ziehen. Dieser Spin ist aber nicht die Umlaufbewegung des Elektrons um einen Kern, sondern eher ein (sehr gerafft) Maß des Magnetfeldes des Elektrons.

Zeitumkehr oder Partikelsymmetrie, die Äquivalenz von Masse und Energie und das Raum-Zeit-Kontinuum sind Lehrsätze der Relativitäts- und der Quantentheorie. In dem Material, das ich über den Elektronenspin habe, finde ich allerdings keine Diskussion solcher Ideen, wie sie von Seth kamen: a) umgekehrter Elektronenspin und eine daraus folgende Zeitumkehr, oder b) Elektronen mit gleichzeitigem Spin in viele Richtungen (selbst wenn wir ein solches Geschehen begreifen könnten). Solche Vorstellungen im Zusammenhang mit dem Elektronenspin mögen in der einschlägigen Fachliteratur abgehandelt werden, sind mir aber nicht bekannt oder liegen außerhalb meines begrenzten Verstandesvermögens. Ich bin auch sicher, daß Jane, im normalen Sinn, nichts davon weiß.

Statt dessen würde ich sagen, daß das Seth-Material nach der Pause Janes eigenem intuitiven, mystischen Verstehen entsprang, daß Zeit und Raum miteinander verwoben sind.

Sitzung 703, Mittwoch, 12. Juni 1974, 22.01 Uhr

(Im Flüsterton:) Guten Abend.

(»Guten Abend, Seth.«)

Wir werden zunächst mit dem Diktat beginnen. Laß uns einen Moment Zeit...

Innerhalb eures dreidimensionalen Systems können die multidimensionalen Aspekte des Elektrons nicht mit Hilfe von Instrumenten wahrgenommen werden, die schon darauf ausgerichtet oder eingestellt sind, nur bestimmte Auswirkungen zu messen.

Es mag sich unter wissenschaftlichen Gesichtspunkten wie Blasphemie anhören, aber unter Anwendung bestimmter BEWUSSTSEINS-FOKUSSE ist es möglich, die Natur und die umfassendere Realität des Elektrons zu verstehen: indem ihr zum Beispiel mit einem fein fokussierten und gestimmten ›Laser‹ (Strahl) das Bewußtseins des Elektron untersucht – und dazu wird später im Buch noch mehr gesagt werden. Bis jetzt habt ihr mit all euren Untersuchungen, auf der Suche nach dem inneren Wesen, nur äußere Bedingungen erforscht.

Um es klarzustellen: Auch wenn ihr beipielsweise ein Tier seziert, befaßt ihr euch nur mit der ›Innenseite‹ der äußeren Realität oder mit einer anderen Ebene von AUSSENHEIT. *(Pause.)* Wenn ihr mit euren Instrumenten die Himmel erforscht, tut ihr sozusagen nichts anderes. Es besteht ein Unterschied zwischen diesem Aspekt und der ›Innenheit‹, der alles Stoffliche entspringt. Und nur dort finden sich die Blaupausen für die Realität. Es gibt verschiedene Möglichkeiten, diese Realität zu studieren. Laßt uns ein sehr einfaches Beispiel nehmen.

Nehmt einmal an, ein Wissenschaftler entdeckt eine erste Orange und benutzt nun jedes verfügbare Instrument zu ihrer Erforschung, weigert sich aber, sie zu befühlen, zu schmecken, zu riechen oder sonstwie auf persönliche Weise MIT ihr umzugehen, aus Angst, seine wissenschaftliche Objektivität zu verlieren.

Auf der Sinnesebene würde er wenig über die Orange erfahren, mag er auch imstande sein, ihre Elemente zu bestimmen, vorauszusagen, wo andere Orangen zu finden sind, und Theorien über ihr Umfeld zu entwickeln. Doch die umfassendere und tiefere ›Innenheit‹ der Orange ist AUCH NICHT irgendwo unter ihrer Schale zu finden. Die Kerne sind die physischen Träger zukünftiger Orangen, aber es waren die Blaupausen zu dieser Realität, die zur Bildung der Kerne führten. In einem Dilemma wie diesem werdet ihr immer wieder auf die Frage zurückgeführt, was zuerst da war, und beginnt von neuem die fröhliche Hatz. Da ihr in Begriffen einer abfolgenden Zeit denkt, will es scheinen, daß ein erstes Ei oder ein erster Kern existiert haben muß.[1] Die Blaupausen für die Realität existieren jedoch in Dimensionen ohne eine solche Zeitabfolge.

Das, was der von mir angesprochenen Innenheit am nächsten kommt, ist euer eigenes Bewußtsein, auch wenn ihr es als Forschungsinstrument für das äußere Universum gebraucht. Aber es ist grundsätzlich unabhängig von jener Realität, nicht auf die Legende von Leben-und-Tod beschränkt, und es befaßt sich, um seiner eigenen physischen Existenz willen, auf anderen Ebenen mit den Blaupausen.

In seiner ganzen Gestalt, vom zellularen bis zum ›Selbst‹-Bewußtsein, existiert ein riesiges Wissensfeld – davon ist gegenwärtig viel auf ›unbewußter‹ Ebene zugänglich –, das zur Aufrechterhaltung der körperlichen Integrität in Raum und Zeit genutzt wird. Es gibt keinen Grund, warum unter der Direktion des Bewußtseins nicht ein großer Teil dieses Wissens auf normale und natürliche Weise zugänglich sein sollte. Es gibt also eine sehr gültige, vitale, reale und immens kreative innere Realität und eine innerliche Abfolge von Ereignissen, aus der euer gegenwärtiges Universum und Leben aufsteigen. Jeder wahre Wissenschaftler wird letztlich lernen müssen, in diesen Realitätsbereich hineinzugehen. Sogenannte objektive Herangehensweisen werden nur funktionieren, wenn ihr euch mit sogenannten objektiven Auswirkungen befaßt – und eure Physiker erkennen, daß sogar in DIESEM Rahmen viele ›Fakten‹ nur innerhalb bestimmter Frequenzen[2] oder unter bestimmten Bedingungen Fakten sind. Euch bleiben hilfreiche, ›brauchbare‹ Fakten, um in eurem eigenen Hinterhof zu agieren, aber sie werden zum Vorurteil, wenn ihr euch über euren eigenen kosmischen Nahbereich hinauszuwagen versucht und feststellt, daß eure vorgefaßten, angeborenen Anschauungen außerhalb ihres Kontexts nicht zutreffend sind.

Aufgrund eurer Einstellungen erscheinen euch Ideen nicht so real, oder praktisch, wie Gegenstände. Gedanken haben für euch nicht die gleiche Gültigkeit wie Felsen oder Bäume oder Bierdosen *(zwei davon standen auf unserem Couchtischchen)* oder Automobile. Euren Begriffen nach BEFÖRDERT euch ein Automobil IRGENDWOHIN. Die große MOBILITÄT des Denkens versteht ihr nicht, und ihr begreift sie auch nicht in ihrem praktischen Wesen. Ihr macht euch eure Welt, und in wesentlicher Hinsicht SIND eure Gedanken tatsächlich unmittelbare persönliche Blaupausen dafür. Wenn ihr mit Gegenständen umgeht, fühlt ihr euch effizient. Der Umgang mit Gedanken ist weitaus praktischer. Hier ist ein kurzes Beispiel.

(22.36 Uhr.) Eure Medizintechnologie mag eine Krankheit nach der anderen ›überwinden‹ – von denen einige übrigens genau von dieser Technologie VERURSACHT werden –, und ihr kommt euch sehr effizient vor, wenn ihr Herztransplantationen vornehmt und einen Virus nach dem anderen bekämpft. Aber all das wird nichts anderes bewirken, als Leute vielleicht an ANDEREN, noch nicht ›besiegten‹ Krankheiten sterben zu lassen. Die Menschen sterben, wenn sie bereit sind zu sterben, indem sie einem inneren Diktat und einer inneren Dynamik folgen. Eine Person, die zu sterben bereit ist, WIRD trotz irgendwelcher medizinischer Behandlungen sterben. *(Nachdrücklich:)* Eine Person, die leben will, wird nach der winzigsten Hoffnung greifen und darauf reagieren. Die Triebkräfte der Gesundheit haben nichts mit Impfungen zu tun. Sie haben ihren Sitz im Bewußtsein eines jeden Wesens. In euren Begriffen ausgedrückt, werden sie von Emotionen, Wünschen und Gedanken gelenkt. Ein WAHRER Arzt KANN NICHT wissenschaftlich objektiv sein. Er kann sich nicht von der Realität seines Patienten abtrennen. Statt dessen aber ist es gewöhnlich so, daß die Worte und Methoden des Arztes den Patienten buchstäblich von sich selbst trennen. Die Krankheit wird fast als eine von der Person des Patienten gesonderte Angelegenheit betrachtet, derer man sich zwar annimmt, über die der Patient aber kaum Kontrolle hat.[3]

Der Zustand wird analysiert, das Blut wird abgezapft. Für den Arzt wird es zur ›Blutprobe‹. Der Patient mag stillschweigend protestieren: »Das ist nicht nur irgendeine Blutprobe – das ist MEIN Blut.« Aber er (oder sie) werden von einer Identifikation mit dem Blut ihres physischen Seins abgehalten, so daß selbst das eigene Blut etwas Fremdes zu sein scheint.

Die Blaupausen für die Realität: In umfassenderer Hinsicht wohnen sie euch inne. In persönlicherer Hinsicht sind sie Teil eures Wesens.

Bis zu einem gewissen Grad schlage ich in diesem Buch einen anderen Ansatz vor. Bislang waren die Blaupausen für die Realität weitgehend unbekannt. Eure Methoden lassen sie unsichtbar werden, und ich schlage hier Möglichkeiten vor, mit deren Hilfe die unbekannte Realität zu einer bekannten werden kann. Ich habe den Traumkunst-Wissenschaftler und den (wahren) geistigen Naturforscher erwähnt *(in den Sitzungen 700/701)*. Ihnen möchte ich gerne den ›vollkommenen Arzt‹ hinzufügen.

Laß uns einen Moment Zeit... Der vollkommene Arzt wäre eine Person, die die Triebkräfte des Seins verstehen gelernt hat, die Beziehungen zwischen Seele und Körper – eine Person, die in ihrem eigenen Körper gesund ist. Unglückliche Menschen können euch nicht lehren, glücklich zu sein. Kranke können euch nicht lehren, gesund zu sein. Psychiater haben eine hohe Selbstmordrate. Warum glaubt ihr, daß sie EUCH helfen können, glücklich zu leben, oder daß sie zu eurer Lebenskraft beitragen? Ärzte sind bei weitem NICHT die gesündesten Menschen.[4] Warum glaubt ihr, daß sie euch heilen können?

(Mit Nachdruck:) Nur innerhalb des BEZUGSRAHMENS eurer Überzeugungen und Glaubensvorstellungen SIND Psychiater und Ärzte hilfreich. Sie wissen mehr als ihr über die Techniken, auf die ihr alle euch geeinigt habt. Solange die Gesellschaft diese Techniken akzeptiert, seid ihr in einem gewissen Maß von ihnen abhängig, und ihr solltet es euch besser zweimal überlegen, bevor ihr sie aufgebt. Aber unter UMFASSENDEREN, WESENTLICHEREN Gesichtspunkten weiß der kranke Arzt weniger über Gesundheit als eine ›ungebildete‹, ›unausgebildete‹, aber gesunde Person – und ich meine das in ganz praktischer Hinsicht. Innerhalb eures Bezugsrahmens mag ihr Verständnis anscheinend von geringem praktischen Nutzen sein, falls ihr zum Beispiel nicht gesund seid. Aber der wahre medizinische Beruf wäre buchstäblich ein GESUNDHEITS-BERUF. Hier würde man gesunde Leute aussuchen und von ihnen lernen, wie Gesundheit unterstützt werden kann, und nicht, wie Krankheitsdiagramme zu erstellen sind.

Dies betrifft allerdings nur die oberflächlichste Ebene. Der wahre Heil- oder Gesundheits-Beruf würde sich mit den psychischen KRÄFTEN zum Heilen des Körpers befassen und mit der Wechselbeziehung von Wünschen, Glaubensvorstellungen, den Aktivitäten des Bewußtseins und dessen Auswirkungen auf das zellulare Verhalten.

Die ›unbekannte‹ Realität. Unbekannt oder nicht, ihr arbeitet damit.

Ihr könnt nun eure Pause machen.

(23.09 Uhr. Jane war über eine Stunde lang in tiefer Trance gewesen, aber sie war draußen, noch bevor ich den letzten Satz Seths zu Ende geschrieben hatte. Während der Übermittlung des Materials hatte sie einen Gesamteindruck vom Plan dieses Buches, verlor ihn aber sofort, als die Pause begann. Vor der Sitzung hatten wir über die Struktur von ›Unbekannte Realität‹ *gesprochen.*

Wieder einmal fragte sich Jane, warum bei diesem Buch diese »ausgeklügelteren und komplizierteren Eigenheiten« ihrer Trancen [sie konnte nicht wirklich erklären, was sie damit meinte] notwendig waren, im Gegensatz zu den »leichteren« bei Die Natur der persönlichen Realität. *Ich schlug vor, solche Vergleiche sein zu lassen und sich vorzustellen, daß* ›Unbekannte Realität‹ *einfach eine andere Herangehensweise erforderte, gleich aus welchen subjektiven Gründen, und daß sich vielleicht im Verlauf ihrer Arbeit diese ständige Frage erledigen würde.*[5]

Während der Übermittlung hatte Jane auch ›aufgefangen‹, daß Seth diesen dritten Teil bald beenden würde, und daß die ersten drei Teile Abschnitt 1 des Buches sein würden. Bislang war von seiten Seths von einem Abschnitt 1 nicht die Rede gewesen.[6] *Jane hatte noch mehr bekommen, aber sie sprach nur vage davon: »... es hat etwas damit zu tun, wie wir alle unsere eigenen Traumkunst-Wissenschaftler, geistigen Naturforscher und vollkommenen Ärzte sein könnten. Und es kommt noch mehr über die drei Einteilungen des Menschen, die Seth in dieser früheren Sitzung vornahm ... und Zeug über die Lande des Geistes, glaube ich, was zu unseren alten Zivilisationen führt, und wie sie nun in unserem Geist eingebettet sind ...«*

Bei dieser »früheren Sitzung« handelt es sich um die 687. in Teil 1, in der sich Seth auf den parallelen, den wahrscheinlichen und den alternativen Menschen bezieht. Aber dieses Material von Seth [und ein Teil der Überschriften für Teil 2] erwuchs eigentlich aus der Abhandlung, mit der Jane am Abend vor der 687. Sitzung selbst überkam. Siehe Anhang 6.

Seth kam nun um 23.40 Uhr zurück und übermittelte, unter anderem, einiges Material über meine Malerei und beendete die Sitzung um 0.15 Uhr.)

Anmerkungen zu Sitzung 703

1 Während Seth in der 682. Sitzung, Teil 1 über Wahrscheinlichkeiten und Bewußtseinseinheiten sprach, sagte er: »DIE VORSTELLUNG VON EINEM EINZIGEN UNIVERSUM IST IM GRUNDE UNSINN. Eure Realität muß in ihrem Zusammenhang mit anderen Realitäten gesehen werden. Sonst seid ihr ständig in Fragen gefangen wie: ›Wie hat das Universum angefangen?‹ oder ›Wann wird es zu Ende sein?‹ Alle Systeme werden ständig erschaffen.« Siehe auch das Material über Astronomie und Ursprünge in Anmerkung 2 zur 702. Sitzung.

2 Die Physiker schreiben allen Objekten in unserem Universum, Galaxien, Sternen, Planeten, subatomaren Wellen/Partikeln usw., eine Frequenz oder Schwingung in periodischer Bewegung zu. Form denkt man sich als einen Ausdruck von Frequenz. Einige Wissenschaftler sagen nun, daß die bekannten ›Vibrationen‹, von denen medial Begabte sprechen, diese Eigenschaft meinen oder ihr nahekommen. Seth erwähnte Frequenzen, bald nachdem seine Sitzungen begonnen hatten. Für mich bestehen Verbindungen zwischen einer solchen periodischen Aktivität und Seths Information in der 684. Sitzung in Teil 1: »Eure Körper leuchten auf und verlöschen wie Lichter... Und so auch das physische Universum, was das betrifft.« Siehe zu weiteren Bemerkungen darüber, wie Atome und Moleküle – mit anderen Worten, das Bewußtsein selbst – in unserer wahrscheinlichen Realität fluktuieren können. Anmerkung 3 zur 684. Sitzung.
Und doch höre ich Jane sehr selten von Schwingungen (den ›Vibes‹, wie man sie allgemein nennt) oder von Frequenzen reden.

3 Siehe die 661. Sitzung in Kapitel 17 von *Die Natur der persönlichen Realität.* Vor allem im Material nach 23.23 Uhr spricht Seth über die Beziehung zwischen Arzt und Patient und über das Gefühl der Machtlosigkeit, das einen kranken Menschen überkommen kann.

4 Aktuelle Statistiken zeigen, daß in den USA die Selbstmordrate bei Psychiatern, Ärzten und Zahnärzten drei- bis viermal höher ist als bei der restlichen Bevölkerung. Es wird nun viel debattiert über den zusätzlichen Streß und die Frustrationen, denen die Menschen in den medizinischen Berufen ausgesetzt sind, abgesehen von persönlichen Eigenschaften und Konflikten, die eine Person dazu bringen können, sich das Leben zu nehmen; der Selbstmord eines Arztes zum Beispiel mag durch seine Unfähigkeit ausgelöst werden, die von der Gesellschaft erwartete Rolle zu erfüllen.
Der Großteil des Materials von *Die Natur der persönlichen Realität* betrifft die Natur von Überzeugungen und Glaubensvorstellungen und die physische und geistige Umgebung, die als Resultat dieser Überzeugung sowohl auf persönlicher als auch kollektiver Ebene geschaffen wird. Daraus ergibt sich, daß sich eine Anzahl von Sitzungen in diesem Buch mit Gesundheit und Krankheit befaßt oder mit Punkten, die auf unterschiedliche Weise diese Themen angehen. Besonders Kapitel 16 und 17 enthalten Material über das, was Seth natürliche Hypnose nennt, und über westliche Medizin, Ärzte und die Annahmen, die sich mit Krankenversicherung und ›Gesundheits‹-Literatur, Ernährungsweise, Geburt, Krankenhäusern, natürlichem Tod, Gut und Böse und so weiter verbinden.

5 Siehe die Bemerkungen um 23.26 Uhr in Sitzung 686 in Teil 1 und zu Beginn der 694. Sitzung in Teil 2.

6 Eine später hinzugefügte Anmerkung: Es stellte sich natürlich heraus, daß es keinen Abschnitt 1 in ›*Unbekannte Realität*‹ gibt. Statt dessen haben Jane und ich beschlossen, wie ich in meinen einleitenden Bemerkungen erläuterte, die ersten drei Teile als Band 1 zu veröffentlichen.

Sitzung 704, Montag, 17. Juni 1974, 21.27 Uhr

Nun – guten Abend.

(»Guten Abend, Seth.«

Mit vielen Pausen:) Diktat... Die unbekannte Realität, der wahrscheinliche Mensch, Träume, der Elektronenspin, die Blaupausen für die Realität – ALLES das ist eng miteinander verwoben.

Euer persönliches Alltagsleben wird von der Wechselbeziehung zwischen diesen Phänomenen berührt, verändert, geschaffen. Natürlich ist auch eure kollektive Welt dadurch beeinflußt. Ihr habt freien Willen, und in gewisser Hinsicht kann man sagen, daß ihr von der Natur der Wahrscheinlichkeiten und dem MULTIDIMENSIONALEN Verhalten der Elektronen abhängt.[1] Unvoraussagbarkeit bedeutet nicht Chaos. Alle Ordnung ENTSTEHT AUS den kreativen Elementen der Unvoraussagbarkeit. In der Tat ist das Verhalten eines Gegenstandes in eurem Universum nur deshalb ›voraussagbar‹, weil ihr euch auf einen so kleinen Teil seiner Realität konzentriert.[2] Unvoraussagbarkeit garantiert Einzigartigkeit, und sie ist das Gegenteil von vorbestimmter Bewegung. Die große Legende von der erkannten physischen Aktivität entsteht aus einer riesigen unerkannten, unvoraussagbaren Dimension, in der den Wahrscheinlichkeiten vollständige Freiheit eingeräumt ist.

Es sollte verstanden werden, was dies praktisch beinhaltet: Keine eingeschlagene Richtung ist unwiderruflich festgelegt oder unveränderbar. Innerhalb des begrenzten Rahmens eures üblichen Handlungsfeldes können jedoch sogenannte Voraussagen[3] getroffen werden. Sie werden bis zu einem gewissen Grad BRAUCHBAR sein. In tieferer Hinsicht aber gibt es keine Handlung, die sich nicht verändern könnte. Die unbekannte Realität ist die Quelle für die bekannte Realität. Wollt ihr ›entdecken‹, wie die Dinge funktionieren, dann muß euch eure Reise schließlich in die Dimensionen führen, die INNERHALB der euch bekannten Welt angesiedelt sind.

Deshalb müßt ihr die Psyche erforschen, das lebendige Bewußtsein. Es wird euch zur Innenheit führen. Und das ist kein unpraktisches, sondern in jeder Hinsicht ein sehr PRAKTISCHES Bestreben. Wissenschaftlich gesehen würden solche Forschungen eure Theorien immens erweitern, und eine liebevolle Technologie könnte den schönsten und anmutigsten Konturen eures Geistes folgen, der von den natürlichen Gebirgen menschlicher Fähigkeiten aufsteigt und sodann leichter in Erfüllung mündet.

Die Medizin würde Heilprozesse sanft und mit Sachverstand unterstützen, wenn sie das tiefe, emotionale Wesen der Psyche und deren Bedürfnisse besser verstünde. Das Lernen könnte aus dem latenten inneren Wissen des subjektiven Selbsts Nutzen ziehen und ihm helfen, sich selbst über das physische Leben zu deuten. Der Traumzustand würde als unerschöpfliche Quelle von Information betrachtet werden. Dann könnten Anstrengungen unternommen werden, die persönliche Symbolik zu verstehen und zu deuten, und der einzelne würde in der Gesellschaft gelehrt werden, aus seinen inneren Informationen Nutzen zu ziehen, um so sein persönliches Leben zu bereichern und der Gemeinschaft zu helfen.

Es ist mir klar, daß sich einiges davon ›rückschrittlich‹ anhört, denn ich schlage hier Verhältnisse vor, in denen selbst Politiker und Staatsmänner ›weise träumen‹ lernten – sich der Psyche, der kollektiven Psyche ihres Volkes gewahr würden und sich auf das ›persönliche Orakel‹ einstimmten.

Nun, für viele Leute hört sich das mit Sicherheit unwissenschaftlich an, und doch haben die meisten meiner Leser und Leserinnen bereits eine Ahnung von einer anderen Version des Wesens der Wissenschaft, sonst würden sie dieses Buch gar nicht lesen. Das persönliche Orakel: Was bedeutet das? Und was hat es mit der unbekannten Realität zu tun? Mehr noch, was hat es mit der praktischen Welt zu tun. Das persönliche Orakel ist die Stimme des inneren multidimensionalen Selbsts – der Teil einer jeden Person, der nicht ganz und gar in ihrer Persönlichkeit steckt, der Teil der unbekannten Selbst-Struktur, der der Persönlichkeit, mit ihrer physischen Verbindung, entspringt. Im wesentlichen befindet sich dieser Teil der Psyche außerhalb von Zeit und Raum, befähigt euch aber zugleich, in dieser Dimension zu agieren.[4] Es hat aufs engste mit WAHRSCHEINLICHKEITEN zu tun – *(lauter:)* der Quelle aller voraussagbaren Handlung.

Aufgrund seiner Position verfügt dieser Teil über starke Kommunikationskräfte, als Empfänger wie als Sender. Unglücklicherweise führte die Wissenschaft, wie sie sich in eurer Zeit entwickelte, dazu, daß dem Individuum mißtraut wird, und sie belud es, subjektiv, mit einem Gefühl von Machtlosigkeit, auch wenn sie anscheinend zum Gefühl von objektiver Macht beitrug. Ich sage, daß sie ANSCHEINEND zum Gefühl von objektiver Macht beitrug *(betont bei sehr schneller Übermittlung).* Zum Beispiel erlauben euch eure ausgefeilten Techniken die Aussage, daß die Umstände für einen Tornado sprechen, und ihr werdet eine Tornado-Wache einrichten *(wie wir sie vor kurzem in unserer Gegend von Elmira hatten);* oder eure Instrumente registrieren schwache Anzeichen für ein Erdbeben, und in Verfolgung der Verwerfungen werdet ihr dann ›voraussagen‹, daß irgendwo anders ein Erdbeben stattfinden wird. So habt ihr anscheinend eine gewisse Macht über eure Umwelt. Der einzelne kann sich auf eine mögliche Katastrophe vorbereiten. Anscheinend könnt ihr die Wolken mit Chemikalien anreichern, so, wenn nötig, für Regen sorgen, und damit eine gewisse, sehr praktische Macht über die Umwelt erlangen. Ihr glaubt, daß ihr dazu dieses ganze wissenschaftliche Drum und Dran braucht, – doch viele Tiere sind sich ohne derartige Instrumente solcher Phänomene gewahr. Und auch die Menschheit ist von Natur aus dazu ausgerüstet, solche möglichen Katastrophen ›vorauszusehen‹.

Der physische Organismus SELBST ist es, der so ausgestattet ist. Der Blutdruck steigt bei ganzen Einwohnerschaften, über die Hormonausschüttung wird Streß signalisiert, aber ihr werdet nicht gelehrt, diese natürlichen Zeichen zu erkennen. Es findet ein Geben und Nehmen zwischen allen Teilen der Natur statt. Ihr seid so natürlich wie ein Tier und ebenso auf die tiefen Rhythmen der Erde ›eingestimmt‹ – auf jene, die ihr bewußt wahrnehmt, und jene, die von eurem Körperbewußtsein wahrgenommen, aber vom ›offiziellen Bewußtsein‹ ausgeblendet werden.

Ich schlage nur vor, daß ihr natürlicher werdet. Da die Wissenschaft eine ziemlich wirksame Barriere gegen eine solche Herangehensweise aufgebaut hat, scheint die Macht bei den Geräten und nicht beim Menschen zu liegen. Der Mensch identifiziert sich beispielsweise nicht mehr mit einem Sturm und hat den Sinn für seine Beziehung zu ihm verloren, und damit auch seine natürliche MACHT ÜBER IHN. Dasselbe gilt für die Stürme der Psyche. Der Traumkunst-Wissenschaftler, der wahre geistige Naturforscher, der vollkommene Arzt – solche Bezeichnungen stehen für die Art von Ausbildung, die euch die unbekannte, und somit die bekannte Realität, verstehen und die Blaupausen gewahren ließen, die hinter dem physischen Universum existieren. Im großen und ganzen scheinen eure Techniken oftmals zu funktionieren. Laßt uns zum Beipiel einen Blick auf die Medizin werfen.

(22.16 Uhr.) Eure Mediziner können auf Leben verweisen, die mit Hilfe einer verfeinerten Technologie gerettet wurden. Ihr könnt eine Reihe von Krankheiten aufzählen, die aufgrund von Impfungen oder anderen Präventivmaßnahmen, wie etwa die Einnahme von Vitaminen oder hygienischen Vorkehrungen, praktisch ausgerottet sind. Demnach muß es als Gipfel der Dummheit erscheinen, wenn jemand wie ich zu behaupten wagt, daß das Individuum über irgendeine Art WIRKSAMEN Schutzes gegen Krankheiten verfügt. *(Lange Pause.)* Fast jeder kann ein Familienmitglied oder einen Freund anführen, der vor 30 oder 40 Jahren an einer Krankheit starb, die man heute völlig im Griff hat. Diese Leben wären, so scheint es, mit einem modernen Verfahren gerettet worden. In eurer Gesellschaft ist eine regelmäßige medizinische Generaluntersuchung ein Muß.

Viele preisen den Arzt, der eine Krankheitsdisposition ›rechtzeitig‹ erkannt und wirksame Gegenmaßnahmen ergriffen hat, so daß die Krankheit überwunden werden konnte. Freilich kann man nie genau wissen, was sonst mit jenen Menschen geschehen ist, die zu sterben wünschten. Wenn sie nicht an der Krankheit gestorben sind, dann sind sie vielleicht einem Unfall ›zum Opfer gefallen‹ oder im Krieg oder durch eine Naturkatastrophe umgekommen.

Vielleicht wurden sie wieder gesund, ob sie nun behandelt worden waren oder nicht, um weiter ein produktives Leben zu führen. Ihr könnt es nicht wissen. Ein Mensch, der zu sterben bereit ist, wird, von einer Krankheit errettet, sich prompt eine andere zuziehen oder sonst einen Weg finden, seinem Wunsch zu entsprechen. Euer Problem HIER, an diesem Punkt, liegt im Lebenswillen und in den Mechanismen der Psyche. Der vollkommene Arzt wäre bemüht, die inneren Mechanismen der Lebenskraft und des Lebensprinzips zu verstehen, und so gut er kann zu lernen, sie zu UNTERSTÜTZEN.

Er würde versuchen, die Muster der Psyche herauszufinden und ihnen zu folgen. Er würde den Patienten ermuntern, sich in sein persönliches Orakel einzustimmen, um seine Absichten und Ziele im physischen Leben herauszufinden und seine spirituellen Kräfte zu beleben. Der vollkommene Arzt wäre eine Person *(männlich oder weiblich)*, die bei ausgezeichneter Gesundheit ist, und von daher SELBST die besondere Dynamik versteht, die zwischen spiritueller Belebtheit und physischem Wohlbefinden am Wirken ist. *(Betont:)* DAS wäre seine Spezialisierung.

Wir sprechen hier, von euch aus gesehen, in der Tat von etwas idealen Umständen. Aber ihr werdet nichts über die Mechanismen von Gesundheit lernen, wenn ihr euch ins Krankenhaus legt. Ihr werdet VIELLEICHT von einer bestimmten Krankheit geheilt, aber wenn ihr nicht mehr über die treibenden Kräfte eures Wesens lernt, werdet ihr einfach einer anderen Krankheit ›zum Opfer fallen‹. Das gilt für alle Handlungsebenen. Ihr entdeckt VIELLEICHT im Umgang mit einem glücklichen Menschen, wie man glücklich ist; die Antwort auf diese Frage werdet ihr aber ganz bestimmt nicht im Umgang mit denen finden, die unglücklich sind. Sie werden euch nur lehren, was es heißt, unglücklich zu sein – wenn ihr es nicht schon wißt.

Jedes Individuum ist ein Universum in einer kleinen Verpackung. *(Pause von einer Minute.)* So wie sich die physischen Planeten in einer Ordnung bewegen und gleichwohl individuelle Wesenheiten sind, kann es eine soziale Ordnung geben, die sich auf die Integrität des Individuums gründet. Aber diese Ordnung würde die innere Gültigkeit dessen anerkennen, was im Innern des Selbsts existiert; und die, ungesehene, innere Ordung, die die Integrität des physischen Körpers gestaltet, würde gleichermaßen die Integrität des gesellschaftlichen Körpers gestalten. Das Selbst, das Individuum, das sein ERFÜLLTES Selbst ist, würde automatisch zum Wohle seiner selbst wie auch zum Wohle der Gesellschaft wirksam sein. Von daher ist das Wohl des Individuums das Wohl der Gesellschaft und stellt spirituelle und physische Erfüllung dar. Dies setzt allerdings ein Verständnis des inneren Selbsts und eine Erkundung der unbekannten Realität der individuellen Psyche voraus.

Ihr könnt eure Pause machen.

(22.42 bis 23.05 Uhr.)

Diktat: Bis zu einem gewissen Grad kann sich jede gewillte Person der ›unbekannten‹ Realität gewahr werden – kann selbst Traumkunst-Wissenschaftlerin, geistiger Naturforscher oder vollkommene Ärztin werden und mit der Erforschung der Lande der Psyche anfangen, die wirkliches Neu- und Grenzland darstellen.

Eine solche Reise wird nicht nur die persönlichen Aspekte der Realität, sondern auch die Erfahrungen der Menschheit als Spezies erhellen. Punkt. Ende dieses Teils.

(23.06 Uhr und [später hinzugefügt] Ende von Band 1 von ›Unbekannte Realität‹ . *Die 704. Sitzung wird noch kurz in Band 2 fortgeführt, wo Seth die Überschrift für den vierten Teil [der Band 2 eröffnet] angibt. Dann fügte er noch einiges persönliche Material für Jane und mich hinzu, bevor er um 23.21 Uhr gute Nacht sagte. Die Anmerkungen für diese Sitzung finden sich jedoch im Anschluß, da sie sich alle auf das hier gegebene Material beziehen.*

Die drei Teile in Band 2 werden im Epilog dieses Buches aufgeführt.)

Anmerkungen zu Sitzung 704

1 Siehe Sitzung 702 nach 22.22 Uhr mit Anmerkung 6, wie auch Anmerkung 2 zur 703. Sitzung. Weitere Hinweise auf Material über die Fluktuation der Atome zwischen den Realitäten können Sie in Anmerkung 3 zur 684. Sitzung finden.

2 Siehe die 681. Sitzung nach 22.00 Uhr.

3 In Anmerkung 6 zur 681. Sitzung zitierte ich Seth zu seiner eigenen Voraussagefähigkeit (der er sich selten hingibt) und zu diesem Thema im allgemeinen. In leicht amüsierter Weise kommentierte er das Thema Voraussagen in der ASW-Gruppe vom 5. Januar 1971; siehe die Abschrift im Anhang zu *Gespräche mit Seth*: »Zeit ist, in euren Begriffen gesprochen, plastisch. Die meisten Voraussagen werden in sehr verzerrter Form gemacht; sie können die Öffentlichkeit irreleiten. Nicht nur das, wenn die Propheten eine Bauchlandung machen, dient das ›der Sache‹ nicht. Realität existiert nicht in dieser Weise. Ihr könnt euch in bestimmte Wahrscheinlichkeiten einklinken und voraussagen, ›daß sie eintreten werden‹, aber immer agiert der freie Wille. Kein Gott in einem riesigen Elfenbeinturm spricht: ›Dies wird am 15. Februar um 8.05 Uhr geschehen‹; und wenn schon kein Gott Voraussagen macht, dann sehe ich nicht ein, warum ich es tun sollte.«

4 Eine später hinzugefügte Anmerkung: Jane befaßte sich mit ihren ›eigenen‹ Gedanken über das innere multidimensionale Selbst in Teil 2 von *Adventures in Consciousness. An Introduction to Aspect Psychology* (siehe unter anderem Kapitel 10 und 11.) Seths persönliches Orakel ist eine Analogie zu ihrem grundlegend nichtphysischen Ursprungs-Selbst, aus dem zahlreiche Aspekt-Selbsts in verschiedenen Realitäten entstehen. Alle Aspekte eines Ursprungs-Selbsts kommunizieren untereinander, auch wenn das unbewußt geschehen mag. Das Aspekt-Selbst, das in unserer Realität erscheint, ist die Fokus-Persönlichkeit, ›erdisiert‹, in physischer Gestalt. Ich habe zur Illustration von Janes Material eine Anzahl von graphischen Darstellungen in Teil 2 von *Adventures* angefertigt, und einige davon zeigen ein schematisiertes Ursprungs-Selbst mit seinen begleitenden Aspekten.
Sehr vereinfacht ausgedrückt, betrachtet Jane Seth also als ein Personagramm, eine »multidimensionale Personifizierung eines anderen Aspekts der Wesenheit oder des Ursprungs-Selbsts, wie es sich durch das Medium ausdrückt«. Aspekte wie Seth, schreibt sie in Kapitel 11 »müßten über die psychische und mediale Struktur der Fokus-Persönlichkeit

kommunizieren. Sie müßten in Übereinstimmung mit unserer Vorstellung von Persönlichkeit in Erscheinung treten, auch wenn ihre eigene Realität unter ganz anderen Bedingungen existieren sollte. Ich glaube, daß ich dies immer in bezug auf Seth spürte. Ich habe nicht der Seth-Persönlichkeit mißtraut, aber ich hatte das Gefühl, daß sie die Personifizierung von etwas anderem ist – und dieses ›etwas andere‹ ist keine Person in unserem Sinne... Aber auf merkwürdige Weise spürte ich, daß er mehr ist als das oder für mehr steht, und daß seine psychische Realität Welten überspannt... Ich fühlte eine Multidimensionalität an Persönlichkeit, die ich nicht definieren konnte«.

Anhang 1
(zu Sitzung 679)

(April 1976. In diesem Anhang habe ich einiges Material von Jane, Seth und mir über Mystizismus zusammengestellt. Die ersten provisorischen Aufzeichnungen dazu machte ich kurz nach der 679. Sitzung, im Februar 1974, mit der Vorstellung, sie gegebenenfalls später beizufügen. So wie sich die Dinge entwickelten, war Seth schon mit Band 1 von ›Unbekannte Realität‹ *halb fertig, als mir klar wurde, daß diese ergänzenden Anmerkungen gut in einen ersten Anhang zum ersten Bande passen würden. Diese Texte mögen zwar ihre eigene Ordnung haben, aber wie das meiste Anhangmaterial stehen sie nicht in chronologischer Reihenfolge. Wie in den einleitenden Bemerkungen möchte ich Janes Rolle als schöpferische Künstlerin betonen, die ihre persönliche Anschauung von einer größeren inneren Realität und ihr intuitives und bewußtes Verständnis von zumindest einigen der Aspekte dieser Realität zum Ausdruck bringt; denn ein solches Verständnis kann uns durch unsere westlich orientierte, materialistische, technologische Einstellung leicht entgehen.*

Ich bin nicht daran interessiert, unsere Technologie herunterzumachen, will aber auf ein paar ebenfalls existierende Faktoren verweisen, die, dessen bin ich mir sicher, ebenso wichtig sind. Schließlich haben wir der Technologie die physische Existenz dieses Buches zu verdanken, was Seth, Jane und mir die Kommunikation mit vielen anderen Menschen ermöglicht.

Seit Jane mit der Übermittlung des Seth-Materials begonnen hat, interessiere ich mich zunehmend für Fragen zu den Ursprüngen von schöpferischen [damit meine ich künstlerischen] Bestrebungen. Wenn wir im herkömmlichen Sinn nach diesen Anfängen suchen, landen wir gewöhnlich bei der Kindheit der betreffenden Person. Aber paradoxerweise sind auch dort die Ursprünge nicht zu finden, oder im normalen Sinne festzumachen, denn laut Seth liegen sie außer Reichweite des physischen Lebens. Die Art von Ursprüngen, über die ich hier spreche, hätte, ohne auf Seths Theorie vom simultanen Charakter der Zeit oder das jede Bestrebung schöpferisch ist, eingehen zu wollen, keinen Anfang und kein Ende. Wahrscheinlicher ist, daß solche Bestrebungen von einer Persönlichkeit vor der Geburt, oder außerhalb des physischen Zustands, gewählt wurden.

Nachdem Seth Janes »zutiefst mystische Natur« in der 679. Sitzung erwähnt hatte, fiel mir einiges persönliches Material ein, das er uns sechs Monate davor gegeben hatte. Ich habe für unsere Zwecke hier die Auszüge aus der entsprechenden Sitzung leicht umgestellt:)

Sogar in seiner Dichtung, und lange vor unserer Arbeit, führte Ruburts Energie ihn zuweilen weit über ›sich selbst‹ hinaus. Er versuchte auf dem Boden zu bleiben, da er das Gefühl hatte, daß er, sollte er sich bei dieser starken Energie Freiheit in fast jeder Richtung erlauben, mit den Sitten und Gebräuchen anderer Leute in Konflikt geraten würde.

Ruburt ist buchstäblich ein gewaltiger Energie-Empfänger. Er zieht Energie an, und deshalb muß sie durch ihn HINDURCH gehen, in nach außen gerichtete Erfahrung übersetzt werden. Er ist er selbst. Er kann sich nicht selbst oder seine Fähigkeiten abstellen... Seine Aktivitäten wären immer intensiv, gleich auf welcher Handlungsebene er seine Energie FOKUSSIERT, und im Vergleich zu ANDEREN könnten sie übertrieben genannt werden. Er IST ein großer Mystiker. Das heißt, er ist von Natur aus ein großer Mystiker. Das spiegelt sich in seiner Dichtung wie auch in unserer speziellen Arbeit wider. Dies würde also auch über die Dichtung, samt der damit verbundenen ›psychodelischen‹ Erfahrungen, seinen Ausdruck finden, unabhängig von bestimmten Sitzungen...

(Wir hatten etwa zur Zeit, als diese persönliche Sitzung abgehalten wurde, ein Buch über die Leben einiger der bekannten Mystiker der Vergangenheit gelesen. Die meisten von ihnen waren in einen religiösen Rahmen eingebunden gewesen, und Jane und ich konnten sehen, wie diese unterschiedlichen Umgebungen ihren transzendenten Erfahrungen Farbe und Gestalt verliehen. [Dem würde ich hinzufügen wollen, daß umgekehrt die Umgebung ganz offensichtlich auch durch diese Erfahrungen bereichert wurde.] Aber trotz des Seth-Materials sagte Jane zu mir: »Ich bin keine Mystikerin. Ich selbst sehe mich keineswegs so – nicht wie diese Kirchenmenschen.« Sie lächelte. »Ich habe nicht jedesmal, wenn ich was Wichtiges vorhabe, eine Vision.«

»Tatsächlich«, so fuhr sie fort, »macht es mich verlegen, daß Seth mich eine Mystikerin genannt hat – ich meine, so eine große. Egal, ob das nun von Natur aus ist oder nicht...« Ziemlich widerstrebend ließ sie mich hier dieses persönliche Material vorlegen; aber nur deshalb, glaube ich, weil sie meinen Wunsch verstand, einiges, meiner Ansicht nach sachdienliches Hintergrundmaterial für die Seth-Bücher beizusteuern. Und doch konnte sie zur gleichen Zeit zu mir sagen: »Ich hoffe, tiefer ins Bewußtsein vorzudringen, als je jemand zuvor.«[1]

Ich machte Jane darauf aufmerksam, daß ihre mystische Natur, da sie nun keiner Religion mehr angehörte [sie trat mit 19 Jahren aus der katholischen Kirche aus], andere Ausdruckswege wählen würde; wie zum Beispiel mit diesen Sitzungen. Vielleicht würde sich herausstellen, so meinte ich, daß eine ihrer Hauptbestrebungen darin bestand, die Grenzen der ›gewöhnlichen‹ mystischen Erfahrung an sich zu erweitern, aufzuzeigen, daß sie auch außerhalb des religiösen Rahmens stattfindet. Ich fügte hinzu, daß innerhalb dieser religiösen Grenzen Mystiker in allen Jahrhunderten und in der ganzen Welt den gleichen Gedanken mit fast den gleichen Worten Ausdruck gegeben hatten, und daß sich Jane als ›unabhängige‹ Mystikerin in einer Lage befand, in der sie die Situation von einem freieren, individuelleren Standpunkt aus angehen konnte: Sie wäre imstande, dem neue Einsichten hinzuzufügen, was man sicherlich als einen der universellsten und einigensten Seinszustände der Menschheit bezeichnen kann. Denn ganz gewiß spricht der mystische Weg von unserer Ursprüngen.[2]

Ironischerweise zeigten sich Janes angeborene Fähigkeiten, wenn auch auf unerkannten oder ›unbewußten‹ Ebenen, zuerst innerhalb *der sehr disziplinierten Ordnung des Katholizismus. Und sie hatte diesen Rahmen bestärkt, indem sie darauf bestand, von einer öffentlichen zu einer katholischen Grundschule überzuwechseln.*

Im Zusammenhang mit Seths Beschreibung ihrer mystischen Natur in der 679. Sitzung befragte ich sie nach ihren Gefühlen in der Kindheit. Jane sagte, daß sie in diesen Jahren keine Ahnung davon hatte, daß sie so etwas Esoterisches wie eine ›Mystikerin‹ sein könnte. Sie war einfach sie selbst, und ihr Selbst-Gefühl, samt ihrer persönlichen Fähigkeiten und der Wertschätzung der Welt, die sie schuf und auf die sie reagierte, entwickelten sich mit zunehmender Reife ganz natürlich. Über ihre Beziehung zur katholischen Kirche, durch die Heiligen dieser Kirche, wurde sie sich der Natur dessen, was man ›Mystizismus‹ nennt, gewahr – aber noch immer war da kein Gedanke daran, sich selbst eine solche Eigenschaft zuzuschreiben. Ihr Wunsch, ihr Antrieb war das Schreiben.

Der Punkt, auf den ich hier hinaus will, ist der, daß Jane sich von ihren Altersgenossen mehr unterschied, als ihr klar war. In ihrer Jugend war es für sie offensichtlich, daß niemand von ihren Freunden und Freundinnen Gedichte schrieb oder über die Themen sprach, mit denen sie sich oft in ihrer Dichtung befaßte.[3] *Jane fühlte intuitiv ihr eigenes Wesen, ohne zu versuchen, es zu definieren. Dementsprechend unternahm sie als Kind lange Spaziergänge in der Nacht und betete, vor allem wenn sie ›böse‹ gewesen war.*

Doch in diesen Entwicklungsjahren spielte Janes Großvater – ihr »Little Daddy«, wie sie ihn nannte – eine wichtige Rolle. Bis zu einem gewissen Grad ersetzte er den Vater, den sie im Alter von zwei Jahren, als sich ihre Eltern scheiden ließen, verloren hatte. Joseph Adolphe Burdo war ein Kanadier indianischer Herkunft, und er wuchs mit der französischen Sprache auf. Seine Vorfahren buchstabierten den Familiennamen ursprünglich ›Bordeaux‹. In bestimmter Weise identifizierte sich Jane sehr stark mit ihm, wie Seth in den weiter unten aufgeführten Ausschnitten aus der 14. Sitzung vom 8. Januar 1964 erläutert.

Als Seth uns diese Information gab, hatten die Sitzungen gerade erst begonnen. Doch wir konnten damit sofort etwas anfangen; vor allem in diesem Beispiel ›paßten‹ Seths Einsichten zu Janes bewußter Kenntnis und erweiterten sie auf sehr interessante Weise.

Zur Einleitung des Materials [in der 14. Sitzung] hatte ich Seth gefragt: »Jane möchte sehr gerne etwas über ihren Großvater erfahren. Kannst du ihr dabei helfen?« Seth antwortete:)

Teil einer sehr starken Wesenheit. Doch im letzten Leben außerordentlich unartikuliert, wegen seiner Unfähigkeit, in vergangenen Leben Erreichtes zu einer Synthese zu bringen.

(»Warum war ihm Jane als Kind so eng verbunden?«)

Abgesehen von den normalen Gründen, hatte er eine Neigung zum Medialen, zu einer Zeit, als Jane jung war und selbst einem vergangenen Leben noch nahe stand. Sie spürte sein tiefes und persönliches inneres Gewahrsein. Es verwirrte und verfolgte ihn, da sich seine Unartikuliertheit auch auf seine inneren Gedanken erstreckte. Er fühlte tief, konnte sich aber nicht erklären. In seinem zurückgezogenen Wesen war er fast ein Mystiker, aber er war, in seiner Persönlichkeit als Joseph Burdo, unfähig zu einer Beziehung zur gesellschaftlichen Umwelt oder auch nur zu anderen Familienmitgliedern. Bedauerlicherweise gab es da einen Block. Er fühlte tief seine Verbindung mit dem Universum als Ganzem und mit der Natur, so wie er sie verstand. Aber für ihn schloß Natur seine Mitmenschen nicht mit ein. Die Einsamkeit, die ihn bedrängte – denn so war es –, ist für jede Persönlichkeit gefährlich, es sei denn, sie hat bereits eine Identifikation mit der menschlichen Rasse vollzogen.

Das heißt, von seinem Einheitsgefühl mit Allem-was-ist, schloß er andere menschliche Wesen aus, und auf eurer Ebene ist es für die Persönlichkeit notwendig, sich auf ihre Mitmenschen zu beziehen. Nur nachdem Beziehungen aufgebaut worden sind, ist eine derartige Isolation zuträglich. Jane spürte jedoch, daß sich ihr Großvater mit dem Rest der Natur identifizierte, und da sie als kleines Kind noch keine starke Ego-Persönlichkeit aufgebaut hatte, empfand sie auch kein Gefühl von Zurückweisung, wie zum Beispiel die anderen Familienmitglieder. Wenn er vom Wind sprach, dann empfand sie sich als Wind, wie jedes Kind sich unselbst-bewußt mit den Elementen identifiziert.

Ihr Großvater reagierte auf die Anziehung, die sie auf ihn ausübte, und er konnte ihrer Richtung entgegenkommen, weil sie keine Erwachsene war. In gewisser Weise war er im Grunde wie ein Kind, und doch konnte er mit den meisten Leuten wenig anfangen. Hätte er lange genug gelebt, um zu sehen, wie Jane erwachsen wurde, hätten sich die Gefühle zwischen beiden sehr wohl verflüchtigen können. Er konnte keine Beziehung mit einem anderen Erwachsenen haben, und wenn sich Jane in seinen Augen der Liga der Erwachsenen angeschlossen hätte, hätte er seine starke Neigung für sie nicht bewahren können.

Er vergab seinen eigenen Kindern nie, daß sie erwachsen geworden waren ... Doch was seinen eigenen Körper anging, so hatte er, jedenfalls bis kurz vor Ende, eine sehr gute Beziehung zur Natur. Er sah sich selbst altern, wie eben ein Baum altert, aber störrischerweise fand er, daß andere alterten, um ihn zu ärgern ... In frühen Jahren nahm Jane jedoch sein Gefühl, mit der Natur eins und vollkommen zu sein, in sich auf, und das hatte viel mit ihrer späteren Entwicklung zu tun ...

(Joseph Burdo starb 1948 im Alter von 68 Jahren. Jane war 19. Zwei Jahre später schrieb sie folgendes Gedicht:

Ich werde zur Frühlings-Zeit sterben

Ich werde zur Frühlings-
Zeit sterben, Großvater.
Erde wird, ihr Verlangen stillend,
Mein noch warmes Fleisch willkommen heißen.

Kühle Winde werden wehen,
Die meine Gedanken sind, Großvater.
Durch meinen Schädel werden sie stürmen
Wie Schatten oder graue Vögel.

Warte und lausche auf mich, Großvater.
So, wie einst wir durch die Wälder gingen,
Leih mir deine Hand.
Der Wind der Ewigkeit fährt durch mein Haar,
und mit Eis berührt er innen meine Hand.

Teil sein werde ich wieder von Erde und Frühling, Großvater.
Wind werde ich wieder sein. Baum und Blume werde ich sein.
Frei sein werde ich wieder vom Rad.
Großvater, warum bringt es mir Schmerz?

Veröffentlicht in Patterns, A Verse Quarterly, *Oktober 1954.*

Jane sprach in ihren Schulzeiten nicht viel über ihre Gedanken oder die Fähigkeiten, die sie in sich spürte – nicht mit ihrer Mutter, nicht mit den Priestern, mit denen sie gut bekannt werden sollte [und die ohnehin nicht erbaut waren, wenn sie mit ihrer religiösen Hingabe, ihrem ›Mystizismus‹ zu weit ging], nicht einmal mit ihrem Großvater. Statt dessen schrieb sie über ihre innere Welt. Sie hatte Freunde, aber sie träumte nicht von einer Ehe, Kindern oder davon, einen Haushalt zu führen. Im Grunde »fühlte sie sich allein« in ihrem ständigen Verlangen zu schreiben. Nachdem sie die Kirche verlassen hatte, mißtraute sie organisierter Religion im allgemeinen, und sie hatte keine Ahnung davon, daß ihr Schreiben sie zu irgendeiner Art von ›mystischer Erfahrung‹ bringen würde. In der Tat war sie verstört, als Seth über Unsterblichkeit zu sprechen begann, und sie wollte, wie sie sagte, daß sich die Sitzungen aller religiösen Anklänge enthielten.

Sie hat keine religiöse Wandlung im klassischen Sinne durchgemacht, so wie William James sie in seinem The Varieties of Religious Experience[4] *schildert, aber mehr als einmal erfuhr sie ihre eigene Form von Ekstase oder tiefe Bewußtseinsveränderung oder Erleuchtung – wie immer man diese Zustände nennen mag. Eine dieser Episoden, die mehrere Stunden dauerte, beschreibt sie sehr kurz von zwei Blickpunkten aus in* Dialogues Of The Soul And Mortal Self In Time *und in* Adventures of Consciousness.[5]

Jane genießt es oft, in den sehr frühen Morgenstunden wach und allein zu sein. Sie steht vor der Dämmerung auf, macht sich ›ein einfaches, schnelles Frühstück‹ – um dann zu lesen, ein paar Aufzeichnungen zu machen und zu beobachten, wie der Himmel vor dem Küchenfenster heller wird. Sie lauscht auf die ersten Lieder der Vögel. Das Telefon schweigt. Und wie sie einmal, am 3. April 1976, für mich schrieb: »Ich fühle immer eine merkwürdige, richtige, etwas eigensinnige Befriedigung, als sollte jemand aufsein und die Ankunft des Tages beobachten; und das bin ich.«

Am Abend zuvor hatte ich an diesen Anmerkungen gearbeitet, und wir hatten unter anderem über Mystizismus gesprochen. Nach und wegen unserer Diskussion stand Jane früh am nächsten Morgen auf und schrieb einige Seiten Text. Als ich aufstand, fand ich darunter folgende Passagen. Sie sind ein ausgezeichneter Schluß für diesen Anhang. Obwohl Jane anfangs noch einmal Zweifel, oder zumindest Einschränkungen, in bezug auf ihren Mystizismus äußert, meine ich, daß ihr Verständnis, Teil des Tages, der Erde und der Zeit zu sein, doch eine Beschreibung ihrer unabhängigen Verfolgung des mystischen Weges ist. Jane schrieb:)

»Rob befragte mich zum Mystizismus, und ich finde es sehr schwer, dieses Wort mit mir in Verbindung zu bringen, weil ich die verschiedenen Definitionen oder Implikationen dieses Begriffs durcheinanderbringe. Für mich bedeutet dies eine Art von ... ja, starker und unbeugsamer Beziehung einer Person zum Universum ... eine analoge und gleichwertige Beziehung; eine Sehnsucht, am Sinn der Existenz teilzunehmen und teilzuhaben; ein Drang, die Natur zu würdigen, empfänglich für sie zu sein, sie zu ehren und gleichzeitig zu ihr beizutragen; und das Wissen, daß die Natur auch ein Prüfstein für ein tieferes Sein jenseits menschlicher Erkenntnis ist, dem wir und die Welt entspringen.

Aber in dem Sinn, wie das Wort meiner Meinung nach interpretiert wird, bin ich keine Mystikerin. Normalerweise impliziert dieser Zustand weitaus größeres Mitgefühl und Güte, als ich es besitze; eine innere Anmut, die ich spüre, aber selten erreiche; und eine Geduld mit Menschen, die mir abgeht. Auch eine Frömmigkeit, die ich nicht mag. Dies sind die christlichen Versionen; oft sind sie aber von einem gewissen Fanatismus begleitet, den ich abstoßend finde. Einige Zen-Formen preisen die Tugenden eines guten, ausgelassenen Humors, den ich vorziehe, aber dann sind, soweit ich weiß, sowohl östliche wie westliche mystische Lehren vollgestopft mit Vorstellungen von Entsagung.

Die Idee der Priesterin hat mich fasziniert, bevor ich mich auf unsere Sitzungen einließ. Aber ich dachte an eine Priesterin-und-Poetin, und vermischte dies mit dem Bild der Geliebten, als ich Rob traf. Wo immer wir auch leben, es ist bedeutsam für mich; ein privilegierter Ort; unsere heimische Plattform im Universum.

... Ich habe jetzt mehr Sympathie und Liebe für mich selbst. Indem ich mich selbst zum Besseren entwickle, kann ich wirklich etwas dazu tun ... einen kleinen Teil der Welt zu verändern. Vielleicht ist das alles, wofür ich verantwortlich bin – merkwürdiger Gedanke – aber wofür sonst fühlte, fühle ich mich verantwortlich? Aber wenn die Menschen den Teil der Erde liebten, der ihren Körper ausmacht, dann würden sie etwas sanfter und liebevoller mit sich umgehen. Und die Erde würde es wissen. So wie ich spüre, daß der Tag es weiß, wenn ich beobachte, wie die Morgendämmerung heraufzieht.

Ich war schon wieder auf dem Weg zurück ins Bett, als mich meine letzten Zeilen plötzlich darauf brachten, daß ich immer noch dieses Gefühl habe, das ich als junges Mädchen hatte; daß ein Teil der Morgendämmerung für *mich* kommt; persönlich; und daß bis zu einem gewissen Grad Zeit nicht existiert hat, bevor ich geboren wurde. Meine Geburt brachte ein bestimmtes Element in die Welt, das vorher nicht vorhanden war. Und mit mir brachte ich Zeit. Das geschieht immer, wenn jemand geboren wird, aber die meisten Menschen spüren es nicht – oder scheinen es nicht zu spüren ... Wir alle auf Erden bilden zusammen Zeit und tragen zu ihrer Form und Geschichte bei. Dies geschieht, wann immer jemand von uns geboren wird oder stirbt. Ich glaube, so habe ich immer gefühlt.

Ich dachte, das Leben sei ein gütiges Geschenk, und daß uns die natürliche Welt dazu ›gegeben‹ wird. Dafür war ich immer dankbar. Ich fühlte, daß jede Person ein Ziel und eine Absicht hat, aber ich glaubte nicht, daß man danach suchen müsse, denn ich wollte natürlich schreiben; und das war mein Ziel. Ich habe es nie in Frage gestellt.«

Anmerkungen zu Anhang 1

1 Jane machte ihre Bemerkung, als wir über die ›Dämonen‹ oder Schutzgeister des Sokrates sprachen. Der Philosoph aus Athen (470? – 399 v. Chr.) glaubte, daß das Lebensziel darin läge, glücklich zu sein, daß man sich mit seinem eigenen ›Dämon gut stellen solle‹, daß die Führung im Leben von Gott komme.

2 Seth erinnert uns in Kapitel 10 von *Die Natur der persönlichen Realität* daran, daß der mystische Weg eines der natürlichen Feedback-Systeme ist, die zwischen Körper und Psyche operieren. Siehe die 640. Sitzung vom 14. Februar 1973: »Die ›mystische‹ Erfahrung, die nicht in ein Dogma gehüllt ist, ist die ursprüngliche religiöse Therapie, die in den kirchlichen Institutionen so oft verformt wird, aber das angeborene Wissen des Menschen um sein Einssein mit der Quelle seines Seins und seiner Lebenserfahrung darstellt.«
Zwei Jahre später schrieb Jane, als sie an Kapitel 23 von *Psychic Politics* arbeitete: »Niemand hat je wirklich versucht, die *natürlichen* Konturen der Psyche herauszuarbeiten. Und nur wenige stellen sich die Frage, ob es überhaupt möglich ist... Ähnlich könnten die Visionen, die nicht mit den verschiedenen religiösen und mystischen Dogmen übereinstimmen, die nicht in die Terminologie von Christus, Jehova oder Buddha gekleidet sind, Löcher im offiziellen Bild darstellen, durch die ein Schimmer der inneren Realität dringt... Und doch, das Bestehen auf einer buchstäblichen Deutung (eines medialen oder mystischen Ereignisses) verfolgt uns.«

3 Mit 16 schrieb Jane zum Beispiel: »Die Götter haben nicht den Weg verfehlt, und auch ich nicht!« Und: »Ich kann die Zeit nicht finden. Ich habe überall gesucht...« Aber ihre Schulfreundinnen und -freunde baten sie, ihnen Liebesgedichte für ihre jeweiligen ›Flammen‹ zu schreiben.

4 Longmans, Green and Co, London 1908.

5 Jane befaßt sich mit ihren tiefgehenden Bewußtseinsveränderungen in Teil 2 von *Dialogues Of The Soul And Mortal Self In Time*, »The Paper and Trips Through an Inner Garden« (Das Papier und Reisen durch einen inneren Garten) und in Kapitel 9 von *Adventures of Consciousness.*

Anhang 2
(zu Sitzung 680)

(Bei der Erwähnung meines »Sportler-Selbsts« bezog sich Seth auf Informationen, die er mir in einer Sitzung am 30. Januar 1974 – ein paar Tage vor Beginn von ›Unbekannte Realität‹ *– über drei meiner wahrscheinlichen Selbsts gegeben hatte. In der Sitzung ging es um viele Einsichten persönlicher Art, deren Wahrheit ich nun erkenne. Aber auch ohne Seths Hilfe können sich, ist man sich der Konzeption von wahrscheinlichen Selbsts bewußt, viele interessante Resultate ergeben: Die Leser und Leserinnen können sich allmählich intuitiv eine Vorstellung von ihren wahrscheinlichen Selbsts machen oder von denen anderer Personen, mit denen sie psychisch oder physisch eng verbunden sind. Ich möchte hier nicht mit der Existenz von einem oder mehreren wahrscheinlichen Selbsts persönliche Mängel in dieser Realität begründen, sondern diesen Gedanken ganz einfach dazu benutzen, unsere Grundannahmen über das menschliche Potential zu erweitern. Siehe Anmerkung 1 zu Sitzung 679.*

Hier ist, was Seth in jener Sitzung im Januar zu mir sagte:)

Du hättest dich zum Beispiel in gewissen Sportarten auszeichnen können, wohingegen Ruburt keine solche Neigungen hegte. Du hast dich, während du dich zu verschiedenen Zeiten mit verschiedenen Gebieten befaßtest und so heranwuchst und lerntest, dazu entschieden, dich auf künstlerische Bestrebungen zu konzentrieren – das heißt, es machte dir Spaß, dich im Sport zu versuchen wie auch im Schreiben; und nach einer Weile hast du dich für das malende Selbst als den speziellen Fokus entschieden, auf dem du dein Leben aufbauen würdest.

Der Sportler, der du hättest sein können, hätte aus demselben existierenden Hintergrund andere Einstellungen und Ideen herangezogen, die in seine Vorstellung von SICH SELBST paßten und seinem Kern-Fokus entsprachen. Der Camping-Hintergrund deiner Kindheit diente als reichhaltiges Quellenmaterial, das so genutzt werden konnte, wie DU wolltest. Der Sportler, der Schriftsteller oder der Künstler – jeder von ihnen konnte sich diesen Hintergrund auf unterschiedliche Weise und so, wie es einem jeden entsprach, zunutze machen.

Laß uns einen Moment Zeit... Auch der Erfindungsreichtum deines Vaters würde so, als Quellenmaterial, vom Selbst, welches du auch immer werden wolltest, genutzt werden. Es gibt viele Wahlmöglichkeiten. Ich zeige hier nur drei auf, um deutlich zu machen, wie jene Primäraspekte deiner Persönlichkeit nun in deiner gegenwärtigen Situation wirksam sind....

Auch das Malen, das jetzt zu deiner Natur geworden ist, beinhaltet den Aufenthalt im Freien, wenn du auch selten deine Motive direkt aus der Landschaft nimmst. Trotzdem warst du entschlossen, dir diese Möglichkeit vorzubehalten. Der Sportler, der du hättest sein können, lebt noch immer so stark in dir, daß du automatisch in Form und gelenkig bleibst.

Die Kreativität deines Vaters hatte, wie (in früheren, unveröffentlichten Sitzungen) erwähnt, einen Aspekt von Heimlichkeit, Abgeschiedenheit und Alleinsein an sich... Du hast dich mit seinem eigenbrötlerischen Wesen in kreativer Weise identifiziert. Das schriftstellernde Selbst wie auch der Sportler wurden latent, doch das Schriftsteller-Selbst und der bildende Künstler waren eng miteinander verbunden. Zuweilen befandest du dich in Konflikten. Es kam dir nie der Gedanke, daß sich die beiden Aspekte gegenseitig freisetzen könnten – einer erhellte den anderen – und beide würden erfüllt. Du sahst sie statt dessen grundsätzlich als Widerspruch. Zeit, die du mit dem Schreiben verbrachtest, bedeutete Zeit, die du NICHT auf das Malen verwandt hast. Du glaubtest, das malende Selbst müsse geschützt werden... so wie du das Gefühl hattest, dein Vater müsse SEIN kreatives Selbst vor dem Familienleben schützen...

Der Zeitpunkt ist gekommen, deinen Fokus zu erweitern. Du mußt erkennen, daß es nutzlos ist, zu fragen: »Warum braucht es so lange, bis man versteht?« oder »Warum waren wir so unverständig?« oder, in deinem Fall, »Warum brauchte ich so lange, um ein guter Maler zu werden?«

Es gibt Einsichten, Erleuchtungen, die nicht mit Worten ausgedrückt werden können; sie entstehen als Resultat von ... der Lösung von Problemen oder der Bewältigung von Herausforderungen, die anscheinend nichts mit den ursprünglichen Herausforderungen zu tun haben. Es sind jedoch sehr unvoraussagbare Momente der Erfüllung, die eintreten, wo du doch anscheinend nur ein Hauptproblem löst. Sie sind Errungenschaften, die aus einer gegebenen Situation entstehen, wohingegen die anstehende Herausforderung, euren Begriffen nach, oft nicht bewältigt scheint.

Es existieren unvoraussagbare Verständnisebenen, die die schöpferischen Resultate bestimmter eingeschlagener Handlungswege sind. Diese Ebenen kann es geben, gleich ob der verfolgte Weg vorteilhaft scheint oder nicht, und sie können sogar den Nutzen, (den) ein ERFOLGREICHER Weg versprochen hätte, in diesem Sinne in den Schatten stellen ... Dem Anschein nach habt ihr also Fehler gemacht, aber Fehler sind an sich schöpferisch und brachten unvorhergesehene Wahrscheinlichkeiten mit sich, die nun euren ursprünglichen Kurs bereichern – und auch verändern.

Ruburts schriftstellerische Fähigkeiten entfalteten sich wegen seiner medialen Erfahrungen. Und ebenso deine Fähigkeiten zum Malen ... Der psychische und mediale Durchbruch kam nicht nur so einfach. Eurer beider tiefstes Wesen berief ihn, aus einer wahrscheinlichen Sequenz heraus, in eure gemeinsame Realität – aus einem Grund. Jeder von euch wußte, daß es das geeignetste Hilfsmittel war, eure jeweiligen Fähigkeiten voll zu entfalten und auch anderen zu helfen.

Anhang 3 (zu Sitzung 681)

(Jane findet ihr »Gefühl von Massigkeit«, wie sie es bezeichnet, nicht nur in psychischer Hinsicht lehrreich, sondern richtig aufregend, wenn es mit offenbarenden oder transzendenten Bewußtseinszuständen einhergeht. An einem Tag im April 1973 hatte sie eine Reihe von schönen Erfahrungen mit dieser Massigkeit, und viele davon hatten eine ganz besondere Qualität; siehe dazu ihren Bericht in den Bemerkungen zur 653. Sitzung in Kapitel 13 von Die Natur der persönlichen Realität.

In meinen Anmerkungen, die der 39. Sitzung vom 30. März 1964 vorangehen, beschrieb ich den ersten derartigen Zustand, den Jane nach dem Beginn der Seth-Sitzungen erfuhr. Das Material enthält Passagen, die hier von besonderem Interesse sind, und ich habe sie in folgenden Auszügen zusammengestellt:)

»Um 20.45 Uhr ging ich ins Wohnzimmer, um Jane für die abendliche Sitzung zu wecken. Sie lag weiter still auf der Couch, die Augen geschlossen, sagte mir aber dann nach einigen Minuten, daß sie gerade eine außerordentlich merkwürdige Empfindung gehabt hätte. Ihre Beschreibung ließ mich annehmen, daß sie möglicherweise eine Fähigkeit erkundet hatte, die mit den inneren Sinnen zu tun hatte. Bislang hat Seth sechs von diesen Sinnen erläutert. (Einige Jahre später sollte Jane in Kapitel 19 von *Das Seth-Material* neun solche Sinne anführen.) Jane sagte, daß sie, als sie langsam aus ihrem Nickerchen erwachte, das sehr seltsame Gefühl hatte, ›größer zu werden‹. Lachend meinte sie, sie hätte sich ›so groß wie ein Elefant‹ gefühlt. Ihre Grenzen des Gewahrseins schienen sich erweitert zu haben. Die Hände zu beiden Seiten des Kopfes erhoben, deutete sie eine Breite von fast einem Meter an; buchstäblich so breit hatte sich ihr Kopf angefühlt.

Jane fügte hinzu, daß wir uns bei geschlossenen Augen eines bestimmten ›schwarzen Bereichs‹ gewahr wären, an den wir uns gewöhnt hätten. Während sie sich in diesem ungewöhnlichen Zustand befände, wäre dieser Bereich sehr viel größer – sie benutzte den Ausdruck ›unendlich groß‹. Sie sagte, es wäre, als ob sich ihre Augen tatsächlich weiter voneinander entfernt hätten, um dieses erweiterte Gewahrsamsfeld, oder diese unendliche Schwärze zu schaffen. Sie hatte nichts von einem Geschehen innerhalb dieses Bereichs gespürt, meinte aber, mit mehr Wissen und Erfahrung hätte sie es vielleicht getan. Diese Empfindungen hatten sie nicht erschreckt, und sie ließ sich darauf ein. Jetzt, da ihre Augen offen waren, waren sie verschwunden, aber das physische Gefühl von Vergrößerung war ohne Zweifel sehr stark gewesen...

Als wir darüber sprachen, sagte Jane plötzlich, daß diese Erfahrung eine Erinnerung ausgelöst hätte: Sie hatte schon zweimal zuvor ähnliche Empfindungen gehabt. Beide Erfahrungen hatte sie gemacht, bevor sie 1963 mit den Sitzungen begann; eine vor sechs Monaten, etwa im Oktober 1963, die andere vor über einem Jahr, vielleicht März 1962. Sie konnte sich nicht genau an die Daten erinnern. Dabei war sie jedesmal nach einem Nickerchen erwacht, hatte die Augen aber noch geschlossen. Keines dieser Ereignisse hatte einen solchen Eindruck auf sie gemacht wie die heutige Erfahrung, denn sie hatte nicht dieses seltsame, unendliche Schwarz innerhalb des erweiterten Bereichs des Schädels gespürt. Da sie bei den früheren Anlässen allein gewesen war, hatte sie vergessen, mir davon zu erzählen.«

(In der 39. Sitzung bestätigte Seth, daß Jane mit einem der inneren Sinne experimentiert hatte. Überraschenderweise hatte sie sich auf einen Sinn eingestimmt, über den uns Seth noch nicht viel erzählt hatte: Ausdehnung oder Zusammenziehung der Matrixhülle*.)

Ich bin ziemlich überrascht, daß Ruburt zu diesem Zeitpunkt darauf stieß, da es sich um eine gewöhnlich sehr schwer zu erlangende Fähigkeit handelt... Ruburt machte diese Erfahrung auf physischer Ebene und versuchte, innere Daten in eine Empfindung zu übersetzen, die von den äußeren Sinnen erkannt werden konnte. Dieser siebte innere Sinn ist zuständig für eine Ausdehnung des Selbsts, eine Erweiterung seines bewußten Verständnisvermögens... oder das sich Zusammenziehen zu einer... winzigen Kapsel, die dem Selbst den Eintritt in andere Bereiche ermöglicht.

(Und aus der 40. Sitzung:) Die Matrixhülle ist eigentlich eine Ener-

* Im amerikanischen Original: *Tissue Capsule*; in *Das Seth-Material* übersetzt mit *Erweiterung oder Zusammenziehung des Selbst* (Anm. d. Übers.).

giefeld-Berandung... Gleichzeitig schützt sie das ganze Selbst vor bestimmten Strahlungen, die hier nichts zur Sache tun. Kein lebendiges Bewußtsein existiert auf irgendeiner Ebene, ohne von dieser Matrix-Hülle umschlossen zu sein. Einige Bewohner anderer Ebenen (Realitäten), die zu eurer Ebene Zugang haben, können von euch nur diese Umhüllung sehen, da sie keine Erfahrungen mit eurer speziellen Art von (physischer) Tarnungsstruktur haben. Von daher sind eure Tarnungsmuster für sie unsichtbar, nicht aber die Matrix-Hüllen.[1]

Diese Hüllen können von euch unter bestimmten Umständen gesehen werden, und man hat sie als Astralkörper bezeichnet... ein Begriff, der mir nicht gefällt...

(Jane war also mit einer bescheidenen Anzahl ungewöhnlicher medialer Ereignisse konfrontiert gewesen, bevor die Seth-Sitzungen angefangen hatten; einige Einzelheiten dazu stehen in früheren Anmerkungen. Ihrem ersten Gefühl von Massigkeit [vermutlich] im März 1962 folgten dann 1963 diese Phänomene: unsere York-Beach-Erfahrung im August; ihr Erhalt von Idea Construction *im September; ihr Gefühl von Massigkeit [etwa] im Oktober; das Exposé für* ESP Power [Der Weg zu Seth] *beziehungsweise* The Coming of Seth *als Folge des Abenteuers von* Idea Construction; *und der Beginn der hier abgehandelten Sitzungen im November durch unsere verschiedenen Experimente, wie sie in diesem Exposé aufgeführt sind [und wie Jane in Kapitel 1 von* Das Seth-Material *erklärt]. Bis zum Ereignis von* Idea Construction *waren wir nicht auf den Gedanken gekommen, irgendeinen dieser Vorfälle als ›medial‹ zu bezeichnen. Meine Aufzählung hier kann auch leicht dazu führen, daß sie künstlich von dem Strom an Einsichten getrennt werden, der sich in den Gedichten, die Jane seit ihrer Kindheit schrieb, findet; natürlich ist alles miteinander verbunden.*

Und schließlich kann ich hier anführen, daß auch ich in den letzten Jahren einige Erfahrungen mit diesem siebten inneren Sinn gemacht habe. Sie waren sehr angenehm, aber nicht annähernd so tief wie die von Jane. Während ich mit ihnen befaßt war, war ich immer besonders sensibel für Töne und Laute.)

Anmerkung zu Anhang 3

1 Seth hatte in der 42. Sitzung vom 8. April 1964 mehr über Wahrnehmungen zwischen den Realitäten zu sagen: »... die Formen verändern sich auf den verschiedenen Ebenen, sind sichtbar oder unsichtbar, je nach deiner eigenen Situation. Eine Form, die von dir als fest und stabil wahrgenommen wird, mag auf einer anderen Ebene als eine elektromagnetische Einheit, oder auf wieder einer anderen Ebene als Farbe gesehen werden. Du zum Beispiel... wirst in diesem Augenblick von anderen auf anderen Ebenen wahrgenommen, aber sie sehen dich nicht in der Form, mit der du vertraut bist.

Das Universum, wie ihr es euch denkt, enthält zahllose Ebenen, die, euren Begriffen nach, alle dieselbe Raummenge einnehmen. Die Formen innerhalb dieser Ebenen befinden sich in ständiger Bewegung, wie auch die Ebenen selbst. Zwischen den Ebenen findet ein ständiger Austausch an Energie und Vitalität, mit anderen Worten: von eigentlichen Atomen und Molekülen statt... die Interaktion und die Bewegung von sogar nur einer Ebene DURCH eine andere hat Auswirkungen zur Folge, die auf verschiedene Weisen wahrgenommen werden... als notwendige, verzerrende Umgrenzung, die in manchen Fällen einem Strom ähnelt, so als sei die Ebene von Wasser umgeben, oder in anderen Fällen einer Erscheinung wie bei einer elektrischen Ladung. Doch auf jeder Ebene nehmen die Auswirkungen... dieses Energie-Austausches die Tarnung (physische Erscheinung) der jeweiligen Ebene an.

Will man mit den auf einer bestimmten Ebene entwickelten Sinnen deren charakteristische Tarnungsmuster wahrnehmen, so ist es fast unmöglich, über diese Umgrenzungs-Phänomene hinauszusehen. Die inneren Sinne sind von Natur aus dazu ausgerüstet, das zu tun, tun es aber aus vielen Gründen nicht. Die Erscheinung eines sich ausdehnenden Universums kommt von daher auch durch diese verzerrenden Umgrenzungs-Phänomene zustande...

In einigen Fällen kann diese Verzerrung mit der Widerspiegelung eines soliden Baumes im Wasser verglichen werden. Die äußeren Sinne, die diese Widerspiegelung beobachten, mögen den Versuch unternehmen, die Tiefe des Wassers über die Länge des Baumes abzuschätzen, in der Annahme, es sei so tief, wie der Baum hoch ist...«

Anhang 4
(zu Sitzung 685)

(Wie so oft nach den letzten Sitzungen, entdeckte Jane auch nach der 685. Sitzung, daß sie im Schlafzustand Seth-Material übermittelte. Diesmal war sie so intensiv und nachdrücklich dabei, daß ich sie bat, einen Bericht für diesen Anhang zu schreiben. Schon diese Bitte führte zu einigen sehr interessanten und kreativen Resultaten. Jane:)

»26. Februar 1974. Seit der ersten Sitzung für dieses Seth-Buch (der 679.) – und bevor wir wußten, daß es ein *Buch* war – habe ich nach jeder Sitzung im Schlaf Material dazu bekommen. Manchmal auch in Nächten, wenn keine Sitzung abgehalten wurde. Letzte Nacht war es irgendwie ein bißchen anders, obwohl ich mich jetzt kaum an etwas erinnern kann. Ich weiß nur, daß ich ›mich selbst weckte‹ und mir ziemlich wütend sagte: ›Mein Bewußtsein kann einfach nicht... dieses Zeug... so handhaben‹, oder so ähnlich. Über den ersten Teil dieses Satzes bin ich mir sicher, über den letzten nicht. Das Material handelte von Wahrscheinlichkeiten. Ich glaube, einiges davon sah ich in schriftlicher Form – schrieb ich es auf? Wie dem auch sei, ich bekam zuviel auf einmal. Ich wußte nicht... wo ich es hintun... oder wie ich es mit meiner Art von Bewußtsein ausdrücken sollte.

Nun erinnere ich tatsächlich etwas: Ich habe einen ganzen Haufen von Material bekommen, und es *war* multidimensional. Ich war verwirrt. Ich dachte, ein Teil davon gehörte zu dem Stoff, der schon übermittelt worden war... aber auf eine... wahrscheinliche Weise. Ich konnte nicht erkennen, wie er sich in ein normales Manuskript einfügen ließ, da er eine zusätzliche Dimension hatte. An diesem Punkt wurde ich wütend und weckte mich selbst. Als ich meine Augen aufschlug, wurde mir klar, daß das Material noch nicht in ›*Unbekannte Realität*‹ vorkam, obwohl ich mir im Schlafzustand dessen sicher gewesen war.

Die Sache ging schon eine ganze Weile, als ich schließlich mit diesen meinen Einwänden aufwachte. Ich war auch schon vorher einige Male aufgewacht, hatte mich aufgesetzt und eine Zigarette geraucht. Jedesmal, wenn ich mich wieder hinlegte, kam Material. Beim letztenmal sagte ich: ›Hör zu, Seth, wenn du mich zu einigen dieser Wahrscheinlichkeiten mitnehmen willst, großartig; du führst; aber mein Bewußtsein tut sich höllisch schwer mit dem, was immer wir hier veranstalten.‹ Dann schlief ich ein, und der Materialfluß stoppte.«

(15 Minuten nachdem Jane ihren Bericht beendet hatte, schrieb sie spontan einen zweiten und längeren. Sie produzierte ihn in einem veränderten Bewußtseinszustand, wenn auch etwas ärgerlich, wie sich in ihren anschließenden Bemerkungen zeigt. Aber erst das Material: Sie betrachtet ihre Methode des Erhalts wie auch seinen Inhalt als eine Art Durchbruch für sich; und da es sowohl in der Methode als auch im Inhalt Bezug zu ›Unbekannte Realität‹ *hat, geben wir es hier in weiten Teilen wieder:)*

»26. Februar 1974. Ich bekomme so etwas wie dieses ... daß die Informationen multidimensional zu uns durchkommen, dann durch neurologische Verbindungen gefiltert werden, wo sie in Zeitsegmente oder aufgefächerte Erfahrung verwandelt werden. Danach fließen sie in unsere wahrscheinliche (physische) Realität (die sich selbst die ganze ›Zeit‹ ändert). Wir haben in uns verschiedene Taschen oder Pools von Erfahrung (auf biologischer Ebene gehört dies zu den Merkmalen der Zellen), Seitenpools, in denen sich die Information zur Verarbeitung sammelt, bevor sie in den ›offiziellen Bewußtseinspool‹ fließt.

Es gibt Wege, diesen Vorgang zu umgehen, und direkt in diese Seitenpools einzutauchen.

Die normale Erinnerung ist ebensosehr ein Filterungsprozeß wie irgend etwas anderes, wobei die Intensität der Erfahrung variiert – manchmal ist sie neurologisch ‹lebendig‹, manchmal nicht –, um unser Bewußtsein auf eine wahrscheinliche Handlung oder Handlungsreihe zu fokussieren. (Und beim Tippen füge ich hinzu: Wir vergessen alles, was nicht zu unserer gewählten Serie von wahrscheinlichen Handlungen gehört. Die Psyche kennt die zu ihr gehörenden Teile. Seth sagt das in seinen Büchern; aber wir stellen der Psyche die falschen Fragen.)

In diesen Seitentaschen ist das sogenannte Gedächtnis oder die Erinnerung anders strukturiert. Seine immer gegenwärtigen, lebendigen Elemente treten in Erscheinung; und so auch sein Wachstum. Sein Material ist immer neu und frisch. Hier geschieht die Vergangenheit noch immer. Normalerweise erinnern wir uns mittels neurologischer Verbindungen; dann erscheint die Erfahrung sehr lebhaft oder lebendig, aber im Grunde ist es ständig so. Vergangene Bewegungen und Handlungen finden immer noch statt, sie wiederholen sich nicht – es ist schwer zu erklären –, sondern diese vergangenen Aktionen befassen sich noch immer mit der Erforschung anderer Wahrscheinlichkeiten, während unser Nervensystem uns in der einen (physischen) wahrscheinlichen Realität fokussiert, die wir gewählt haben. Für uns scheinen diese anderen Handlungen abgeschlossen... aber nur, weil wir ihnen normalerweise nicht folgen können.

Das Schreiben, als lineare Ausdrucksform, setzt hier von sich aus Grenzen.

Diese ›vergangenen‹ Wahrscheinlichkeiten verdinglichen sich nicht nach unseren Begriffen, aber sie sind in ihrem eigenen Leben hervorragend fokussiert. Bei der Saratoga-Erfahrung[1] fühlte ich mich wie ein Gespenst, weil ich *dort* eine künftige Wahrscheinlichkeit war. Durch Umgehung der unmittelbaren neurologischen Aktivität und seiner Auswirkung können wir also auf bestimmten Bewußtseinsebenen andere Teile der eigenen wahrscheinlichen Erfahrung erhaschen – sowohl in bezug auf die Zukunft wie auf die Vergangenheit.

Wenn wir uns diese Seitentaschen oder -pools zunutze machen, wo die Informationen noch unverarbeitet sind, unseren Begriffen nach, dann können wir verschiedene andere unserer Bewußtsseinstränge ›gleichzeitig‹ aufgreifen, auch wenn die Aufrechterhaltung dieses Zustands schwierig sein mag. Wird diese Erfahrung dem normalen Bewußtsein erklärt, trägt das automatisch zur Erweiterung (des normalen Bewußtseins) bei, und der Vorgang wird mit jedem Mal leichter. Bis, mit einiger Übung, Erfahrungen und Informationen aus verschiedenen Bereichen gleichzeitig gehalten werden können. Die Schwierigkeit liegt bei der Übersetzung in lineare Begriffe, von daher Ruburts Probleme bei der Saratoga-Episode.«

(Hier nun, so sagte mir Jane später, begab sie sich in einen anderen, schwer zu definierenden, ›seltsamen‹ Zustand veränderten Gewahrseins. Gleichzeitig schrieb sie nun in der dritten Person. Ruburt, »sein«, »er«, aber [wie sie im Anschluß anmerkte] es war nicht Seth, den sie auffing:)

»Nun, physiologische, neurologische Handlung ist ein Kode für andere Handlungen, die gewöhnlich, wegen der früher erwähnten Selektivität[2], nicht auf einmal erfahren werden können.

Beim geisterhaften, etwas verschwommenen Saratoga-Abenteuer wurden die gewöhnlichen neurologischen Vorgänge umgangen und verwischt, so daß die Geschichte durchschlüpfen konnte. Das verwischende Element ist – war – auch notwendig, um die andere Realität von der normalen, akzeptierten Realität unterscheiden zu helfen. Er klinkte sich in wahrscheinliche neurologische Materialisierungen ein ... die dem normalen Nervensystem innewohnende Schattenbilder sind ... latente Verbindungen, die biologisch ein Teil der Realität der Zellen sind. Er begab sich in andere Selektionsbereiche. In der Tat ist unter den meisten Bedingungen ein totaler Zusammenprall unwahrscheinlich, obwohl Einschließungen und Vermischungen verschiedenen Grades stattfinden können.

Ruburts Schwierigkeit, Ärger und Ungeduld der letzten Nacht[3], entstanden aus dem anfänglichen Problem, die multidimensionale Erfahrung in lineare Begriffe und Denkmuster zu übersetzen. Frisches Material wurde neu in der Vergangenheit geboren, und er wußte nicht, wie er es in sein Zeitschema einordnen sollte.«

(Hier, im letzten Abschnitt, findet sich ein stichhaltiger Anhaltspunkt, zu dem Jane gelangte, ohne Seth zu fragen: Sie ist solchen Übersetzungsherausforderungen seit Beginn von ›Unbekannte Realität‹ *oft begegnet – von daher ihre häufigen Bemerkungen vor vielen Sitzungen [seit der 679.], daß sie zu einem »bestimmten klaren Fokus« oder dem »einen, klarsten Ort im Bewußtsein« gelangen mußte, bevor sie für Seth zu sprechen begann.*

Ich hielt Jane auf Trab! Am Nachmittag bat ich sie, nachdem wir ihren zweiten Text dieses Tages diskutiert hatten, eine Beschreibung von den Umständen bei seinem Erhalt zu geben. Zum dritten*mal an diesem Tag begann sie also die Seite mit dem Datum:)*

26. Februar 1974. Auf Robs Bitte von heute morgen hin schrieb ich einen Bericht über meine Erfahrung von letzter Nacht im Schlafzustand. Heute, Dienstag, ist mein ASW-Gruppenabend, was heißt, daß ich ein bißchen weniger Zeit zum Schreiben habe. Und nachdem ich Rob meinen kleinen Bericht abgeliefert hatte, wollte ich eigentlich ein Kapitel von *Adventures in Consciousness* abtippen.[4] In letzter Zeit kam ich wegen geschäftlicher Angelegenheiten und weil ich versuchte meine Post aufzuarbeiten, wenig zum Schreiben, und ich war deshalb besonders darauf erpicht, mich *Adventures* zuwenden zu können.

Statt dessen fühlte ich, wie ich in einen anderen Bewußtseinszustand kam. Ich murrte eine Minute lang und fragte mich, ob ich mich darauf einlassen oder ihn abbrechen und tippen wollte. Dann dachte ich, daß möglicherweise etwas Wichtiges vorging; und ich ›wußte‹, daß es, was immer es war, mit meinen Erfahrungen von letzter Nacht zu tun hatte. Ich ließ mich also darauf ein und schrieb meinen zweiten Text des Tages.

Dabei verspürte ich eine milde Erregung. Bei solchen Gelegenheiten entsteht in meinem Bewußtsein ein Gefühl von Glattheit, von Mühelosigkeit. Doch ich war mir auch dieses Widerwillens bewußt, wie ich ihn im Schlafzustand letzte Nacht gehabt hatte; als ob ich etwas ... Schwieriges zu tun versuchte oder Informationen übersetzte, die von unseren üblichen Vorstellungen weiter entfernt sind als sonst. Ich fühlte mich fast störrisch, wie ein widerstrebendes Kind, das zwar eine Sache tun, aber nicht auch die damit verbundene Anstrengung auf sich nehmen will. Das Gefühl von Mühelosigkeit gewann aber die Oberhand.

Gegen Ende des Materials (des zweiten Texts) dachte ich flüchtig, daß die Seth-Ebene im Spiel sein könnte, aber die Formulierungen kamen nicht so automatisch und glatt durch wie bei Seth, und ich spürte seine ... Persönlichkeit nicht. Die Informationen bezogen sich allerdings auf Ruburt, was automatisch bedeutete, daß sie von einer ›höheren‹ oder anderen Ebene als der von Ruburt kamen. Doch mag ich hier nicht den Gebrauch des Wortes ›höher‹ mit seinen Implikationen.

In der Tat denke ich, daß sich die heutige Erfahrung im Ansatz vom Geschehen der letzten Nacht unterscheidet ... Nachdem ich dieses ganze Material nochmal durchgelesen habe, sehe ich, daß ich in beiden Fällen mit dem darin beschriebenen Prozeß experimentierte – nämlich direkt in einen ›Seitenpool‹ von Informationen eintauchte und die *üblichen* neurologischen Verbindungen umging.

(Hier gibt es viel zu lernen, sagte Jane abschließend, vorausgesetzt, sie fände die Zeit dafür. Eine interessante Frage: Ihrem Gefühl nach, wie Jane es gegen Ende ihres dritten Texts zum Ausdruck brachte, wird Seth selbst offensichtlich nicht durch einen solchen Seitenpool des Bewußtseins repräsentiert [oder hervorgerufen] – aber was für eine Art von Verbindung könnte *er zu einem solchen Pool haben, oder* hat *er? Wir haben ihn noch nicht gefragt.)*

Anmerkungen zu Anhang 4

1 Janes Beschreibung der »Saratoga-Erfahrung«, wie sie sie nennt, findet sich in den Vorbemerkungen zur 685. Sitzung; siehe den ersten Absatz.
2 Siehe wieder einmal die 682. Sitzung um 22.36 Uhr.
3 Siehe den zweiten Absatz der Vorbemerkungen zur 685. Sitzung.
4 Siehe Anmerkung 5 zu Sitzung 680.

Anhang 5
(zu Sitzung 686)

(Dieser Anhang ist eine Erweiterung der Eingangsbemerkungen zur 686. Sitzung.

21.10 Uhr. Vor der heutigen Sitzung begann Jane ein eigenes Diktat und sagte, daß sie, als sie gestern ihre Texte [für Anhang 4] tippte, ›Eindrücke‹ von einigen Theorien bekam, über die Seth in ›Unbekannte Realität‹ *sprechen würde – aber daß sie sofort wieder aus ihrem Bewußtsein entschwunden wären, und sie wüßte nur noch, daß sie diese Erkenntnisse gehabt hätte.*

Sie kam mit ihrem Material über, sobald wir uns zur Sitzung niedergelassen hatten, und ich brauchte ein paar Augenblicke, bis ich Stift und Schreibblock parat hatte. Aber von hier an konnte ich das meiste von dem, was sie sagte, mitschreiben, und das folgende ist eine weitgehend wörtliche Wiedergabe:)

»Jetzt erhalte ich so rasch so viele Gedanken von so vielen Orten auf einmal, daß ich sie nicht alle ausdrücken kann. Du mußt mir Hilfestellung geben, mich fragen: ›Was geschieht jetzt?‹, damit ich auf einem Kanal fokussiert bleibe ... Weil wir bei unseren geistigen Gewohnheiten automatisch solches Material ausblenden, erkennen wir nur eine Reihe neurologischer Ereignisse – die Botschaft braucht Zeit, wenn sie von den Nervenenden (den Synapsen) überspringt. Wir erkennen nur *eine Geschwindigkeit*. Andere Botschaften springen für unsere Fokussierung zu schnell oder zu langsam. Doch wenn wir unser Bewußtsein verändern lernen, so wie ich es gerade tue, dann können wir unseren Fokus mit diesen anderen, ›geisterhaften‹ Botschaften in Übereinstimmung bringen, die ebenso real sind wie das, was wir üblicherweise neurologisch gelten lassen und akzeptieren.«

(Inzwischen diktierte Jane sehr zügig, fast so, wie wenn sie für Seth spricht.) »Alles das kam mir blitzartig, während ich darauf wartete, daß du das aufschreibst, was du eben geschrieben hast; ursprünglich

war es aber eher wie ein Fadenknäuel, und während meiner Erklärung entrollte sich der Faden zu Worten ...

Ich hatte alle möglichen plötzlichen Einsichten, als ich das Geschirr spülte *(vor einer knappen halben Stunde)* – über Seths Buch, und daß es auf merkwürdige Weise für mich schwierig ist, dieses Buchmaterial zu bekommen. Es ist neu, möglicherweise. Es beinhaltet Gedanken, die gegen den Strich gewohnten, bewußten Denkens gehen, das konsekutiv orientiert ist. Es ist, als versuchte mein Bewußtsein, sich einer – für mich, für es – neuen Struktur zu bedienen, und so besteht eine gewisse Unvertrautheit. Es wird keine wissenschaftliche Sprache verwendet werden – nicht, daß ich überhaupt eine beherrsche –, aber sie würde das, was ich zu unternehmen versuche, strukturieren; und das würde mich vielleicht unabsichtlich zu einem wissenschaftlichen Dogma führen, ohne es zu erkennen. Abgesehen davon würde das die Leser unnötig belasten, die dann möglicherweise das Gefühl hätten, sie müßten über ein bestimmtes Vokabular verfügen. Der normale Wortschatz bringt die Gedanken so weit als möglich in Reichweite ganz gewöhnlicher Personen. Und wenn sich auch die meisten Leute bemühen müssen, das Material inhaltlich zu verstehen, so gibt es doch nicht automatisch Probleme wegen der Worte.«

(21.24 Uhr.) »Während ich nun das alles von mir gebe, befinde ich mich in einer Art von verändertem Bewußtseinszustand, den ich nicht genau benennen kann. Ich glaube, das Merkwürdige daran ist, daß ich anscheinend nicht mit Worten den Finger darauf legen kann.« *(Jane lachte, brachte ihren Satzbau durcheinander.)* Ich kann es nicht richtig erfassen, und deshalb kann ich, wenn ich darüber spreche, sehr gereizt werden. Ich habe allerdings das Gefühl, daß das alles Bestandteil der heutigen Sitzung ist.«

(Wieder lachte sie.) »Ich habe außerdem den schrecklichen Verdacht, daß ich von Seth einige Anweisungen bekommen werde, was ich körperlich tun soll, um dieses Material zu bekommen, um so für diese neue Art, Dinge zu erhalten, einen Ausgleich zu schaffen ... aber schreibe das nicht mit in die Anmerkungen ...

Ich habe fast das Gefühl, daß ich mich jederzeit, wenn du mich fragen würdest, ›Jane, was bekommst du jetzt?‹ in jeden dieser Informationsbereiche einklinken und dir sagen könnte ... Wenn die Botschaften von den Nervenenden überspringen, bilden sie bestimmte Impulse; diese erkennen wir als Botschaften, und alles andere ignorieren wir. Mir ist, als ob ich lernte, zwischen die anerkannten Impulse zu springen und gewöhnlich unzugängliche Impulse aufzufangen. Es ist sehr schwer, dies alles in Worte zu fassen.«

(Wenn sich neue Entwicklungen in Janes medialen Fähigkeiten abzeichnen, kann man versuchen, die möglichen Ursprünge zurückzuverfolgen. Ich würde sagen, daß sich ihr Gewahrsein über vielfache Kanäle aus ihrem anfänglichen Gespür für die von Seth zur Verfügung stehenden Kanäle entwickelte, wie in der 616. Sitzung in Kapitel 2 von Die Natur der persönlichen Realität *beschrieben wurde; und daß ihr Material über die unterschiedlichen neurologischen Geschwindigkeiten in Verbindung steht mit dem, was Sue Watkins an Jane beobachtete; siehe die 594. Sitzung im Anhang zu* Gespräche mit Seth. *Ich meine auch, daß eine gründliche Durchsicht der früheren Sitzungen viele weitere Anhaltspunkte in bezug auf diese beiden Aspekte erbringen würde.*

Ich möchte hinzufügen, daß der Materialfluß, den Jane in letzter Zeit sowohl in als auch außerhalb der Trance produziert, außergewöhnlich ist – und das sage ich als jemand, der an ihre kreativen Ausbrüche schon gewöhnt ist. Er scheint kein Ende zu nehmen. Sie war diesen Monat auch in ihrer ASW-Gruppe sehr aktiv, sie sang sehr viel Sumari – ihre eigene musikalische Trancesprache[1] – und hatte an jedem Gruppenabend lange Seth-Sitzungen; die Niederschriften von einigen dieser Sitzungen sind oft fünf bis sechs Seiten lang. Es erfordert viel Zeit und physische Energie, dieses ganze Material zu übermitteln …)

Anmerkung zu Anhang 5

1 Viel Sumari-Material findet sich in Kapitel 7 von Janes *Adventures in Consciousness*, und im Anhang zu ihrem Roman *The Education of Oversoul Seven*.

Anhang 6 (zu Sitzung 687)

(Gestern lasen Jane und ich in der Magazinbeilage einer der führenden großen Zeitungen einen langen Artikel über die Evolution des urzeitlichen Menschen, womit hier der mindestens 2,5 bis 3 Millionen Jahre alte ›echte Mensch‹ gemeint war. Abgesehen von der Frage, ob eine Evolution im üblichen linearen Sinne wissenschaftlich bewiesen ist [ein Punkt, dem gegenüber Jane und ich viele Vorbehalte haben], interessierte uns der Artikel, weil wir dachten, sein ›Fakten‹-Material könnte eventuell Seths Material in ›Unbekannte Realität‹ *ergänzen. Beide waren wir aber schließlich mehr wütend als informiert; es schien uns, daß hier unter spezifischen Bedingungen viele, durch nichts gerechtfertigte Schlußfolgerungen gezogen wurden, die bestenfalls auf sehr dürftigen »Beweisen« – und Annahmen – fußten.*

Und als wir letzten Abend vor dem Fernseher saßen, sprachen wir immer mal wieder über das platte Denken, das sich in diesem Artikel zeigte. Dann, als wir bereit waren, uns zur Ruhe zu begeben, verkündete Jane, daß sie Information zum Thema urzeitlicher Mensch ›bekam‹ – aber nicht unbedingt von Seth. Sie fragte mich, ob sie weitermachen solle. Wir waren beide müde, aber ich fragte mich, ob dies zu einer Episode werden könnte wie die vor der letzten Sitzung, als sie Material über die von ihr gespürten verschiedenen neurologischen Vorgänge, oder Geschwindigkeiten, diktierte [siehe Anhang 5]. Diese Gelegenheit, in bezug auf ein Thema, das uns beide stark interessierte, war zu günstig, um sie ungenutzt verstreichen zu lassen. In Janes Schreibtisch fand ich Stift und Papier. Um 0.10 Uhr setzten wir uns hin.

In diesem Buch, so sagte Jane, würde Material stehen über:

1. Der parallele Mensch

2. Der alternative Mensch

3. Der wahrscheinliche Mensch.[1]

Sie fügte hinzu, daß ihr Zustand heute abend dem gleiche, den sie im

Material von Anhang 5 erwähnt hatte. Sie war offen für meine Vorschläge: Wenn ich sie ermunterte, konnte sie sofort eine Sitzung abhalten und die Informationen bekommen. Sie fuhr fort:)

»Lange Zeit teilten diese Variationen des urzeitlichen Menschen unter verschiedenen Bedingungen die Erde und Geschichte miteinander. Doch jetzt, in unserer Zeit, sind alle verschiedenen Bewußtseinsarten, in die wir uns erweitern könnten, hier gegenwärtig... einige davon erscheinen uns pathologisch...

Alles, was sich nicht wie das übliche Bewußtsein ausnimmt, betrachten wir auf die eine oder andere Weise als pathologisch. Viele Personen zeigen Variationen auf, die eigentlich künftige Bewußtseinsentwicklungen darstellen; wir experimentieren mit diesen Wahrscheinlichkeiten... Es gibt in der Tat Bewußtseins-*Gattungen*, aber wir erkennen sie nicht als solche. Und doch gestalten sie unsere neurologische Geschichte.«

(0.19 Uhr.) »Einige dieser Experimente mit Mensch-Tieren funktionierten, aus historischem Blickwinkel gesehen, nicht, aber die schattenhafte Erinnerung an diese Wahrscheinlichkeiten findet sich noch in unserer biologischen Struktur und kann, je nach Umständen, unter unseren Bedingungen aktiviert werden.

Das wachsende Ego-Bewußtsein selbst führte sowohl zu diesen Herausforderungen als auch zu Beschränkungen. Das bedeutete automatisch, daß der werdende Mensch, in diesem Kontext, eine bestimmte Art von animalischem Verständnisvermögen aufgeben mußte, das *insgesamt* außerordentlich wertvoll war, der Entfaltung des Egos aber entgegenstehen konnte... Lange Zeit gab es keine eindeutige Unterscheidung zwischen den verschiedenen Arten von Mensch und Tier... Es gab natürlich auch parallele Entwicklungen bei der Entstehung des physischen Menschen. Und es gab auch lange Zeit, euren Begriffen nach, zahllose Arten des Menschen-in-der-Entstehung; verschiedene Körperhaltungen und sogar verschiedene Arten der Körpermanipulation sowie unterschiedliche Formen der Gehirngröße und -aktivität. Bei einigen hatten andere Sinnesarten Vorrang. Gleichzeitig fand ein großartiges Geben und Nehmen auf allen Ebenen statt – die Vegetation beispielsweise eingeschlossen –, so daß Geschöpfe und Erde gemeinsam die Art von Stabilität erarbeiteten, die für die sich anbahnende besondere Form von Entwicklung am geeignetsten war.

Die bekannten Rassen erinnern noch schwach an diese größeren Unterschiedlichkeiten und Vorgänge.«

(0.27 Uhr. Jane machte eine Pause. Sie könnte weitermachen, meinte sie, aber wir entschieden, das Diktat hier zu beenden, wenn auch mit einigem Bedauern. Ich hatte nicht angeregt, Seth durchkommen zu lassen, damit wir sehen konnten, was sie anderweitig produzierte. »Nun«, sagte sie, »ich habe das Material in einem veränderten Bewußtseinszustand diktiert, aber ich weiß nicht, woher es kam. Es scheint Seth-ähnlich, aber doch auch sehr merkwürdig. So wie das Zeug, das ich neulich bekam. Vielleicht öffne ich mich jetzt so weit, daß ich einen Teil der Information auf diese Weise und auch durch Seth bekommen kann. Eine seltsame Erfahrung ...«

Mit »neulich« bezog sich Jane auf die halbe Stunde Diktat vor der 686. Sitzung vom letzten Mittwoch; siehe Anhang 5 [aber auch Anhang 4 zur 685. Sitzung].

Ich sollte hinzufügen, daß sich der Artikel in der gestrigen Zeitung in Teilen mit den kürzlichen Funden von Skelettfragmenten in Ostafrika befaßte, die auf eine Koeexistenz verschiedener Variationen des urzeitlichen Menschen und Vormenschen hindeuten. Letztere waren Geschöpfe, die sehr menschenähnlich aussahen, deren Gehirn aber, so glaubt man, affenähnlich blieb. Dieser Teil des Artikels stimmt in etwa mit dem Material überein, mit dem Jane einige Stunden später durchkam. Es war jedoch nicht von dem Zeitungsartikel beeinflußt, denn vor einem Jahr hatten Jane-Seth eine Sitzung über die Vermischung von Tier und Mensch abgehalten: die 648. Sitzung vom 14. März 1973, in Kapitel 12 von Die Natur der persönlichen Realität. *Ich würde sagen, daß sich Jane heute abend auf diese Sitzung bezog – vor allem auf ihre Eindrücke, die sie in der Pause um 23.30 Uhr vermittelte, zu den »Tier-Ärzten ... eine Verbindung zwischen Tieren und menschlichen Wesen«. Aber dann hat Seth, nun schon seit einigen Jahren, immer wieder gesagt, daß es selbst nach unseren Begriffen keinen wohl definierten evolutionären Pfad von unserem urzeitlichen zu unserem gegenwärtigen Zustand gibt.)*

Anmerkung zu Anhang 6

1 Man könnte sagen, daß Seth hier selbst zu Janes Material beitrug, indem er in der zurückliegenden 681. Sitzung über parallele Ereignisse, alternative Realitäten und wahrscheinliche Selbsts und Welten sprach.

Anhang 7
(zur Sitzung 689)

(Zum Teil resultiert das folgende Material aus bestimmten Phänomenen, die in Die Natur der persönlichen Realität *beschrieben werden; siehe meine Bemerkungen zur 616. Sitzung, die den Übergang vom 2. zum 3. Kapitel bilden; jene Sitzung wurde am 20. September 1972 abgehalten, und meine Bemerkungen beziehen sich auf eine neue Entwicklung in Janes Fähigkeiten: ihre erste Erkenntnis, daß ihr zumindest gelegentlich mehr als ein Informationskanal von Seth zur Verfügung steht. Ich zitierte ihre Aussage, sie glaube, daß »Seth drei Bücher auf einmal produzieren könne, für jedes Buch je ein Kapitel, und das, ohne sie durcheinanderzubringen«.*

Nach dieser Sitzung[1] hatte Jane im Verlauf des Diktats von Die Natur der persönlichen Realität *noch weitere Einsichten zu Seths vielfachen Kanälen, aber für uns war diese neue Entwicklung eher von theoretischem Interesse. Fast 18 Monate vergingen. Dann, am Morgen des 10. März – eine Woche vor letztem Sonntag –, stellten wir fest, daß wir die Vorstellung, daß Seth-Jane mehr als ein größeres Buch auf einmal produzieren könnten, neu überdenken mußten. Denn an diesem Tag erhielt Jane den Entwurf für ein weiteres Buch, zusammen mit der Kunde, daß sie dazu Seths Hilfe brauchen würde. Der Titel des Buches ist* The Way Toward Health. *Jane schrieb und sagte mir dann auch, sie hätte fast das Gefühl, »dieses Buch könnte* Die Natur der persönlichen Realität *Nummer Zwei sein«. Sie fügte hinzu, daß die Erfahrung, »es zu bekommen«, nicht nur mit ihrer Fähigkeit zu tun habe, daß sie zuweilen mehr als einen Materialfluß von Seth spüren konnte, sondern auch mit der Art und Weise, in der sie sich Ende letzten Monats selbst in die Information über neurologische Geschwindigkeiten eingeklinkt hatte. Diese Episode fand kurz vor der 686. Sitzung für diesen Band von* ›Unbekannte Realität‹ *statt, wie in Anhang 5 beschrieben.*

Jane tippte, nachdem sie sich des Geschehens an jenem Sonntagmorgen gewahr wurde, so schnell wie möglich eine dreiseitige Zusammenfassung oder einen Entwurf vom Inhalt von The Way Toward Health, *Kapitelüberschriften eingeschlossen, und schrieb anschließend einen komprimierten Bericht über die ganze Sache. Wir geben nachfolgend diesen Bericht und einige Beispiele aus dem Entwurf wieder, um einige ihrer anderen Aktivitäten während der Produktion von* ›Unbekannte Realität‹ *zu zeigen. Alles, was sie bislang über das Gesundheitsbuch bekam, findet sich in Ordnern und kann herangezogen werden, sollte sie diesen neuen Gedanken weiter verfolgen wollen.*

Gegenwärtig ist sie nicht sehr dazu geneigt, würde ich sagen. Und auch ich nicht. Vielleicht sind wir, auch wenn uns Janes einzigartige kreative Fähigkeiten so gut bekannt sind, ein wenig entmutigt bei der Vorstellung, daß wir auf bewußter Ebene nicht imstande sein könnten, uns ausreichend auf zwei solche Projekte zugleich zu konzentrieren. Ich glaube, daß es Jane möglich ist, durch Seth ›Unbekannte Realität‹ *und* The Way Toward Health *gleichzeitig zu übermitteln, und ihr ›reguläres‹ Schreiben fortzusetzen, denn meiner Ansicht nach haben wir die Grenzen ihrer Fähigkeiten noch nicht kennengelernt [wenn sich auch durch die beständige Weiterentwicklung ihrer Fähigkeiten unser Wissen über das menschliche Potential erweitert]. Derzeit arbeitet sie an der endgültigen Fassung des 5. Kapitels ihres eigenen theoretischen Buchs über psychische und mediale Angelegenheiten,* Adventures in Consciousness.

In diesem Anhang liegt der Nachdruck mehr auf den Umständen von Janes Erhalt des Entwurfs für dieses neue, mögliche Buch, als auf seinem Inhalt. Deshalb folgt hier in umgekehrter Reihenfolge erst ihr Bericht, in dem sie dieses Geschehen beschreibt, und dann ein Teil aus dem Entwurf.)

»Sonntag, 10. März 1974, 15.50 Uhr.

Plötzlich habe ich, nach dem Frühstück, das ganze Material für ein neues Buch. Las etwas in der Zeitung, daß Konzentration auf Krankheit Schmerzen verursacht, und das erinnerte mich an ein paar Ideen, die ich letzte Nacht hatte. Dann, beim Abspülen an diesem Morgen, hatte ich das Gefühl, daß ein ganzes Buch über Gesundheit dort oder hier ist. Ging in mein Arbeitszimmer, bekam Kapitelüberschriften und Entwurf, mehr oder weniger, aber ich weiß noch nicht, wie ich den Rest bekomme; ich habe fast das Gefühl, es ist ein Seth-Buch; daß ich ihn brauche, um es rüberzubringen. Aber Seth macht schon ein

Buch! Ich weiß, daß auch ich selbst dieses neue Buch in praktischster Weise anwenden könnte, da es Methoden aufzeigt, wie ich aus meinen Mustern ausbrechen kann.[2] Konnte das Gewicht und die Unmittelbarkeit des Buches fühlen, war aber auch frustriert, daß das, was ich aufgeschrieben habe, so wenig und skizzenhaft ist – WO ES DOCH SCHON HIER IST. Doch natürlich muß es *dort* sein, und ich muß es *hier* bekommen. Ich bin gespalten zwischen Entspannung – will mich hinlegen – und dem Ehrgeiz, daß das Buch, wenn ich hier sitze, auf die eine oder andere Weise irgendwie deutlich zum Vorschein kommen soll. Rob fragte sich, ob es ein Teil von ›*Unbekannte Realität*‹ ist, aber das glaube ich nicht.«

(Hier sind nun, nachdem ich sie ein bißchen strukturiert habe, ein paar Beispiele der 35 Kapitelüberschriften aus Janes Entwurf für The Way Toward Health. *Manchmal sind die Kapitelinhalte angedeutet.)*

Sonntag, 10. März 1974, 10.00 Uhr.

Krankheit und neurologisches Vorurteil
Wie Gedanken und Glaubensvorstellungen wahrscheinliche Zellreaktionen stimulieren und lenken.

Der Körper als Planet
Archäologie seiner Ideen und Glaubensvorstellungen. Seine persönliche Vorstellung von Geschichte, wie sie im zellularen Gedächtnis lebendig ist, auf das sich die jetzige Gegenwart des Körpers gründet. Mit Vorurteilen besetzte, offizielle Geschichtsverläufe.

Die Benennung von Krankheiten als strukturierende Erfahrung bei chronischen Zuständen und in gesellschaftlich anerkannten Organisationen.

Die Anwendung von Medizin und Therapie zur Verlängerung von Krankheit.

Die gemeinschaftliche Anerkennung von Krankheit. Das Krankenhaus als gesellschaftliche Institution.

Krankheit als ein Mittel zur Fokussierung – ein Organisator von Erfahrung.
Geistige Wandlung, Liebe usw. als alternative Organisatoren.

Das Bedürfnis nach einem organisierten System für Erfahrung.
Wenn eines verschwindet, kann eine Krankheit an seine Stelle treten, während sich ein neues System bildet.

Überreizungskrankheiten, die den nötigen Streß liefern.

Die gegenwärtige Entwicklung des Ego-Bewußtseins, und warum wir uns in diesem Stadium befinden
Die Verbindungen zu Gesundheit und Krankheit.

Krisenpunkte, die Mechanismen der Selbst-Heilung und die Psyche. Falsches Mitleid.
Oft will der Patient nicht gesund werden, und der Arzt weiß es.

Die kreativen Aspekte von Krankheit.
Die als Symptome auftretenden Schritte treten an Stelle des Problems.

Krankheiten der Kindheit und des Alters.
Die Verbindungen von Schizophrenie bei jungen Menschen und Senilität. Das Kind versucht, die innere Realität nach außen zu projizieren, und findet die äußeren Strukturen zu eng.

Der Weg aus der Krankheit?
Ein Titel oder Kapitelüberschrift? Nein, das ist negativ. Ich will lieber positiver sein: *The Way Toward Health*. Ein Gefühl, dies könnte *Die Natur der persönlichen Realität* Nummer Zwei sein.

(Nachdem Jane ihren Entwurf und Bericht beendet hatte, schlief sie ein paar Stunden. Nach dem Aufwachen sagte sie mir, sie erinnere sich, in zwei Träumen der vergangenen Woche Hinweise auf dieses neue, mögliche Buch bekommen zu haben. Wie üblich hatte sie die Träume

aufgeschrieben und sich nach deren Bedeutung gefragt, konnte sie sich aber nicht erklären: »Aber dieses Material kommt nicht in Adventures«, *notierte sie nach einem der Träume, denn an diese Möglichkeit hatte sie zuerst gedacht.*

Jane hatte ihren Bericht so rasch heruntergeschrieben, daß mir, nachdem ich ihn gelesen hatte, noch einige Fragen blieben. Ich habe mir Notizen über unser Gespräch gemacht, das wir am Sonntagabend darüber führten. Ja, sie sei in einem veränderten Bewußtseinszustand gewesen, während sie The Way Toward Health *erhielt, »in einem richtigen High« – sowohl während der Entwurf durchkam, als auch beim Schreiben des Berichts. Nein, sie habe dabei nicht Seth gehört oder seine Anwesenheit gespürt; es sei ihr einfach nur klar, daß sie seine Hilfe brauchen würde, wenn sie das Buch machen wollte. Es sei auch nicht mit* ›Unbekannte Realität‹ *verbunden. »Ich schrieb auf, was ich aus dem ganzen Buch erhaschen konnte«, sagte sie, »aber ich wußte, daß das, was ich bekommen hatte, nichts war im Vergleich zu dem, was da war. Wenn ich das ganze Ding sofort hätte* sprechen *können, dann wäre es auf einmal gemacht worden – das ist es, was so frustrierend war! Während ich mich in diesem veränderten Zustand befand, spürte ich nicht nur das physische Gewicht des Buches, sondern auch seinen Gehalt. Sein Inhalt war sofort zugänglich. Ich kann dir nicht sagen, wie frustriert – wie blockiert – ich mich fühlte.*

Wir werden sehen, was sich, wenn überhaupt, in bezug auf The Way Toward Health *entwickelt.«)*

Anmerkungen zu Anhang 7

1 In *Die Natur der persönlichen Realität* siehe Sitzungen 648, 657 und 673 in den Kapiteln 12, 15 und 21.

2 Anmerkung 8 zur 679. Sitzung zeigt, warum Jane das Gefühl hat, daß *The Way Toward Health* auch für sie selbst von Wert sein könnte.

Anhang 8
(zu Sitzung 690)

(Bald nach Beginn der Sitzungen, Ende 1963, begann Seth über das Dilemma zu sprechen, das sich zwischen den konventionellen Evolutionstheorien und seinen Vorstellungen vom simultanen Charakter von Zeit und Existenz ergab. In der 45. Sitzung vom 20. April 1964 befaßte er sich in sehr anregender Weise mit dieser Dualität:)

Das Werte-Klima der psychischen Realität ist einem Ozean vergleichbar, in dem alles Bewußtsein sein Sein hat. Es gibt zahlreiche Ebenen, in die einzutauchen möglich ist, mit verschiedenen Lebensformen, mannigfaltig und fremd, die aber doch miteinander verbunden und voneinander abhängig sind. Ich mag den Vergleich mit dem Ozean, weil er die Vorstellung von fortwährendem Fluß und fortwährender Bewegung ohne augenscheinliche Unterbrechung erweckt.

Wie die Temperaturen in den verschiedenen Tiefen des Ozeans wechseln, und sich sogar die Farbe des Wassers und von Flora und Fauna verändert, gibt es auch in unserem Werte-Klima wechselnde Beschaffenheiten, und Sinne, die ausgerüstet sind, diese Veränderungen zu projizieren und wahrzunehmen. Es treten aufgrund der Begrenztheit der äußeren Sinne Verzerrungen ein, aber die inneren Sinne[1] entstellen nicht. Die inneren Sinne sind unmittelbar in der Atmosphäre unseres Werte-Klimas heimisch; sie durchblicken die sich ewig ändernden Tarnungsmuster (physischen Muster) und die Gezeiten augenscheinlichen Wandels. Bei unseren Sitzungen taucht IHR bis zu einem gewissen Grad in diesen Ozean des Werte-Klimas, und in dem Maße, wie ihr imstande seid, euch der Gewänder der Tarnung zu entledigen, könnt ihr euch dieses Klimas echt gewahr sein.

Dazu ist allerdings mehr als nur ein Ablegen von Kleidern nötig. Um in diesen Ozean einzutauchen, laßt ihr auch euren physischen Körper am Ufer zurück. Er wird da sein, wenn ihr zurückkommt. Eure Tarnungsmuster sind Mustern vergleichbar, wie sie Sonne und

Schatten auf die ewig bewegten Wellen zeichnen. Solange ihr das Muster im Sinn habt, erschafft ihr es, und es ist da. Wenn ihr den Kopf für einen Moment abwendet und dann schnell wieder hinseht, dann seht ihr nur die Welle. Eure Tarnung und eure Welt werden durch bewußtes Fokussieren und unbewußte Konzentration erschaffen. Nur wenn ihr den Kopf für einen Moment zur Seite dreht, könnt ihr sehen, was sich hinter dem anscheinend so soliden Muster verbirgt. Wenn ihr in unseren Ozean des Werte-Klimas eintaucht, könnt ihr unter euer Tarnungssystem tauchen, es von unten betrachten und sehen, daß es relativ ohne Grundlage ist, über euch treibt, bewegt, gestaltet und gelenkt von den wechselnden Illusionen, die von den Winden des Willens, der Kraft unbewußter Konzentrationen und vom Verlangen hervorgerufen werden.

Aber sogar diese Tarnungsmuster müssen den Grundregeln des inneren Universums folgen und sie widerspiegeln, wenn auch verzerrt. So wird die Wert-Erweiterung zu Reinkarnation und Evolution und Wachstum. So werden alle Grundgesetze des inneren Universums auf jeder Ebene befolgt und spiegeln sich im winzigsten wie im gigantischsten Spektrum wider.

Wenn ihr euch auf euer eigenes Tarnungsuniversum konzentriert, könnt ihr nur das verzerrende Muster ausmachen, und von diesem Muster leitet ihr eure Vorstellungen von Ursache und Wirkung, Vergangenheit, Gegenwart und Zukunft ab, und die Vorstellungen von einem sich ausdehnenden Universum, das sich aufbläht...

Anmerkung zu Anhang 8

1 Siehe Kapitel 19 von *Das Seth-Material.*

Anhang 9
(zu Sitzung 690)

(Der Text dieses Anhangs, eine kurze Beschreibung eingeschlossen, wie Jane Sumari anwendet, kam innerhalb eines Monats nach der 690. Sitzung durch.

Ein Teilnehmer der ASW-Gruppe vom 16. April bat Seth, sich »über die Unterschiede zwischen dem männlichen und weiblichen [menschlichen] Wesen, wie wir es verstehen«, zu äußern. Seth gab eine lange Antwort. Sie beleuchtet klar das Material dieser Sitzung, wie aus dem Auszug, den ich hier zusammengestellt habe, ersichtlich ist. [Gelegentlich kommt das in der Gruppe vor: Seth führt sein Buchmaterial aus oder behandelt es unter einem anderen Gesichtspunkt; und dieses Material wollen dann Jane und ich wiederum im Buch verwenden.])

Alle Zeit ist simultan *(sagte Seth zu den Gruppenteilnehmern)*, und so seid ihr männlich und weiblich in einem.

In allen Religionen, die ihr nicht offiziell in eure Gesellschaft aufgenommen habt, herrschte das vor, was ihr als weibliche Religiosität betrachten würdet. Diese Menschen machten keine Entwicklung im Sinne industriellen Fortschritts durch, da sie sich ihrer Rolle in der Natur zu sehr bewußt waren. Sie konnten sie nicht sezieren.

Eure Vorstellungen von Geschlechtlichkeit folgen sowohl eurer Religion wie auch eurer Wissenschaft, denn ihr habt beides geschaffen. Aber ihr wißt immer, was ihr tut, und es gibt Zyklen in der Erde und in eurem Sein und eurer Seele. Und so seid ihr dabei, euch wieder zu vereinen und zu entdecken, was das Wort ›Menschsein‹ bedeutet. Ihr findet die Bedeutung von Individualität heraus, ein weitaus wichtigeres Wort, als euch klar ist, und wenn ihr seine Bedeutung versteht, dann wird sich eure eigene Individualität in ihrer natürlichen Form ausdrücken. Unabhängig davon, in welche Worte ihr eure Erfahrung mit den Geschlechterrollen kleidet, ihr werdet ein vollständiges menschliches Wesen sein. Ist das Bewußte und das Unbewußte verstanden, dann werdet ihr mit der Geschlechtlichkeit keine Probleme mehr haben.

Nun werde ich euch einfach eine kurze Vorstellung davon geben, was das beinhaltet, und ich erwarte von euch, daß ihr dem auf eure Weise nachgeht, um die Zusammenhänge zu erkennen und darüber nachzudenken. Und nun, was sehr ihr vor euch? Eine Frau oder einen Mann? Ihr seht eine Spektrum menschlichen Seins und eine Persönlichkeit, die den konventionellen Vorstellungen von Geschlechtlichkeit oder von Bewußtsein trotzt – die allen überkommenen Vorstellungen widerspricht, und jeden von euch dazu auffordert, nach der Realität des eigenen Wesens zu suchen.

Eure Geschlechtlichkeit ist ein Fokussierungspunkt, und das ist alles. Und jenen, denen es noch gesagt werden muß, sage ich: Eine Frau ist so intellektuell wie ein Mann. Ein Mann ist so intuitiv wie eine Frau. Ihr habt euren geschlechtlichen Fokus aus einem bestimmten Grund gewählt. Dieser Grund hat mehr mit der Flexibilität des Bewußtseins zu tun, als ihr gegenwärtig versteht. Er hat zu tun mit der wahren Natur von Aggression und Passivität,[1] die zu vergessen ihr euch gestattet habt... Geburt ist eine Erfahrung von Aggression. Passivität gründet sich auf die freudige Anerkennung von natürlicher Aggression. Soll sie weitergeführt werden, dann muß sich jeder von euch seiner sehr sicher sein. Gestattet ihr euch, was, euren Begriffen nach, nun der Luxus der Passivität ist, dann müßt ihr Vertrauen in die Natur eurer eigenen Realität und Stärke haben. Sonst erschreckt euch Passivität bis ins Mark.

Denkt über eure Vorstellungen von eurer eigenen Geschlechtlichkeit im Zusammenhang mit euren Vorstellungen von eurem Wesen und Bewußtsein nach. Gruppiert eure Vorstellungen so um, daß ihr an Geschlechtlichkeit automatisch in Verbindung mit euren Religionen und Wissenschaften denkt. Ihr habt das Wort ›weiblich‹ mit dem Unbewußten assoziiert, während ihr auf etwas hingearbeitet habt, das ihr jetzt als ein egoistisch begründetes Bewußtsein betrachtet. In dem, was ich sage, steckt mehr, als ihr gegenwärtig erkennt. Keiner von euch kann die wahre Bedeutung der eigenen Geschlechtlichkeit begreifen, ohne seine persönliche religiöse Geschichte zu verstehen. Geht dem in euren Erinnerungen nach. Seid ehrlich mit euch in bezug auf jene frühen Erfahrungen, als ihr euch gezwungen habt, euch anders zu verhalten als ihr seid, weil euch die Erwachsenen gesagt haben, ihr müßt... Ihr solltet lieber die eindrucksvolle, einzigartige

Beschaffenheit eurer eigenen Individualität verstehen, als jene Fähigkeiten und Eigenschaften auf das andere Geschlecht zu projizieren – gleich welchem Geschlecht ihr nun angehört –, von denen ihr befürchtet, daß sie die euren sind, oder jene Fähigkeiten und Eigenschaften, die ihr gerne hättet, aber nicht zu besitzen fürchtet.

Jeder und jede von euch muß entdecken, was Geschlechtlichkeit ist, in all ihren Aspekten, und sie mit der Natur des eigenen Bewußtseins und Wesens in Verbindung bringen. Die Antworten müssen von innen kommen. Ihr habt nun bestimmte Hinweise und Zeichen. Benutzt sie. Und ihr alle, die ihr mich als ein Aushängeschild hervorragenden logischen Denkens betrachtet (*scherzhaft*) und von daher als männlich orientiert, hört zu:

(Ohne Pause ging Jane aus ihrer Seth-Trance in einen anderen, sehr kreativen Bewußtseinszustand über. Ungefähr fünf Minuten lang sang sie in Sumari[2], der Trancesprache, die sie vor ein paar Jahren eingeführt hatte. Für mich besaß ihre Ausdrucksform in Sumari immer eine hohe Qualität. Jedes Lied ist einzigartig und erregend, ob es nun verhalten oder mächtig, melodisch oder lebhaft ist; oft verbinden sich solche Merkmale in einem Vortrag, wie es auch an diesem Abend der Fall war. Die Gruppenteilnehmer diskutierten kurz über das Lied. Dann kam Jane nochmal als Sumari durch, aber diesmal sprach sie im Plauderton.[3] Sobald sie geendet hatte, kam Seth zurück:)

Ihr hört, und ihr hört nicht, und doch lauschen eure inneren Selbsts und sie hören. Was euch erzählt wurde, wurde nicht in präzisem Englisch, in intellektuellen Begriffen, in Absätzen oder in Sätzen dargeboten. Was euch geboten wurde, brachte euch zu einer direkten Begegnung mit euren eigenen Emotionen – jenen, derer ihr euch gewahr seid, und jenen, die ihr, jeweils voreinander, verbergt. Und (*mit scherzhaftem Nachdruck*) mehr intellektuelle Hinweise bekommt ihr nicht!

Lehrer bedienen sich vieler Methoden, und so wenden WIR viele Methoden an. Wir sind männlich und weiblich, uralt und ewig neu. Und ihr seid es auch!

Anmerkungen zu Anhang 9

1 Siehe unter anderen Sitzungen in *Die Natur der persönlichen Realität* die 634. in Kapitel 8 und die 642. in Kapitel 11.

2 Sumari ist eine »Bewußtseins-Familie«, die Jane in der ASW-Gruppe am 23. November 1971 zum erstenmal kontaktierte. Sie und ich, wir beide sind Sumari. Jane beschreibt diese ganze Entwicklung in Kapitel 7 und 8 von *Adventures in Consciousness.* Verschiedene Sumari-Beispiele finden sich auch in Kapitel 20 und im Anhang zu ihrem Roman *The Education of Oversoul Seven.* (Und, so kann ich später hinzufügen, Seth erweitert in Sitzung 732, Teil 6, Band 2 von *›Unbekannte Realität‹* sein Material über Bewußtseins-Familien beträchtlich.)

3 Jane schreibt auch Gedichte in Sumari und kann sie ins Englische übersetzen. Sind sie mit Tonband aufgenommen worden, kann sie das auch bei Liedern und lyrischer Prosa, wie ich es nenne. Als wir später über ihren Umgang mit Sumari im Zusammenhang mit diesem Anhang sprachen, fragte ich sie, ob sie ihr subjektives Gefühl in bezug auf ihre Fähigkeit, so schnell von Seth zu Sumari und umgekehrt zu wechseln, beschreiben könne.
»Dazu habe ich nichts zu sagen«, schrieb sie, »außer, daß die Umwandlung für mich so leicht und natürlich ist, daß es später sehr schwer – fast unmöglich – ist, meine Gefühle zu benennen. Ich *denke*, daß mich Seths Energie in Sumari treibt, wenn er mit einem Lied beginnt, so wie er es hier getan hat. Ich fühle einfach eine sehr starke Energie und wechsle von einer ›Spur‹ zu einer anderen.«

Anhang 10 (zu Sitzung 692)

(In den beiden Wochen nach der 691. Sitzung arbeitete Jane an dem Projekt, das mit der verschwundenen Person zu tun hatte; siehe die Bemerkungen zu dieser Sitzung. Unter anderem nahm sie an einer Reihe ausgedehnter telefonischer Konferenzen teil, gewöhnlich spät nachts. Sie hatte einige bemerkenswerte mediale ›Treffer‹ und irrte sich einige Male, aber schließlich meinte sie, daß ihre demonstrierten Fähigkeiten oft mit dem kollidierten, was uns unsere Gesellschaft über Möglichkeiten menschlicher Aktivität lehrt. Jane sagte mir, daß sie zuweilen ein ausgesprochenes Verlangen danach hätte, von den anderen, an dieser Affäre beteiligten Personen verstanden zu werden; aber durch ihre Beteiligung bestärke sich auch ihr Vertrauen in das, was sie, wie sie weiß, tun kann, beträchtlich. Und Seth gab einen kurzen Kommentar zu der Suche ab, als sie noch im Gange wäre, und bemerkte zu einer Gruppe von Besuchern, daß Jane bestrebt war, ihre medialen Fähigkeiten eigenständig zu gebrauchen; und daß die Bestätigung, die sie über ihre Bemühungen erhielte, für sie sehr viel wertvoller wäre als irgendeine, die sie über einen »die ganze Arbeit machenden« Seth bekommen mochte.

Um die ganze Episode abzuschließen, möchte ich unter zwei zusätzlichen Aspekten auf Janes Gefühl und Bedürfnis, von anderen verstanden zu werden, eingehen.

1. »Manchmal«, so sagte sie mir kürzlich und ohne jede Koketterie, »habe ich, wenn ich zu einer Gruppe von Leuten spreche – sagen wir, an einem Freitagabend, wenn Mediales im Spiel sein kann oder auch nicht – das merkwürdige Gefühl, daß ich auf neun oder zehn verschiedenen Ebenen zugleich agiere: Die Bedeutungen und Einsichten, die – zumindest zwischen mir und den anderen Einzelpersonen im Raum – ausgetauscht werden, sind alle sehr unterschiedlich. Diese Menschen können unmöglich wissen, wie ich einiges von dem, was sie sagen, interpretiere. Ich denke, daß ich das sehr viel stärker wahrnehme als sie, durch die Natur dessen, was ich tun kann – aber ich kann das nicht jeder Person, mit der ich spreche, erklären. Die Zeit reicht nicht. Und es wäre zu anstrengend.«

2. Dieser Abschnitt wurde acht Tage später hinzugefügt. Im Anschluß an die 694. Sitzung vom 1. Mai 1974 erhielten wir einiges persönliches Material, wobei Seth unter anderem sagte:)

Er (*Ruburt*) war entschlossen, die Natur der Realität[1] zu erforschen ... Er wollte sich selbst schützen, bis er über genügend Kenntnisse verfügte, um zu wissen, was er tat. Er hat Befürchtungen wegen der Leichtgläubigkeit der Leute, und er ist zu recht entsetzt über ihre Abergläubigkeit – wie DU auch, Joseph (*wie Seth mich nennt*). Als Ruburt sich über das Wenige bewußt wurde, das bekannt IST, staunte er über seinen eigenen Wagemut. Es konnte sich an niemanden wenden, um Instruktionen zu erhalten. Ich hätte ihm weiterhelfen können, aber ich war (Teil von dem, was er erforschte) ...

(Seth fuhr fort:) Er sah allmählich zwei Pole in der Gesellschaft: Einer, sehr konventionell und geschlossen, wo er als Scharlatan erscheinen würde; ein anderer, voller Sehnsucht, aber leichtgläubig, willig, alles zu glauben, wenn es nur Hoffnung anbot, wo seine Aktivitäten mißdeutet würden und ihm betrügerisch vorkämen ... Es gab einen Bereich dazwischen, den er für sich schaffen mußte ... eine Brücke schlagen zu jenen Intellektuellen, die zweifelten und doch eine gewisse Freiheit und Spontaneität bewahren, um die am anderen Ende zu erreichen. Dies erforderte eine Vorgehensweise, die jeder Person große Schwierigkeiten bereitet, und ein ständiges Überprüfen und Abwägen.

(Ich meine, daß Jane, aufgrund der Natur der Fähigkeiten, die in diesem Leben zu entwickeln sie gewählt hat, eine solche Vorgehensweise immer notwendig finden wird. Und das ist schwierig.)

Anmerkung zu Anhang 10

1 Auf einige von Janes Konfrontationen mit der Realität wird in meinen einleitenden Bemerkungen und in Anhang 1 eingegangen.

Anhang 11
(zu Sitzung 698)

(Die Überschrift The Wonderworks *kam Jane, als sie letzten Freitagmorgen, dem 17. Mai, an ihrem Schreibtisch saß. Ihr war sofort klar, daß sie zu der außergewöhnlichen Traumserie, die zu Anfang dieses Monats begonnen hatte, in Beziehung stand. [Es sind bislang 33 Träume, und die Anzahl erhöht sich fast jede Nacht. Ich habe sie in meinen letzten Anmerkungen kaum erwähnt – nur zu den Sitzungen 696 und 698 –, aber Seth hatte in seinem persönlichen Material eine ganze Menge dazu zu sagen.] Viele Träume waren ziemlich lang und komplex. Ich würde sagen, daß einige davon in ihrer Art Klassiker sind; Janes eigene Symbolik illustriert hier sehr schön, wie Träume Einsichten und Lösungen für sehr reale physische Herausforderungen anbieten können. Ihr ganzes nächtliches Abenteuer ist ein sehr praktisches Unterfangen und eine ausgedehnte Untersuchung an anderer Stelle wert.*

Sobald sie den Titel erhalten hatte, schrieb Jane eine intuitive Abhandlung über den Gedanken der ›Wunderwerke‹; es waren zwei getippte Manuskriptseiten. Sie befand sich in einem »leicht veränderten Bewußtseinszustand«, während sie die Informationen übertrug. Die folgenden Auszüge zeigen den Zusammenhang ihrer täglichen Aktivitäten; denn sie meint, daß ihre Traumerfahrungen, ›Unbekannte Realität‹ *und* The Wonderworks *– um neuere Beispiele anzuführen – so miteinander verwoben seien, daß ein Versuch, sie voneinander zu trennen, praktisch nutzlos wäre.*

Wir sehen auch kreative Verbindungen zwischen der Art und Weise, in der Jane diesen Monat The Wonderworks *und letzten März den Entwurf zu* The Way Toward Health, *wie in Anhang 7 beschrieben, produzierte. Auch letzteres erhielt und übermittelte sie in einem dissoziierten Zustand. Und wie bei* The Way Toward Health *weiß sie nicht, ob sie* The Wonderworks *weiterführen will.*

Auszüge aus The Wonderworks:)

»Kreativer Ausdruck, von seinem aus der Intuition geborenen Funken bis zur Vergegenständlichung, spiegelt in unseren persönlichen Realitäten die Art und Weise, in der das Universum ständig erschaffen wurde (und wird), wider.

Wunderwerke – innere Erfahrungen, knapp unterhalb der Schwelle üblichen Bewußtseins – beinhalten andere Ereignisordnungen.[1] Buchstäblich den Stoff aller Kreativität (in Miniatur).

Die Art und Weise, in der Traummaterial real wird, die Prozesse, die das beinhaltet, sind die gleichen, durch die das Universum zu unserer Anschauung und Erfahrung objektiviert wird. Das Universum ist das Resultat einer bestimmten Art von Bewußtseinsfokus; der Stoff dazu, die Materie, entsteht aus den inneren Wunderwerken – zu denen die persönlichen Wunderwerke eines jeden von uns gehören.

Wenn wir wirklich verstünden, wie Träume arbeiten, und uns gestatteten, die Traumebenen zu erforschen, dann würden wir sehen, wie das Universum gebildet wird. Es ist, *als Ganzes*, ein schöpferisches Produkt unserer individuellen und gemeinsamen Träume... Unsere Welt ist für einige andere Bewußtseinsarten eine Traumebene; sie wird also, in einem gewissen Maß, mit anderen geteilt, und kann als ein Ort der Zusammenkunft dienen.

Seth überspannt viele solcher Orte und erscheint in den Traumebenen von anderen auf deren persönlicher Symbolebene. Ich bin noch nicht zu der tieferen Ebene der Traumerfahrung gelangt, wo ich ihm persönlich begegnen könnte. Dieser Schnittpunkt von Seth-Jane in Trance ereignet sich auch in Träumen, wenn dort Buchsitzungen stattfinden. Manchmal geschieht hier allerdings eine gewisse Trennung, etwa wenn ich mir eines Seths gewahr werde, der mir Material liefert... Seth ist jedoch eine uralte Wesenheit... Wenn er in meine Träume eintritt, findet eine automatische Durchdringung statt, und ich bin mir seiner nicht gesondert gewahr.

... um ihm persönlich zu begegnen, müßte ich mich auf eine andere Ebene begeben. Das habe ich einmal versucht, und ich bekam Angst.[2] Seth war in der Örtlichkeit, zu der ich dort gelangte, nicht bekannt. Er könnte in verschiedenen ›spirituellen Berater‹ verstreut sein; in dieser Form würde wohl seine Realität interpretiert werden oder durchkommen...

Andere Bewußtseins-Gattungen erwerben ihre Erfahrungen auf anderen ›Ebenen‹; solchen Bewußtseins-Gattungen begegnen wir oft im Traumzustand und interpretieren dann ihre Handlung in der verkehrten Ereignisordnung... entsprechend unserem eigenen Tarnungssystem[3]... Unser Körper ist nur der Fokus für den physischen Teil unseres Bewußtseins... Meine letzten Träume haben mir ein Bild von den nichtphysischen, inneren Wunderwerken vermittelt...«

Anmerkungen zu Anhang 11

1 Siehe Kapitel 15 von *Adventures in Consciousness.*

2 Jane hat ihren Bericht darüber, was geschah, als sie sich vorsätzlich aufmachte, Seth zu finden, noch nicht veröffentlicht. Sie hält ihn aus keinem bestimmten Grund zurück und denkt, daß sie möglicherweise ihre mediale Reise irgendwann in einem ihrer eigenen Bücher beschreiben wird.

3 In Anmerkung 2 zu Sitzung 688 zitierte ich Seth kurz zu dem, was er (1970) mit dem Wort »Tarnung« meinte. Janes Verwendung dieses Wortes hier in ihrem eigenen Material war jedoch ziemlich ungewöhnlich und führte uns ganz zurück zur 16. Sitzung vom 15. Januar 1964, als wir es zum erstenmal von Seth hörten.
Die nichtphysische Grundrealität, so sagte er uns damals, ist »einem Chamäleon vergleichbar, das seine wahre Erscheinung ständig tarnt, indem es die äußerlichen Erscheinungsformen des jeweils umliegenden Waldgebiets (oder Umwelt) annimmt...«. Und so drückte sich diese primäre Lebensenergie in unserer Umwelt physisch aus.
»Tarnung« wurde in den frühen Sitzungen ein uns sehr vertrauter Begriff, den wir für Seths Zwecke hervorragend fanden – aber merkwürdigerweise hat er ihn, von gelegentlichem Gebrauch in den letzten Jahren abgesehen, so ziemlich aus seinem Wortschatz gestrichen.

Ein kurzer Epilog

Ich begann mit dem Epilog, bald nachdem ich, im Sommer 1976, die einleitenden Bemerkungen für Band 1 abgeschlossen hatte.

Inzwischen wird auch Band 2 von *›Unbekannte Realität‹* bald fertiggestellt sein. Seth hat seinen Teil am 2. Band vor über einem Jahr erledigt, und seither bin ich sehr sorgfältig meine originalen Anmerkungen und Bemerkungen dazu durchgegangen; fast alle habe ich umgeschrieben (oft mehrere Male), im Bemühen, sie meiner Anschauung nach richtig zu bringen. Wer detaillierter an Seth-Janes Produktionsmechanismen von *›Unbekannte Realität‹* interessiert ist, vor allem, was die Zeitelemente angeht, sollte in meinen einleitenden Bemerkungen nachlesen. Ich persönlich meine aber, daß der wichtigste Teil dieser Einleitung Janes Beitrag ist, in dem sie über ihre subjektive Beziehung zu Seth spricht.

Es findet sich viel gutes Material in Band 2. Vielleicht kann ich unsere Leser und Leserinnen neugierig machen, indem ich die Überschriften seiner drei Teile aufführe. Insgesamt sind diese Teile etwas länger als die in Band 1, und ziemlich kompliziert.

Teil 4: Erkundungen. Eine Untersuchung der Psyche in ihrer Beziehung zum persönlichen Leben und zur Erfahrung der Spezies. Wahrscheinliche Realitäten als Weg persönlicher Erfahrung. Persönliche Erfahrung in ihrer Beziehung zu ›vergangenen‹ und ›künftigen‹ Zivilisationen des Menschen.

Teil 5: Reisewege in die »Unbekannte« Realität: Winzige Schritte und riesige Schritte. Einblicke und direkte Begegnungen.

Teil 6: Reinkarnation und Komplementär-Aspekte: Die ›Vergangenheit‹ durch das Mosaik des Bewußtseins gesehen.

Die Überschriften können natürlich die jeweils dahinterstehende Menge an Material nur andeuten. Aber wie Jane sich ausdrückte, als wir über die Aufteilung der beiden Bände diskutierten: »Band 1 liefert den allgemeinen Hintergrund und die Information, die für die Übungen und Methoden in Band 2 nötig sind.« Dann erinnerte sie mich an die letzten Sätze Seths in diesem ersten Band (nach Ende der Pause um 23.05 Uhr in der 704. Sitzung), und ich schlage vor, daß sich die Leser und Leserinnen diesen Text nochmals ansehen.

In Teil 4 hat Seth mehr über BEs und EEs zu sagen, über zellulares Bewußtsein, den urzeitlichen Menschen, Evolution, Weltraumreisen und andere anscheinend so grundverschiedene Themen, wobei er seine These weiterentwickelt, daß die »menschliche Spezies biologisch dazu ausgerüstet ist, mit unterschiedlichen Zeitsequenzen umzugehen, während sie nach wie vor in einem bestimmten Zeitschema operiert«. Die Leserinnen und Leser sind eingeladen, mit ihrer eigenen ›unbekannten Realität‹ zu experimentieren, indem sie ihre Träume untersuchen und sich mit den Übungselementen befassen und den Versuch zu medialen Reisen in andere Realitäten wagen. Jane macht ihre eigenen Reisen: die »psychische Bibliothek«, die sie in einem bestimmten veränderten Bewußtseinszustand zu besuchen lernt, wird beschrieben, und was diese Bibliothek mit der Geburt ihres Buches *Psychic Politics*, das im Herbst 1976 veröffentlicht wird, zu tun hat.

Eine von Janes früheren Reisen durch einen veränderten Bewußtseinszustand, im September 1972, führte zu der ersten Sitzung über ihre einzigartigen »langsamen« und »schnellen« Töne, dann zur Information über Partikel, die sich schneller als das Licht bewegen, über schwarze Löcher, weiße Löcher und »tote« Löcher. Die gesamte Episode findet sich in einem Anhang zu Teil 4. In einem weiteren Anhang erkunde ich die Beziehung zwischen Jane und Seth und führe viele Zitate aus bislang unveröffentlichten Sitzungen an.

Neben anderen Informationen in Teil 5 liefert Seth ziemlich viel Material, das den Lesern helfen soll, mediale Reisen zu unternehmen;

dazu gehört auch seine Sitzung über Träume und Traum-Photographie. Er führt auch weitere Übungs-Elemente an, und spricht über Sprache, Persönlichkeit, Physik und einige meiner Reinkarnationserfahrungen. Jane führt Informationen über »Welt-Sichten« ein und gibt Beispiele: Seth definiert diese Konzeption als »Sicht von der Realität«, die im unsterblichen Geist eines jeden von uns bewahrt ist, das »lebendige Bild«, das außerhalb von Raum und Zeit existiert und das von anderen wahrgenommen werden kann. Seth bietet auch wesentliches Material zu seiner Theorie über die »Komplementär-Aspekte«. Er erklärt in gewissen Einzelheiten, wie wir mehr als ein Leben auf einmal leben, wie sich »das größere Selbst aufteilt«, sich als mehrere Individuen inkarniert, die alle einen völlig verschiedenen Hintergrund haben, aber doch in dieselbe Art von kreativer Herausforderung verwikkelt sind (und, ja, ich kann hier schreiben, daß sich Komplementär-Aspekte manchmal begegnen).

In Teil 6 führt Seth viel von dem Material von Teil 5 weiter. Es ist unvermeidlich, daß auch neue Informationen durchkommen, was seiner Absicht entspricht. Zum Beispiel führt er seine Vorstellungen über Reinkarnation und Komplementär-Aspekte weiter zu einer neuen wesentlichen Theorie – der der »Bewußtseins-Familien«, wie er sie nennt. Die Sumari-Familie, der anzugehören Jane und ich uns ausgesucht haben, ist eine von ihnen. Seth benennt jede Familie, beschreibt sie und zeigt auf, wie sich ihre Merkmale mit denen anderer Familien zusammenschließen. So erschaffen die vereinten Aktionen der Bewußtseins-Familien unsere Welt, wie wir sie kennen.

Teil 6 enthält auch die Geschichte, wie Jane und ich nach dem »Hügelhaus« suchten, das wir kauften und bezogen, bevor der letzte Teil von ›*Unbekannte Realität*‹ beendet war. Dieses Material bildet einen ausgezeichneten Abschluß von Band 2. Für Jane und mich war unser Haussuche-Abenteuer eine äußerst interessante Reise durch das komplexe Gewirr von Wahrscheinlichkeiten. Seths Informationen und meine eigenen Anmerkungen zeigen im einzelnen die wechselseitigen, doch spontanen psychischen und physischen Beziehungen, innerhalb derer wir uns dazu entschieden, umzuziehen. Sie enthüllen, wie ein bewußtes Verstehen solcher Faktoren, die zum Teil bis in die eigene Kindheit zurückreichen können, im praktischen Alltagsleben sehr hilfreich sein kann. Wie Seth in der 742. Sitzung vom 16. April 1975 in Teil 6 kommentiert: »Ganz offensichtlich nehmt ihr, wenn ihr von einem Ort zu einem anderen umzieht, eine Veränderung im Raum vor – aber ihr verändert auch die Zeit, und ihr löst einen bestimmten psychologischen Antrieb aus, der sich auf alle, die ihr kennt, erstreckt und sie beeinflußt... Solchen Botschaften begegnet man oft im Traumzustand. Leere Häuser sind ein PSYCHISCHES Vakuum, das sich danach sehnt, gefüllt zu werden. Wenn ihr umzieht, zieht ihr in andere Teile eurer Persönlichkeit.«

Robert F. Butts
September 1976

REGISTER

Aktivität 64
Ander-Bewußtsein 167
Arzt, der vollkommene 252ff., 257
ASW-Gruppe 12, 165, 166

BEs 105, 137, 138, 139, 150, 151, 235, 308
Bewußtsein 53, 66, 89, 90, 91, 99, 102, 108, 109
Bewußtsein, geistiges 106
Bewußtsein, Natur des individuellen 21
Bewußtsein, Reaktion 26
Bewußtseinsarten 76, 91
Bewußtseins-Einheiten 76, 78, 93
Bewußtseinsentwicklung 140, 146
Bewußtseinserweiterung 21
Bewußtseins-Gattungen 169, 175ff.
Bewußtseins-Gestalten 89
Bewußtseins-Veränderung 97
Brüderlichkeit 210, 211
Burdo, Joseph 266, 267

Christus 154, 155

Delphine 142
Dogmatismus 43

EE-Einheiten 83, 92, 93, 98, 105, 184, 308
Ego-Bewußtsein 111, 113, 114, 126, 147, 153, 154, 290
Einheits-Erfahrung 86
Ein-Persönlichkeit 169
Einstein 234, 237, 238, 239, 243
Elektronen 243
Elektronen-Spin 244ff., 255
Elektronen-Zeit-Frequenz 244
Energie 27, 28
Energie, emotionale 83
Energie, kreative 50
Energie, phantastische 45
Energiepersönlichkeitskern 12
Erd-Gottheit 161, 162
Erkenntnisfähigkeit, präkognitive 159
Erkenntnisvermögen 158
Erweiterungen, wahrscheinliche 122
Evolution 161

Geschlecht 49
Geschlechtlichkeit 298ff.
Gottesvorstellung 125, 126, 152, 204
Grundeinheiten des Bewußtseins 105, 137, 138, 139, 150
Gruppen-Ego 125

Halluzinationen 93
Haupt-Persönlichkeit 54
Hügelhaus, Das 15

Ich-Bewußtsein 111, 113, 126, 147, 153, 154
Idea Construction 42, 59, 277
Idealisierungen 203, 207, 208
Ideen zu Wahrscheinlichkeiten 38
Identität 78, 81, 85, 86, 87, 88, 128, 168, 191
Impetus, biologischer 127

Individuelles Bewußtsein, unser 21
Innenheit des Bewußtseins 230
Innere Realität 77, 87

Jahwe/Jehova 153, 154
Jetzt-Erfahrung 101

Leben nach dem Tod 31
Luther 156

Massigkeit, Gefühl von 275
Mensch-Tiere 140ff.
Mentale Zukunfts-Projektionen 113
Multi-Persönlichkeit 86, 90
Mystizismus 43, 44, 263ff.

Natur der persönlichen Realität 11, 13, 15
Natur unseres individuellen Bewußtseins 21

Ordnung 178

Persönliche Realität 11, 13, 15, 31, 58, 75, 85, 92
Physische Realität 75, 152
Präkognition 39, 151

Raum-Zeit-Struktur 54
Reaktion des Bewußtseins 26
Realität, emotional 125
Realität, innere 77
Realität, persönliche 11, 13, 15, 31, 58, 75, 85, 92
Realität, physische 75, 152
Realität, unbekannte 23, 29, 33, 107
Realität, wahrscheinliche 57, 106, 124, 223
Realitäten (div. Begriffe) 66, 80, 81, 82, 89, 97, 102, 114, 118, 175ff., 214
Reinkarnation 90

Selbsts 167ff., 173, 193, 194ff.
Selbsts, wahrscheinliche 39ff., 53ff., 57, 58, 64

Tier-Mensch 140
Trancezustand 11, 23, 24
Träume 215ff., 228ff., 255, 305
Träume, doppelte 165, 166, 171
Traumkunst-Wissenschaftler 229, 252, 257
Traumzustand 124, 215ff., 231, 234
Unbekannte Realitäten 23, 29, 33

Wahrnehmung, voreingenommene 117
Wahrnehmungsfokus 23
Wahrscheinlichkeit, andere 128, 136
Wahrscheinlichkeiten 82, 83, 85, 106, 209, 212
Wahrscheinlichkeiten (Ideen) 38, 159, 162, 177ff., 183ff., 279ff.
Wahrscheinlichkeiten im Zeitkontext 90ff., 99, 116, 117, 148
Wahrscheinlichkeitssystem 202, 203
Wesenheit 166
Wissen, präkognitives 147

Zeit (Begriff) 18, 108ff.
Zeit-Käfig 194

Autorin

1929 geboren, besuchte Jane Roberts Schule und College und heiratete später den Künstler Robert F. Butts, der sie bei ihrer medialen Arbeit unterstützte. Zunächst war sie als »normale« Schriftstellerin tätig und schrieb u. a. Science-Fiction-Bücher. 1963 kam sie zum ersten Mal in Kontakt mit einer desinkarnierten Wesenheit, die sich selbst »Seth« nannte und als Energiepersönlichkeit bezeichnete. Seth diktierte durch Jane Roberts als Medium in der Folge zahlreiche Texte von hohem philosophischen Anspruch, die im weiteren in verschiedene Bücher zusammengefaßt wurden, von denen zwei zu Bestsellern gerieten. Nachdem Jane Roberts von den Tantiemen der ersten Seth-Bücher leben konnte, schrieb sie auch wieder eigene Werke, nun jedoch über ihre Bewußtseinsentwicklung in der Arbeit mit »Seth«, aber auch ein psychologisch-archäologisches Werk über das Weltbild von Paul Cezanne.

Jane Roberts starb am 4. September 1984.

Jane Roberts

Seth und die Wirklichkeit der Psyche

Unbekannte Realität Band 2
Reinkarnation und Reisen des Selbst

In diesem zweiten Teil entwickelt das Geistwesen Seth die Thesen, die er zuvor aufstellte, weiter und setzt sie praktisch um. Der Leser wird eingeladen, sich mit Übungselementen zu befassen und den Versuch zu medialen Reisen in andere Realitäten zu wagen. Als grundlegendes Material stellt Seth uns unter anderem sein tiefes Wissen über zellulares Bewußtsein, den urzeitlichen Menschen, Evolution und Weltraumreisen zur Verfügung. Eine grundlegende Bedeutung für unser Verständnis haben auch die Träume, außerkörperlichen Zustände und Reinkarnationserfahrungen von Jane Roberts, durch die uns der Zugang zu unseren eigenen außersinnlichen Erlebnissen erst ermöglicht wird. Durch sie erkennen wir, daß unsere Einbindung in Raum und Zeit von viel größerer Flexibilität ist, als wir es mit unserer begrenzten Vorstellungskraft bisher ermessen konnten. Die Vermutung, daß die menschliche Persönlichkeit in ihren Möglichkeiten ohne Grenzen ist, wird mit diesem Buch zur Gewißheit.

Ein Paperback im Goldmann Verlag
Deutsche Erstveröffentlichung
ISBN 3-442-11889-1
DM 29,80

Jane Roberts

Gespräche mit Seth

Von der ewigen Gültigkeit der Seele

Seths bestechende Thesen zeigen, daß jede Seele über ungeahnte Fähigkeiten der »inneren Wahrnehmung« verfügt: Aufgrund der inneren Sinne – durch intuitive Einsichten, paranormale Informationen oder Traumbotschaften – hat der Mensch Zugang zur universellen Welt höherer, multidimensionaler Realitäten.

Ein Taschenbuch im Goldmann Verlag
ISBN 3-442-11768-2 · DM 16,80

Dialog der Seele

Aus der Sicht Jane Roberts' wird unsere Psyche von vielen verschiedenen Egos bevölkert. Wir selbst haben das Potential zu einer Vielfalt unterschiedlicher Persönlichkeiten und können selbst darüber entscheiden, welchem Ego wir den Vorzug geben.

Ein Taschenbuch im Goldmann Verlag
Deutsche Erstveröffentlichung
ISBN 3-442-11850-6 · DM 14,80

Die Natur der Psyche

Ihr menschlicher Ausdruck in Kreativität, Liebe und Sexualität

Seth stellt in diesem Buch die Psyche, durch die der Mensch Zugang zur universellen Welt höherer Realitäten hat, in ihrem menschlichen Ausdruck dar. Was in diesen Botschaften über die kreative Gestaltungskraft unserer psychischen Möglichkeiten und über Liebe und Sexualität gesagt wird, ist erhebend und provozierend zugleich.

Ein Taschenbuch im Goldmann Verlag
ISBN 3-442-11760-7 · DM 14,80

Wabun Wind & Anderson Reed

Die Macht der heiligen Steine

Kristallarbeit und Kristallwissen

Aus dem überlieferten indianischen Wissen gewannen Wabun Wind, Schülerin von Sun Bear, und ihre Koautorin Anderson Reed wichtige Informationen und Anregungen, die sie in ihrem sehr persönlichen Umgang mit Kristallen in ihre Heil-Arbeit umsetzten. Ein praktischer Leitfaden, der jedem den alltäglichen Umgang mit seinen Kristallen ermöglicht.

Derek Walters

Das zweite I-Ging

Das wiederentdeckte berühmte chinesische Orakelbuch

Dieses zweite, völlig neue und authentische Orakelbuch entstand aus der Wiederentdeckung eines verschollenen zweiten Orakelbuches, des »T'ai Hsüan Ging«. Darüberhinaus enthält es neue Erkenntnisse über das I-Ging, die hier erstmals dem deutschen Leser zugänglich gemacht werden. Dieses zweite große Orakelbuch ist ein Muß für alle I-Ging-Freunde!